1034 拓荒记

深圳技术大学创建之路

张萍　尚莹莹◎著

深圳出版社

图书在版编目（CIP）数据

1034拓荒记：深圳技术大学创建之路 / 张萍, 尚莹莹著. -- 深圳：深圳出版社, 2025. 3. -- ISBN 978-7-5507-4250-5

Ⅰ. G649. 286. 53

中国国家版本馆CIP数据核字第 20255P9A80 号

1034拓荒记——深圳技术大学创建之路

1034 TUOHUANG JI——SHENZHEN JISHU DAXUE CHUANGJIAN ZHI LU

责任编辑	李　春
责任技编	陈洁霞
责任校对	万妮霞
书名题字	阮双琛
封面设计	花间鹿行
装帧设计	斯迈德设计 0755-8314 4278

出版发行	深圳出版社
地　　址	深圳市彩田南路海天综合大厦（518033）
网　　址	www.htph.com.cn
订购电话	0755-83460239（邮购、团购）
设计制作	深圳市斯迈德设计企划有限公司（0755-83144278）
印　　刷	深圳市华信图文印务有限公司
开　　本	787mm×1092mm　1/16
印　　张	27.25
字　　数	340千
版　　次	2025年3月第1版
印　　次	2025年3月第1次
定　　价	52.00元

序　言
深圳高等教育再出发

　　"你们要搞快一点！"春归南国早，一月花成围。旧年新岁交替之际，我国改革开放的总设计师、各族人民敬爱的邓小平同志到深圳来了！歌曲深情，传唱至今："1992年，又是一个春天。有一位老人在中国的南海边写下诗篇，天地间荡起滚滚春潮，征途上扬起浩浩风帆……"时隔8年，小平同志再一次踏上了这块处于改革开放前沿的热土。当时的深圳正以勃勃英姿，在物质文明和精神文明齐抓并举的道路上阔步前进。1992年3月26日出版的《深圳特区报》一版头条位置的新闻通讯《东方风来满眼春》写道："在53层的旋转餐厅，小平同志俯瞰深圳市容。他看到高楼林立，鳞次栉比，一派欣欣向荣的景象，很是高兴。"离开深圳时，小平同志向蛇口港码头走了几步，突然又转回来，向深圳市负责人说："你们要搞快一点！"把握时机，凭魄力闯创干；提升效率，以务实换新天。这不仅是小平同志对改革开放阵地的殷切期望，也是深圳从边陲小镇一跃成为国际大都市的基因密码。世界上的广场千千万万，只有深圳旗帜鲜明地把"时间就是金钱，效率就是生命"刻在人潮人海中。时间广场是深圳对

"杀出一条血路"的艺术书写，奇迹之城则是深圳一场、一场又一场的接续奋斗史、砥砺创造史、澎湃发展史的现实书写。"你们要搞快一点！"不仅响彻在 1992 年的春天里，而且涌动在 2015 年的新梦中。

"给你 1034 天，你想做什么？"一部 2021 年的招生宣传片震撼一问。"去看更大的世界？去追寻背后的奥秘？去掌握一种力量？还是去追随一个时代？"深圳技术大学本身就是一个响亮、鲜活、立体的回答，那就是：去创造，向未来！给你 1034 天，你能做什么？平地建大学，可能吗？站在彼时的起点展望未来，人们会说前途未卜，人们也会说前途无量。毕竟，从来没有人是在知道答案以后才去行动；但是站在此刻的历史地平线回首岁月轨迹，人们看到的就只有一条路，一条由信念支撑的来时路。梦想之都创造梦想，奇迹之城盛产奇迹。在深圳，人们只相信自己创造出的明天。2015 年 8 月的一天，正在天津出差的阮双琛接到了一通来自深圳市委、市政府的重要电话。正是这一通电话，他听到了深圳高等教育再出发的盛夏跫音；正是这一通电话，他加入了深圳高等教育"东进战略"的队伍；正是这一通电话，他礼赞了深圳高等教育错位发展、优势互补、互相促进的新时代。对于阮双琛来说，这一通电话就是深圳对标德国一流高等工程教育先进经验，既快又好创建一所高水平、国际化、示范性应用技术大学的"第一声炮响"。接到了电话，就是接到了使命。阮双琛说："我从天津一回来，就马上跟市里取得了联系。当时的深圳市副市长吴以环告诉我，希望由我来负责筹建这所学校。接下来的 9 月份，我就跟随吴市长开始真正地参与到深圳技术大学的筹建工作中。"

教育系统是支撑改革创新的重要引擎，一直以来，深圳在人才培养特别是在高端工程技术人力资源开发方面受困于"短板之痛"。高等教育起步晚、底子薄,对深圳的可持续创新能力,科技人力资源的总量、层次和结构,以及人才的"流"与"留"方面形成了系统性挑战。但是,深圳的文化是向未来的文化,深圳的精神是"拓荒牛"的精神,深圳的品格是不畏难的品格。平地亦能起风雷,深圳从不是起点决定论者!历史的开端不决定历史的终站,1983 年 1 月,深圳市委决定筹办经济特区的第一所大学——深圳大学,同年 9 月,深圳大学迎来首届 216 名学生。当年建校当年招生,是深圳高等教育与时间赛跑,跑出想办成事、能办成事、办成好事的一段佳话。建校伊始,深圳大学就在管理体制创新和教学质量提升方面锐意改革,全面推行教职员工全员聘任体制,率先实施毕业生不包分配和双向选择制度,积极探索奖学金、学分制、勤工俭学等育人新思路,在全国各地引发强烈反响。2012 年 4 月,教育部正式批准建立南方科技大学。作为高等教育综合改革的试验田,这座深圳第二所本土高校的办学实践在《教育部关于同意建立南方科技大学的通知》中,被明确赋予了探索具有中国特色的现代大学制度、探索创新人才培养模式的重大使命。

世纪之交,恰若中流击水,思无羁绊,行破藩篱。深圳高等教育紧扣中国高等教育深化改革的主步调,不甘人后、奋勇争先,着重走差别发展、重点发展、优势发展、特色发展之路。一流的城市需要一流的人才培养模式。自 2000 年始,深圳开始尝试与著名高校合作创办以研究生培养为主的大学城。从 2002 年起至 2009 年,清华大学、北京大学、哈尔滨工业大学深圳研究生院分别入驻深圳大学城。从零起步的深圳高等教育,在"深圳无名校"的局面下,走出了"名校在深圳"的新路。但是,深圳的抱负是不止于此的抱负，深圳的道路是步履不停的道路。近年来，深圳加快集聚国内外优质资源，通过引进办学与自办高校并举，不断提升办学质量与扩大办学规模。深港合作、中俄合作等系列举措为深圳的一流人才培养构建了良好的创新合作机制、涵养了开放的国际化氛围，深圳高等教育发展驶入快车道。不是猛龙不过江，从"当掉裤子也要把深大建起来"，到劈波斩浪筹建南方科技大学，再到构建国际化、开放式、创新型的高等教育体系，作为改革开放的窗口城市，深圳从未放弃探索适合自己的高等教育发展之路。敢与时间比快慢，敢与一流较长短，深圳高等教育可谓是新时代深圳精神的一个精彩体现。"敢闯敢试、开放包容、务实尚法、追求卓越"，深圳高等教育一直在路上。

一直在路上意味着敢于跃出舒适区，敢于蹚试深水区，敢于探索无人区。通过"三来一补"起家的深圳，意识到传统的粗放型发展模式不能支撑从"边陲小镇"到"国际大都市"的蜕变。早在 2005 年，时任广东省委常委、深圳市委书记李鸿忠在分析深圳发展过程中面临的问题时，就指出四个"难以为继"，即土地、空间有限难以为继，能源、水资源短缺难以为继，人口不堪重负难以为继，环境承载力严重透支难以为继，这些是制约深圳发展的系列瓶颈。四个"难以为继"，是深圳的土地、资源、人口和环境在早期"铺摊子、打基础"的占地型经济中面临的倒逼之痛——深圳发展必须快速有序实现集约化、高端化转型，必须快速迈向"上水平、求效益"之路。否则，曾经的风华之城将日益沦为平庸。不可持续的繁荣，代价惊人。比如，当时的葵涌镇临近海边，其中一家外资印染厂把白色的沙滩都染黑了，深圳的大沙河也成为"臭名昭著"的"墨汁河"。这样揪心的事实，绝非孤例。多重因素迫使深圳对产业结构进行大调整和"大革命"。深圳，不得不跃，不得不蹚，不得不探索！

　　站在 21 世纪第 3 个十年的路口，曾经的"山寨之城"已经变成了全国的科技创新中心。深圳，成了！一场场壮士断腕的改革，恰如一次次关山难越的羁旅。从头越！从头越！深圳创新一直在路上。有人问，深圳没有名牌大学，高科技产业是如何崛起的？与北京、上海不同，深圳在教育资源、国家级研究机构相对短缺的情况下，凭借产权制度和所有制结构的创新、市场体制机制的创新、政府体制的创新将"寨都"托举为"中国硅谷"。在深圳，90% 的研发投入来源于企业，90% 的研发机构设立在企业，90% 的科技人员汇聚在企业，90% 的专利申请集中在企业。科技创新主体的市场化是深圳创新区别于其他城市的重要标识。但是，4 个 90% 也从侧面反映了深圳高等教育在科技创新领域的无力和缺位。2017 年 5 月 10 日，时任市委教育工委书记、市教育局局长张基宏在市委党校第 4 期党性教育专题研讨班做了一份情深意切的深圳教育发展专题报告。他指出，深圳教育牵动着 200 万学生的成长和未来，承载着市委、市政府的重托和全市人民的厚望。在高等教育方面，深圳还存在着整体规模偏小、缺乏高水平大学、人才培养层次偏低、高校科研创新能力不足等问题，远远不能满足深圳产业的发展，尤其是高新技术产业的发展。

　　人才是第一资源，是衡量一城、一国综合实力的重要指标，是推动经济高质量发展的核心支撑。深圳尊才爱才重才，全国首个人才主题公园就在深圳，"深爱人才·圳等你来"的口号可谓远近闻名。日趋高端化的城市定位和发展战略，对人才结构提出了更高要求。按照教育部 2017 年发布的《教育部关于"十三五"时期高等学校设置工作的意见》，以人才培养定位为基础，我国高等教育分为研究型、应用型和职业技能型三大类型。其中，研究型高等学校以培养学术研究的创新型人才为主，开展理论研究与创新，学位授予层次覆盖学士、硕士和博士，且研究生培养占较大比重。应用型高等学校主要从事服务经济社会发展的本科以上层次应用型人才培养，并从事社会发展与科技应用等方面的研究。职业技能型高等学校主要从事生产管理服务一线的专科层次技能型人才培养，并积极开展或参与技术服务及技能应用型改革与创新。

2014 年，深圳高级技能人才缺口约 30 万人。市人力资源保障局发布的《2015 年深圳技能人才紧缺目录》，有 164 个职业被列入"紧缺类"。高水平的人才结构支撑高质量的产业优化升级。2014 年，深圳大专以上人口比例为 24.1%，低于北京（35.1%）、上海（31.02%）、广州（30.09%），远低于纽约（52%）、首尔（50%），即使与 2000 年的东京（27.19%）和伦敦（31%）相比，差距也比较明显。2016 年，深圳共有 11 所高校：深圳大学、南方科技大学、香港中文大学（深圳）、清华大学深圳国际研究生院、北京大学深圳研究生院、哈尔滨工业大学（深圳）、深圳职业技术学院、广东新安职业技术学院、深圳广播电视大学、暨南大学深圳旅游学院和深圳信息职业技术学院。面对轰轰烈烈的产业高端化进程，彼时的深圳仅有 3 所专科层次的职业技能型院校，即深圳职业技术学院、深圳信息职业技术学院和广东新安职业技术学院，以及深圳技师学院、第二高级技校作为技能人才供给端。人才的层次结构、学科结构、性别比例、区域分布和激励机制都已无力托举时代的急迫需要和长远需求。

历史不是单一面向的多重折射，社会不是单一要素的循环复制，创新不是单一维度的重复建设。有无数互相交错的力量，有无数个力的平行四边形，由此产生出的合力共同塑造了历史、社会和创新之河的蜿蜒壮阔。跳出产业看产业、立足全局看产业、放眼长远看产业，产业发展的时代面貌是历史合力共同作用的结果。伴随着生产力的爆炸性释放，历次工业革命皆对旧有的生产规范进行了系统的格式化，牵引出更复杂、动态的生活和生产方式，迸发出更丰富、有机的生产和管理要素。教育，则是所有要素中最为闪耀的一颗。

无论是以杜威为代表的实用主义者对"学习—经验"的强调，还是以马克思为代表的唯物主义者对"教育—劳动"的关注，都把学识的积累、素养的提升、能力的锤炼、人格的涵养视为人才培养与生产实践相结合的产物。在历史唯物主义的视域内，生产实践是获得认识的真理性和社会价值的有效途径。它不仅是人们正确认识的现实来源，也是检验认识的科学标准。它打破了唯心主义认识论的自足性假设和主观闭环，将科学认识的前提、目标和路径着落于社会历史的现实进程。1845年，马克思就提出了检验真理的标准问题："人的思维是否具有客观的真理性，这并不是一个理论的问题，而是一个实践的问题。人应该在实践中证明自己思维的真理性，即自己思维的现实性和力量，亦即自己思维的此岸性。关于离开实践的思维是否具有现实性的争论，是一个纯粹经院哲学的问题。"因此，有效教育的动力机制不在于追随先验理性的预设，也不在于遵循一套合理化的逻辑结构，更不在于随机的个人天禀，而在于能从实践当中来并回到实践当中去。透过大历史的时间棱镜看，如果说个体人才的养成带有一定的偶然性，那么群体人才的涌流，则与人才培养的社会互动和国家政策的支持导向有着必然的关系。教育的前提、目标和路径同样需要瞄准国家重大战略需求，瞄准高精尖产业发展趋势，瞄准人民对美好生活的深切向往。一言以蔽之，教育应主动面向生动的生产实践，面向现实的迫切情势，面向新的产业实践提出的新问题。

历史和现实证明，（工程）实践教育与经济发展之间具有鲜明的双向反哺作用。当下，新一轮科技革命和产业变革蓬勃发展，可谓"今天下尚未定，此特求贤之急时也"，能够解决复杂工程问题的顶尖工程技术人才已经成为各经济主体争相抢夺的核心资源。技术和产业的现实表现是教育可持续发展的出卷人，以培养高端应用型创新人才为着手点，以服务区域经济社会高质量发展为着眼点，跟随生产方式的变迁而"动"，围绕产业发展的需求而"变"，充分把握教育目标上的实践应用性、教育内容上的研究技术性和教育层次上的普适高等性，是教育工作者今时今地面对的最大命题。

教育必须关注"时代的迫切问题"，教育和时代的统一性首先就是通过它的赋能效应来实现的，即高水平的人才培养能够在内容、质量和效率方面对产业发展给予高水平的智力支撑。技术变革带来就业变革，技术范型的跃迁势必从整体上对就业结构产生现实的"创造性破坏"（Creative Destruction）。一国须以识变之智、应变之法、求变之勇，全方位推进人才培养供给侧和产业发展需求侧的精准对接，最大限度减少"结构性就业矛盾""摩擦性失业""隐性失业"等破坏现象，最大程度拓展"大数据+""人工智能+""云计算+"等创新空间，优化人才培养供给侧结构性改革，主动响应新技术、新产业、新业态对工程技术人才提出的新要求。因此，无论是德国的"工业4.0"还是《中国制造2025》，都把培养高端应用型创新人才视为制造业兴国战略的关键一招。

目前，高新技术产业已成燎原之势，劳动者亟须提升驾驭智能化工业生产模式的数字化能力（Digitalization Capability），以抵御产业链与就业链之间的结构性位移产生的社会性阵痛。德国政府着眼于互联网产业化、工业智能化与工业一体化的发展趋势，从顶层设计的高度对提升劳动者的知识结构、能力水平和素质表现进行了战略部署。其中，大力发展工程教育既是历史经验又是现实选择。在过去，德国经济的崛起，得益于完善的"双元制"教育体系。大量工程技术人才的匠心匠艺共同托举了"德国制造"的奇迹。正是传承于历次工业革命的工程教育理念和多元化的实践教育体系，使德国面对工业4.0庞大复杂的技术系统更新时，迅速形成了科学有效的人才培养方案。围绕清晰的产业需求和人才画像，政府、工业巨头、中小型企业、行业联盟、应用型教育和科研活动共同形成了战略行动闭环，纷纷参与工业4.0的技术开发、标准制订以及人才培养等工作。

针对传统制造工艺的智能化生产、平台化设计、交互化协同、标准化服务、个性化定制、绿色化发展的转型趋势，德国工程教育基于"教育—实训"一体化的人才培养理念，以"理论—实践"双向验证、双向提升的新工程教育，应对纵向上专业大类的整合融通和横向上依据价值链生命周期各环节建构的专业知识的跨域发展。以全科型教育为抓手，面向产品设计、生产管理、销售市场等环节的链式过程培养工程技术人才，突破传统工业革命中孤立式、狭窄型的技术创新范式。以服务用户的个性化需求为中心，将信息化和工业化深度融合的技术综合型CPS体系内嵌于融合创新全过程，充分激发灵活性创造、自发性创业的弹性生产方式的内生优势，稳步迈向工程技术创新与商业过程重组、商业模式升级协同发展的工程技术人才培养之路。

高水平的工程技术人才培养是高等教育的重要组成部分，我国历来重视发展中国制造、中国创造的技能人才力量。中华人民共和国成立后，站在一条工业极端落后的起跑线上，面对一辆汽车、一架飞机、一辆坦克、一辆拖拉机都不能造的一张白纸，毛主席提出，工厂办技工学校培养技术工人是一个好办法。通过提高劳动热忱，发展生产竞赛，奖励生产战线上的成绩昭著者，突破"现在我们能造什么"的困境。追求进步的热望，致力改革的热潮，开启了"春天的故事"第一乐章。1978 年 3 月 18 日，邓小平同志《在全国科学大会开幕式上的讲话》中提出，培养科学技术人才是教育战线的重要任务，要求把尽快地培养出一批具有世界第一流水平的科学技术专家，作为我们科学、教育战线的重要任务。邓小平同志对如何建设技术工人队伍、如何发展科学技术能力的深邃思考，为工人阶级在实现四个现代化的道路上奋勇奔跑注入了时代的能量。2000 年 10 月 11 日，江泽民同志在"国际工程科技大会"上明确指出，工程师是新生产力的重要创造者，也是新兴产业的积极开拓者。尊重工程师的创造性劳动，培养大批工程科技人才，是推进经济建设和社会发展的必然要求。的确，没有一流的技工，就没有一流的产品。胡锦涛同志踏浪而行、逐浪而上，继续朝"技能低人一等"的思想桎梏发起冲击。党的十八大以来，习近平总书记高度重视技能人才发展，多次对技能人才工作做出重要指示，要求培养更多高素质技术技能人才、能工巧匠、大国工匠，为全面建设社会主义现代化国家、实现中华民族伟大复兴的中国梦提供有力支撑。

当前，我国经济发展进入新常态，制造业发展面临着资源环境约束趋紧、人口优势向人才优势转化不畅等多重因素的制约，"人才是第一资源"的重要性更加凸显。为切实提高制造业创新能力，强化工业基础能力，加快信息化与工业化的深度融合，《中国制造 2025》第一次从国家层面擘画了建设制造强国的宏伟蓝图，并且把人才视为建设制造强国的根本，尤其是把制造业人才的发展摆在了更加突出的战略位置，要求着力培养具有创新思维和创新能力的拔尖人才、领军人才，培养掌握共性技术和关键工艺的专业人才，全面增强从业人员的信息技术应用能力，针对人才培养体系及目标展开不同层次、不同类型、不同领域的谋篇布局，不断增强人才队伍基础、补齐人才结构短板、优化人才发展环境，充分发挥人才在制造强国建设中的领航作用。中国应用研究型人才队伍建设已然驶入高质量发展主航道，中国制造正在书写新的东方。

纵观深圳的高等教育体系，本科及以上层次的应用型高等院校严重缺位，本科层次的人才培养供给不足。在深圳，研究生、本科生、专科生的比例为 15∶35∶50，本科生的占比（35%）远低于纽约（50%）、北京（56%）、上海（57%）、宁波（61%）、厦门（65%）、香港（87%）。《国务院关于加快发展现代职业教育的决定》（国发〔2014〕19 号）提出，要探索发展本科层次职业教育，与此同时，明确专科层次的职业技能型高等学校原则上不升格为本科学校。一方面，高等教育从大众化阶段向普及化阶段迈进；另一方面，经济发展、科技革命和产业变革迫切需要高等教育不断提升创新能力，在产业转型升级的进程中发挥引领和支撑作用；再一方面，深圳高等院校能为深户子女提供的本科学位仅占实际需求总量的 1/5。随着国家异地高考政策的逐步推行，将有更多常住人口子女选择入读本市本科大学。看未来，高等教育改革的实践导向愈加鲜明，以技术研究为中心，聚焦高端应用型创新人才培养的高等工程教育，将再次更新高校、科研院所、行业企业的跨界协作体制机制，再度释放基础研究与应用研究、专业设置与产业需求、人才培养与生产实践、个人成长与企业发展的深度融合所孕育的蓬勃生产力。因此，在深圳本土创建一所助力科技创新、产业发展、校城融合与人民幸福的应用研究型大学，已是箭在弦上。

目 录
CONTENTS

第一章
高瞻远瞩　筹建新型大学

历史的叙事是将所历之事转译为可述之物，可述之物往往具有事后的确定性，所历之事则如旷海浮舟、四顾无岸，当事者唯有保持战略定力。

古人云："知止而后有定，定而后能静，静而后能安，安而后能虑，虑而后能得。"在未知之处做评断，在未定之时赢大势，在未来之际谋先机，是谓勇智。勇智者，辨识大趋势，思考大问题，落子大格局；凡事通盘思考，凡事处变不惊，凡事妥善应对；在结构中定方位，在关系中看本质，在规律中求发展。正所谓"跳出教育看教育、立足全局看教育、放眼长远看教育"，始终把教育作为全面建设社会主义现代化国家的基础性、先导性和全局性工程。

"早在 2010 年，市委、市政府就想创办一所深圳理工大学。当时我们正在筹划建设南方科技大学、香港中文大学（深圳），根据深圳高等教育的发展规模和层次结构，市委、市政府认为应该建立一所偏工科的大学，因为深圳大学属于综合类的，南方科技大学侧重理科，香港中文大学（深圳）偏向文科。"时任深圳市副市长吴以环说。实际上，深圳市委、市政府在"十一五"期间就已经形成了创办新型大学的构想。《深圳市国民经济和社会发展第十一个五年总体规划》明确提出发展与创新型城市和高科技城市相适应的高等教育，继续扩大高等教育规模，大力提高办学质量，努力形成与深圳社会经济发展相适应、充满活力的地方高等教育体系。采用新模式和新机制，研究筹建 1~2 所高水平大学。《深圳市教育发展"十一五"规划暨二〇三五年远景目标》对如何调整优化全市教育布局，继续推进高等教育跨越式发展有更进一步的描述。文件指出，根据深圳发展需要，采用多渠道投入办法，借鉴品牌高校跨越式发展的先进经验，采用全新的办学体制和灵活的运行机制，设立深圳发展需要的前沿学科和专业，引进先进学术规范与管理模式，拓宽国际视野，高标准规划、高规格建设，新建深圳科技大学等 1~2 所高水平大学，优化深圳高等教育体系。

虽然"十一五"期间就已经形成了创办新型大学的观念雏形，但是这一想法却一直没有进入实质性的推动落地阶段。吴以环认为，一方面是因为深圳当时已经在筹建几所高校，办学效果还未见明朗，"不知道办得好不好，为什么还要办"；另一方面是因为"当时对教育的财政投入加起来才 100 多亿，不到 200 亿，从 2010 年到 2013 年差不多都处于这个支出水平，并没有现在的这种投入体量"。所以，相关部门对教育的财政总支出始终保持非常谨慎的态度。虽然是否创办深圳理工大学或深圳科技大学一直存在争论，但是一颗种子已经深深埋在深圳高等教育改革的蓝图中。用吴以环的话来说，"它从未搁浅"。

德国"工业4.0"强势崛起　引发全球工业转型浪潮

技术之网，是人类的栖居之地和生产之法。不同的生产方式编织出了不同的技术网络，塑造了不同的文明景观。自初代工业革命始，人类上天入地的诗意纵横、经纶济世的挥斥方遒、审美创造的因袭相承，无不与技术之网的迭代更新遥相呼应。从结绳记事到电子计算，从莎草纸到互联网，从狼烟到光电芯片，都是技术推衍的历史波纹和时代年轮。无论是18世纪末引入机械制造设备的"工业1.0"，还是20世纪初导入大规模电气化生产方式的"工业2.0"，还是始于20世纪70年代植入IT技术和全面信息化模式的"工业3.0"，都极大地提高了社会生产力的发展水平。

在后危机时代，面对劳动力成本上升、制造业比重下降、出口略显疲态的国内发展情势，德国立足长远，谋定而动。作为世界顶尖的制造业强国，它敏锐地感知到信息技术与制造业的结合必将重塑全球产业链、供应链、价值链，未来工业发展的北极星在数字化、网络化、智能化的方向灿然闪耀。自古道："三军未动，粮草先行，兵精粮足，战无不胜。"德国吸取20世纪80年代被动应对第三次科技革命的历史教训，以积极姿态触发并迎接产业结构的系统性裂变。2011年4月，德国人工智能研究中心（DFKI）首席执行官沃尔夫冈·瓦尔斯特尔（Wolfgang Wahlster）在汉诺威工业博览会的开幕式上，首次提出了"工业4.0"的概念。信息技术与制造业深度融合，世界科技创新表现出全新特征。他认为，企业应做好准备踊跃回应由互联网带来的第四次科技革命，即"工业4.0"。之后，德国以提高本国制造业的竞争力为主要目的，成立了"工业4.0"工作组，并于2013年4

月的汉诺威工业博览会上发布关于《保障德国制造业的未来：关于实施工业 4.0 战略的建议》的最终报告，简称"工业 4.0"战略。2013 年 12 月，德国电气电子和信息技术协会将上述报告细化为"工业 4.0"标准化路线图。

"工业 4.0"战略是德国的国家级再工业化战略，与 2006 年的《德国高技术战略》、2010 年的《德国高技术创新战略 2020》一脉相通，即通过进一步促进信息技术在机械和装备制造业等领域的适用性研发和广泛性应用，占领第四次科技革命的先发优势，保持并扩大德国制造业领航世界的制胜结构。尽管相关社会理论家声称西方发达国家已经迈入由服务业主导的所谓"后工业社会"，但制造业依然是德国国民经济发展中的重要支撑。资料显示，制造业为德国提供了 1/4 以上的工作岗位，占国内生产总值的比重超过 30%。不仅帮助德国平稳渡过周期性经济危机带来的负面震荡，而且推动德国在二战后迅速崛起，跻身世界综合国力第一梯队。

产业空心化和传统制造业向外转移的阴霾笼罩在老牌资本主义发达国家上空，它们呼唤一场产业升级点燃经济增长引擎，加速释放生产要素活力。围绕"工业 4.0"战略，德国全面铺设"信息物理系统"（Cyber-Physics System，简称 CPS）的基础设施，将"物联网"（Internet of Things）与"务（服务）联网"（Internet of Service）嵌入制造业全过程，带动新材料、新能源等领域的协同革新，以"数实结合"的高效生产系统再造工业生产方式，使其兼具互联性、集成性、数据性、服务性的创新特征，进而提高德国制造业的全球竞争力。所谓互联性，是指"工业 4.0"基于大量部署的传感器、嵌入式终端系统、智能控制系统以及通信设施，在物质层面将设备、产品、生产线、供应商、客户端等纳入流动的"智能＋网络化"系统，实现人与人、人与物、物与物、物与务之间的数据化、结构化、程序化交往。正如国际电信联盟（ITU）的宣言，这是一个"无处不在"（omnipresent）与"时刻开启"（always on）的"泛在网络社会"（Ubiquitous Network Society）。

所谓集成性，是指"工业4.0"通过"信息物理融合系统"基础设施和相关社会管理体制机制共同建构的"生产—交往"网络，一方面能够促进产业链、供应链、价值链的横向集成，提高企业共同体分工、合作的社会效率，探索柔性商业模式以及社会可持续发展路径等；另一方面能够加快管理链、运营链、控制链的纵向集成，以数据标准化、流程标准化、工艺标准化推动企业实现高效的集中化管理；再一方面能够强化"产品—商品"生产、流通、消费过程的信息共享，通过端对端集成优化"产品—商品"全生命周期的各个环节，包括设计与开发、生产与管控、流通与维护等。

所谓数据性，是指"信息物理系统"的推广必然伴随传感器、智能装备、联网终端的普及和运用，感知、连接和交互呈现物质化、组织化、商业化的模态。基于"智能工厂—智能产品—智能数据"的闭环，企业主体的"生产—交往"数据在存量和增量方面皆呈现急速增长态势，数据成为决定企业生死存亡的新型资源。作为新型生产要素，大数据是大事情，是"新石油"，是"强润滑剂"，数据的供给和配置水平直接决定了智能化水平，它已扩散至"产品—商品"全生命周期之中，并将基于智能数字决策辅助系统再造生产、流通、消费诸环节。

所谓服务性，是指"工业4.0"依托高度集成的"物联网"和"务联网"基础设施和相关组织管理机制，生成了个性化、智能化、灵活化的"产品—服务"生产模式，通过实时信息交换、实时行动触发、实时智能控制的高度技术互动，将客户与产品的特殊性融入设计、配置、订购、生产、运营以及售后的全过程，从而使大规模定制和服务型制造成为可能。

在新工业革命从萌动到成熟的时间窗口，一国只有迅速调整产业体系以适应新技术经济范式的"格式化"冲击，才能为既有的产业竞争优势构筑未来发展空间。德国在制造业领域积极推动"工业4.0"的道路越走越宽广，从发展理念到应用实践，充分开展应对重大技术变革的战略部署，以"再工业化"为牵引重塑经济发展新动能。德国的产业政策突破促进制造业投资的单维发展轨道，聚焦产业的结构升级与创新发展，通过把握未来信息技术与传统制造业的双向融合，全面更新生产方式、组织形式和商业模式，不断增强企业、行业甚至国家的经济韧性和发展后劲。因此，德国制造业的创新模式可被视为以提升产品质量为中心的渐进性创新。一言以蔽之，"工业4.0"战略在本质上是创新发展战略。

世界经济论坛（WEF）历年发布的《全球竞争力报告》显示，德国在高技术准备度和高质量基础设施方面为其卓越的创新能力和成熟的商业生态系统提供了重要支撑。2013年以来，德国各项经济指标增速平稳，"工业4.0"战略对传统制造业的带动改造作用可见一斑。总体上看，德国"工业4.0"战略的全面推进是政、产、学、研以及社会组织多边协作的集体行动和公共服务。首先，德国国家工程院和联邦教育研究部在国家战略层面，给予相应的政策支持。其次，德国制造业和信息通信业（ICT）的头部企业在应用实践层面，提供试验场域和资源保障。再次，德国一流应用技术大学和面向应用研究、聚焦关键技术的弗朗霍夫研究所在智力支持方面，对解决方案进行有效供给。最后，德国相关行业协会在组织协调方面，深度参与到该项战略行动中。

作为创新驱动发展模式的核心引擎，"工业4.0"战略通过"再工业化"而非"去工业化"抵御经济周期性波动，促进经济高质量发展。它不仅包括生产技术的升级演进，即关键核心技术的攻坚突破，通过加强德国在智能制造解决方案方面的优势，筑牢德国作为全球领先制造技术供应商的"护城河"；而且包括组织形式和商业模式的优化提升，即企业对复杂工艺管理能力和创新成果商业化的包容性创新。通过建构标准化的知识和技术转化机制、降低中小企业接入"信息物理系统"门槛和银行融资依赖、发展多层次的应用型人力资源开发体系等措施，保持德国在全球制造业市场中的领先优势。总之，"工业4.0"战略的实施过程是德国制造业创新发展的过程，也是"再工业化"得到广泛认可和推崇的过程。它不仅成为美、英、瑞士等国开展"再工业化"战略的现实灵感来源，而且为中国产业创新模式如何走自己的路提供了有益启发。

"中国制造2025"迎势而上　推进制造业创新发展

习近平总书记强调，"实体经济是国家的本钱，要发展制造业尤其是先进制造业"。近现代以来，制造业始终是一国经济从薄弱走向强盛的核心力量之一。规模雄厚、结构优良、创新能力强、管理水平高、全球产业链供应链主导权优势突出的制造业体系，铺就了美、英、德等发达国家的富强之路。推动工业化、发展制造业亦是诸多发展中国家不安于贫穷与落后，发力站起来、富起来、强起来，最终自立于世界先进行列的现实选择。2008

年国际金融危机再次证明，没有制造业支撑的经济体，必将滑向虚化、弱化的萎靡之路。制造业过去是，现在是，而且未来仍将是保证一国经济行稳致远的主体支撑。可以说，中国工业化进程能否抓住第四轮科技革命的"领头雁"、能否与新型"科技—生产"方式顺利对接、能否在全球竞争中占据结构性优势，是中国式现代化发展进程中的关键。因此，发展制造业的决心不能有丝毫动摇。

面对世界之变、时代之变、历史之变，唯创新者进，唯创新者强，唯创新者胜。当前，世界正经历百年未有之大变局，新一轮科技革命和产业变革方兴未艾。特别是信息技术与制造业深度融合，加之新能源、新材料、生物技术等领域的突破创新，给未来产业发展带来全新想象空间。制造业全球分工版图面临颠覆性重构，发达国家纷纷实施"再工业化"战略，强化中高端制造市场的领先优势并不断扩大结构性竞争壁垒。与此同时，新兴经济体积极引进培育劳动密集型产业，在中低端领域承接产业和资本转移。我国制造业的高质量、可持续、跨越式发展亟须找到应对发达国家和发展中国家"双重挤压"的密钥。

党的十八大以来，习近平总书记多次对中国制造转型升级做出重要论述，要求不断推动中国制造向中国创造转变、中国速度向中国质量转变、中国产品向中国品牌转变。2011 年 3 月，美国经济咨询机构环球透视公司（IHS Global Insight）的报告指出，2010 年中国制造业占全球制造业的比重达到 19.8%，高于美国的 19.4%，位列世界第一。"中国制造"已经站到了"由大变强"新的历史起点上，向着"中国智造"和"中国质造"新的战略目标奋勇前进。在此背景下，党中央准确把握全球新一轮科技革命和产业变革趋势，主动应对国际劳动分工系统与全球价值链大调整、大变革、大发展带来的新挑战，站在历史和现实的高度就如何增强我国综合国力、提升国际竞争力、保障国家安全谋篇布局。2015 年 5 月 19 日，国务院正式印发《中国制造 2025》，即中国实施制造强国战略第一个十年的行动纲领，其核心是加快推进制造业创新发展、提质增效，实现从制造大国向制造强国转变。

创新是引领发展的第一动力，制造业是技术创新的主战场。面对国内外复杂多变的经济形势，我国制造业肩负着支撑国民经济提质增效、转型升级、跨越发展的重大历史使命。在粗放型发展全面转向高质量发展的新征程中，如何实现稳增长和调结构的双重目标，如何突破发达国家和新兴经济体的双重挤压，如何超越低成本优势快速递减和新竞争优势尚未形成的双重困境，是当前和今后一个时期我国制造业"爬坡过坎""见题破题"的关键。

《中国制造 2025》强调，新一代信息技术和制造技术的深度融合是新一轮产业竞争的制高点，而智能制造则是抢占这一制高点的主攻方向。众所周知，互联网是当今时代创新最活跃、渗透最广泛、影响最深远的应用领域。以跨界融合为特征的"互联网＋"时代已经到来，作为新型生产方式，它重塑了社会需求、组织机制和产业生态，"互联网＋制造业"日益成为全球制造业发展的新趋势，生产个性化、智能化、专业化成为行业劳动的新特征。《中国制造 2025》聚焦于如何做好信息化和工业化深度融合这篇大文章，加快推动基于互联网的开放式"双创"平台建设，加强政策保障、人才保障和组织保障，以"创新动力"和"改革动力"将"两化融合"贯穿于制造强国建设全过程。

习近平总书记指出，创新是一个民族进步的灵魂，是一个国家兴旺发达的不竭动力，也是中华民族最深沉的民族禀赋。所谓"创新动力"是指，全面落实国家创新驱动发展战略，以创新打造制造强国的成就之路。第一，不断完善以企业为主体、市场为导向、产学研用相结合的国家制造业创新体系；第二，加快建立以创新中心为载体、以公共服务平台和工程数据中心为支撑的现代制造业创新网络；第三，瞄准国家重大战略需求、战略性新兴产业和未来产业发展制高点，以创新驱动、智能转型、强化基础、绿色发展等关键环节为突破点，实施国家科技重大专项、高端制造业重大科技计划和重大工程。

改革永远在路上，改革务必行到底。所谓"改革动力"，是指通过全面深化改革，破除制造业高质量发展中的体制性障碍，以改革红利赋能制造强国建设。第一，加强公共服务能力和产业治理能力建设，推进依法行政，营造公平竞争的市场环境，提升制定和实施战略、规划、政策、标准等的科学性、前瞻性、操作性；第二，加快要素价格市场化改革和制造业领域法规体系建设，以重点领域和关键环节的协同改革，倒逼制造业转型升级，完善产学研用协同创新机制，激发制造业创新活力；第三，破除各种形式的行业垄断，为民营经济和中小企业广泛参与制造强国建设开拓更广阔的人才、制度和市场空间。

产业政策有效论认为，合理的产业政策能够促使一国的产业快速发展，并为经济的可持续性中高速增长构建强韧的动力机制和坚实的物质基础。《中国制造2025》全面推进"互联网＋"与工业化之间的深度融合，明确了制造业企业转型升级的关键领域和重点方向。研究显示，《中国制造2025》的规划和实施对于制造业企业，尤其是高新技术企业的优化发展具有显著的正向影响。与此同时，上述影响力的大小与企业转型发展主动性的高低呈正相关关系。在兼顾普惠公平的前提下，政府通过加大补贴力度和税收优惠等方式促进制造业企业的"互联网＋"转型升级，相较于被动转型，主动转型的制造业企业研发投入的强度更大、获得的政府补贴和税收优惠更高，因而其转型升级的成效更为明显。

事实上，在《中国制造2025》的总规划下，信息通信技术、集成电路、新材料、新能源汽车、生物制药以及高性能医疗器械等重点科技类行业近年来均得到了国家资金和政策的精准支持。未来，中国仍将大力发展诸如高端装备、先进轨道交通装备、航空航天装备、海洋工程装备及高技术船舶等技术密集、资金密集制造业，打造为一流制造赋能的现代（信息）服务业，促进制造业与服务业的信息化、智能化融合。

制造业是国民经济的主体，是立国之本、兴国之器、强国之基。建设制造强国，构筑结构优化、技术先进、附加值高的现代工业体系，打造国际领先的研发基地和产业集群，发展一批具有国际竞争力的企业和品牌，增强自主创新能力，把科技的命脉掌握在自己手中，是我国经济高质量发展的应有之义，是构建现代化经济体系的内在要求，是形成中国品牌的制造文化的重要环节，是把握制造领域定价权、话语权的必然选择。何谓制造强国？中国工程院院士周济认为，它应具备以下四个主要特征：第一，制造业规模体量大，在全球制造业中占有相当比重；第二，制造业产业结构优，基础产业和装备制造业水平高、战略性新兴产业比重大、跨国企业与中小型创新企业协调发展；第三，制造业质量效益好，生产技术先进、劳动生产率高、在国际分工体系中占据价值链中高端环节；第四，制造业自主创新能力强，以高端信息科技赋能信息化、智能化、绿色化发展。

历史与实践雄辩地证明，没有强大的制造业，就没有强盛的国家和民族。"德国制造"是德国质量、德国品牌、德国价值的持续发展和高度集成，是世界一流先进制造业的参照系和着眼点。"中国制造"坚持"创新驱动、质量为先、绿色发展、结构优化、人才为本"的基本方针，正蹄疾步稳、有力有序地奔赴系统集成、协同高效的"中国质造＋中国智造"的制造业新征程。

"深圳行动计划"先声夺人　吹响制造业"智造化"号角

风从鹏城大地来，姹紫嫣红一派春。改革开放后，党领导人民从零起步缔造了"先行先试"的"勇者之城""实干之都"——深圳，它是中国特色社会主义在一张白纸上的精彩演绎，它是中国化时代化的马克思主义在"韧性东方"的生动实践。作为改革开放的排头兵和先行示范的引领者，工业尤其是制造业是刻在深圳脉动里的"基因"，蝶变中的深圳不止一次喊出"工业立市、制造强市"的口号。

深圳的成长历程就是不断离开发展舒适区的过程，就是"工业第一城"腾笼换鸟、聚鸟高飞的过程。从"小而散"的"全城做贸易"到"三来一补"（来料加工、来件装配、来样加工和补偿贸易）的加工贸易，经过狂飙突进的"模仿制造"时代，再到提出"以高新技术企业为先导、先进工业为基础、第三产业为支柱"的产业政策，深圳追随高新技术产业的迭代脚步，在国家推进产业转移升级的大背景下，开启了漫长的产业质变之旅。从农业经济迈向工业化和贸易化，再从劳动密集型的轻工业到技术密集型、知识密集型、资本密集型的高端制造业，深圳主动求变，放弃路径依赖，砥砺跨越了产业结构低端、生产能耗过大、组织模式单一、发展增速变缓的结构性困局，凭借高包容、高弹性的"创新驱动"社会机制涉过产业迁移的"深水区"，步入高质量发展的"无人区"，从单项冠军向全能冠军奋勇迈进。

深圳崛起之路，红色旗帜高扬。党的十八大以来，习近平总书记三次亲临深圳视察，出席深圳经济特区建立 40 周年庆祝大会并发表重要讲话，对深圳实践做出一系列重要指示批示，为深圳发展掌舵领航。2016 年，深圳地区生产总值迈入 2 万亿元关口，5 年之后突破 3 万亿元。活力深圳、魄力深圳、魅力深圳，以其极具创新力和竞争力的城市品格，一跃成为全球 3 万亿城市俱乐部中最年轻的一员。蓝图已经绘就，号角已经吹响。自《中国制造 2025》正式印发以来，深圳以一马当先、步步争先、敢为天下先的紧迫感、责任感、使命感，深入领会文件精神，迅速谋划行动纲领。为落实《中国制造 2025》，抢抓新一轮科技革命、产业变革与加快转变经济发展方式交汇的历史机遇，强化工业基础能力，提高综合集成水平，培育新型生产方式，推动深圳制造业数字化、网络化、智能化、绿色化，深圳市人民政府于 2016 年 1 月 13 日，正式印发《〈中国制造 2025〉深圳行动计划》（以下简称《行动计划》），并号召相关部门遵照执行。该计划以全面转型升级为路径，以提质增效为中心，以加快新一代信息技术与制造业深度融合为主线，以推进智能制造为主攻方向，坚持市场主导与政府引导相结合，夯实工业基础，推动制造业转型发展实现新跨越，助力深圳建成国内制造业的先锋城市和国际知名的高端制造业城市。

在"深圳质量"战略指导下，市委、市政府制定的促进战略性新兴产业及未来产业发展的一系列纲领性文件和政策措施，为推进落实《中国制造 2025》奠定了坚实的政策基础，培育了一批具有发展潜力和一定规模的重点产业，形成了一批具有较强国际竞争力的跨国公司和产业集群，并启动了制造业精密化、国际化等工作，在全国制造业中处于领先位置。目前，面对空间资源紧张和土地成本攀升的大背景，锚定经济结构的优化提升，聚力产业发展迈向高端化、平台化、融合化、品牌化、绿色化，注重内涵式、开放式的高质量发展，发力构筑高端、高质、高新的现代产业体系已经成为"深圳制造"各界的基本共识。

《行动计划》坚持质量引领、创新驱动、智能转型、绿色发展，积极布局先进制造业，带动中低端制造业向高端升级；结合国家与深圳战略发展需求及国际技术趋势，进一步巩固深圳在电子信息领域的领先地位，聚焦数字化网络设备、智能装备等国际科技前沿产业，培育新增长点，形成以微、精、尖类装备及核心零部件为特色，与国内其他城市各细分行业差异化发展的格局；发挥深圳创新、创业、创投的突出优势，围绕网络化制造、智能制造、柔性制造、虚拟制造等世界先进制造技术与需求，内培外引，鼓励本土优势企业及研究机构通过自主创新、并购重组和合作开发等方式，快速突破一批核心技术，抢占国际产业发展制高点；在依靠技术进步实现制造业纵向提升的同时，顺应信息经济发展趋势，充分发挥深圳在互联网、大数据、云计算等信息技术领域的优势，加快推进制造业创新链、产业链、价值链、管理链的重构，实现制造业横向提升，力争成为新一轮制造业发展的引领者。

行动计划立足深圳市产业基础及国内外制造业的发展趋势，坚持"有所为，有所不为"，按照转型发展和特色发展原则，围绕数字化网络设备、新型显示、集成电路、新型元器件与零部件、机器人、精密制造装备、新型材料、新能源汽车、航空航天、海洋工程装备及基因工程装备等 11 个战略重点开展具体行动。海阔潮涌风更劲，百舸争流竞无畏！深圳始终牢记党中央创办经济特区的战略意图，一路披荆斩棘、鼎力创新，一路乘风破浪、高歌猛进。终从一点科技的星星之火发展成中国高新技术产业的燎原大势……根据《行动计划》，深圳力争通过"两步走"，到 2025 年初步形成创新活跃、结构优化、规模领先、配套完善、服务发达、世界一流的产业体系，打造国际领先的智能制造生产方式、产业形态、商业模式和管理体系，成为国内智能制造、绿色制造、高端制造的排头兵。

门不叩不响，路越走越长。敢于探索规律，敢于革除沉疴，敢于迈向未来，深圳制造业烙印着"科技是第一生产力"的科创基因。在求知的热血中，它永远沸腾；在图强的热望中，它永远燃烧。深度参与全球市场分工，坚持制造业立市之本，是深圳站起来、富起来、强起来的奋斗密码。深圳制造业紧跟国际市场，几乎每十年转型一次，次次赢先机，步步向高端，以扎实的现代产业体系建设应对外部环境的不确定性和内部环境的多重压力。

20 世纪 80 年代，深圳承接国际产业转移，食品制造业、纺织业等传统劳动密集型产业占规模以上产值的比重高达 57.5%；90 年代中期，作为全球电子信息制造业中的重要一环，深圳的电子通信设备、电气机械、金属制品等产业链日渐成熟完备，成为全市工业经济发展的支柱行业；进入 21 世纪，计算机通信等电子设备制造业、电气机械和器材制造业、专用设备制造业、通用设备制造业、汽车制造业、医药制造业等行业规模不断扩大，深圳工业经济发展再次迎来全新增长点。公开资料显示，过去十年（2012—2021），深圳驶入高质量发展快车道，地区生产总值从 2012 年的 12950.08 亿元增长至 2021 年的 30664.85 亿元，年平均增长率高达 7.9%；工业增加值从 5091.4 亿元增长至 10356.03 亿元，翻了一倍。2022 年，深圳地区生产总值为 32387.68 亿元，同比增长 3.3%，分别高于全省、全国 1.4 和 0.3

个百分点，同时领跑北上广深四大一线城市。工业成为拉动全市地区生产总值增长的核心引擎，经济增长贡献率接近 50%，是深圳经济名副其实的强项目和硬支撑。

值得一提的是，深圳工业业已形成了以电子信息产业为核心，以机械装备、传统优势产业、电力和石油开采业为辅的五大行业板块。其中，电子信息产业占全市工业比重将近六成，约占全国电子信息产业规模的 1/5，电子信息产业链、技术支撑服务体系、产品配套和交易网络黏性渐大、根性渐深、韧性渐强。工业是"压舱石"，企业是"动力源"。在全国电子信息百强企业中，深圳的企业总数量连续多年位居排行榜前列。头雁破风起青天，众鸟合鸣震红霞。发力高端制造业，深圳不仅有顶天立地的"大块头"，而且有专精特新的"小巨人"。在这片创业的沃土上，华为、工业富联、中集、华星光电等大企业可乘风破浪远航，核心零部件、机器人制造、机器人系统集成等中小企业能另辟蹊径登高。目前，深圳平均每平方千米有超过 10 家国家高新技术企业，密度居全国第一。《行动计划》接续吹响了从"中国制造"走向"中国智造"的号角，使发展格局为之一新，使发展动力为之一振。以产业链中的企业网络为主体，政产学研用紧密结合、跨领域协同顺畅高效的创新生态渐次形成。"近悦远来"的城市特质不断促进技术、资金、人才等资源要素向深圳集聚，社会的合力正在创造历史的奇迹。

"马上"建大学　以高水平大学助力深圳再发展

2015 年，这颗新型大学的种子迎来了它的春天。这一年的 3 月 26 日，一位航天人出身的中央政治局委员正式出任深圳市委书记，他就是马兴瑞。"他刚来没多久，就听取了有关高等教育发展情况的汇报。在汇报中，我们就提到了筹建深圳理工大学的事情，当时（深圳技术大学）还叫深圳理工大学。他说，好啊！理工大学应该建，应该马上建！我们听了也很振奋，这件事情太好了！"吴以环说。

作为中国改革开放的发源地，发挥改革示范引领作用是深圳的历史使命，也是深圳的时代价值。四十不惑，《深圳特区报》在一篇关于经济特区建立40周年的评论文章中写道："中央对深圳的要求始终一以贯之，就是要从全局谋划一域、以一域服务全局，围绕急需突破的重点和难点继续先行先试，形成更多可复制、可推广的经验和制度，以'一子突破'求得'全盘皆活'，以'一马当先'带动'万马奔腾'。"一个产业化能力最强、市场化环境最优、国际化程度最高的"中国硅谷"需要世界一流的企业、高校和科研院所鼎力托举。这是"有意思"也是"有生机"的创新主体和创新机制，这是"有力量"也是"有未来"的发展方向和发展路径。

在《瞭望》新闻周刊的专访中，马兴瑞就"深圳再发展靠什么"这一主题发表了自己的见解和期待。值得注意的是，他多次提到《深圳市国民经济和社会发展第十三个五年规划纲要》（以下简称《规划纲要》）。这份举足轻重的《规划纲要》明确把"加快深圳技术大学等应用技术型本科大学规划建设"作为教育事业重大工程。当记者问及"今年是'十三五'的开局之年，对深圳未来的发展，您心中有着怎样的脉络"，马兴瑞的回答是："我们出台了一系列的举措，属于供给侧结构性改革的重要内容，也是当前推动经济发展所急需的，其中包括支持企业提升竞争力的若干措施。我们通过拉网式的调研，针对存在的问题，出台支持企业在用地、研发、出口等方面的具体措施，在更高层面、更加系统地准确解决大中型企业的人才问题，包括支持科技创新，建设高水平大学，以及通过加强保障房建设支持人才建设等。"

建设高水平大学，是推动教育开放创新发展，努力建成平安和谐、包容发展的幸福之城的应有之义，是赢得新常态下发展的主动权，构建未来可持续性竞争力的关键一招。在"时间就是金钱，效率就是生命"的城市，不敢等、不想等、不能等是干部的主旋律和精气神。吴以环说："我记得很清楚，2015 年 4 月的一个深夜，我们召开了第一次关于推进深圳应用技术大学建设的会议，当时深圳市委副书记戴北方同志和我一起。这就算是开了头，之后我就全力推进。这件事寄托了很多人的希望。我觉得，作为我们深圳自己的学校，应该好好地去办。所以他（马兴瑞）4 月份口头上答应下来以后，我们就一直紧紧地抓住这项工作往前推进。"

一锤定音　对标国际一流创建深圳技术大学

大学，要办！深圳市委、市政府高度重视应用技术大学的筹建工作，有关单位密切配合，认真研究，及时拟定了《深圳应用技术大学筹建方案》。在吴以环副市长的领导下，市教育局会同深圳大学、深圳职业技术学院和深圳信息职业技术学院进行了讨论，精心编制了筹建方案，并交各部门广泛征求意见。吴以环说："我们是在 2015 年 12 月 30 日的市政府常务会议上汇报设立深圳应用技术大学的，就是那一天，人们可能会把它称为技术大学的出生日，或者说技术大学在那一天拿到了出生证。但是，对我而言，筹建技术大学的工作早就开始了。比如设筹的话，就需要报送很多材料。材料都准备好了，上会的时候才能比较从容。"

2015 年 7 月 2 日，吴以环副市长召集市教育局、发展改革委、财政委、规划国土委等有关部门，共同研究了深圳应用技术大学的筹建方案。会后，教育局依照会议精神修改完善了《深圳应用技术大学筹建方案》，对创办深圳应用技术大学的必要性、办学定位、办学规模、办学特色、学科专业设置、组织架构、教师队伍、多元招生、人才培养、筹建路径、校园选址、经费投入，以及筹建具体工作等予以系统论述。

大学，要办！但是，怎么办？吴以环坦言，当时也是有争论的。关于具体筹建路径，最初的《深圳应用技术大学筹建方案》提供了三个思路。第一个思路是通过整合全市现有的高职教育资源和行业企业的优质实践平台，独立新建一所应用技术大学。这一方案的优势在于，立足高职教育和行业企业的整合性基础，有助于按照应用技术大学的办学特点和要求进行顶层设计，开展体制机制创新，探索政产学研协同育人模式，打造符合应用型本科教育特点的新型高等院校；劣势在于，以独立新建的方式筹建大学需要较长时间方能达到一定的办学规模。

第二个思路是依托深圳大学的师范学院和该校的应用专业开展筹建工作，先期可申请单独的招生代码进行招生，并在校内实施相对独立的教学组织和管理，待条件成熟时再从深圳大学分离出来申请设置独立的新大学。这一方案的优势在于，以成熟院校的组织保障和专业积累为办学基础，有利于加快筹建进度，能够比独立新建大学更快达到教育部规定的申报设立新大学的基本条件；劣势在于，深圳大学师范学院主要采取普通高校的人才培养方式，转型为应用技术大学的难度较大。

第三个思路是引进国内知名大学整体搬迁到深圳并借此筹办

深圳应用技术大学，或者引进并促成国外一流应用技术大学与国内高校在深圳合作创办中外合作办学性质的深圳应用技术大学。这一方案的优势在于，发力汇聚国内外优质高等教育资源，有益于国外应用技术大学先进的办学理念和办学模式快速进行本土化调试和赋能性扎根；劣势在于，多方办学的协调成本高，深圳恐较难掌握办学主导权。虽然有关筹建路径的具体思路还将面临数轮的讨论和优化，不过前进的方向已经初现轮廓。

大学，想办！但是，能不能办？多方咨询专家！2015年9月，根据马兴瑞书记和许勤市长的批示精神，吴以环副市长带队分别向教育部鲁昕副部长、中国工程院周济院长、省教育厅罗伟其厅长汇报了深圳举办应用技术大学的设想，并争取获得支持。鲁昕副部长给出了极为中肯的指导性意见，周济院长建议深圳抓住大学与产业相结合的机会，办出成果、办出特色来，罗伟其厅长也对深圳教育的这一"大动作"表示支持。

△ 2015 年 9 月 27 日，吴以环副市长带队拜访时任中国工程院院长周济

同年 10 月 9 日,市教育局会同深圳大学召开了一场高规格的专家咨询会。西南交通大学钱清泉院士、天津大学姚建铨院士、教育部科技发展中心主任李志民、广东省教育厅副厅长魏中林、深圳市教育局副局长范坤等 10 位专家齐聚深圳大学,就高起点、高标准、高质量创办应用技术大学的可行性开展深入研判。深圳大学副校长阮双琛介绍了《深圳应用技术大学筹建方案》,与会专家一致认为筹建应用技术大学既是优化深圳高等教育体系和职业教育体系的内在要求,也是对千万居民高等教育需求在地化、多元化和高端化的有力回应,更是促进深圳经济社会创新发展的现实需要;依托深圳大学筹建应用技术大学,不仅能够促进新学校快速起步,早日达到教育部相关规定的具体要求,而且能够有效推进 2016 年开始本科招生的计划,逐步落实研究生(专业学位)及高层次的人才培养,为学校的未来发展奠定坚实基础。鉴于该筹建方案切实可行,专家建议尽快组织实施。

△ 2015 年 10 月 9 日,举行深圳应用技术大学筹建方案专家咨询会

　　不久，根据时任市长许勤的批示意见，市教育局又会同深圳大学，认真听取了德国高等职业教育专家意见，在充分借鉴德国、瑞士等国家的先进职业教育办学理念和办学模式的前提下，再次对筹建方案作了修改完善，进一步明确了深圳应用技术大学的办学思路、办学定位、办学特色及学科专业设置。可以说，深圳应用技术大学的筹建方案从无到有，数易其稿，凝聚了所有参与者的智慧、心血和希望。这是一群具有问题意识的实干家，该方案从制定之初就始终坚持问题导向，敢于正视问题，善于发现问题，以解决问题为根本目的，针对性地提出解决问题的新思路新办法。2015 年 7 月 23 日，张虎、吴以环副市长召集市教育局、发展改革委、科技创新委、财政委、规划国土委、人力资源保障局、坪山新区管委会和深圳大学有关负责同志研究筹建方案时，就明确指出筹建学校要以解决区域应用技术类高层次人才总量不足和结构不合理问题为目标。铢积寸累，日就月将。建成具有中国特色和国际知名度的开放式、创新型、国际化的应用技术型本科以上层次的教育机构的发展愿景已然清晰，愿景的生命扎根在实践的道路上。"最后我们决定依托深圳大学来办深圳应用技术大学。"吴以环回忆说。

　　一分部署，九分落实；清谈客错失机遇，实干者赢得未来。吴以环说："我当时最着急的就是怕他们汇报不好，每一次汇报都要跟他们交代应该重点讲什么，如何才能避免引起歧义。"筹建过程中的一桩桩"小事"，是构成创办大学、教育改革等"大事"的细胞，小的细胞健康，大的肌体才会充满生机与活力。在这种大事作于细的风格下，一众风雨兼程的奋斗者托举着萌芽中的深圳技术大学来到了它生命中的第一个重要时刻——2015 年 12 月 30 日，深圳市政府六届二十一次常务会议。这次会议审议并原则通过了市教育局呈报的《深圳技术大学筹建方案》。会议认为，建设具有鲜明的应用性特色和职业导向的深圳技术大学，对于探索深圳市的人才培养模式和办学体制机制，促进职业教育和产业融合发展，具有积极意义。会议提出，要认真汲取德国等国家职业教育的先进经验，学习德国职业教育在办学理念、模式、方法等方面的精髓，必要时积极引进德国职业教育界的高端人才。紧密结合深圳市高端制造业和服务业对应用型人才的需求，努力将深圳技术大学建成应用型工程师、设计师的摇篮。

　　起跑就是冲刺，开局就是决战。2016年的元旦注定忙碌，根据市政府六届二十一次常务会议精神，市教育局会同各有关部门快马加鞭对《深圳技术大学筹建方案》再次进行修改完善。2016年1月31日，时任深圳市委书记马兴瑞主持召开市委六届二十四次常委会会议，会议讨论并原则通过了市政府党组提交的《深圳技术大学筹建方案（送审稿)》。会议指出，创办深圳技术大学，是深圳经济社会发展特别是产业优化升级的迫切需要，是优化深圳高等教育体系及职业教育体系的内在要求，是为我国发展本科及以上层次职业教育探索新路。市委、市政府对其筹办工作予以坚决支持。与此同时，会议就关键问题提出了具体意见，在办学定位方面，学校以开展先进制造、高端制造领域的工科教育为主，重点培养本科、专业硕士层次的高水平工程师、设计师；在筹建路径上，学校以深圳大学应用类专业为基础，整合现有本科教育资源，同时厘清与深圳大学的关系，错位发展、优势互补、互相促进；在学科专业设置上，学校要突出特色，追求专而精，避免大而全。这次会议要求市教育局等部门进一步修改完善筹建方案，并按程序抓紧启动申报工作。有关这次会议，一个小细节一直深深地存在于吴以环的脑海里。"当时是教育局局长郭雨蓉汇报，她汇报完了以后，深圳大学副校长阮双琛补充。会议宣布筹建方案通过的时候，我回头跟他们两个对视了一下。"谈起那个令人难忘的时刻，吴以环说，"印象非常深刻的就是这一天，因为这件事通过了，就特别开心！我记得是晚上八九点钟，我们那时就是这么干活的。"

高等工程教育 "德国质量"背后的教育之力

德国的高等教育是世界高等教育发展图谱中光华闪动的一颗。1810年，德国著名的教育改革家威廉·冯·洪堡（Wilhelm von Humboldt）创立了世界上第一所真正意义上的现代化大学——柏林大学。作为"哲学的民族"，从戈特弗里德·威廉·莱布尼茨（Gottfried Wilhelm Leibniz）、巴鲁赫·斯宾诺莎（Baruch de Spinoza）、伊曼努尔·康德（Immanuel Kant）、弗里德里希·谢林（Friedrich Schelling）、约翰·戈特利布·费希特（Johann Gottlieb Fichte）、格奥尔格·威廉·弗里德里希·黑格尔（Georg Wilhelm Friedrich Hegel）到卡尔·海因里希·马克思（Karl Heinrich Marx）等，德国以其丰厚完善的哲学谱系构建了一座坚实的思想之桥，将19世纪塑造为人类群星闪耀的经典时代。

立于思想之桥，一个富含教养的知识共同体正在兴起，他们自觉承接古希腊与古罗马的精神衣钵，以基于直觉和思辨的道德价值、审美情趣的自我表达、德意志文化的特殊性等改造大学，将培育"寂寞"与"自由"之品格的哲学院视为现代大学的重要组成部分，将促进科学和美德、知识和智慧、上帝的荣耀和人类的幸福作为创办大学的第一动机。然而，知识本身并不能通过自我论证抵达客观有效性，它必须在实践主体的生产生活、组织管理、文化审美中找到自己的现实归属。1845 年，伟大思想家马克思的那句"哲学家们只是用不同的方式解释世界，而问题在于改变世界"，以振聋发聩之势涤荡了知识生产界的独断论阴霾。推动社会历史发展的阿特拉斯（Atlas），不是头顶的灿烂星空，也不是心中的道德律令，而是大风泱泱、大潮滂滂的物质-社会实践活动。

精神的纹理是现实的浮光，思想随物质而动，物质因思想而变。19 世纪中期，随着人文学科、自然科学领域的分化发展，特定研究领域的专业化程度不断加深，德国大学的内部构成开始发生变化。作为一种新的教育机构，研究中心、实验室逐渐显示出在知识生产上的优越性。随后，应用科学也以研究组、研究项目等方式在大学出现了。20 世纪 60 年代，德国如火如荼的工业化进程急需大量具有工程实践能力、能够将科技成果转化为现实生产力的应用型人才。在此背景下，德国开始全面发力（高等）工程教育——应用技术大学（Fachhochschule，简称 FH）建设，以实践性的人才培养为德国制造的崛起之路赋能赋力。

因势而谋，因势而动，因势而进，与社会需求的高适配性决定了应用技术大学从创立之初即能得到社会各界的广泛认可。1970 年，德国已经拥有 98 所应用技术大学。仅仅 5 年之后，这一数字便达到了 136 所，占当时高等院校总数的 51.1%。为了保障应用技术大学的发展行稳致远，德国的《高等教育法》明确规定了应用技术大学与其他高等院校之间属于"不同类型，相同地位"的关系，进一步明确了应用技术大学在德国高等教育中的合法身份。

经过 60 多年的发展，德国应用技术大学已经形成了一套完整、成熟、有效的办学模式。应用技术大学的人才培养目标来源于社会发展需求、产业升级需求与学生成才需求的现实综合,通过培养学生解决复杂工程问题的能力,使社会的"人才活水"奔流涌动,使产业的"智力贮备"扎实丰厚,使学生的成长成才可堪重用。解决复杂工程问题不仅需要学习系统的科学理论知识,而且需要接受专业的实践训练。与传统的研究型大学相比,应用技术大学培养的是兼具专业性和应用性的卓越工程师类型的实践工作者,其专业性体现在把复杂工程问题"化繁为简"的国际胜任能力,其应用性体现在把理论知识转化为实际应用技术的产品产出能力。因此,应用型人才也被称为"桥梁式的职业人才"。所谓"桥梁",不在于知识类型的划分,而在于知识转化的差异——无论是国际胜任能力还是产品产出能力,都是实践转化能力的具体表现。得益于对标现实需求的实践转化能力,应用技术大学毕业生不仅能够胜任小微企业的领导职务,而且能够担任大中型企业的技术骨干和高级管理人员。

在德国,应用技术大学的学习年限一般为 4 年。在此 4 年中,学生的学习过程大致分为基础阶段和专业阶段。在基础阶段(前 2~4 个学期),学生主要进行基础必修课程的学习;在专业阶段(后 4~6 个学期),学生主要按专业方向或学习重点选修专业课程,并完成相关的实习实训。可以说,实习实训是德国应用技术大学最具特色和效用的教学活动。通过实习实训,学生能够置身第一现场体验、了解、反思生产全过程,从新手到熟手再到行家里手,最终超越"唯手熟尔",突破原有思维路径、工作内容、体制机制,实现创新性生产。与此同时,德国应用技术大学的专业设置对社会需求的变动极为敏感,它秉持宽窄并存的原则,在专业设置上兼顾实践知识的专业针对性和理论知识的普遍适用性，一方面根据社会发展实际在特定专业领域下设置、更新不同的专业方向，另一方面将窄口径专业并入宽口径专业培养，最大限度弱化科学技术的快速迭代对专业化知识有效性的冲击，增强学生对未来岗位需求的适应弹性。在课程设置方面，德国应用技术大学充分考虑课程体系的整体性，根据就业市场变化和企业发展趋势，将基础课程、专业基础课程、专业深化课程、非专业课程有机结合起来，着重建构更为合理的知识结构，培养更为全面的应用能力。与综合性大学的教授每周授课 8 学时不同，德国应用技术大学的教授平均每周授课 16~18 学时，加之以实践为导向的教学形式，充分发挥了研讨教学、现场教学、案例教学、实验教学和项目教学的小班教育优势，将"发现真问题—研究真问题—真解决问题"的工程思维注入每一处学习的场景和每一个求知的心灵。

应用技术大学是德国高等教育的重要组成部分，其卓有成效的"双元制"（Dual Vocational Education & Training）的育人模式、"双师型"的师资结构、应用型的科学研究、国际化的发展路径共同构成了德国高水平教育体系的核心特色。所谓"双元制"的育人模式，是指由学校和企业共同承担人才培养责任的体制机制。它是高等教育针对性、前瞻性地应对劳动需求的现实形变，它是现代社会教育、产业、人才一体化发展的直接表达，它是高等教育走出象牙塔，走向社会轴心的勇敢试炼。它基于校企合作的实践模式，充分发挥高等院校的科技、人才、学科优势和企业的技术敏感性、市场应用性、资金流动性之间的双向赋能作用，全面保障学生的专业理论知识与实践技能素养的无缝对接，极大地缩短了人才从学校走向社会的适应期，极大地提升了知识从书本转向市场的应用性。

所谓"双师型"的师资结构，广义上是指由既能胜任专业理论教学，又能完成实践技能培养的育人英才组建的师资队伍。在德国，应用技术大学对教师的准入条件有着明确规定。《高等教育总法》要求，应用技术大学的教授必须满足如下四个聘任条件：第一，毕业于高等院校；第二，教学或培训经验丰富，具有一定的教学才能；第三，获得博士学位，具有从事科学研究的能力；第四，具有至少 5 年的职业实践经历，其中至少 3 年在学校以外的领域深耕，并在相关科学知识应用或技术设备研发等方面获得一定成就。实际上，德国应用技术大学在教授招聘中不仅要求应聘者具备至少 5 年的企业工作经历，而且强调其中至少 2 年担任部门经理及以上的管理职位。可以说，在企业界的影响力、贡献力、交往力、感知力，已经成为德国大多数应用技术大学极为青睐的应聘者素质。

所谓应用型的科学研究，是指在问题导向下把科学知识和原理方法转化为现实生产力的实践性科研模式。例如基于如何实现重物平衡移动和精准定位的现实生产需求研究模糊控制理论等。与一般综合性或研究型大学不同，应用技术大学以解决社会生产中的实际问题为中心，通过直接嵌入物质生产网络，真正做到了"你有排名指标，我有胜任实力""你有论文专著，我有设备产品""你有头脑风暴，我有现实创新"！能否解决现实生产中的实际问题，是判定应用技术大学在竞争激烈的教育系统中欣欣而生或恹恹而死的根本红线。

所谓国际化的发展路径，是指高等教育主体在经济全球化发展的趋势下采取的跨国发展、协同发展的人才培养模式。通过校际合作全球化、留学生招收比例扩大化、国际课程多元化、实习实训跨国化等方式，不断强化应用技术大学对具备国际视野的高端应用型创新人才的塑造和托举作用。

应用技术大学就是好大学

伴随世界现代化、城市化、工业化的历史进程走向深入，现代大学同经济发展、科技进步、社会和谐紧密联系，它的地位、职能和作用发生了根本性变化。大学亟须走出"象牙塔"，成为"瞭望塔"，作为公共事业的基本平台与核心主体，积极发挥教育在社会经济生活中的支撑性作用。威斯康星大学（University of Wisconsin）校长查尔斯·范·海斯（Charles Van Hise）强烈倡导把大学送到人民中间，把服务作为大学的唯一理想。此时，威斯康星理念（Wisconsin Idea）的跫音已响。他认为大学必须考虑每一项社会职能的实际价值，它的教学、科研、服务都应面向州的实际需要。恩格斯曾说："社会上一旦有技术上的需要，则这种需要会比十所大学更能把科学推向前进。"与现实的社会需要相结合，是大学安身立命的根本，是教育明德建业的基础。在1905年的一次演讲中，范·海斯公开表示："除非威斯康星大学的有益影响惠及该州的每一个家庭，否则我永远不会感到满足。"

纵览全球教育，一流应用技术大学的发展历程本身就是教育链、人才链和产业链、创新链协同融合的现实样本。它打通了学生成长成才、社会全面发展、产业转型升级之间的堵点，消除了人才培养供给侧与产业发展需求侧"两张皮"的痛点，使科学、社会和经济之间气脉关联、生机无限。可以说，应用技术大学与城市、企业、社区的多边赋能、共生共荣的发展结构，成就了世界城市演化史、工业发展史和社区文化史上的经典范例。扎根地方，服务周围，追求卓越，走向世界，是刻在应用技术大学基因中的初心使命和价值追求。与传统大学不同,应用技术大学是高等教育回应科学技术进步、城市和谐发展与产业转型升级的直接产物。它重视教育与社会的关联,致力于超越课堂、走出围墙,通过广泛的包容性肩负起科学研究、人才培养和服务社会的重任。

当今时代,万物互联互通,链接创造价值,链接即是价值。应用技术大学作为创新创业的区域中心,能够成为创新第一动力、科技第一生产力、人才第一资源和文化第一软实力的重要结合点,在地方经济社会发展中发挥"源链接"的作用。一方面,应用技术大学可以充分利用自身的前沿实验室基础设施、对接产业的科研成果和高端应用型人才储备,直接孵化或开展创新创业活动;另一方面,应用技术大学也可以作为资源、制度、文化和实践的平台,链接并赋能创新创业的多元主体,为解决创新创业所面临的具体问题、促进地方经济的和谐发展寻找更为切合的新方法。可以说,应用技术大学的发展对于重塑产业空间格局,激发产业生机活力,打破技术创新壁垒、市场竞争壁垒、人才培养壁垒、科学研究壁垒具有前瞻性的引领作用。

统军持势者,将也;制胜败敌者,众也。作为德国高等教育的重要组成部分,应用技术大学为"二战"后德国的快速崛起和持续繁荣输送了大量战略科学家、科技领军人才以及卓越工程师、设计师、精算师等,有力地提升了德国的产业发展水平和国家综合竞争力。自从诺贝尔奖设立以来,总人口仅 8200 万的德国出现了一百多位获奖者。其中,仅维尔茨堡-施韦因富特应用技术大学就培养出了 16 位诺贝尔奖得主。1895 年,物理学家威廉·康拉德·伦琴(Wilhelm Conrad Röntgen)在该校发现了 X 射线,并借此获得了首届诺贝尔物理学奖。

具备物理学基础知识的人都知道,导体中的电流与它两端的电压成正比，跟它的电阻成反比。这一现代电学基本规律如此简明，但其发现过程却毫不简单。自 1820 年始，物理学家乔治·西蒙·欧姆（Georg Simon Ohm）就开始系统地研究电学理论，并在反复的实验中确立了 I（电流）$=U$（电压）$/R$（电阻）的数学表达式，即著名的欧姆定律。他也因之被称为"电力学之父"，电阻的国际单位制"欧姆"即以他的名字命名。除了物理学家和"电力学之父"的卓越头衔，欧姆还有另外一个重要身份，那就是纽伦堡应用技术大学（Nuremberg Institute of Technology）的第二任校长（1833—1849 年）。纽伦堡应用技术大学始建于 1823 年，现有来自 108 个国家的近 13000 名学生，是德国久负盛名的高等学府之一。它与全球 160 余所高等院校建立了合作关系，并与该地区的商业部门保持着良好互动，是纽伦堡大都市地区创新的重要推动力。

除顶尖科学家之外，应用技术大学还培养了众多的企业精英和技术专家，例如奥迪公司创始人奥古斯特·霍希（August Horch）、欧宝公司创始人弗里德里希·欧宝（Friedrich Opel）、DKW 汽车公司创始人乔尔根·斯卡夫特·拉斯姆森（Jörgen Skafte Rasmussen）、PAL-制式的发明人沃尔特·布鲁赫（Walter Brueh）、火箭推进器的发明者以及美国通用电气公司副总裁盖尔哈德·诺依曼（Gerhard Neumann）。如此等等，数不胜数。事实证明，应用技术大学的毕业生不仅能够在中小型企业担任领导职务，而且能够胜任大型国际企业的技术骨干和高级管理人员。

调查显示，毕业 5 年后，德国综合性大学的毕业生担任领导的比例为 25%，而应用技术大学约有 30% 的毕业生走向了企业中的领导岗位。东巴伐利亚应用技术大学杰出校友——西门子集团 CEO（首席执行官）乔伊·凯飒（Joe Kaeser）说："如今回首，东巴伐利亚应用技术大学商学院对实践的高度重视以及对科学方法论的兼顾使我受益无穷。虽然今日社会与我求学时代早已相去甚远，但我今日所想一如当年：优质、扎实的教育应传授专业知识、培养独立思考的能力，即使在数字化时代，这样的教育依然是职业生涯成功的基础。"目前，多数应用技术大学已经具备授予博士学位的合法资质，预计未来将有更多应用技术大学的毕业生在社会各界担任要职，为国家繁荣、社会发展、人类幸福贡献力量。

"一个没有一所重要大学的城市是一个不完整的城市"，英国学者安东尼·塞尔登（Anthony Seldon）等人认为，面对第四次教育革命的浪潮，大学不会消失，但大学需要彻底改变。为使教育对象更好地适应社会变革，教育比历史上任何时期都更需要积极弘扬创新实践的主人翁意识，大学比历史上的任何时期都更需要主动将自身嵌入变革发展的动力之网。创新不只存在于基础研究领域，它更多地在产业需求、市场竞争、文化偏好交织的世界交往体系中萌发、形成和推进。一件走向市场、满足社会需要的商品，在其从抽象想法转化为现实产品的每一个环节、每一处工艺、每一次管理、每一种表达，都是创新行为的发生地。创新不是一时一地的灵感爆发，创新是处处善胜、久久为功的匠心作为。因此，未来的教育，一定是摆脱传统路径依赖，把学科建设、人才培养、科学研究、师资队伍紧密结合在一起的教育；未来的大学，一定是冲破旧有观念藩篱，与城市、产业、文化同呼吸共命运的大学；未来的创新，一定是协同积累、跨界融合、持久作为的综合表达。

高质量的高等教育体系，支撑高水平的经济发展。建设应用技术大学是构筑德国国际竞争力的重要一环。德国有许多世界一流的应用技术大学，例如米特韦达应用技术大学（University of Applied Sciences Mittweida）、维尔茨堡-施韦因富特应用技术大学（Technical University of Applied Sciences Würzburg-Schweinfurt）、东巴伐利亚（雷根斯堡）应用技术大学（Ostbayerische Technische Hochschule Regensburg）等。1996 年初，德国、奥地利、瑞士等国企业领导人对三国 155 所工程类高校进行了评估，其中，德国的应用技术大学占据了前 20 名中近 1/3 的席位。据 2021 年 1 月的数据统计，德国共有 120 所综合性大学、206 所应用技术大学、57 所音乐艺术高校，以及 7 所其他类型的高校。应用技术大学在德国高校中的占比已经超过 50%，其学生总数占德国大学学生总数的 36.27%。作为"德国高等教育最富成效的革新之一"，应用技术大学依靠实践化、应用型的思维把科技创新活动真正落实到产业发展全过程，支撑了德国 4000 余家品牌企业的发展，为德国培养了一半左右的企业经济学家和计算机信息技术人才。在大众汽车集团，有 2/3 的工程师来自应用技术大学。在西门子集团，有 3/4 的工程师是应用技术大学的毕业生。

可以说，应用技术大学是现代产业发展的拱心石，是卓越工程技术人才的蓄水池，是科学技术进步的助推器。在德国，应用技术大学是名副其实的好大学，是值得信赖的好大学。它打破了"大学—城市"单向寄生式关系，通过建构"大学—城市"发展共同体，不仅在地理空间上融入城市发展的璀璨背景，而且在人才链、教育链、产业链、价值链、知识链上嵌入创新网络。城市的活力得以激发，城市的特色得以彰显，城市的品格得以重塑。

第二章
聚焦技术　明确发展道路

　　星星之火，可以燎原。建设一所大学，就是投下一簇火种。马兴瑞认为，决定一座城市高度的，不是摩天大楼，而是大学。在多个场合，他都表达了对深圳提升高等教育体量和质量的紧迫感。在马兴瑞看来，高等教育的建设水平与深圳建成现代化、国际化的创新型城市密切相关。他曾在视察高考考点的时候指出，深圳得办几所好大学，要抓紧时间办大学！大学，尤其是应用技术大学所具有的科技资源对区域经济发展具有重要的支撑作用，所具有的智力资源对地方产业升级具有坚实的保障作用，所具有的文化资源对城市人文精神具有柔性的教化作用，所具有的建筑资源对城市的空间景观具有品牌化的提升作用。一座城市托举一所大学，一所大学点亮一座城市。大学的扎根和生长直接提升了城市的人口密度，优化了人口质量，能够带动科技服务业，孕育特色新产业，不断增强大学周边的人才吸引力、辐射带动力、综合承载力，进而促进环大学的特色文化新城区和科技创新园区的建设。大学，尤其是应用技术大学是地方发展的文化之魂、人才之力、创新之翼。它立足地方特色，服务地方发展以向下扎根；

它对标世界一流，面向科技前沿以向上生长。它将"顶天"的办学理想和"立地"的服务行动统一起来，既志存高远，又脚踏实地。在"求上"与"下达"之间，大学成为一座城市华丽蝶变的核心引擎之一。大学之"大"是开放面向之大、塑造力量之大、济世胸怀之大，大学之"学"是立人之学、致思之学、成事之学。

落子大格局　从协同发展角度作规划

大学之力恰如东风，拂尘灰，唤新绿。深圳要建一所新大学的消息一出，各区纷纷行动起来，向未来的深圳技术大学传递政策"好声音"。正所谓欲乘东风行万里，必先开门迎东风！阮双琛说："实际上，深圳技术大学有好几个选址方案。最早的选址在深汕合作区，第二个选址在大鹏新区，第三个选址在坪山新区，第四个选址在光明新区，就是现在中山大学（深圳）的所在地，其实它是技术大学的选址之一，而且当时在光明新区建校的设计方案都已经出来了。"有心建大学，望向更远处。作为深圳本土第一所应用型高等院校和第一所深圳自主创建的新大学，深圳市委、市政府是在立体、复杂、动态的现实棋局中来落子定局的，谋求高校"一子落"，区域"满盘活"；谋求一子落下，有音、有响、有活路！2016 年 1 月，深圳市人民政府印发《〈中国制造 2025〉深圳行动计划》，特别要求加快推进深圳技术大学的建设，提高高端制造业发展的人才培养能力和人才服务能力。2016 年 4 月，深圳市人民政府印发《深圳市国民经济和社会发展第十三个五年规划纲要》，明确指出推动教育开放创新发展，加快深圳技术大学等应用技术型本科大学规划建设。2016 年 6 月，深圳市发展和改革委员会印发《深圳市实施东进战略行动方案

（2016—2020 年)》，将推动深圳技术大学（筹）等规划建设列入打造东部教育高地的战略布局。质言之，不谋全局者，不足谋一域。深圳技术大学从不是为了建校而建校，从一开始它就是深圳"行动"的一部分、"规划"的一部分、"战略"的一部分。

"对于深圳来说，过去靠改革，当前、未来的发展也唯有靠改革。"马兴瑞在接受《瞭望》杂志的采访时说。由于历史原因，深圳的发展呈现出"西强东弱、西密东疏、西重东轻"的不均衡局面。深圳市委、市政府一直力图改变困局。实施东进战略，是深圳贯彻国家"一带一路"和泛珠三角区域合作战略的主动作为，是落实省委振兴粤东西北战略的积极行动，是在新的历史时期谋划更高质量发展的重要选择。实施东进战略，有利于改变历史形成的不均衡城市格局，破解城市发展的瓶颈难题，实现高端要素扩容；有利于推动东部地区发挥后发优势，促进形成新的城市发展中心，打造未来城市发展第三极；有利于拓展发展空间，发挥深圳经济中心城市辐射带动作用，推动深莞惠经济圈（3+2）建设，促进与粤东粤北联动发展。2016 年深圳"两会"期间，马兴瑞特别强调了"坚定不移地推进实施东进战略"，认为此举是推动深圳可持续发展的长久之策。市委、市政府将"东进战略"写进了"十三五"规划之中，并从上到下加大了推动力度。想要有大作为，就不能只关注自己的一亩三分田；想要有大发展，就不能只顾及眼前的一时一日功。2016 年 5 月 7 日，马兴瑞主持召开东进战略领导小组首次会议。他在会议上提出"立足深圳、着眼全省、胸怀全国"的口号，希望"东进战略"不仅能够解决深圳自身发展不均衡的问题，同时也能够推进珠江东岸形成具有影响力的世界级都市圈。深圳市人大代表吴滨在接受公开采访时说："如果东进战略能顺利实施，它将会是区域一体化的

'快进键'。"

"坪山是深圳的最东边，朝西走就到惠州了。可以说东进战略的核心实际上是在坪山，当时的领导就想什么样的产业或者什么样的单位能够带动坪山的发展？后来就决定把技术大学放到坪山，作为东进战略的助推器。所以，正是在东进战略的指导下，技术大学来到了坪山，技术大学的选址才最终定在了坪山。"阮双琛说。在吴以环的记忆中，坪山区委、区政府非常渴望能在那个统建楼、农民房与工业区拼接的"关外之地"建一所大学，他们下了很大的功夫，希望技术大学落户坪山。"我考虑的因素是比亚迪集团总部在坪山，而且坪山未来的发展也是以制造业为主的。地区和学校的目标定位非常契合。当然去光明新区也是可以的，但是别看这短短的几年，光明新区的发展今非昔比！当时那里的产业并没有那么突出，也没有世界一流科学城的概念。坪山的发展一直是非常明确的，就是以制造业为主。除了比亚迪工业园，它还有很多的产业规划也都是制造业导向的，所以我觉得技术大学的校址选在坪山非常契合，大家也非常一致地认为那个地方很好。"吴以环说。

除此之外，坪山自然环境良好，专门预留了高等教育建设用地。坪山的生态控制线占整体面积的 55%，坪山河流域的面积占全区面积的 77%。坪山不和南山、福田比摩天大楼，也不和宝安、龙岗比地区生产总值。时任坪山新区党工委书记张备说："我们的发展要体现坪山特色，我们完全有条件打造一个不一样的深圳。"就这样，经过反复对比，优中选优，2016 年 1 月 31 日，市委常委会会议审议通过《深圳技术大学筹建方案》，议定深圳技术大学选址坪山新区石井片区。就这样，深圳技术大学与坪山新区因号声嘹亮的"东进战略"而结不解缘，因步履铿锵的大国制造梦而共向未来。

　　教育经济一盘棋，小河有水大河满。对市委、市政府来说，深圳技术大学"花落"坪山新区可以推动创新发展要素、城市服务功能和高端人才资源东进，以与深圳改革发展和产业升级相适应的特色专业、与法治文明建设相适应的现代大学制度、与制造强市相适应的应用型高等教育标准，有效提升东部地区的创新能力、产业层级和资源结构。通过打造"一高地两枢纽四平台"，即中国高端应用型创新人才培养高地，现代职业教育人才培养纵向衔接枢纽、普通高等教育和职业高等教育之间横向贯通枢纽，以及城市服务平台、应用研发平台、校企合作平台、国际交流平台，做大做强东部经济，将东部地区建设成为全国一流的宜居宜业新城区。

　　建设深圳技术大学是坪山新区党工委书记张备亲自挂帅督办的重点项目。为加强与筹备工作领导小组的沟通，协调落实前期任务，做好相关工作的衔接，确保筹备工作高效、优质、有序推进，坪山新区综合办公室迅速行动，于2016年3月11日成立了深圳技术大学筹备工作对接领导小组。坪山新区各相关部门高度重视筹备工作，要求专门负责人无缝对接、高效沟通，耐心做好协调服务工作，并及时将相关情况向对接领导小组汇报，做到责任不推诿，任务不拖延，工作不敷衍，力争高质量地完成有关任务。全区上下各司其职、各负其责、和衷共济、齐心协力，共同守护新区第一所高校项目按计划顺利实施。

　　聚龙山青云豪迈，坪山河灵秀蜿蜒。深圳技术大学将在锦绣山河之间，辟一方沃土，造一座平台。在这里，进取之心态、科学之思维、自主之志气才是真正的物华天宝；在这里，应用之功力、工匠之精神、人文之情怀才是真正的人杰地灵。在这里，校地联动发展、产教融合育人才是积极的兴城之举；在这里，理论知识的有效落实、科技成果的系统转化才是正向的求知之道。她致力于走一条全新的高等教育发展之路，既造福本地学生，又惠及地方产业；既关注现实问题，又聚焦未来发展。以"抓紧办大学，办成好大学"为目标，突出地区发展特色和优势，整合各类优势资源要素，共构教育链、人才链、产业链和创新链，在更高层次和标准上推进创新、协调、绿色、开放、共享的产校地一体化发展。依托完备的产业基础，凭借大学在知识创新方面的独特优势，将产校地一体化发展的综合势能高效转化为高端应用型创新人才培养的制度优势，强化以产助教、以教兴产，以产教融合赋能地方繁荣。

成立领导小组　选定筹备办公室主任

2015 年 3 月 30 日，时任省委副书记、市委书记马兴瑞，市长许勤率队赴教育部汇报深圳高等教育改革发展工作，筹建深圳技术大学即是其中事项之一。教育部相关领导听取了汇报，并对深圳筹建技术大学表示肯定和支持。探路点灯后，昂首再向前。吴以环说："依托深圳大学来办深圳应用技术大学，就要先从它那里搭班子。"市委、市政府迅速成立了领导小组，全力推进深圳应用技术大学的筹建工作。组长由香港中文大学（深圳）和南方科技大学筹建的主要推动者之一吴以环副市长担任，市政府副秘书长黄国强、许重光担任副组长。市发展改革委主任王宏彬、科技创新委主任陆健、财政委主任汤暑葵、教育局局长郭雨蓉、人力资源保障局局长王卫、建筑工务署署长于宝明、坪山新区管委会主任陶永欣、深圳大学校长李清泉、深圳大学副校长阮双琛等市职能部门负责同志作为核心成员。领导小组下设校园建设工作组和办学筹备工作组。校园建设工作组组长由许重光担任，副组长由于宝明、陶永欣担任，主要负责校园规划、建设等工作；办学筹备工作组组长由黄国强担任，副组长由郭雨蓉、李清泉担任，主要负责申报设立、办学筹备等工作。

2016 年 3 月 15 日，深圳市人民政府办公厅发出关于设立深圳技术大学筹备办公室的通知，要求深圳大学选派一位副校长担任筹备办公室主任，并抽调足够人员全职参加筹备办公室相关工作。大海航行靠舵手，万军布阵靠良将。由于筹备办公室具体负责学校的各项筹备任务，包括办学筹备、申报设置、人才引进、专业学科规划、校园规划建设等事宜，主要负责人的遴选就显得至关重要。市委、市政府明确要求，筹备办公室主任需"极具改革精神、创新精神、实干精神"。条件昭然列出，答案已然写就。2016 年 4 月 15 日，深圳大学党委常委会研究决定，由阮双琛同志担任深圳技术大学筹备办主任和法人代表。

"我从小在农村生活，记得小学和初中时，除了正常上课我们还要参加劳动，有时候刚下课就要去干农活。初中毕业时正好赶上县里开始统一安排初中升高中考试，我很幸运地考入当时全县最好的高中——象山中学。那个时期全国高考刚恢复，大家的学习热情很高，老师的教书热情也很高，经常在周末额外给我们加课。在这样的学习氛围下，我度过了青少年时期最美好的时光。"阮双琛说。

1982 年，已过而立之年的新中国步入了全新的历史时期。这一年，党的第十二次全国代表大会在北京举行。邓小平同志在开幕式中庄严宣告："把马克思主义的普遍真理同我国的具体实际结合起来，走自己的道路，建设有中国特色的社会主义。"这次大会提出了"建设有中国特色的社会主义"的崭新命题，回答了中国进入改革开放新时期后走什么样的道路这一全党和全国人民最为关心的重大问题，它成为指引改革开放和社会主义现代化建设的伟大旗帜。1982年，年少有为的阮双琛也开启了人生的黄金时代。这位在农村出生长大的西北小伙，通过高考改变了自己的命运。这一年，18岁的阮双琛以全县最高分考入西北大学物理系。西北大学是我国西北地区建校最早的高等学府，肇始于变法图强的清末陕西大学堂，得名于伟大的辛亥革命。大学期间，阮双琛的学习成绩一直名列前茅，最后有幸成为学校的推荐免试研究生。那个年代，研究生招生指标很少，他说："我记得当时整个物理系只有两个推荐指标。"直至顺利获得硕士学位，阮双琛在西北大学度过了7年"公、诚、勤、朴"的求学岁月。在那里，他徜徉在知识的广阔天地中，奔跑在理想的康庄大道上。这所曾被《大英百科全书》列为世界著名大学之一的全国重点大学，是阮双琛学术生涯和教育事业的第一起跑线。它秉承"发扬民族精神，融合世界思想，肩负建设西北重任"的办学愿景，将天下为公、不诚无物、勤劳坚毅、抱朴守真的精神融入莘莘学子的信念之源、学业之根、力量之基。

1989年，阮双琛进入国内研究超快现象最好的单位之一——中国科学院西安光学精密机械研究所工作，不久便凭借出色的研究能力被破格提拔为教授，一举迈入当年高、精、尖、缺的年轻教授行列。他说："西安光机所为我提供了成长发展的重要平台，为我以后的人生打下了坚实基础。"开眼看世界，至诚报国心。1993年，他受邀前往英国帝国理工学院做访问学者。在那里，阮双琛与世界著名光学专家泰勒教授度过了一年半朝夕相处的共进时光。泰勒教授踏实勤勉和勇于探索的科研作风给他留下了极为深刻的印象。与此同时，美国历史上第一位华裔校长（前伯克利加州大学）——著名科学家田长霖教授的坚毅求学志、严谨治学道、现代人才观和赤胆爱国心也曾一次次地强烈震撼着他求真求实的质朴心灵。他们在为人、教育和科研领域的卓越作为像凌空燃烧的火炬，激励着阮双琛遇贤思齐、惜时如金，不断再攀高峰。

1995 年，年仅 32 岁的他获得了国务院对高层次专业技术人才和高技能人才的国家级奖励，成为享受国务院政府特殊津贴的专家。阮双琛说："1998 年，我们国家准备在上海浦东建设第三代同步辐射光源，当时的筹建团队在选人时看中了我，想让我到上海参与项目的建设工作。这个项目由位于北京的中国科学院高能物理研究所牵头，相关负责人特地到西安光机所找我沟通，后来我也到北京了解情况，当时初步确定要去上海工作。"

1999 年，中共中央、国务院先后下发《关于深化教育改革全面推进素质教育的决定》和《关于加强技术创新，发展高科技，实现产业化的决定》，把全面推进素质教育和技术创新放在了全局和战略的高度，着力培养适应 21 世纪现代化建设需要的社会主义新人。新气象、新速度、新活力，教育和技术的改革东风吹遍大江南北。彼时，劲头正足的深圳大学在全国各地招揽学术精英，希望引进高端人才壮大学校的科研和教学力量。揽获中国科学院十大杰出青年、中国科学院青年科学家奖二等奖、第六届中国青年科技奖、中国光学学会科技奖（王大珩光学奖）等诸多荣誉的青年科学家阮双琛便是深圳大学力邀的重点对象。至诚则金石为开，被深圳大学的求贤诚意打动，被南国鹏城的改革热力感召，风华正茂的阮双琛毅然决然选择一路向南。他说："1999 年 9 月 16 日，我从西安来到深圳，在此之前我从未来过深圳。我属于深圳引进的人才，刚来时住在深大校园内的海滨小区。我对深圳的第一印象主要来自深大校园，当时深大的学生很少，校园非常干净、环境优美。当时我深刻地感受到，深圳这座城市到处充满生机活力，特别适合年轻人来这里为未来努力、为梦想打拼。"未来不是梦，另一段追风逐月的人生旅程即将开启。

在深圳大学，阮双琛以饱满的热情投身教育与科研事业。学高为师，德高为范。走上三尺讲台，教书育人；走下三尺讲台，为人师表。1995年起，阮双琛就开始培养硕士研究生，他时刻提醒自己"千万以身作则，切莫误人子弟"。凡是要求学生做到的，阮双琛首先要求自己做到。每天早晨7点左右来到实验室，11点左右离开实验室。不论双休日，还是节假日，他十几年如一日地干本行、爱本行、钻本行，在教育和科研领域中留下了自己的追光脚印。

上下求索，笃行致远；日进一寸，终至所归。作为深圳大学工程技术学院院长，阮双琛不仅要求研究生每天签到，而且要求他们每周参加例会总结自己一周的工作成绩、科研体会和创新方法，以供其他同学分享和借鉴。例会上，他总结分析每一名学生的汇报，和他们一起探讨科研工作中存在的问题和解决的方式，指导并推动下一步工作顺利开展。与此同时，阮双琛也有意在本科生教育中适当引入研究生阶段的专业理论和研究方法，通过拓宽学生的知识视野，在其思维中放进一把"求上"的梯子，埋入一颗"求深"的种子，以日以年，静待花开。为了激发和增强教育活力，点燃学生的求知求新之火，阮双琛专门提出"每天寻求一个更好的方法"的倡议。彼时，每个实验室都张贴着这则教育科研工作的新语录。阮双琛说："合格的教育是三足鼎立的教育。所谓三足是指：身体健康、素质向好、从容应对社会。如果一个人整天心情低落、愁眉苦脸，他如何实现三方协调发展，如何安然自处于内心，又如何扎实立足于社会呢？"可以说，"每天寻求一个更好的办法"的背后，一方面是坚持日拱一卒的踏实，另一方面则是相信功不唐捐的乐观。后来，这则倡议被推广至工程技术学院全体师生，成为塑造学院整体风貌的工作理念和创新文化。

正所谓"功成不必在我，功成必定有我"。以"有我"的担当，追求"无我"的境界。阮双琛说："刚到深圳大学的时候，学校在学科建设、师资队伍建设以及承担国家科研项目等方面比较薄弱。很多老师的主要精力都在教学上，有能力做科研的人员并不多，加上学校本身科研基础较弱，每年争取的国家自然科学基金仅有 20 项左右。"他充分发挥在中国科学院积累的科研优势，在深圳率先推动建立第一个以激光工程为主的重点实验室，开创了深圳建立重点实验室的先河。阮双琛说："当时深圳还没有重点实验室，我参加专家联谊会时与有关领导聊起此事，大家开始讨论建立重点实验室的可行性，回去后我认真起草了建议书，但迟迟没有合适的机会向领导介绍相关情况。2001 年，我被评为深圳市十大杰出青年，在座谈会上我谈了关于深圳建立重点实验室的想法和建议，市领导对这件事比较重视，专门委托深圳市科技创新委员会来推进这项工作。后来事情进展很顺利，继激光工程重点实验室之后，深圳大学也有两个研究所升级为重点实验室。"

2005 年，他开始担任深圳大学副校长，协助主要领导在学校建构起规范合理的科研体系，为深圳大学的科学研究步入良性发展轨道奠定了坚实基础。在阮双琛担任副校长期间，深圳大学的科研经费突破 1 亿元大关，国家自然科学基金项目获批资助超过 70 项。除此之外，他还推动了深圳大学的研究生教育取得跨越式发展。深圳大学早年以本科生教育为主，阮双琛分管研究生教育以后，极富预见性地建议逐步加强研究生教育以适应未来发展需要，并在这一方面持续发力。在相关领导的大力支持下，深圳大学的一级学科硕士点由 11 个增加到 30 多个，几乎覆盖了所有的学科。在此基础上，学校每年积极向广东省教育厅申请增加研究生指标。在阮双琛分管研究生教育期间，深圳大学的研究生指标由 600 个增加至 2000 个。担任深圳大学副校长的十多年间，阮双琛主管过科研、教学、外事、学生等各个领域，可谓是深圳大学蜕变式成长的见证者、参与者和推动者。

从 2015 年 8 月接到第一通来自市委、市政府关于筹建深圳技术大学的电话起，阮双琛就选择了开启另一段"实干改变世界"的人生。对深圳高等教育来说，筹建一所新型大学既是发展任务，更是改革使命。对阮双琛个人来说，与其说是投身新事业，不如说是推进"老本行"；与其说是从零开始，不如说是叩击命运的回响。子曰："五十而知天命。"对教育者来说，"知天命"是对教育规律的深切体悟与信仰，是对教育功能的贯通实践和彰扬。站在第五个十年的人生台阶上，透过半个世纪的历史纵深，阮双琛认为工业革命浪潮、国际权力关系、国家战略导向、技术扩散结构、产业发展需求和整体就业形势对传统人才评价体系的冲击必将给教育领域带来一场认知的洗礼和标准的重塑。教育前所未有地需要突破大学与社会、行业之间的陈旧界限，前所未有地需要把握市场对技术创新的高度敏感，前所未有地需要链接经济社会发展的真实脉动。一言以蔽之，教育前所未有地需要自我革命、融合再造、拥抱人民！

感信任之深、知难度之大，阮双琛没有丝毫犹豫、没有丝毫观望、没有丝毫动摇，他主动投身这场必将到来的教育大变革。回想 2015 年的那个盛夏，阮双琛说："我认为筹建深圳技术大学实际上来源于重新认识人才、重新评价人才、重新培养人才的现实需求。我还是想把过去的积累，包括在科学院的研究经验，在国外的留学经验，在高校的管理经验，再发挥或者再利用一下。为深圳建立一所对标德国的一流应用技术大学做一点工作，为培养适应未来发展的卓越创新人才做一点工作。"如今，镌刻着"2015 年 8 月"的景观石坐落在静雅柔美的润园湖畔，见证着日出又日落、人来复人往之间的成长时光。生命中的每一个普通日常，因为信仰、选择和行动而凝成巨变之状。奇迹，始终关乎成长。奇迹，拒绝毕其功于一役。

"时间不等人！我们必须走在时间前面，成为时代的弄潮儿。"在一份向市委、市政府提交的关于深圳技术大学筹设情况的汇报中，阮双琛动情地写道："总书记在全国政协新年茶话会（2017 年 12 月 29 日）上的讲话振聋发聩，让我如坐针毡，也让我进一步充满了紧迫感、使命感和责任感。"教育部审批设立新高校需要在全国进行通盘筹划和平衡协调，按照历史经验，平地办大学而非学院一般比较困难，往往需要相关部门的超常规支持。深圳市决定在"十三五"期间重点建设深圳技术大学，有一个人才观念大转变的时代背景，无论是中共中央、国务院于 2020 年 10 月印发《深化新时代教育评价改革总体方案》，明确提出要完善立德树人体制机制，扭转不科学的教育评价导向，扭转教育功利化倾向，坚决克服唯分数、唯升学、唯文凭、唯论文、唯帽子的顽瘴痼疾（俗称破"五唯"），还是《党的二十大报告》指出教育、科技、人才是全面建设社会主义现代化国家的基础性、战略性支撑，无一不是转变人才评价的现实需求长期酝酿的制度性突破。"就是说，在德国工业 4.0、中国制造 2025 的背景下，我们到底需要什么样的人才？在极度追求文章、追求指标的战略下，教育如何才能满足技术进步、产业升级和企业发展的迫切需求？"

当前，全球科技版图发生历史性、整体性、格局性变化，教育等不起！深圳等不起！"市委、市政府认为要抢抓新工业革命的时间窗口，集中精力推进高等教育、科学技术和经济社会的协同改革。那时候我们跟省里的几位专家沿着创景路边走边聊，探讨的核心问题就是怎么能快速把学校办下来，怎样对标德国办成名校？实际上，筹建工作一直都是围绕这个目标来推进的。"阮双琛说，"通过综合研判，大家一致认为依托深圳大学能够快速把技术大学办下来。这样的话，在深圳大学抽调人员作为筹建负责人可能更有利于开展工作。一方面，我在深圳大学的时间比较长，对学校各方面的工作比较了解，除了没有分管过后勤部，其他部门我都管理过，尤其是负责国际交流与合作部的时间最长。另一方面，我在中国科学院的工作经历可能对筹建技术大学有一定帮助。最后，我在德国做过一年的访问学者，熟悉企业与产业，不仅和德国技术方面的专家交流能产生共鸣，更能结合我们自身需要选用德国应用技术大学的优势内容。"在中国科学院闪亮的科学研究经历、在深圳大学扎实的人才培养能力和丰富的高校管理经验，以及在国外深厚的学术交流阅历……当深圳决定筹建本土第三所本科院校——深圳技术大学，并将其定位为对标德国一流应用技术大学、紧密结合前沿科技产业需求的中国应用技术大学排头兵时，这位极具国际视野的"科学家""教育家"和优秀的"高校管理者"成为筹备办公室主任的最佳人选。

时间不等人！历史不等人！时间属于奋进者！历史属于奋进者！人心已齐，泰山必移。另一场同时间赛跑、同历史并进的"春天的故事"即将再次登陆改革热土——深圳。

名实之辩　从校名变化看办学使命

梳理昨日纷繁复杂之脉络，探寻名称数次变更之始源。回看来处，从一个想法到一份方案，从一份方案到一项事业，既是定位逐渐精准的过程，又是规划逐步落实的过程。这所新型大学在精准定位和落实规划的过程中，找到了最适合自己的名称。在人们的记忆中，她曾有多个姓名，比如深圳理工大学、深圳科技大学、深圳城市大学。"当时还有深圳师范大学的叫法，因为深圳大学的师范学院是独立的代码，他们就想着把师范学院独立出来办师范大学。"阮双琛说。有多少个姓名就代表有多少个创办新大学的梦想！深圳重视教育的劲头，需要大学的渴望，由此可见一斑。

深圳始终对标经济社会发展需求看高等教育，1983 年，深圳市政府就提出"教育要与经济同步发展"的口号。20 世纪 90 年代初又提出"教育要适度超前发展"。2004 年，嘹亮提出要"实现高等教育跨越式发展"的目标。2016 年，进一步提出"促进高等教育跨越发展"。在从"深圳制造"迈向"深圳创造"的城市发展中，深圳不断调整高等教育发展目标，市委、市政府通过提供大量超常规支持，鼎力促进高等教育的规模与质量协同发展。想办什么大学是念头，能办什么大学是现实。时任深圳市委书记马兴瑞的那句"好啊！理工大学应该建，应该马上建"可谓春晓之光，千头万绪被凝成了一股力——建深圳理工大学。

吴以环说："深圳技术大学原来叫深圳理工大学，从理工大学变为技术大学也是有故事的。"步入 21 世纪的第二个十年，我国经济发展进入新常态，人才供给与需求关系发生深刻变化。面对经济结构深刻调整、产业升级步伐加快、社会文化建设不断推进，特别是创新驱动发展战略的实施，高等教育结构性矛盾更加突出，同质化倾向严重，毕业生就业难和就业质量低的问题仍未有效缓解，生产服务一线紧缺的应用型、复合型、创新型人才培养机制尚未完全建立，人才培养结构和质量尚不适应经济结构调整和产业升级的要求。为持续推动解决教育、科技、人才之间的系统性问题，党中央、国务院应时而变做出了重大决策部署。2015年10月21日，教育部、发展改革委、财政部印发了《关于引导部分地方普通本科高校向应用型转变的指导意见》（教发〔2015〕7号），号召各地各高校要从适应和引领经济发展新常态、服务创新驱动发展的大局出发，以改革创新的精神，积极加入转型队伍，加快转型步伐，主动适应我国经济发展新常态，主动融入产业转型升级和创新驱动发展，坚持试点引领、示范推动，转变发展理念，增强改革动力，强化评价引导，推动转型发展的高校把办学思路真正转到服务地方经济社会发展上来，转到产教融合校企合作上来，转到培养应用型技术技能型人才上来，转到增强学生就业创业能力上来，全面提高学校服务区域经济社会发展和创新驱动发展的能力。

"这段历史记录下来其实挺有意思的，为了教育的改革和发展，教育部说一部分本科高校要向应用技术大学转型。"吴以环说。当时有一种声音，认为像深圳大学这样后办的学校就可以转型为应用型高等院校。听闻这一说法，深圳大学有关领导心怀远忧地说："深圳大学怎么可以变成应用技术大学？"吴以环解释说："其实我们也不会同意的，因为深圳必须要有这么一所综合性大学。"正是因为当时的各种"传闻"，"大家共同的认识就是要赶紧加快理工大学的建设"。自接到筹建大学的任务，阮双琛就一直跟相关领导探讨，探讨的核心就是"怎么才能快速把学校办下来"。他说："当时深圳想建一所大学，但是按照教育部的既有惯例，批一所大学是非常困难的。在我印象中，南方科技大学可能在 2007 年就启动了，但直到 2012 年教育部才同意建立，实际上花了很长的时间。深圳再建一所大学，假如说还要花那么长的时间，可能市里感觉等不起、等不及。必须快速把这所学校办下来。那时教育部正好提到地方高校要向应用技术大学转型，市里就想到依托深圳大学，把深圳大学的几个技术含量比较高的应用型专业作为基础，是不是能快速办下来。"

识时务者为俊杰，在环境将变未变之时处晦观明、处静观动，见微波而知暗流，闻弦歌而明雅意，这方是智者所为。吴以环说："既然要办大学就办应用技术大学，可能会获得教育部的支持。"因天之时，就地之利，依人之和，"深圳理工大学"变为"深圳应用技术大学"的故事是时代细微侧写和个人风云往事的现实综合。阮双琛说："实际上查阅当时的立项文件就能发现，学校刚开始校园立项的时候就叫深圳应用技术大学。"谈起从"深圳应用技术大学"到"深圳技术大学"的变化，吴以环说："我经常跟一帮人聊天，因为'应用技术大学'在当时来说不是一个好的说法，好像应用的是比较低档的。"一方面，它容易让人们错认学校办学治校的宗旨和定位，误把新学校认为职业型院校；另一方面，它容易使人们低估学校人才培养的方式和水平，错把毕业生当作低端蓝领。吴以环说："其实，教育不应该这么分。但是你也要适应社会，社会认为我怎么能把孩子送到应用技术大学呢？后来我们内部讨论说，能不能改个名字？最后说把'应用'两个字去掉，搞个'技术大学'不就好了？"2015 年 12 月 30 日，相关市领导在市政府六届二十一次常务会议上研究筹建方案的时候，决定删去"应用"二字。阮双琛说："我们拜访中国工程院的时候，周济院长就一针见血地指出，技术还有不应用的吗？技术就是要应用！那'应用技术'不就是重复表达了？综合考虑之下，'应用'两个字就被删掉了。2016年1月31日晚上，在市委六届二十四次常委会会议上，马书记说技术这个词就挺好的，这样就最终定下了'深圳技术大学'的名字。"

名字就是旗帜，它旗帜鲜明地宣告了学校的办学定位、目标、特色和使命。吴以环说："对技术大学这个名称，大家都觉得不错。所以制定方案的时候还叫深圳应用技术大学，后来就改为深圳技术大学了。往北京报的时候就改名了，这就是当时的过程。我们后来想，叫技术大学有什么好处呢？技术大学，中性的。传统社会一讲'技'就叫'雕虫小技'，就有看不起的意味。其实，这个'技'在整个科技领域里面具有很重要的地位。一个很好的想法，没有实践的路径，就落不了地，没有落地的可能，就缺乏现实的价值，这个'技'就是实践的路径，就是落实的路径，不是传统观念中雕虫小技的'技'。"

迎难而上　破除传统技术观念下的发展痼疾

"深圳技术大学"的名字曾频频引起社会的误读、不解、议论和质疑。一则在 B 站播放量超过数十万的创意短视频以调侃的口吻说道："一所学校的名字到底有多重要呢？如果叫深圳科技大学，听起来像一本；如果叫深圳理工大学，听起来像二本；如果叫深圳技术大学，听起来就像大专了。"阮双琛也曾被媒体多次问及"学校为什么叫'技术大学'"。其实在叫"深圳应用技术大学"期间，就曾有专家站在招生就业和人才招聘的现实角度，建议把学校名称变更为"深圳理工大学"，他们认为这样更有利于学校建设的全面开展。

当今中国正在从工程大国迈向工程强国，虽然数量庞大的工程师队伍已经是现代社会产业发展中的骨干，但是在社会层面上似乎鲜有人关心工程师的性质、地位和作用，对工程师是什么、能够做什么缺乏了解。由于他们长期处于没有正高职称的窘境，与科学家、教授、研究员等职业群体相比，在职业收入、发展空间和社会地位方面难免有矮人一等之嫌。《人民日报》2016 年 2 月 29 日第 19 版发表了一篇文章——《让工程师"香"起来》，该文指出："此前有关方面对 5000 名工程技术人员的一项调查显示，超过 80% 的被调查者认为工程师职业的社会地位'一般'或'偏低'，收入满意度也不高。再考察过去几年行业薪酬水平，工程技术人员的薪酬水平远低于金融、证券、房地产等行业从业人员，且增长缓慢。"除此之外，数据显示"工学门类在招生中的占比较上世纪有所下降，呈现出'反市场'的趋势：市场喊渴、就业率高，但年轻人报考意愿不强。甚至，在许多传统工程建设领域，'逃离工科'的声音四起，工程技术人员想方设法转为管理人员或干脆转行"。阮双琛说："过去我们一说工程师，大家都感觉水平比较低。但是像我们很多的两院院士实际上就是搞技术的，他们就是卓越工程师的代表。"在他看来"深圳技术大学"这一称谓肩负着重塑"研究技术"重要性、提高应用教育辨识度、打造卓越工程师品牌力的时代使命。

书中自有黄金屋，书中自有颜如玉。有人认为中国历史上向来就有"重道轻术"的文化传统，正所谓"形而上者谓之道，形而下者谓之器"。虽然在易学史上，"形上"和"形下"表示"无形"和"有形"或者表示"形之前"和"形之后"，但是它却无法避免名言警句被庸俗化阐释的命运，"形上"和"形下"在流俗观念中最终形成了一种简单的上流与下流的等级之分。有关上流和下流，《庄子·天地》讲述了一则颇具代表性的故事：

子贡南游于楚，反于晋，过汉阴，见一丈人方将为圃畦，凿隧而入井，抱瓮而出灌，搰搰然用力甚多而见功寡。子贡曰："有械于此，一日浸百畦，用力甚寡而见功多，夫子不欲乎？"为圃者仰而视之曰："奈何？"曰："凿木为机，后重前轻，挈水若抽。数如泆汤，其名为槔。"为圃者忿然作色而笑曰："吾闻之吾师，有机械者必有机事，有机事者必有机心。机心存于胸中，则纯白不备；纯白不备，则神生不定；神生不定者，道之所不载也。吾非不知，羞而不为也。"子贡瞒然惭，俯而不对。

话说春秋时期，孔子的学生子贡从楚国游历归晋，路过汉阴时看见一位老人正在菜园里整地开畦。只见他打了一条直通到井的水渠，抱着水瓮浇水灌地，吃力地来来往往，用力甚多而功效甚少。子贡说："如今有一种机械，每天可以浇灌上百个菜畦，用力极少而功效颇多，您不想试试吗？"老人抬起头来看了看他问："那是什么工具呢？"子贡说："它是桔槔，就是把木料加工成机械，后面重前面轻，从井里提水就像抽水似的，速度和沸水外溢一样快。"老人听后面露不悦，但仍笑答："我听师父说了，使用工具的人必定投机取巧，投机取巧的人必定心思狡诈，心思狡诈的人必定内心不纯，内心不纯的人必定心神难安，心神难安的人必定不能容纳正道。我知道这种浇灌的工具，只是我耻于用它。"子贡听完之后非常羞愧，无言以对，低下头默默地离开了。在科学技术领域，这种"重道轻术"的文化传统很自然地表现为"重科轻技"的倾向。

其实，"重道轻术"的认识论并非中国独有。在文艺复兴之前，人们就对技术抱持一种不信任的态度，认为哪怕是艺术形式的制造都不利于追求最高的善。因为制造所关注的是物质现实，所以它往往是多余的、危险和有害于德行的。现代之音粉碎了"技术无用论"和"技术有害论"。随着培根、笛卡尔和康德等人对古典思想展开的批判与再批判，此前的知识被认为"缺乏事功"（barren of works）。把沉思的观察者当作至善是一种理性的幻觉。事实上，理性只能洞察它依照自己的方案所产生的东西。因此，培根提出重建科学，通过技术发明征服和战胜人类的贫困和苦难。伴随着工业革命的盛景，对技术的全新态度第一次走向了理论上的成熟。可以说，一人乃至一域对技术的态度内在地包含着其对现代化和工业化的基本认知。

职业教育是培养技术技能人才、促进就业创业创新、推动中国制造和服务实现高质量发展的重要基础。在现代制造业、战略性新兴产业和现代服务业等领域，一线新增从业人员中有70%以上为职业院校毕业生。在全面建设社会主义现代化国家新征程中，职业教育前途广阔、大有可为。因此，职业教育的理想不能变幻想，职业学校的特色不能是无色，职校学生的出路不能为死路。但是，在职业教育与普通教育的并行体系下，我国职业教育的招生制度与标准尚待完善。高等职业教育的招生一直依托于普通高等学校招生全国统一考试，按照录取批次面向普通高中进行招录，这使得它在高质量发展之初就丧失了同步建立符合自身特色的考试招生制度与标准的先决条件。与此同时，2017年1月25日，《教育部关于"十三五"时期高等学校设置工作的意见》（教发〔2017〕3号）明确指出，"十三五"时期，高等职业学校原则上不升格为本科学校，不与本科学校合并，也不更名为高等专科学校。职业教育长期以来止步于、受困于专科水平，这一情势被认为是遏制其发展的瓶颈，也是导致"重普通教育、轻职业教育"的观念广泛存在的主要"推手"。

职业教育的毕业生就业后的职称属于技术系列，技术系列是工程系列的组成部分。他们的生存状态、职业前景和社会地位，很大程度上塑造了社会对技术技能人才甚至是工程师的感性认知——在起点上，学生质量不优不高；在终点上，学生优势不足不强。加之改革开放带来的经济增速与物质繁荣客观上刺激了"快赚钱、赚快钱"的社会思潮，求实奋进、系统协同、规范严谨、久久为功的工程师精神似乎并不被人青睐。此外，后工业化脱实向虚的经济泡沫导致唱衰制造业的声音不断出现，制造业尤其是传统制造业滑出最佳就业榜单。工程师队伍的人才构成、教育类型的层次定位、就业形势的整体预判，凡此种种，导致社会对"技术"二字形成了低水平、低质量和低标准的刻板印象。阮双琛说："一般人听到'技术大学'，都认为是二本、三本，更有甚者以为和传统的大专差不多。因为谈起技术从业者，人们容易联想到传统的泥水匠、木匠、瓦匠等。但是在国外，技术大学就是好大学或者是高水平大学。实际上，国外很多著名企业创始人、技术主管等，大部分都是技术大学的毕业生，包括很多现在看来是重大的发明创造也都来自技术大学毕业生。"习近平总书记指出："要在全社会弘扬精益求精的工匠精神，激励广大青年走技能成才、技能报国之路。"从"奇技淫巧"到"技能报国"，从"中体西用"到"自主创新"，从"知识"层面的"分科之学"到"制度"层面的"教育改革"，社会对"技术"一词的观念蝶变，尚待时日方能破蛹而出、迎风展翅、凌空高飞。

重新定位　高扬高等工程教育旗帜

选择一个名字，就是选择一面旗帜；选择一面旗帜，就是选择一种使命。谈起深圳技术大学的初心使命，阮双琛说："技术大学是在深圳谋求产业转型升级，推进高质量发展的背景下，深圳市委、市政府高瞻远瞩，在'十二五'期间决定筹建的一所新型大学。当时，恰逢德国提出了'工业4.0'，我们国内也提出了'中国制造2025'。我们都知道，德国的工业在国际上是知名的，其实德国的技术大学在国际上也是知名的。市委、市政府跟广东省、教育部沟通了以后，省里也好，教育部也好，都同意支持深圳对标德国筹建一所应用技术大学。为什么要对标德国？因为技术大学为德国的工业或者德国的产业，或者德国的国际化的企业培养了一流的工程师、设计师和精算师，是'德国制造'走向世界极为有力的教育支撑体系。"可以说，德国工业实践的历史现实已经雄辩地证明了应用技术大学与城市社区、地方产业、在地文化的"相互嵌入"式关系，推动了社会多元行动主体共存有、共谋新、共干事、共发展的守望相助，造就了你中有我、我中有你，谁也离不开谁的黏性高、韧性足的产业经济共同体、社会治理共同体和现代文化共同体。

所贵乎君子者，以能兼容并蓄，使才智者有以自见，而愚不肖者有以自全。吴以环说："我们在市委常委会上汇报工作，当时的市长许勤要求筹建工作一定要按照德国模式往前推进，就是成立这所大学就要按照这个模式，同步开展校园建设、学院设置、课程安排等各项工作。其实，我们自己也是这么想的。在这之前，我们开展过好几次调研学习。像德国的慕尼黑应用技术大学、英国的洛桑联邦理工学院、瑞士的伯尔尼大学等等，我们都去过。学习了以后心里就有底，我就想办大学应该办什么样的大学。我觉得，德国模式不是它的双元制的体制模式，而是它的大学的教育模式。所谓德国模式，也不单指德国。像英国、瑞士等国家都有这种模式，这是一种教育的模式。人，分不同的类型。教育要使每种类型的孩子都能把他最好的一面展示出来，拿一把尺子去衡量是不行的。去麻省理工学院调研的时候，我太感动了！那些学生个个都在看书吗？不在看书，在做东西！我问其中一位学生，我说你做这个东西干什么呢？他说他就想做一个东西，做一个自己喜欢的东西。这就不一样了！"唯博采众长者，方能成其久远；唯志存高远者，方能登高望远。"深圳技术大学"六个字的背后，是对标德国、瑞士等发达国家一流应用技术大学，高起点、高标准、高质量办学的历史使命和时代担当——在全球创新版图和经济结构急剧重塑的今天，何为大学？在新产业、新业态、新模式大爆发的当下，大学何为？

名虽数易，而实则未变。无论是最初的"深圳理工大学"，还是后来的"深圳应用技术大学"，抑或是最终的"深圳技术大学"，在阮双琛看来，深圳市委、市政府筹建一所大学的内在动机始终未变，行动目标始终未变，职责使命始终未变。一以贯之的内在动机、行动目标和职责使命，饱含着深圳高等教育大浪淘沙四十载对"何为大学，大学何为"的深切体悟。教育事关民族兴旺、人民福祉和国家未来，必须建设与国家发展相匹配的优质教育。一国如此，一城更如此。在阮双琛看来，真正一流的大学首先要立足本地的发展需求："差不多 20 多年前，原伯克利校长田长霖教授就讲过大学要面向地方、面向周围的办学理念。实际上，美国很多高水平大学的诞生都与服务当地行业企业有着密不可分的关系。像麻省理工学院也是服务周边的企业，学生开公司也都充分结合当地的产业发展实际。"

1998 年，田校长在接受《世界科学》杂志专访时说："现在讲一国的经济，更要重视这个国家的区域经济，区域经济是基础。"他认为，"结构"是发展区域经济，乃至一国经济至关重要的因素。"旧金山湾区最成功的一点就是拥有世界级的高等学府，如加利福尼亚大学伯克利分校、斯坦福大学、旧金山加州大学等，这样就不断有最新的人才。湾区内的一些大公司如英特尔、惠普的高级管理人员几乎都来自世界级高校，此为一。其二，是必须有许多起中介作用的研究所，即可以把知识转化成产业的一类实体。其三，是要有一大批中小企业的参与。中小企业是经济发展的原动力，当今美国新经济的象征微软、IBM 等也都是从中小的风险企业发展而来的。"作为粤港澳大湾区的核心引擎，深圳始终坚持完善现代高等教育体系，始终坚持推动教育体系与科技体系、产业体系、社会体系的有机衔接，始终坚持提升教育服务城市创新发展的能力。

在时任深圳市教育局副局长许建领看来，深圳早已将高等教育与城市发展的关系理解为"互促共长"，高等教育是投资而不只是消费。在高等教育谋出路、谋发展的多年探索中，深圳逐步形成了深刻的共识：高校是创新创业人才的培养地，是高层次人才的蓄水池，是高科技创新的发动机，是高品位文化的辐射源。"因此，要办技术大学，就要办一流的、正宗的技术大学。学校的名字必须叫'技术大学'，才能保证在办学的过程中不变形、不走样。"阮双琛说。正所谓"取实予名，名定而实辩，道行而志通"。深圳的"实"是蛇口工业区树立的"空谈误国，实干兴邦"醒目标牌中的"实"，与之一脉相承的深圳技术大学之"实"，是面向世界，涵养国际视野之实；是面向地方，反哺区域经济之实；是面向现代化，锻造创新创业能力之实；是面向未来，助力祖国富强、民族振兴之实！一言以蔽之，是以一技之所长造一域之所强的技术之实。

技术之实包含着对技术的重新理解和定位。2015 年 9 月 8 日上午，吴以环副市长召集市发展改革委、财政委、规划国土委、教育局、深圳大学等有关负责人，听取了筹建事宜的汇报。会议议定，请深圳大学立即征求中国工程院对学校学科专业设置的意见，并抓紧完善。9 月 27 日，吴以环亲自带队向中国工程院周济院长汇报了在深圳创办技术大学的设想。谈起这次北上之行，吴以环说："我专门请马书记写了一封信，我是怀揣着这封信前去拜访周院长的。可能别人会问，你建一所应用技术大学，去找工程院院士干什么？在我看来，工程就是技术，所以我要去拜访，这是我们技术大学的标准，我们就应该朝这个方向去努力，聘的老师要盯着工程院的院士上，培养的学生要冲着工程院院士去！"

站在筹建的起点上，吴以环认为有必要且一定要去征求中国工程院的意见，因为此举包含着对技术的重新理解和定位。"这代表着'技术'对标的内涵不一样、高度不一样，这是技术大学的血液和基因。"吴以环认为，要拨乱反正，要反复强调技术之"技"不是雕虫小技之"技"。"技术大学立足于技术，与传统院校相比，它的基础不一样，方向不一样，任务不一样。"因此，转变对技术的传统理解和定位尤为重要。"德国的制造业为什么这么厉害？因为德国重视技术，重视应用。从 100 多年前的量子理论到现在的量子计算机，经典物理学理论是靠什么实现的？是靠技术实现的！"吴以环说。

科学原理的时间尺度以百年论，可谓"谈笑间，樯橹灰飞烟灭"；技术应用着眼现实需求，关心粮食和蔬菜，关心每一条河、每一座山，关心人类的灿烂前程，关心你我的尘世幸福。正如百年与一年并非截然分离，科学与技术也不是截然对立。从科学出发，沿着基础研究引领、应用研究中介、技术成果转化的路径进行自上而下的大国创新；从技术出发，沿着市场需求导向、应用研发驱动、基础科学跟进的路径展开自下而上的发展实践。二者相互促进，殊途同归。吴以环说："在迈入 20 世纪的 100 多年间，很多科学的经典原理都已经被发现，目前最为关键的就是如何用技术把科学变成现实。"她多次强调，"技术不是雕雕花、刻刻字，技术不是雕虫小技！"那么，技术是国之重器吗？吴以环解释说："把技术的本质指认为国之重器，又不免导致人们把它误认为只是工业大机器，它还不对。"技术观念的变化是现代化和工业革命的直接结果，它的形成与改变是系统工程，它不是简单的高低之分、大小之辨。"雕虫小技"之技，抑或是"国之重器"之技，其实是同一种传统技术观念的不同表征。在传统观念里，技术是一个重要的名词性概念，或大或小，或高或低。从现代战略思辨和战术运用的角度来看，技术是一种专业化、规范化、转化性、中介性的动态实践机制，以及从起点到终点，链条完整的生产、制度、文化运行系统。这一实践机制和运行系统发现了如何在科学理念和最终产品之间构建桥梁。正是通过这种有条不紊的发现过程，人们攻克了一个又一个的困难。技术之大，非器物之大；技术之大，乃民生民计之大，乃实践伟力之大。

借力深圳大学　走好错位发展之路

下好教育经济一盘棋，先要走好高等教育先手棋。吴以环说："深圳高等教育必须要思考的一个问题，就是高等教育的总布局。以医学院的建设为例，现在的医学教育已经不是传统的医学教育模式，那么怎样走出一个现代医学教育的模式，深圳应该做出贡献。我们在全市办了四所医学院，四所医学院不能同质化，而是要差异化，不仅是差异化，更重要的是用现代的理念去培养医学专门人才。反观技术大学，她和其他学校还真是不一样的。"这种不一样在深圳大学和深圳技术大学的关系定位上，可以略窥一二。"技术大学是在深圳大学的土壤上长出来的一棵新苗，李清泉校长讲深圳大学是深圳高等教育的长子，我总是跟他们开玩笑说我们技术大学是深圳高等教育的长女。因为我们跟他们的办学路径不一样，我们是不同的赛道。他们是一个赛道，我们是另外的赛道。我觉得，这应该就是哥哥跟妹妹的关系。"阮双琛笑着说。

所谓的"哥哥跟妹妹"，其实就是吴以环言下的差异化发展。根据 2016 年 1 月 31 日的市委六届第二十四次常委会会议精神，深圳技术大学在筹建路径上以深圳大学应用类专业为基础，整合现有本科教育资源。同时，厘清与深圳大学的关系，错位发展、优势互补、互相促进。无论是"深大品牌"，还是"深技大品牌"，其实都是"深圳品牌"。讲求差异化发展的深圳高等教育，不仅是一盘棋，而且是一条心。时任深圳大学党委书记刘洪一说："创办深圳技术大学，市委、市政府下了大决心，花了大力气。深圳大学作为筹办工作的主力单位，一定要努力办出一所最好的技术大学。"为落实市委常委会会议精神，统筹全市高等教育学科专业发展，高起点、高标准、高质量筹建深圳技术大学，深圳大学根据全市教育"十三五"规划，经过多次调研、协商，将物联网工程、光源与照明、交通运输、汽车服务工程、工业设计等 5 个一流应用型本科专业调整至深圳技术大学。根据个人意愿和双向选择的原则向深圳技术大学调配思想政治教育、体育、英语、德语、大学物理、计算机、大学数学等专业的高水平教师。

与此同时，为提高深圳技术大学的科研水平，助力高端应用型创新人才培养，"哥哥"与"妹妹"携手合作，拟在机械工程、光学工程、电子与通信工程、软件工程、交通运输工程、材料工程、艺术设计等专业联合培养硕士研究生。不仅如此，深圳大学同意向深圳技术大学调拨 6 万册图书，以支持深圳技术大学图书馆建设。通过适度开放内网，与深圳技术大学师生共享深圳大学图书馆的信息资源。如此等等，不一而足。当下，教育、科技、人才深度关联、互为依存、相互作用。作为经济社会系统的核心变量，三者联动融合的势能正在加速成为经济社会发展的主要推动力量。在此背景下，深圳技术大学从技术出发，将为高等教育探索新路的时代使命记在心里、扛在肩上。新路难走，但不孤独。

时任深圳市教育局副局长许建领认为，深圳市自 2004 年起高等教育跨越式发展的具体路径就包括整合资源自主举办新大学的方式，即从深圳大学剥离部分应用型专业、再结合深圳需求增设新专业筹建深圳技术大学的案例。深圳大学应用技术学院就是这种资源整合方式的组织性、制度性基点和桥梁。公开资料显示：深圳大学于 2015 年 9 月官方发布筹建应用技术学院的消息。"成立深圳大学应用技术学院，能够加快学校的筹建。可以说，应用技术学院是合作和资源共享的载体。比如，我们可以依托深圳大学应用技术学院进行招生，包括能够暂时把深圳大学早期参与筹建的人员安置在应用技术学院，做到人力资源的集中管理。因为当时他们的人事关系还在深圳大学，安置到深圳大学应用技术学院是最合适的选择。在根本上，主要还是想通过组织、制度和人事方面的链接与深圳大学共享资源，来快速启动、推动深圳技术大学的筹建工作。"阮双琛说。

同为中国高等教育的特区力作，深圳大学与深圳技术大学渊源深厚、情同手足。按照市委、市政府的部署和要求，自筹建始，深圳大学便积极参与和支持深圳技术大学的各项工作，"哥哥"始终关注着"妹妹"的成长。正是在深圳大学的全力支持下，深圳技术大学才能实现快速办学的第一目标。时任深圳大学校长李清泉十分赞成"孵化＋脱离"的工作思路，他表示深圳大学与深圳技术大学要加强学位点对接工作，加快实现从"孵化"到"剥离"的合作模式转变。除此之外，他建议深圳技术大学要尽早成立研究生培养的管理机构，做好制度建设工作，包括培养方案、学位论文、导师遴选、人员配备等。适时开展专业硕士及工程博士教育，是《深圳技术大学筹建方案》的重要内容，也是深圳技术大学构建科学合理、层次完整的高端应用型创新人才培养体系的题中应有之义，还是落实高起点、高水平、高标准建设要求的必由之路。刘洪一表示，凭借着先进的办学理念和扎实的办学思路，深圳技术大学一定会越办越好！他希望，未来两校能够共享资源、共建平台、共创成果，在高等教育领域形成有力团队，以友好的战略合作伙伴关系共同致力于提高本土高等教育的贡献力、竞争力和辐射力，为深圳高等教育事业的卓越发展发光发热。

在筹建深圳技术大学的过程中，市委、市政府充分发挥核心领导作用，各有关单位齐心协力、密切配合，不断增强筹建工作的整体性、系统性、协同性和前瞻性，形成了抓深化改革工作"一盘棋"、干高等教育事业"一条心"、谋城市创新发展"一股绳"，全面推动筹建工作落实落细落小，坚决打好"抓紧办大学、办好大学"这场硬仗，共同向把深圳东部建成自然生态更优美、文明之光更闪耀、市场经济更发达、城市交通更顺畅、综合发展更科学的"城市第三极"迈步前进。

"马上就办，办就办好"的工作作风

习近平总书记说，一张好的蓝图，只要是科学的、切合实际的、符合人民愿望的，就要一茬一茬接着干，真正做到一张好的蓝图一干到底，切实干出成效来。2015 年 5 月 21 日下午，在深圳市第六次党代会首场小组讨论会现场，马兴瑞谈到正在学习《习近平同志在福州工作期间倡导践行"马上就办"纪实》。在此后的几场小组讨论中，他反复提及这篇纪实文章和其中"马上就办、真抓实干、办就办成、滴水穿石"的"治市理政"理念。本地媒体称，马兴瑞极力推动总书记倡导的"马上就办"精神，伴随着一系列重大战略的规划实施，深圳的未来拥有了更多的可能性。"马上就办，办就办好"要求突破老套路、老框框，创造新经验，探索新路子，在制度化和常态化的运行机制中形成新风气和好习惯。

在筹建深圳技术大学的过程中，"马上就办"可谓常遇常有、常用常新！"2015 年 12 月 30 日，市政府常务会议审议通过《深圳技术大学筹建方案》，2016 年 1 月 31 日，我印象中是晚上 9 点多，市委常委会决定筹建技术大学。那么，这就算正式确定了这件事情。正月初九，吴市长、我，还有当时坪山新区管委会副主任雷卫华，我们三个人就在吴市长的办公室商量怎么来启动技术大学建设。因为吴市长还是抓得比较紧。"阮双琛说。翻阅 2015 年的深圳市党政机关文件处理表，在一份《关于研究应用技术大学筹建事宜的会议记录》上，吴以环亲自批示："学校的软硬件建设要同时并行；学校建设（建筑）要达目标，就必须优化流程，加快审批。"2016 年 4 月 1 日，吴以环召集市发展改革委、财政委、规划国土委、教育局、建筑工务署、深圳技术大学筹备办，研究筹建工作的有关问题。会议指出，筹建深圳技术大学是落实市委、市政府关于构建创新型、开放式、国际化高等教育体系的迫切需要，是深化我市教育领域结构性改革的内在要求，任务重，时间紧。市各有关单位要切实增强使命感、紧迫感，高度重视，密切配合，扎实推进，力争早日设筹。此外，要尽快完成学科规划、校园规划，全面启动学校建设。

"加快""尽快""立即""尽早""马上"，是吴以环推动筹建工作的关键词。她说："2016年初，市委批了以后，我们马上就正式开始，每个星期一早上开一次会，因为我每个星期一早上的时间是可把控的，后面的时间就不好控制了。每个星期一早上，教育局的一位副局长、一位处长，还有阮校长和他的助理就过来，我们这几个人就开始商量。每个星期都商量'办了什么事''进行到哪一步''下一步怎么办'等，我们是这样往前推的。正是在这个过程当中，我觉得校长选对了，他很踏实。我要求每个星期开会，他非常认真地每个星期都来。来了以后，他会把上一星期大家商定的工作内容汇报一遍，我们就知道筹建工作进行到什么程度了。我印象很深，他的执行力和理解力非常强，领悟市委、市政府的决策精神非常到位。除此之外，他还有工程思维。比如要把某件事情做成，他会用工程思维确定实施步骤，哪个步骤应该怎么做，照此往前推，推得很好。所以我讲，这个干部选对了！"

多项任务并行处理，多项工作同时推进是"马上就办，办就办好"的必备技能。《深圳技术大学筹建方案》已经审议通过，不仅要保持"百年大计办教育"的定力，锚定应用型高等教育的功能定位和使命任务，稳扎稳打、久久为功；而且要拿出"只争朝夕建大学"的干劲，把明确议定的、必须推进的事项紧紧抓在手上，不等不拖，紧张快干。一方面，吴以环要求加快推进深圳技术大学的筹设工作，请筹备办公室分别向市发展改革委申请技术大学项目立项文件、校园工程建设前期费用，向市规划国土委申请校园建设项目预选址意见书、建设用地方案图。另一方面，吴以环要求抓好深圳技术大学校园建设的前期工作，请市建筑工务署牵头，会同市教育局、筹备办公室、坪山新区管委会，按照2017年3月前正式开工建设的目标，倒排工期，分解工作任务，明确责任单位、完成时限和需要解决的重大问题，并请时任市政府副秘书长许重光协调推进。请筹备办公室依托深圳大学，尽快编制深圳技术大学校园建设可行性研究报告，请市建筑工务署支持配合，并提前深度介入；吸取国内外大学校园建设的经验教训，优化完善校园概念设计方案。请坪山新区管委会立即做好深圳技术大学校园选址范围内的土地整备工作，并在坪山河的整治中与深圳技术大学的校园建设做好方案衔接。除此之外，请筹备办公室尽早制定详细的深圳技术大学学院和学科设置方案，并与深圳大学明确相关学科设置和招生宣传等工作的职责界面，做好任务交接。与此同时，要求筹备办公室尽快向坪山新区管委会提出深圳技术大学教职员工配套保障房的具体要求，并请坪山新区管委会会同市住房建设局研究支持。

吴以环特别强调，为加强组织协调，原则上每周召开一次深圳技术大学筹建工作会议，要求筹备办公室会同各有关单位提前明确需要解决的问题，并根据实际议程做好会议相关的准备工作。"为什么一定要每个星期都到我办公室去开会？"吴以环说，"每个星期开一次小会，每个月开一次大会，就是为了能够及时沟通信息，让我知道你需要什么。有时候秘书也会忍不住问'这个礼拜还开吗'，我说'不开吗？必须开'。搞得他们都烦，其他部门也烦，因为他们的工作多得很！其实我的工作也很多，但是为什么还要坚持开会？因为这是大事。"除了每周召集领导小组成员开例会，专门研究解决筹建工作中遇到的各种棘手问题，吴以环还详细指导筹备办公室如何宣传亮点工作，以赢得更多认同和支持。深圳技术大学的简报，吴以环亲自审阅；深圳技术大学的微信公众号刚一推出，吴以环又是第一批读者。教育无小事，事事见本心。吴以环是这么说的，也是这么做的。

第三章
招兵买马　组建人才队伍

　　攻坚铁一样的任务，需要组建、培养铁一样的队伍。它能够时刻牢记目标，时刻统一思想、一致行动，能够以抓铁有痕、踏石留印的劲头"偏向虎山行"，过了一山再登一峰，跨过一沟再越一壑，决战决胜打好"平地建大学"攻坚战，为筹建工作提供高质量的人力资源保障。领导架构、学校名称、校园选址、筹建路径等关键事项已经确定，组建一支优良的工作队伍以确保筹建方案的落地力度和速度，是彼时的阮双琛常思常想常推进的事情。根据时间、空间、社会环境、政策因素等现实条件，围绕"如何能快速把学校办下来，如何能对标德国办成名校"这一中心任务，阮双琛迅速拆分筹建一所大学的构成要件，按照"核心要务＋岗位角色"的结构进行一对一的整体排布。很快，一个以"快速筹建＋一流发展"为中心主题，以"会务服务""教务招生""国际合作""校企合作""人才招聘""材料写作""财务工作""基本建设"等重点业务为分支，以"副处级及以上干部""全职""兼任"等角色路径为关键词的思维导图便浮现在他的心头。成事如画竹，必先得成竹于胸中。如此，方能见其所欲画者。

新事业新梦想　第一批筹建人员如期到位

阮双琛说："从 2005 年开始，我一直分管深圳大学的国际交流与合作部。因为比较熟悉，所以我当时是优先从国际交流与合作部抽调干部参与筹建，第一个就是刘纪星。"可以说，刘纪星是筹建深圳技术大学的"一号员工"。她在日本待过多年，深受日式匠心文化的浸染，做事细致专注、谨慎周到。那时候，阮双琛经常跟一帮加入技术大学筹建的"小朋友们"讲，她把日本文化中的"职人精神"和"匠人品格"带到了技术大学，做事很认真、很严谨，对细节把握得很好。

刘纪星说："因为阮校长一直负责外事，我又是外事处的办公室主任，陪同领导去日本考察交流过几次，我觉得他对我个人还是有一些了解的，我也听说他认为我做事很细，对我的工作风格有这种印象。那个时候技术大学刚开始筹建，事务性的工作比较多，阮校长可能觉得我比较合适。然后，我们晁委伟处长又很积极、很支持阮校长的筹建工作，拍着胸脯保证说，没有问题，要谁就带去！"几十年的办公室工作经验，对刘纪星处理筹建中的事务性工作有很大助益。作为"一号员工"，她当时还负责对外联络工作。"我觉得对外联络也还好，因为我不是那种特别急的性格，还比较稳。"回忆往事，刘纪星说，"在这里，我感到最满足的是到我离开为止，阮校长从没有对我的工作有过任何指责，也没有说哪件事没办好、很揪心。从工作到退休，简单、快乐做事一直是我的信条，我觉得所有的事情都不要复杂化，简单一点就好！当然，热情要有，信心要有！"

"拍着胸脯保证"并非佯装姿态，"没有问题，要谁就带去"也并非客套虚话。2016 年 5 月，深圳大学校长办公会议定抽调陈俊弛、王刚、杨钦鹏、曾思予、刘力文、张璋、江石寿 7 人到深圳技术大学筹备办公室工作。深圳大学对这所蓝图中的新大学给予的情谊之诚挚、支持之大力，由此可见一斑。刘纪星说："为了保证有足够的人力给筹建工作做好服务，我们处长专门安排李旭协助我处理筹备办公室的一些事务性工作。"2015 年，李旭从英国布鲁内尔大学硕士毕业之后就来到深圳大学国际交流与合作部工作。"因为我是一个刚进部门工作的年轻人，所以就跟着刘纪星老师一边做深圳大学的外事工作，一边做筹备办公室的紧急工作。其实，我们领导比较清楚也比较支持技术大学的筹建，所以还是会给我们很多时间处理筹备办公室的事情。"李旭说。

深圳大学在充分尊重个人意愿的前提下，积极鼓励、号召本校的教职工加入深圳技术大学的筹建队伍，筹建办公室借此吸纳了一批朝气蓬勃的青春力量。2016 年 6 月，深圳大学原教职工薛成业、刘璐、杜晓芒、陈玄、胡佳琪、刘文翰、孙茜、邵然 8 人陆续被聘入深圳技术大学筹备办公室。"我也面临着这样的抉择，就是校领导让我们自己决定究竟是继续留在深圳大学工作还是转战深圳技术大学筹备办公室。和我同期入职国际交流与合作部的还有另外两个年轻人，但是只有我一个人愿意去筹备办公室工作。因为那个时候我刚刚毕业，觉得什么东西都是新的，也没有想那么多，感觉和一批年纪相仿的人一起做事很开心，没有计较、充满热情，就像真正的创业一样，大家都感觉有希望、有奔头！所以不管客观环境多艰苦，我的内心从来没有产生过一丝退缩的念头。在我的印象中，学校选址、学科规划、国际合作等事项都是齐头并进、同时开展的，所以我们说'深圳速度''深技大速度'，都是有原因的。可以说每一件事情都很赶、很急，每一件事情又都要做好、做细。在这个过程中，我们遇到了很多的'人生第一次'。第一次做宣传手册，第一次写汇报材料，第一次办文办会……那个时候，我们几个年轻人应该都是刚刚毕业，没有什么经验，但是带我们的老师会手把手地教我们做事的方式方法，你会做得很开心。在这种新颖朝气中，我们有更多的憧憬和动力，大家干劲十足、气氛融洽，可能某项工作任务只是交给了某一个人，但是大家都会陪着这个人一起去完成。我们在一起就是为了做好一件事情，在这个过程中是不论风雨、不分你我的。把事情做成了，就很有成就感。我觉得志同道合的人在一起就是一个成长共同体，彼此之间能够共情、共鸣，也能够共进、共荣。在筹备办公室，大家一起经历了一个又一个'第一次'，我们都得到了锻炼和成长。"李旭说。

德国一流应用技术大学，是筹建工程的标尺。中德合作，是深圳技术大学特色发展的生命线。"当时市里提到技术大学的筹建要对标德国，强调跟德国的合作。我心里想，一定要找一个英语好的，这样有助于跟德国人交流。因为办大学要谈很多事情，一般的翻译可能承担不了这样的工作。我分管外事的时候，原来的外事处处长高立天给我推荐过两个深圳大学能做同声传译的老师，其中一位就是曾思予。印象中，我是通过高立天找到她。曾思予的到来确实帮助我们在国际合作很多领域，包括引进德国教授方面做了大量工作，尤其是在前期创建的过程当中。"阮双琛说。

谈起与深圳技术大学结缘的最初时期，曾思予记忆犹新："大概是在 2015 年底，我收到深圳大学外国语学院书记的通知，请我去面见阮双琛副校长。一下课，我就去了阮校长的办公室。他说他要筹建一所大学，然后他拿出一张地图，告诉我大学的选址在哪里，也跟我讲了大学的建设理念，我听了以后觉得非常之棒！当时就表示希望能够参与筹建技术大学。其实，在阮校长谈完的那一刻，我就已经下定决心了。"

朝菌不知晦朔，蟪蛄不知春秋，眼界决定境界。即使清楚地知道阮校长口中的那所学校还在规划当中，曾思予还是即刻决定"重启人生"。她说："一方面，是因为阮校长敢为、敢闯、敢干、敢首创的魄力；另一方面，是因为技术大学国际化的办学理念特别吸引我。"作为深圳大学英语专业的专任教师，英语无疑是曾思予的强项。"我本身也是同声传译员，接触过很多大型国际会议，具备相应的跨文化知识。所以，像国际交流与合作这方面的工作其实比较适合我，我觉得自己能够胜任这份工作。对我来说，过去的专业背景，尤其是我在跨文化交际方面的工作经验，对自己开展、推进学校的国际化工作确实有很大的帮助。"曾思予说。

从一名专任教师到一位行政领导，角色的转变意味着责任的转变。"跟我以前的教学工作相比，行政工作的性质是非常不一样的。做教师相对自由一些，负责职能部门工作就需要我自己去联络、去统筹很多事情。以前我的工作是站在讲台上面，把课教好，看到学生们学到知识就最开心、最有成就感。在阮校长的带领下，技术大学的国际交流与合作工作本身已有一定的积累，因为他之前就在深圳大学长期分管外事。但是，我们的国际化工作需要不断地、广泛地寻求与国外一流应用技术大学合作，并建立良好的合作伙伴关系，这项工作基本是从零开始，所以需要积极地去活动、去拓展，这对自己的组织外联能力还是很有锻炼的。"艰辛与荣耀，是"从 0 到 1"的一体两面。孱弱者沉溺艰辛以自我感动，骄慢者沉迷荣耀以自我诣媚，实干者则超越自我感动、自我诣媚，破除光环，一路向前。曾思予说："这个过程自然会有辛苦，但这是我自己的选择。"

日常留意、细细筛选、积极动员，阮双琛一步一步、有条不紊地将"任务事项"与"岗位人员"一一连线对应，筹建工作人员的架构图逐渐清晰明朗。"后来，我还动员了刘力文。"他说。

"2016年年初，阮校长开始在深圳大学着手启动技术大学的筹建工作，其中一项任务就是选人。我记得很清楚，过完年新学期刚开学，阮校长就找到我说希望我能去参与筹建一所新大学，主管人事工作。当时我还挺忐忑的，因为我在深圳大学主要负责国际交流与合作部的相关业务，从来没有接触过人事工作，确实是没有一点经验。但是，我认为创办新大学是一件特别光荣的事情。如果自己能够加入创业团队出一份力，感觉整个人生都会特别有意义。而且教育本身就是一个非常崇高的事业，可以把自己个人的理想追求与公众期许的社会事业结合起来，真是机会难得，使命光荣！深圳当时的高校数量屈指可数，高等教育资源可谓匮乏！当时我就觉得，要来！然后，我很快就回复阮校长说准备加入筹建团队。"刘力文说。

怀揣着几分忐忑、几分激动、几分憧憬，他从零起步开始学习人事工作。那时候，刘力文经常去深圳大学人力资源部请教业务问题。"好在部门的领导、同事都很支持技术大学的筹建工作。当时人力资源部的处长是陈智民，还有彭玲、曾雪珊，他们都特别亲切、特别热心，从来都是有求必应、有问必答。"2016年3月15日，市政府正式发文设立深圳技术大学筹备办公室，刘力文回忆说："我去市里取回了这份重要文件，文件规定了筹备办公室的属性以及它可以执行的工作事项，包括人才招聘、学科建设、校园规划等，都可以依托筹备办公室来开展、推进。有了这样一个组织上的依托，技术大学的筹建工作就步入了一个全新的阶段。阮校长在筹建期间确确实实发挥了核心作用，在他的带领下，创业小团队真是不分日夜在奔波，我主要负责'招兵买马'。现在看来，当时的确是凭着一腔热血、一身热情、一种干事的感觉在拼在奋斗。"

回想那段"重回少年"的满血时光，刘力文说："过去的点点滴滴依旧历历在目，也许多年之后往事重提才会有一种沉淀的历史感。""东部"欲晓，莫道君行早。踏遍坪山人未老，风景这边独好！他说："每一个人的生命都是有限的，在有限的生命里种下一粒可以无限生长的种子，我觉得是非常值得的。在我看来，技术大学就是这样一粒种子。能够追随阮校长参与技术大学的筹建，我心里特别开心，特别自豪，特别感恩。在这个过程中，他勤勉、坚韧的拓荒牛精神让我深受触动。在这种楷模力量、先锋力量的感召下，我感觉到我自己也在不断地成长。"

垂岁尽，赴壑蛇。儿童强不睡，相守夜欢哗。2015 年 12 月 31 日，跨年的烟火在夜空绽放。新岁的希冀像鸡尾酒一样，在海风、霓虹灯和流行音乐填满的城市空间弥散。夜色斑斓、暧昧氤氲，年末似一辆微醺的老列车，与昨日潇洒说再见，在忽明忽暗、忽起忽落的璀璨"花束"中慵懒摇曳。深圳大学传播学院的研究生尚莹莹已经提前完成了硕士毕业论文，这一天，她暂时抛去了毕业之后是"大厂"就业还是继续深造的选择难题，打算和朋友们一起享受辞旧迎新的惬意时光。那个时候的她并不知道，就在昨天深圳市政府六届二十一次常务会议审议并原则通过了市教育局呈报的《深圳技术大学筹建方案》；那个时候的她并不知道，深圳技术大学将成为她生命中另一段旅程的精彩起点。不过，注定相逢的人与事总会相逢。晚上 9 点多钟，尚莹莹接到了深圳大学传播学院创院院长吴予敏的电话。"我记得特别清楚，因为我正跟朋友在外面跨年。我接通了吴老师的电话，他说有一个筹建新大学的机会，问我是否感兴趣。听到这个消息，我其实有一点发蒙，有一点开心，又有一点犹豫。因为在继续读博和直接工作之间，我还没有做好选择。吴老师说，如果选择读博士的话，毕业之后大概率还是要在高校谋职位，现在有一个参与创建一所高校的机会，这是非常难得的！后来我认真考虑了一下，征询了老师的意见、家长的意见。2016年1月1日，我就给吴老师回复信息说，我想要去试一下！1月4日，我收到了阮校长的信息，就去他的办公室第一次面见了他。"尚莹莹说。

谈起这段往事，阮双琛解释说："筹建工作需要报送大量的材料，可以说，材料写作是筹建工作中非常重要的一部分。我当时真是请吴老师帮忙，因为我跟他是西北大学的校友，我们两个住在同一栋楼，当时西北大学的学生宿舍是四层楼，他们研究生在第四层，我们本科生在第一、二、三层，那个时候我就知道他。另外一点，在深圳大学25周年的校庆上，吴老师作为教师代表发言，哎！我感觉他讲得好！当时我在现场，我感觉他讲得非常好，文章写得很不错！所以筹建技术大学的时候，我就找到吴老师，请他推荐一个写材料的人，后来他就推荐尚莹莹加盟筹建团队。"尚莹莹坦言："作为一个研究生三年级的学生，我当时对筹建学校是没有任何概念的。那个时候我经常想，如果学校没有筹建成功，我会不会落得一个工作没来得及找、博士也没读上的境地，心理上还是很纠结的。所以选择加盟筹建深圳技术大学，其实带有一点冒险的性质。但是现在看来，我觉得这是一个正确的选择。"从忐忑到笃定，从稚嫩到成熟，尚莹莹自我蜕变的青春时光成为深圳技术大学茁壮成长的一个诗意缩影。"最初这只是一份工作，但参与越久，看着她一点点成长，对学校的感情也越来深厚，慢慢地变成一份事业和责任。这是我的第一份工作，希望也是最后一份。这是我最值得骄傲的事业，也是我一生的荣耀。"尚莹莹满怀深情地说。

通过一切渠道寻找人才，想尽一切办法组建队伍。对阮双琛来说，世界是流动的、联系的，任何一个人、一件事都可能在某一个时刻成为一个链接平台、一只聚力推手。因此，人们的所作所为不是隐入尘烟的虚无，而是一支扣下扳机的真枪。任何一次看起来的空鸣，都可能穿越时空正中当下的靶心。在这张时刻变化的世界之网中，人们必须严阵以待，必须全力以赴。这并不意味着强求人生诸事如意，只是希望在人生的战斗时刻，自己能够是它的对手。这无关胜负，这是自我尊重。"有一天，我碰见了一位报社的朋友，当时就请他帮我推荐一个人参与筹建，他后来推荐了许媛，许媛来得也相对比较早。"阮双琛说。

"我是 2016 年 7 月份加入了深圳技术大学的筹建团队，当时还没有来得及从原单位办理好工作交接手续，因为学校的筹建工作急需人手，所以我就同时承担两边的工作任务。白天忙学校的筹建，晚上就忙原单位的工作。当时筹备办公室在深圳大学办公，周末还要经常去深圳大学加班。我还记得很清楚，我过的第一个教师节就是 2016 年的教师节。当天下了一场大雨，又赶上深圳大学的新生开学，我们着急去筹备办公室开会，但是在深圳大学的校门口堵了一个多小时，所以我对第一个教师节印象非常深刻。我到深圳技术大学最大的感受、最深的感触是，在学校这么多年的办学过程中不存在'不能''不行'这样的说法。'不能'，我们怎么样做才能让它'能'，然后跟着有很多举措；'不行'，我们怎么样做才能让它'行'，然后又跟着有一些新的举措。一般人们做什么事情，如果说这件事情被人回复了'不能''不行'，它可能真的不能了、不行了，人们也会给自己找一些不能、不行的原因，一般的做法可能会是这样的。"许媛说。

一个只想使事情办成的人是无法被打败的，变不能为能，变不行为行的背后是坚定的信仰、如磐的信念、必胜的信心。信仰、信念、信心，不在天生，而在锤炼。在市委、市政府的坚强领导下，小小的筹建团队凭着"泰山压顶不弯腰"的豪气，凭着"乱云飞渡仍从容"的定力，凭着"石破不可夺其坚"的刚强，视他人之疑目如盏盏鬼火，大胆地去走自己的夜路，走到羽翼渐丰，走到旭日喷薄，走到未来已来。许媛精辟地总结道："从做事方面说，深圳技术大学的筹建历史就是一系列如何把不能变为能，把不行变为行的历史。从感情方面说，我觉得技术大学就是一棵幼嫩的小树苗儿，昨天我们呵护它成长，今天我们跟它共同成长，明天它就是站在我们背后、给予我们依靠的参天大树。"

知人善任方能人尽其才、悉用其力。翻看筹备办公室早期的会议纪要，不难发现有一个人经常出现在重要节点的重要会议上，她就是深圳大学教务处副处长孙忠梅。阮双琛说："孙老师确实在前期帮了我们很多忙，包括筹建方案、学科规划、可行性报告，还有学院楼的功能设置等等。"在深圳大学教务处工作多年，孙忠梅积累了丰富的教务管理经验。她说："从2006年开始，我就一直在教务处工作，基本上主管过教学管理的各个环节，所以我特别了解深圳大学的教学模式和教学改革。2007年5月，教育部本科教学评估专家组对深圳大学进行了本科教学水平评估。在19个评估指标中，我们取得了18个A和1个B的优异成绩。当时我是评估的主要负责人之一，可以说几乎参与了大大小小的所有事项，尤其是数字资源收集、指标分解等工作。与此同时，我也一直从事教学研究，所以我对办学理念、办学模式、人才培养目标、人才培养方案的定位与设置都很熟悉，我就可以利用这些经验来支持技术大学的起步建设。"和其他人不同的是，孙忠梅是兼任深圳技术大学筹备办公室的工作，"我没有丢掉深圳大学的岗位职责，两边的工作都是不折不扣地去落实和完成的。平心而论，当时确实很辛苦。但是，我很愿意参与深圳技术大学的筹建。一方面，阮校长的领导力深深感染了我，我很认可他；另一方面，我比较赞同阮校长的办学理念和办学思路，打心底愿意支持他的工作；最后，我特别希望能够为深圳筹建一所新大学出一把力，所以我就选择了这条痛并快乐的道路。"

和孙忠梅一样"两边抓、两边都要硬"的干事者，还有深圳大学招生办副主任李智军。"从 2008 年开始，我就在深圳大学负责招生工作，对相关的业务宣传、专业设置、学科建设都比较熟悉，包括跟广东省教育厅的沟通，跟深圳市教育局的沟通，以及跟其他省市相关单位的沟通，我都比较清楚，也积累了一些人脉。2015 年 9 月，阮校长给我打电话，让我去一趟他的办公室。当时阮校长想要了解一些招生方面的信息，然后就问我愿不愿意参加筹建。对我个人来说，我还是非常愿意为深圳的高等教育事业做一点事。虽然我没有全职在筹备办公室工作，但是我还是尽心尽职工作，愿意付出、愿意奉献的。"李智军说。在孙忠梅的眼中，李智军是一个"出活特别快的人"。"深圳技术大学前期筹备材料中的很多本子都是李智军主笔，他出了很大力。那时候，大家都风风火火的。因为急着报送材料、急着向领导汇报、急着邀请专家，所以我们经常加班加点。我印象很深，筹备办公室的那几个小伙子特别能吃苦、特别能战斗。李智军是一个，沈天鹏是一个，江石寿是一个。大家相互支持、相互配合，尽管身体辛苦，但是精神愉快！"虽然筹建工作已经结束，但是并肩战斗的情谊却长存长青。孙忠梅说："大家相处得都挺好，所以现在我们这些人偶尔还会聚一下。"巧的是，李智军也这么说。

"还有深圳大学基建处的副处长刘泽慧老师，实际上早期就是这几个人。"阮双琛回忆说。和孙忠梅、李智军一样，刘泽慧也是以兼职但是主力的身份参与深圳技术大学的早期筹建工作的。"2016年大年初七，我接到学校的通知，说阮校长要在科技楼的光电实验室开一个筹建技术大学的筹备会。除了阮校长之外，那次会议就只有我、孙忠梅老师，还有刘纪星老师参加。那时候，我正在筹建深圳大学西丽校区和总医院，可能是我前期的工作经验还算丰富，所以阮校长就找到我负责筹建工作的基建部分。开完筹备会，我们的工作就算正式开始了。当时深圳大学也抽调了不同处室的同志支援技术大学的建设，但是由于各种各样的原因，一部分人很快就撤回去了。后来筹备办公室陆陆续续发展到了20多个人，不断有刚毕业不久的年轻人充实到这支队伍中来。"刘泽慧说。

万事开头难，开局重在开头。于无路处踏出新路，难能可贵；于荆棘中开辟坦途，实属不易。刘泽慧说："说得直接一点，任何一所学校在成立初期的时候都是艰难的，因为筹建者就是垦荒者。在一张白纸上演绎精彩，谈何容易！要人手没人手，要资源没资源，要规划没规划，不容易！刚开始筹建办的人不多，压力最大的还是阮校长，整体的项目规划、后续的建设发展都由阮校长主持，所以他投入的心血非常非常多，白天黑夜地为技术大学的事奔波在市政府、区政府、各相关职能部门之间，为大学的筹建找支持、找条件、找资源。我记得当时阮校长带着我去跑市政府，反复地跟他们沟通技术大学的办学方向、发展定位。因为如果办学方向、发展定位不确定，就等于招生的目标群体不清晰，就谈不上我们是为谁服务，更谈不上我们建设什么样的建筑。可以说，没有方向和定位，我们就不知道什么是有效行动。其实，高校目前培养的人才一直呈现出高不成、低不就的状态，大学生能够顺利走出校门，却不能顺利走向市场。市政府也高度关注这一问题，不断提出新方案、新举措，旨在提升深圳市高等教育体系与社会、市场之间的互动能力。在这种问题意识的指向下，阮校长就希望在办学思路上参照德国的人才积累模式，培养社会和市场真正需要的人。"

在她的印象中，阮双琛是一个干事的人："跟着他去市政府、区政府和各相关职能部门的时候，我能感觉到阮校长一直都在兴奋点上，什么时候去汇报、去沟通，什么时候就能充满激情地侃侃而谈。特别是在学校的办学理念、发展定位方面，我觉得他很有想法，并且做出了巨大贡献。因为前期思路的自洽与否，直接关系基建工作的成与不成。"再回首，过去仍未远去。刘泽慧说："能够从无到有地参与一所学校的筹建，为深圳市的教育事业贡献自己的微薄之力，我觉得无怨无悔。在这个过程中，不管是痛苦还是喜悦，我跟随着这一群干事者的脉搏同跳动，这是一件挺幸福的事，也是一件蛮有成就感的事。"

在"梦开始的地方"追逐梦想

著名法国作家、哲学家阿尔贝·加缪（Albert Camus）说："一切伟大的行动和思想，都有一个微不足道的开始。"2015 年下半年，筹建团队的人手少，临时性的事务多。但是，千里之行，始于足下。对于干事创业来说，最重要的一步就是——开始！刘纪星说："2015 年 10 月中旬，深圳大学召开了筹建预备会。从那个时候起，我和李旭就开始处理一些事务性的工作，比如领导说要准备一个会议、准备一些材料等等，什么都有。深圳大学校办和外事处都给予了大力支持，晁委伟处长专门腾出来两个房间，方便我们开展工作。所以，我觉得各种各样的临时性事务还是能够顺利应对的。虽然当时条件都还不完备，但是现实约束并没有影响整个筹建活动的进程，一切都在逐渐地完善。"

正如简·马尔泽夫斯基（Jane Marczewski）所说："人不能等到所有的困难都过去了以后，才决定要快乐。"人也不能等到一切准备就绪，才决定去行动。等到所有的料都准备好了才下锅，未必是道好菜，未必是件好事，未必是个好的人生。"很快，我们在办公楼的二楼有了一间办公室，正式挂牌写了'筹备办公室'。从学校和其他单位抽调的工作人员不断加入筹建队伍，电脑、打印机等办公设施也日渐齐备。"刘纪星说。"在那里，我们为陆续到来的新同事办理入职，印发各种文件，我记得其中很多是拜访其他学校的函件，还包括和发改委、市编办之间的文件往来，以及与坪山新区的一些办公协作。我们就是从那里开始的。"李旭说。

"可以说，我们第一个正式的办公场地就是深圳大学办公楼二楼的 220 办公室。我的办公室也在二楼，在离我不远的地方新成立一个办公室，很方便我两边办公来回跑。"孙忠梅说。深圳大学办公楼二楼的 220 办公室，留下了深圳技术大学筹建史上的诸多第一次。"我记得很清楚，第一个重要的会议是在 2015 年 11 月 4 日，时任坪山新区党工委书记张备、新区分管领导雷卫华副主任一行来到深圳大学，共同研讨深圳应用技术大学的选址和筹建工作，那个时候学校还叫深圳应用技术大学。区领导表示他们非常欢迎学校落户坪山，介绍了坪山将会为学校提供何种条件、何种程度的支持，阮校长也明确表达了筹建工作中的关键问题与核心诉求。这次会议给我留下了很深的印象，因为双方进入会议室，刚刚落座就直奔主题，我们的需求是什么，他们的支持是什么……可谓节奏紧凑、诸事合拍，两边迅速达成合作协议。我们经常说'深圳速度'，究竟什么是'深圳速度'？在这场会议中，我非常直观地感受到了'深圳速度'，它很纯粹，没有那些花里胡哨的东西。会议一结束，对我们来说，筹建的铃声就真的敲响了，当时有这样一种强烈的感觉。"刘纪星说。

在春天的故事中续写故事，在梦开始的地方大胆逐梦。小小的筹建团队向着目标全力奔跑，它在奔跑中拔节、长大，它在奔跑中选择、建造！"参与筹建的人越来越多，除了深圳大学的抽调人员，学校也从其他单位邀请了很多得力干将入职，然后深圳大学又在办公楼六楼给我们置办了几间办公室。队伍开始慢慢地壮大起来了。"李旭说。"对很多人来说，学校的筹建工作就是在深圳大学办公楼六楼的几间办公室起步的。在那里，筹备办公室成立了一些顾问委员会，没日没夜地准备各种各样的申报材料。"许媛说。

作为可行性报告的牵头负责人，孙忠梅对撰写申报材料的经历记忆犹新——"那真是加班加点写了一遍又一遍，改了一稿又一稿。"以《筹设深圳技术大学可行性论证报告》的诞生为例，她说："阮校长指导，我牵头，参与撰写的几位老师为主，尤其是李智军出了很大力。大家反复推敲、反复修订、反复打磨，经过多次反复才最终形成了可行性报告的样本。"在这个过程中，免不了探索学习，免不了四处求教，免不了推倒重来。"不算小修小补，光大型修改没有十版也有八版！"李智军说，"我记得光研讨会就在深圳大学开了很多次，包括学科怎么规划，专业怎么发展，学院楼要满足哪些教育教学、科学研究的需求，针对特定功能有哪些科学性的解决方案。当时，我们把可行性论证报告分了几个模块，大家分工写作，最后我来统稿。撰写报告之前，我找到了南方科技大学的筹建申请报告，找到了香港中文大学（深圳）的筹建申请报告，也找到了深圳职业技术学院升格为本科院校的申请报告。那时候，深圳的这几所大学的相关报告我都拿到了。无论是学校的核心定位、发展规划，包括学科设置、招生规模、制度建设等等，我们都在统筹推进。论证报告中的很多材料和数据，我都过了很多遍，措辞、语句我也尽量做到精准、凝练、逻辑顺畅，包括阮校长的第一个汇报PPT都是我亲自做的。事实上，学校的教育方式和培养理念在那个时候已经初具雏形。"《筹设深圳技术大学可行性论证报告》的成形也得到了深圳市教育局的鼎力相助。孙忠梅说："当时深圳市教育局的副局长许建领特别支持我们，给了我很多欧洲发达国家一流应用技术大学的材料作参考。因为市委、市政府要求我们与国家对表、与深圳对位、与国际对标，所以我们参考了很多国外应用型教育的经典做法，也考虑到了外来经验中国化和深圳化的内在要求。"谈起携手并进的时光，无论是孙忠梅还是李智军都把荣耀归于那个齐心协力、凝心聚力的集体。"我是张罗、修改、领着大伙一块儿干。但是，每一个人都参与了，是整个筹建办公室完成了这项大工程，啃掉了这块硬骨头。"孙忠梅说。

为什么选择"幼儿园"？因为"看到"很重要

马克思有句名言："时间实际上是人的积极存在，它不仅是人的生命的尺度，而且是人的发展的空间。"1979年3月5日，国务院批复同意广东省宝安县改设为深圳市。2023年3月5日，深圳建市 44 周年。波澜壮阔数十载，深圳用时间写下"积极的存在"。这一天，深圳卫视播出了一则 1 分 28 秒的视频作品——《如果你要写深圳，就不能只写深圳》。44 年的时间只是历史长河中的一朵小浪花，却折射了深圳从驹齿未落到坚毅不惑的风雨成长。"如果你要写深圳，就不能只写深圳。要写鹏城，写明溪，写拓荒牛，写炮声鸣，写甲午风云去，两地同根心，青砖昭气概，苍苔映乡音；要写速度，写效率，写东方风来春潮起，写波澜壮阔浪头立，写涉险滩，破藩篱，写看似寻常最奇崛，成如容易却艰辛；要写追梦，写引领，写滩涂起广厦，白纸绘新颜，写梧桐引凤集，筑巢育新机，写压舱石，写先手棋，写创新引擎轰鸣，写万商流动不息；要写山海，写绿意，写烟波缥缈，云起梅沙，写鱼翔浅底，水清岸绿，写千园碧色，芳菲满庭，写包容，写善意，写一座城一家人，写书中日月，盛会不停，写人潮涌动，袅袅烟气，写万人奔跑，尽情呼吸。如果你要写深圳，就不能只写深圳，要写示范，写先行，写再引舟航，风正劲！"深圳的魅力，是成长，是创造，是浴血奋战之后再攀高峰。深圳的神话，不是生来锦衣玉食，不是坐享灯火繁华，而是"靠自己争取才能真正拥有"的信念。从一穷二白的小城镇到现代化国际大都市，"滩涂起广厦"从来不是传说，"白纸绘新颜"从来不是戏说。

将时间的指针拨回 2015 年 9 月，回到故事开始的地方。那时，深圳技术大学的所在地还是一片荒草甸，金田路上几乎没有路人，周边一人高的杂草丛里横七竖八地堆放着比亚迪的集装箱。阮双琛说："我记得第一次是和我的家人一起过来看，当时这一片很荒凉，全是沙滩地，杂草丛生，包括现在的湿地公园都还没有开发，人很少。我们开车到金田路那里，一路上只看到一家小诊所和一个小饭馆，没有高级中学，也没有三职校。可以说，这个地方在 2015 年的时候还是欠发达，周边都没有人，你要找一个吃饭的地方都很难。"许媛更是用"像一座空城"来形容彼时的石井片区。"除了我们自己，这里绝少看到人烟，所以我感觉技术大学当时就是一座孤岛。所谓'孤岛'，体现在哪里? 白天我们来了，这里开始有了生气，有了活力; 晚上我们走了，灯一关，这里又变为一座空城，没有人烟，没有生气，没有活力……不可想象，这是 2016 年的深圳，如果说错过了班车或者同事的车，你可能都没有办法走出去，因为没有司机来这里接单。"许媛说。

△ 2016 年 7 月 17 日，深圳技术大学一期校园

在许媛的记忆中，阮双琛始终认为"能看到"对筹建工作很重要。"阮校长经常跟我们说，办学校就得待在它跟前，看着它成长，要了解它怎样一天天地变化，怎么样从一片滩涂荒地拔地而起。只有在它的身边，你才能感受它的节奏，把握它的症结，解决它的问题，所以他多次带着工作人员在学校周边寻找合

适的办公场地。"许媛说。用双脚奔波丈量规划蓝图、用多方沟通凝聚集体认同、用工程思维推动需求落地、用计之深远开拓发展空间，是筹建工作者对教育高质量发展的扎实回答，也是每一名筹建工作者应尽的本分。对阮双琛来说，筹建是开拓，是突围，还是守望。"因为吴市长对筹建工作抓得比较紧，2016 年 1 月 31 日晚上 9 点多，市委常委会审议通过《深圳技术大学筹建方案》，印象中是 2 月 19 日，我们筹备小组的几个人就来到坪山，和坪山新区管委会的领导们进行了现场沟通。他们都很热情，希望筹备小组到区委办公楼里或者是在区委旁边的一栋楼里办公，也积极承诺提供办公场地和办公设施。我们去这两个地方看了一下，后来我跟他们说，还是要到学校的选址现场去看看。到现场看了以后，我们就发现了竹韵花园的毛坯房，这里面还有一个幼儿园。当时我就想，筹备办公室还是要放在幼儿园。最主要的原因是，它离施工场地非常近，将来各个地方的领导也好，其他访客也好，只要大家来到筹备办公室，就能一眼看到学校到底建在什么地方，建到哪种程度。如果办公室离施工现场太远，不仅来来回回浪费时间，而且不利于筹建工作的整体推进。"阮双琛说。

从 0 到 1 之间，有无数拔节的瞬间和回响。守望的迷人之处在于，既能对披荆斩棘的"来时路"熟稔于心，也能对瞬息万变的"脚下路"胸有成竹，更能对征途如虹的"未来路"保持专注。现在看来，把办公地点放在幼儿园无疑是一个正确的选择，它在实质上助推了筹建工作的快速起步，而这已是后话。守望才能了解，聚焦才能深入，探索才能发现，筹建工作当致广大而尽精微，致教育改革赋能产业发展之广大，尽一楼一宇、一花一树一览无遗之精微。李旭说："2016 年 6 月，领导就决定让我们搬迁到校址旁边的空置幼儿园来办公。到了 7 月，原来深圳大学筹备办公室的工作人员差不多已经整体搬过来了。那个时候幼儿园什么都没有，我们都是临时对接坪山的公司，从零开始布置家具、电器、绿植，甚至卫生纸。"在乐天派的李旭看来，这样的经历完全谈不上是过苦日子，"相反，我觉得充满乐趣。"许媛说："可以说，从深圳大学的临时办公室搬到一座三层楼高的幼儿园，是学校筹建过程中的重要一步，因为你只有陪伴它成长，才能了解它的发展现状，才能明白力往何处使。"

持志如心痛，一心在痛上，岂有工夫说闲话，管闲事？心无旁骛是"深圳速度"的处世表达。市委、市政府明确要求，要快速、高效地开展深圳技术大学的各项筹建工作。2016年4月12日，深圳市规划和国土资源委员会坪山管理局核发《市规划国土委坪山管理局关于核发深圳技术大学项目预选址事宜的函》（深规土坪函〔2016〕458号），标志着选址工作进入新阶段。本着合力守望、全力托举、聚力创造的责任心，深圳大学正式向坪山新区管委会发函，商请将深圳技术大学筹备办公室设在施工第一现场——石井街道田头社区竹韵花园幼儿园（坪山新区创景路向东、竹岭三路与马鞍岭路交会处）。5月9日，时任坪山新区党工委书记张备、管委会主任陶永欣、副主任雷卫华率坪山新区各相关职能部门，与筹备办公室阮双琛一行共同召开筹建工作协调会议，双方就筹建用地、临时办公场所装修和周转房配置等问题展开协商并积极落实解决。坪山新区管委会明确表示，将提供竹韵花园幼儿园给深圳技术大学筹备办公室作为临时办公场所，并负责相关设计装修等事宜。会后，与会人员就针对上述问题进行了现场勘查。可谓会场即是现场！此时，具有场地临近性的幼儿园作为办公场所的优势就体现出来了——便于真看、真听、真感受，便于发现问题、解决问题、预防问题。

　　所谓坚持问题导向，即永远葆有从内核出发的勇气，敢朝问题来，直奔问题去。选择办公场所的"小问题"背后映射着干事创业的"大主义"，那就是坚持实事求是，一切从实际出发，做真正掌握全面、真实、丰富、生动的第一手材料的行动者！筹建任务重、要求高、时效强，不断完善上下贯通、分工明确、执行有力的组织体系，是高标准、高质量、高效率开展工作的必要条件。5月27日，筹备办公室根据相关文件要求和实际工作需要成立工作小组。阮双琛担任组长，成员有陈俊驰、王刚、王晓峰、刘力文、曾思予、杨钦鹏。与此同时，会议提出进一步优化筹备办公室的人员架构，初步形成了校园规划组、后勤组、人事组、申报组和综合办公室五大部门。其中，校园规划组由刘泽慧、王刚、沈天鹏、胡佳琪负责，后勤组由王晓峰、刘璐、刘文翰负责，人事组由刘力文、陈玄负责，申报组由孙忠梅、李智军、江石寿、尚莹莹负责，综合办公室由刘纪星、李旭、杜晓芒、岳初霁、薛成业负责。筹建的急事、难事、大事、要事，像密集的鼓点，悄然更改着时间的节奏。在各有关单位的积极推动下，坪山临时办公场地于6月中旬便可交付使用，新聘任人员需在6月底全部进驻坪山办公。对实干者来说，兴奋点从来不是享受现成的，而是创造未有的。对筹备办公室的工作人员来说，流火七月从来不是悠闲暑假，而是奋战佳期。6月12日下午，阮双琛主持召开了深圳技术大学筹备办公室工作会议，他语重心长地说："坪山虽然条件艰苦，但是充满机遇，年轻人要抓住这个难得的机遇，充分展现自己的才能，筹划好未来的发展。"

拓荒岁月不言愁

像牛一样劳动，像土地一样奉献；像思念一样不惧山海，像爱人一样无怨无悔。"由于家庭或者工作的原因，最初筹建办的团队成员大多住在南山。"从南山到坪山，从深圳西到深圳东，从白天到黑夜……"大家开玩笑说，每天的工作都要有'三个100'，具体就是车程往返100公里，油费支出100块钱，路上花费100分钟。"阮双琛说。回忆起在幼儿园的办公时光，尚莹莹说："在深圳大学办公楼六楼办公的时间比较短，很快我们就全部搬到幼儿园了。在相当长的一段时间里，大家都在坪山和南山之间来回往返。当时我还在朋友圈晒了一张照片，就是我往返'两山'的高铁票。因为一个月要跑好多趟，所以不知不觉就积攒了好多张。"

往返于"两山"之间，可以说是早期参与筹建者的共同记忆。后被聘任为学科专业顾问的阎评则用"两头黑"和"打仗"来形容这一段经历。"我每天早上五点半起床，拖着拉杆箱坐第一班地铁，坐完地铁坐高铁，下了高铁打的士，然后才能来到办公室。下午五点半再拖着拉杆箱打的士，打完的士坐高铁，下了高铁坐地铁，等回到家就八点半了，真的是两头不见天日，两头黑！而且整个过程需要高度统筹优化交通时效，你要精确计算地铁坐到哪个站，在哪个门冲出去就能到电梯。因为你离电梯远一点，就可能错过地铁换乘，你错过地铁换乘就可能错过高铁，你错过高铁可能一整天的工作都耽误了。现在回想起来，那时候每天都是跑跑跑，每天都在冲冲冲，真的像打仗！"阎评说。在这段日子里，不断有人因为各种各样的原因退出筹建队伍。她接着说："这种现象给了我一个信号，能不能坚持下去就看自己有没有理想信念。'理想信念'这四个字非常有分量，人必须对事业有一个一定能成功的信念和一种把艰难转化成美好的方法，这样才能在任何困难面前坚持走下去。什么吃不上饭、睡不好觉，什么晕车呕吐、腰酸背疼，这些都不是问题，问题是你有没有走下去的理想信念。我觉得，能在人生最美好的年纪遇到一个筹建大学的机会，无论过程如何艰难，如何困苦，如何不易，我都收获了，我都成长了。"

对于艺术学出身的阎评来说，"转化"是艺术的本质和奥妙。把不如意、不愉快的素材，转化为如意和愉快的作品。这个作品可以是一抹心绪、一幅画作、一场好戏，也可以是一项事业、一种认知、一番作为。这种"转化"的趣味与工程思维有异曲同工之妙，即发现问题、造出新物、满足需要、解决问题。把从发现问题到解决问题的闭环根植于社会生产实践的大系统，在造出新物和满足需要的社会行动中锻造"我"的自然材料，成就"我"的社会人格。

相同的经历，不同的感受；不同的感受，相同的情结。在许媛的记忆中，这种日常的"对交通时效的统筹优化"则被打上了"惊险"的标签。她说："当时的交通的确是个大问题，所以我们经常坐高铁的一拨人就建了一个微信群，大家组团轮流叫车，今天你叫，明天我叫，每天到高铁站就像大会师一样，你找我，我找你，然后我们在同一个车厢集合，一起去办公室。下班之后，大家就把这个流程再来一遍。记得有一次，我和曾思予老师、邱惠玲老师，还有裴芸老师一起赶高铁。那天塞车很严重，我们到高铁站的时候离发车已经没剩几分钟了。我们四个真的是追着高铁跑，邱惠玲老师跑得比较快，她在前面跑，我们在后面追。她高喊着'我去拦着高铁'，这个时候，裴芸老师摔倒了！我和曾思予老师想都没想，一把把她拉起来继续跑。邱老师在前面一边对我们喊'快快快'，一边拦着闸机旁的工作人员说'您别关，您别关，还有三个人'。我们刚进站，闸机就放下来了。完全顾不得形象的四个人又从闸口一路冲向站台，前脚刚踏上高铁，后脚门就关了，就是这么惊险！"

刘纪星对交通不便的状况印象深刻，她说："第一，打车很贵，而且极不方便。当时如果你叫到一辆出租车，司机会告诉你他不去石井，因为太偏、太远了。第二，公交车的班次非常少。这一点你从公交站牌下面的荒草就可以看出来，根本没有人立足的地方，就好像那里从来没有人上下车一样。那时候，我正好买了一辆车，就每天载着大家上下班，后来李旭也有了一辆车，我们就靠着这两台车来回往返，这样的日子大概持续了三四个月。"

阮双琛坦言，如何攻克"三个100"，减少开展工作的时间成本，是那段时间萦绕在他心头的头号问题。直到筹备办公室按照自愿原则将工作人员安置在坪山的万科金域缇香二期10栋，"两山"之间的"苦恋"才最终结束。但是，从万科到幼儿园依然有一段距离。交通不便的问题只是被缓解，并没有被解决。"最初只有十来个人的时候还好，两台车勉强够用。因为他们比我女儿都小，所以在我看来他们都是小孩子。这帮孩子的工作热情特别高，大家都很有拼劲，但是确实也很辛苦，我就想着试试看能不能为大家申请一条公交线。我们详细估算了一下，从万科到幼儿园的时间，确定几点钟在哪儿出发最合适，因为有很多人要回南山，公交路线最好能够经过高铁站。确定了需求，做好了方案，我们就反复沟通，反复打报告，反复申请。当时坪山新区的管委会主任陶永欣了解到我们的情况之后，就答应说：'一定给你们做！'后来，他们真的专门为我们开通了一条公交线路。有了从宿舍到办公室的班车，大家上班就方便多了。"刘纪星说。

唯有精神能与物质试长久，只有心胸能和苍穹比开阔。"自己动手，丰衣足食"是尚莹莹对"幼儿园办公时代"的精辟总结。她说："我们刚搬到幼儿园办公的时候，那里什么都没有。桌子是我们自己排的，网络是我们自己搞的，甚至卫生间的抽纸盒也是我们自己装的。学校附近车少、人少、饭店少，当时在幼儿园只能叫到一家配送木桶饭的外卖，这样大概过了半年，才慢慢地有职工食堂进来。因为人少，大家都围着一张桌子吃饭，所有的老师、领导，包括阮校长也和我们坐在一起边吃边聊。条件虽然艰苦，但是气氛却非常欢乐。"许媛记得每次吃围餐的时候，师傅都会额外端上来一碗热腾腾的面条，她说："大家你争我抢，很开心，就感觉以前从来没有吃过那么好吃的面条！"

翻看泛黄的筹建资料，在一份《办公室布置修改意见》中，我们依然能够感觉到当时筹建人员动手动脑、亲力亲为的火热劳动氛围——胡佳琪负责打印南北方向的路名，刘文翰和刘璐负责清除地面污物，李旭负责更换办公室的门牌。除此之外，101 的保卫室要增加安保人员；各楼层的大厅需安装玻璃门，保持办公环境的封闭和安静；大门口需挂竖版木牌；工作工期计划表要贴在 104 门口右侧；尽快与管委会协调落实铁质的路口指示牌；参考香港中文大学会议室的圆桌格局布置 3 楼的会议室……没有条件创造条件，没有趣味寻找趣味。尚莹莹说："那时候完全没有上班的概念，从不觉得自己是在循规蹈矩地上班，打心底觉得筹建的大事小事都是自己的事，不分你我、不分日夜地干也不会有一丝一毫的委屈情绪。"

忙碌之余，偶寻清闲。大家吃完午饭会绕着幼儿园走一圈，看着断头路边一人高的荒草，常常有人发出感叹："很难想象这竟然是 2016 年的深圳！"尚莹莹网购了花花草草的种子撒在幼儿园周围。"但最后也没有长出来！"她笑着调侃。刘纪星说：

"如果非要说一件令人苦恼的事情，那就是幼儿园经常会出现一种又大又红的条状虫子。用脚一踢，它就蜷缩起来，挺吓人的。"李旭跟着打趣："在幼儿园，你每天都能够发现一种新生物。"刘纪星补充说："这些孩子的工作热情特别令人难忘，一般职场很少有人有他们这种没有上班下班概念、一直干的劲头。看到他们生龙活虎的样子，我就觉得他们着实可爱。和他们在一起，我很快乐。"假如要用一个词来描述早期的筹建团队，尚莹莹会毫不犹豫地选择——"大家庭"。她解释道："没有说哪件具体的事由谁来负责，就是只要有事，大家就不分部门一起做。当初在万科，我们基本都住在同一层，没有人关门，随时互相串门，有时候写材料写到凌晨还能去刘纪星老师家蹭面吃。刘老师就像我们的大家长，我们全靠刘老师带，完全以她为中心。"听闻此话，刘纪星谦逊地说："这些年轻人差不多都是刚刚参加工作，没有什么工作经验，所以我就觉得我理应多想一些、多做一些。其实我从来没有感到特别忧愁，因为大家的工作热情把烦恼都冲淡了。"

筹备办公室顺利揭牌

一个人获得了毕生的使命，而这一使命也找到了去实现它的人。这个双向的过程将在事实上迸发出爆炸性的力量，展示出最强烈而活跃的生命元素——人的意志。尚莹莹说："如果你参加过筹建，你就会直观地感受到阮校长的执行力。我很佩服他做出的每一次搬办公室的决定，我认为这种强大的执行力相应地给我们形成了强大的倒逼力。定下一个搬迁的时间点，就一定要在这个时间点搬迁，哪怕临近时限你还没有完全准备好。所谓的倒逼，就是时间一旦确定，你无论如何都要把任务完成。筹建从来不存在等、靠、要，从来都是抢、抓、干。从来没有说办公场地万事俱备，我们懒洋洋地搬进来，从来都是直接搬进来，边打扫、边整理、边办公，从来都是这个样子。"

2016 年 7 月 3 日，阮双琛主持召开了深圳技术大学筹备办公室工作会议，安排迁入坪山新区竹韵花园幼儿园临时办公场地的相关事宜。按照市领导的意见，筹备办要集中精力主攻综合事务、申报和基建。阮双琛指出，筹建初期，筹建办工作人员需要一人多岗，大家要转变工作思维，提高个人修养，加强服务意识，注意工作细节，提升英语水平，争取高质高效地推动筹建工作稳步向前。会议安排孙忠梅和刘纪星负责准备 7 月中旬的筹备办公室揭牌仪式，请深圳大学建筑设计研究院设计并布置筹备办公室的大型墙外广告。与此同时，为确保筹备办公室的规范化、专业化和精准化办公，会议决定由刘纪星、岳初霁、陈俊驰负责对工作人员展开业务培训，并不定期安排相关人员前往香港中文大学等地调研。

尚莹莹说："刚开始的时候，确实是一个人干好几种工作。以我为例，写材料只是我工作内容的一部分。在筹建初期，我干过人事，干过外事，干过宣传，学校第一批出国人员的材料是我去外事处办的，学校的第一个公众号是我申请下来的，学校正式招聘的第一批员工的 offer 也是我发的。"太多太多的第一次，记录了太多太多的青涩回忆。尚莹莹接着说："由于没有经验，我给他们至少发了五遍 offer 才发准确，第一批员工的邮箱里现在应该还有那个时候的 offer。"李旭补充说："办公室搬到幼儿园之后，家具预算是我和尚莹莹一起做的。那个时候，我们两个都懵懵的，你看着我，我看着你。我们参照着深圳大学的同类方案，先上网查阅各类家具的价格区间，再大致计算办公室一共需要多少套家具，最后做出了一个初步的家具预算方案。这种一起探索、一起成长的感觉很有趣，也很难忘。"可以说，像尚莹莹一样身兼数职的情况在筹建办公室很常见。"人手不够是一方面，另一方面是因为那个时候的部门分工还不够精细化，一锅端、一起干，可谓是无奈之举！但是，这种不得已而为之的做法却最大限度地增加了彼此的了解，凝聚了团队的力量。"尚莹莹说。

"旁人从不赞同，连情理也不容，仍全情投入伤都不觉痛；如穷追一个梦，谁人如何激进，亦不及我为你那么勇；沿途红灯再红，无人可挡我路，望着是万马千军都直冲，我没有温柔，唯独有这点英勇……"逢山开道、遇水架桥，需要一点勇；兵来将挡、水来土掩，需要一点勇。所谓勇，就是把自己的投入度作为唯一的变量。李旭说："我们刚搬到幼儿园就开始为揭牌仪式做准备了，我、薛成业，还有胡佳琪一起策划安排。办公室什么都没有，我们就临时买绿植美化工作环境。三个人分工协作，布置会场、设计背景板、通知参会人员等等。最大的挑战不是某项具体的操作性事务，而是一切都不确定，你要一天24小时随时应对各种可变因素。我记得揭牌仪式的时间本来已经定好了，像背景板之类的会场材料也都全部做好了，突然又收到通知说时间改了！我们几个人就大半夜临时加班，一直到第二天五六点钟才把所有材料更新完毕，九点钟揭牌仪式就正式开始了！就是这么急，这么赶，这么突然！"

2016年7月19日，深圳技术大学筹备办公室在深圳市坪山新区办公场所举行了一场简朴而隆重的揭牌仪式。说简朴是因为整场仪式是在浪费可耻、节约为荣的价值导向下展开的，不讲排场、不比阔气、不搞攀比。从珍惜一粒米、一滴水、一度电、一张纸开始涵养勤俭节约的良好风气，日积月累、成风化人，崇简抑奢成了筹备办公室全体工作人员的行事追求。说隆重是因为深圳市副市长吴以环，坪山新区党工委书记吕玉印，坪山新区管委会主任陶永欣、副主任雷卫华，市教育局副局长许建领，市建筑工务署站长李卓，市国土和规划资源委员会坪山管理局局长姚早兴，深圳技术大学筹备办学科顾问徐刚教授、姜连勃教授、曹建民教授、阎评教授，以及坪山新区管委会的综合办公室、纪检监察局、组织人事局、社会工作委员会、经济服务局、发展和财政局、社会建设局、公共事业局、城市建设局、城市管理局、安全生产监督管理局、规划土地监察大队、机关后勤服务中心、建设管理服务中心、政府投资项目前期工作管理办公室、土地整备中心、重点工作督查办公室、中心区办、坪大惠合作办公室、坪山办事处、坑梓办事处、市规土委坪山管理局、坪山交通局、坪山公安分局等有关部门主要负责同志参加了揭牌仪式。名单之长，实为重视之深——重视地处南海之畔的深圳如何以"撸起袖子""甩开膀子"的彪悍姿态，迅速摆脱"洼地"之名，建成中国高等教育的新高地；重视深圳高等教育超常规跨越式发展如何支撑未来城市发展的第三极；重视校地企融合育人新模式如何托举人民群众的获得感、幸福感、安全感。

△ 2016 年 7 月 19 日，深圳技术大学筹备办公室正式挂牌

大学、城市、时代，在 7 月 19 日的筹建办公室击掌共鸣。大家喜气洋洋，忙而不乱、忙而无错、忙而高效、忙而有趣。上午 9 点，筹备办公室揭牌仪式正式开始。吴以环一行参观了办公场地，阮双琛向莅临仪式的各位嘉宾介绍了深圳技术大学的筹备工作近况并热情洋溢地主持了揭牌仪式。合影留念之后，大家趁热打铁召开了深圳技术大学筹备工作座谈会。会上，吴以环副市长指出，筹备办公室的揭牌标志着深圳技术大学的筹建工作正式开启大发展模式。她说："筹建深圳技术大学对于构建现代化、高质量、惠民性的深圳高等教育体系具有重要意义；对于探索中国高等教育改革创新的新理念、新模式、新道路具有重要意义。它将成为培养高水平工程师、设计师、精算师的摇篮，助力深圳产业发展扬帆再出发。"她希望坪山新区紧乘"东进战略"的政策东风，加满油、把稳舵、鼓足劲，全力打造深圳"东北门户、制造新城"，"要把握住深圳技术大学落户坪山的契机，让这所国际化的一流应用型大学引领坪山新区的人文素养、教育实践、科技创新，乃至生活方式的快速提升。要积极配合、大力支持学校的建设和发展，把深圳技术大学的事当作自己的事，提早规划城市布局，与深圳技术大学合力构筑大学园区和产业园区新生态，尽快、尽早、尽诚意地吸引优秀企业在坪山落地开花。相信未来，坪山新区将以高质量的高等教育为引擎，阔步迈向发展快车道"。

吴以环表示，深圳技术大学将在校企合作、产教融合等方面加强与本地企业的交流合作，共同培养人才、组织科研、开发技术新业态、探索商业新模式，打造校企互相借势、互相赋能的发展共同体。筹备办公室要始终坚持务实导向，坚持共赢原则，与坪山新区等有关部门密切交流、通力合作，争取在更高理念、更高战略、更高水平的基础上开展学校的规划建设工作。与此同时，她明确要求筹备办公室尽快启动深圳技术大学的设筹、基建等事项，全面做好年底动工的准备。最后，吴以环为筹备办公室送上了美好祝福，她言语笃定、满怀希望地说："祝愿深圳技术大学筹建顺利！"

△ 2016 年 7 月 19 日，深圳技术大学筹备工作座谈会

回忆起筹备办公室的揭牌仪式，李旭说："我们感受到市领导、区领导对筹备办公室的关怀，对筹建中的深圳技术大学这棵小小幼苗的关怀。有领导的耐心指点，有伙伴的相互帮助，我们也真真切切地体验到了什么叫事慌人不能慌、事赶人不能赶、事急人不能急。整个揭牌仪式既完美又成功地完成了，我们都特别有成就感。"尚莹莹则从这场"象牙塔"之外的劳动中感受到细节完美之不易、细节周到之重要，她说："一场会议的成功需要注重细节，或者说是由无数无懈可击的细节组成的。哪怕是端茶、倒水、拍照片，都有不及格、及格和满分的差别，而我们总是追求满分的。"

一所大学就像一棵大树，树根深扎一方水土，树荫庇护一方百姓。大树引凤筑巢，俊鸟与凤同飞。在百姓心中，有一个朴素的观念，那就是"大学来了，人气就来了；人气来了，经济就发展了；经济发展了，家园就站在希望的田野上了"。地域空间是一个多元化的复杂系统，其发展的内生动力，是因需求而谋动、因谋动而汇聚、因汇聚而勃兴的实践者。地域空间因人的客观实践与主观行为的交互作用而生成不同尺度的价值、意义和观念，不仅体现出地方文化的历史性和社会性，而且表达出人们对代表中国先进生产力的发展要求、代表中国先进文化的前进方向、代表中国最广大人民的根本利益的惠民举措的情感性认同。地方因人而繁盛，人因大学而相遇。万人聚如燃千灯，燃千灯如启明星。因此，人们欢迎建大学，尤其欢迎在尚不发达的地方建大学。许媛说："后来我听同事说，在筹备办公室揭牌的那一天，附近的村民都自发过来放鞭炮。我想最直接的原因是，他们的回迁房就在这座'空城'里，旁边不是商铺而是荒草，不是公共服务设施而是横七竖八的集装箱，没有人想要这样的回迁房。后来，技术大学要来坪山办学的消息燃起了他们对回迁房增值的信心，所以村民打心底欢迎技术大学。这看起来是一个功利的价格计算，其实是人们对大学介入地方经济、提升地方发展的质朴信心。这就不难理解为什么筹备办公室的牌子一挂起来，村民就自发地前来放鞭炮祝贺，他们用自己的方式庆祝了一个大学的诞生。"

对于刘纪星来说，筹备办公室的揭牌是一个重要节点，她说："我感觉揭牌以后，筹建的队伍就明显壮大了，做事的人也多了。人多了，分工也相对来说明确了。不像最开始的时候，我每天都要想哪个地方还有什么问题需要去解决。"经过多次调试，筹备办公室顺利成立内设部门。按照市委、市政府的指导意见，内设部门包括综合事务组、校园建设组和申报组。综合事务组主要负责筹备办公室的日常事务，其中，刘纪星、岳初霁、杜晓芒、李旭、薛成业负责综合事务，王晓峰、刘文翰、刘璐负责后勤保卫事务，江石寿、孙茜负责设备事务，刘力文、陈玄负责人才引进事务，陈俊驰、田丽、邵然负责计划财务及招投标事务，曾思予负责国际交流与合作事务；校园建设组由刘泽慧、牛永宁、沈天鹏、胡佳琪、邱泽枫组成，主要负责依照工期计划表有序规划和推进实际工作。在确定办学选址和用地的基础上，按程序办理相关用地审批手续。充分了解坪山新区对校园选址周边的总体建设规划，组织专家评审，制定切实可行的校园建设方案，并完成深圳技术大学的招标工作。申报组由孙忠梅、李智军、尚莹莹、李姗燕组成，主要负责完善《深圳技术大学筹建方案》，细化学科建设发展的相关内容。组织开展学科发展论证会，完成《深圳技术大学学科专业发展规划》，并做好向教育部申请批准筹设的各项工作。

队伍在历练中成长，能力在风雨中提升；目标在前进中清晰，道路在实干中延伸。正如吴以环所说，筹备办公室的揭牌正式开启了深圳技术大学筹建工作的大发展模式。

第四章
独具匠心 "空中大学"落成

　　"我将建筑视为城市的一部分,在设计中,我试图使它们成为负责任和有贡献的存在。"建筑大师塞萨尔·佩利(César Pelli)如是说。城市是经济发展、文化创新、个人自由和集体成就的小宇宙,大学是城市星空中的璀璨明珠。校园建筑重塑城市空间,赋能现代教育,联结建筑的物理属性、文化属性和功能属性,将大学的空间实践、人文品格、景观设计融入城市的日常交往。社会就是建筑,建筑是社会的镜子。当代社会的教育理念、教育需求应时而变,校园建筑亦需与时俱进、趋势而为。作为与人类具体需求结合最为紧密的专业化学科之一,建筑不是为建筑师设计,而是为使用它的人设计,需求是设计的主要条件。好的校园建筑设计和自主学习、团结协作、科技实践的教育趋势相辅相成,满足教育者不同的教学活动需求。因此,建筑设计的第一步便是了解使用者的需求,即使用群体的学习实践活动如何与空间互动,使用群体内部以及群体之间如何互动,通过沟通、确认,再沟通、再确认,从空间的角度阐释使用者的专业身份和实践目的。可以说,建筑的任务是使原有的需求和观点更加精确,作为一种提炼的过程，它应该非常纯洁、清晰，它必须个性化。建筑的个性化区别于艺术创作，作品是艺术家的私事，建筑则必须取悦所有人，它的个性化是公共性的。

　　同时，现代社会需要并且正在等待一种针对教育教学和校园建筑的新计划，每种新情况都需要一种新建筑。建筑设计应细致深入地探寻未来教育前沿的基本要素，拓宽整个建筑对新技术、新手段、新理念的容纳程度。快节奏社会日益弹性化、多样化、加速化的劳动，要求建筑的每一寸都是一个潜在的学习、劳动和休憩的空间综合体，能够支持多元、随机的全天候学习和自由活动。在教育面向未来的意义上，美国建筑师协会理事彼得·舒伯特（Peter Schubert）把可变性和灵活性视为评判教育建筑好与坏的重要指标，旨在强调教育建筑的"联结"作用，无论是以天人合一的思想将建筑与自然联结起来，还是以求新求变的精神将学生和产业联结起来，抑或是以开放共赢的意识将学校与社会联结起来，甚或是以全面发展的观念将当下与未来联结起来，乃至基于对健康快乐的礼赞将学与玩联结起来，都是教育建筑以人为核心的可变性和灵活性的具体体现。建筑意不在使一切都固定化，而是要以丰富的联结回馈某些东西，例如以用为先的理性、以俭为先的传统、以公为先的品格、以责为先的专业。贝聿铭说："最美的建筑，应该是建筑在时间之上的，时间会给出一切答案。"结合用、俭、公、责的建筑作品是一个延续的文化整体的立体说明书，它将成为永恒的、发展的历史的一部分。

把环境限制转化成建筑特色

　　来时一片荒芜，落座万家灯火。深圳技术大学的落地生根开启了周遭自然环境向人文环境的转变之旅。从风吹麦浪的远郊田园，到看似平平无奇实则充满惊喜的企业园区；从草木莽莽的原生态湿地景观，到群英荟萃的新型大学和环校园科技创新装置群……未来，这里不只有青山远黛、近水含烟，而且有璀璨灯火、林立高楼。城市之美与自然之美将在这里交织融合，技术之光与人文之光将在这里相映生辉。根据《市规划国土委坪山管理局关于核发深圳技术大学项目预选址事宜的函》（深规土坪函〔2016〕458号）等文件及相关会议精神，校园选址用地位于坪山新区石井、田头片区，地处坪山环境园以西，绿梓大道以东，南坪快速（三期）以北，金牛路以南，总用地面积约260万平方米。选址背靠田头山、马峦山，西、北两侧分布燕岭湿地公园和聚龙山湿地公园，坪山河及其支流穿境而过。可谓绿水逶迤去，青山相向开，生态环境宜人宜居宜业。与此同时，创景路沿南北向穿过校区，金田路、兰田路，以及坪山河分别沿东西向穿过校区。因此，校园被市政道路和自然河道切割为五大区块。其中，坪山河以南、金田路以北的三部分地块主要作为教学实训区、行政会议区和学生生活区；金田路以南为产学研基地，坪山河以北的地块为远期预留发展用地。

深圳技术大学项目总建筑师吴家骅说："刚开始阮校长让我帮他做设计的时候，我很高兴，但是没一会儿，这种高兴就全没了！为什么？你看这块地，主干道穿过，河道穿过，排洪的水渠穿过，城中村在里面，还盖着回迁房……我怎么做呀？我是学建筑史出身的，在历史上我从未见过这种大学选址的先例。我们设计南方科技大学、深圳大学西丽校区，或者其他省市的大学，都没有遇到过这种情况。核心的问题是，这些支离破碎的地块怎么才能变成一个完整的大学呢？麻烦。"正如诺曼·福斯特

(Norman Foster) 所言："如果你不是一个乐观主义者，就不可能成为一名建筑师。"面对诸多"史无前例"和"麻烦"的困难，吴家骅说："困难成就不同，越困难越不同。马克思主义是什么？关键一点就是唯物辩证法！就是我们在处理问题的时候要从负负得正的角度来创新性地思考事物之间的链接关系，这里面不仅涉及正负角度的转换，而且涉及主客体的调动。客观的条件是参考，主观的意志要起作用。成就是创造的，不是给予的。表面上，我们可以骂骂咧咧地抱怨这是什么破地方，实际上，理智和经验都会告诉我们破地方可以飞出金凤凰！所谓的困难和缺陷，经过人的创造性行为的转化，就会成为特色和不同。贫瘠的土地上开出一朵花，一定特别美。"

2015 年 10 月起，深圳大学建筑设计研究院负责对学校的一期工程进行规划设计。吴家骅说："一方面，我们没想到给了这么一块四分五裂的地。另一方面，我认为技术大学将来一定是一所了不得的学校，先进制造业在深圳，深圳还没有培养高端技术人才的大学，用地面积太受限会把学校未来的可能性圈死，我们都希望从开始就弄得像样点！"刘泽慧回忆说："当时的用地数据大概是 253 万平方米，听起来是挺好的，我们到现场一看，发现不是那么回事……因为那里面包含着工业区、耕地，还有实际上已经准备动工的保障房，这些都还没有被征收。我记得第一次跟深圳市规划和自然资源局坪山管理局沟通的时候，只有 50 万平方米的土地是有可能完成征收的，这距离 253 万平方米差得太远了！所以，253 万平方米这个数字是有一点儿虚的。数字虚，但是设筹的条件一点都不能虚，生均的占地指标是硬性规定。最后，在总用地规模不变的前提下，我们开始落实哪些是已征收的土地，哪些是近期能征收的土地。我们不断跟规资局商量，说坪山区政府能否尽量把近期内可以完成征收的土地一并划给学校，然后我们再作统一规划。在大家的共同努力下，我们又找了大概10万平方米的建设用地，这样我们就可以在差不多60万平方米的土地上去作规划了。在建设用地受限的情况下，如何为学校的后期发展预留空间？我们又找深圳市发展和改革委员会沟通，做了一个整体的学科发展规划，根据2万人以上的办学规模进行反复测算和论证，将校园建设分为一期和二期，后来差不多达到了近百万平方米的用地规模。"

　　一边要解决用地规模的难题，一边还要解决环境条件的难题，真是千头万绪、百端待举！刘泽慧接着说："技术大学被迫跨越了好几条市政道路，这一现实始终主导着学校的整个建设规划过程。"在传统的理解中，"支离破碎"一词往往带有消极的色彩。但是，在建筑设计的转化性艺术中，"支离破碎"也可以拥有积极的内涵——被重新排列成新风格的断裂，被再次表现为新形式的裂隙。面对历史之未有，审思历史之既有。吴家骅的头脑在激荡，心绪在沸腾！他说："20世纪初，欧洲出现了一个叫Futurism的现代建筑流派，就是未来主义。未来主义运动的领袖菲利波·托马索·马里内蒂（Filippo Tommaso Marinetti）有一句名言叫'世界的壮丽因速度之美而更丰富'，可谓一语点出了未来主义的一大特点，那就是对速度的崇拜。他们认为科技改变了人们的生活方式与时空观念，他们歌颂速度、歌颂科技、歌颂青春、歌颂工业城市，强调要把速度作为一个思考艺术问题的重要参数。建筑，在上天入地的动态中体现极简的速度和力量。由此我们就想，为什么不能把学校架起来，为什么不能把学生放到天上去呢？我们拼了命要去实现的这个设想，超出了大家的熟知范围，可想前进的阻力该有多大呀！"

"当一个大师是不容易的，特别是在建筑设计领域。"吴以环说，"你刚刚创作一幅画，能有几个人说它好？肯定是这个人说这里不行，那个人说那里不行。从头到尾批一轮，批到最后大家才能取得共识，说这个改得好！"校园建设的成与败，是影响高校教育教学、科学研究和社会服务质量全面提高的重要因素。对吴以环来说，"校园规划设计也是有故事的"。她说："项目总建筑师说要建一座'空中大学'，我们认为他的概念很好，支持他继续深化、做下去。但是，设计方案却始终不尽如人意。不管是在设计外观还是在使用功能方面，它都不太符合深圳的低碳、绿色、集约和可持续的用地理念。为保障校园建设与学校发展高度匹配，以及规划方案的高标准、高质量落地，在整个'空中大学'从概念、设计到建设的过程中，我们都不知道批了它多少次，真是批得一塌糊涂！改这个，改那个……光是图书馆的颜色、线条、材料，我们都反复调整了很多次。其实，这也从侧面反映出市委、市政府对每一所学校的建筑风格都是格外关注的。这种关注出自深圳对教育的一贯重视，不仅重视办学，而且重视建设。"

一景一物显功力，千雕万琢始成器。也曾跟跟跄跄、反反复复、渺渺茫茫，也曾战战兢兢、忐忐忑忑、冷冷清清。吴家骅坦率地说："总这么改来改去，我也有脾气。有时候针尖对麦芒，谁也不让谁。印象很深的一次是，我实在忍不住，正要跳出来跟人吵架的时候，当时的教育局局长张基宏在旁边死死地抱住我，他把我摁住以后，我就没有发火，也就避免了无谓的冲突，情绪顺了，干活也顺。我特别谢谢他，他非常地明白事理，做事情很有分寸，有理想，有抱负，也很有人情味。"百折千回心不退的过程，就是成就经典的涅槃过程；无畏方能施无畏的心态，就是方寸不乱的大师心态。吴家骅接着说："我一直认为，技术大学是所新大学，是所技术型大学，如果校园建筑没有一点技术内涵，只怕所谓的'新'和所谓的'技术'是没有吸引力，没有特点的吧！技术大学的建筑必须要有展现现代技术的可能性，否则怎么叫技术大学？叫中文大学好了，叫师范学院好了！因为它不是一所综合性大学，而是一所以工科为核心、探索前沿技术的大学，这么重要的教育创新之地，没有闪光点是不行的。"伴随着新理念、新技术、新材料在教育领域的爆发式应用，校园建设既要彰显城市的历史文化基因，又要适应学校的个性化定位要求；既要加强对规划建设方案的经济性和技术合理性的科学研判，又要体现校园建设理念的创新性、引领性和前瞻性；既要充分考虑地域特征、功能条件等现实情况，又要为未来新兴学科及交叉学科的发展预留弹性发展空间。坚持定性与定量兼备，刚性与弹性并重，以求最大限度地发挥校园基础设施的综合支撑效用。吴家骅说："整个建筑方案是逐渐明朗的，谁也没有这个魄力确定 10 年后或者 20 年后就是什么样，但是我有一个原则，那就是'空间是不变的，功能是可变的'，只要深藏足够的可变性，就会产生足够的发展余地。"

以国际化的建筑涵养国际化的习惯

校园建设不是机械的石块排列，不是空洞的砖墙组合，也不是无机的楼体穿插。校园建设与办学定位、学科规划、地区发展紧密联结，是人才、文化、交通和景观的综合构建。阮双琛说："第一个问题是制定合理的办学方案，第二个问题是与市里、省里、教育部沟通，争取顺利设筹、去筹。我觉得，这是筹建技术大学最核心的两个部分。实际上，学校能否顺利设筹、去筹，与包括校园规划在内的办学方案密切相关。如果办学方案能够得到教育部、省里、市里相关领导的认可，校园建设的方方面面也能够得到领导的支持。本来最早设想的技术大学只有差不多40万平方米的建筑，由于办学定位、办学特色和办学方略得到了领导的认可和支持，最后学校的建筑面积扩大到了将近100万平方米。"深圳技术大学紧密结合深圳市高端制造业和服务业对高端应用型创新人才的需求，着力建成深圳市乃至广东省的工程师、设计师、精算师的摇篮。

2015年12月30日，时任市长许勤主持召开深圳市政府六届二十一次常务会议，会议明确提出，深圳技术大学要认真汲取德国等国家的应用型高等教育在办学理念、模式、方法等方面的精髓。"按照市领导的重要指示精神，我对校园建设规划的总体设想就是对标德国，努力建成一所国际化的、没有围墙的现代大学。"关于对标德国，阮双琛有自己的思考。他说："当时我们一心就想打造一所国际化的大学，因为只有打造国际化的大学，国外的教授、名师，或者有国外工作经验的高水平人才才愿意来。来了以后，我们还要让他们能够待得住、留得下。喜欢才能待得住，喜欢才能留得下，对吧？如果我们没有一个国际化的环境，海外人才来了以后可以待一天、待两天，可能第三天他就走了。人才待不住、留不下，对一个学校的长远发展是极为不利的。这就是为什么在筹建技术大学的过程当中，我们始终坚持对标德国。"

校园建设对标德国不单指建筑风格，而且指功能设计。一言以蔽之，对标德国是统一形式与功能双重效应的操作系统。大族激光科技产业集团股份有限公司首席技术官、副总经理吕启涛说："我曾经和阮校长一起去德国调研，无论到哪一所学校、哪一家公司，他都是一边观察一边记录，甚至看到学校的卫生间，他都会和我讨论那种布局怎么样。所到之处，他是真的一直在思考，一直在琢磨。他是真的要做一件事，这个很难得。"阮双琛说："因为参与了学校的建设规划，所以我对每栋楼、每个细节都比较清楚，包括讨论各个楼宇如何摆放，才能最方便学生的进出，最有利于学生的流动。核心原则就是以学生的使用体验为中心，尽量做到建筑空间能够支撑而不是限制学生的日常活动。同时，人也是习惯的动物。空间设施要有助于培养学生现代化的生活习惯、学习习惯和卫生习惯等等。"

国际化不是空喊的口号，不是抽象的概念。对于阮双琛来说，国际化体现在设计细节对主体需求的积极回应上。它是建筑与气候的和谐互动，保证学生常态化、周期性的作品展览雨水淋不着、太阳晒不着；它是形式与功能的多变组合，基于"坚持集约发展，框定总量、限定容量、盘活存量、做优增量、提高质量"的城市发展要义，打造现代化的多功能复合空间。阮双琛说："以校园餐厅为例，传统的餐厅只是就餐场所，空间使用功能单一、开放时间受限、油烟味大、清洁技术水平不高……种种因素导致它往往被安置在校园的犄角旮旯，不仅在位置上比较偏，而且在风格上比较不起眼。我们去雷根斯堡应用技术大学调研，他们有一个餐厅就在学校风景最好的地方！学生不光可以在那里吃饭，还可以在那里看书、讨论。我认为这种多功能的空间构建方式，突破了大学餐厅的传统概念。我希望未来技术大学所有的餐厅都能够为学生服务，这个服务不单指就餐服务，在本质上，它是空间使用效率的综合提升。从德国回来以后，我就跟吴大师说一定要在湖边风景优美的地方建一个餐厅，这个餐厅不仅要成为景观的标识，而且要成为水平的代表。"

国际化不是西方化，而是现代化和高水平的结合，是为多元主体提供方便的居住、学习和休闲条件的能力，是培养多元主体践行阳光健康、文明包容、充满活力的生活方式、学习方式和交往方式的水平。阮双琛说："无论是宿舍、教室，还是办公室、健身房，都要与人方便。比如，从方便的角度来说，健身房就要建在宿舍下面，学生健完身，冲个凉，然后睡觉或上课，很方便。"校园建筑及设施的国际化设计，以日常生活实践的方式沉淀在人们不断变化的动态感受和行为中。往大了说，它是新风气、新习惯、新理念的支撑系统、培养系统、助力系统；往小了说，它是卫生间预留的电源插座，是洗手池下面安装的水龙头，是地库清晰、醒目、准确、完好的交通标志标线和宽进宽出的行车进出口，是宽、高、稳的减速带，是基于人性化时间管理的停车收费制度……

阮双琛说："国际化的一方面是设施设备的配置要到位，另一方面是管理要到位，好的管理对发挥设施设备的效能具有提升作用。就像地库，在设计上要保证好进好出好停车，要让没来过的人也知道怎么走。另外，地库是公共配套设施，要最大限度地发挥它的效用，就要通过管理手段优化地库内部的空间流动性。以停车收费为例，我们的理念是白天停车不收费，过了晚上十二点就要收费。这样不仅能保证车进车出，提升地库单位时间内的服务量，而且能从制度上鼓励教职工平衡工作与生活，维护家庭和谐，尽量在晚上十二点之前回家。"

新时代、新教育、新动能，没有一门学科能够是孤岛，没有一所大学应该是孤岛。在传统的校园里，不同功能的建筑空间在各自的地基上垂直生长，楼体与楼体之间、学科与学科之间形成了一道无形的边界，教育教学活动像网格一样被切分了。长此以往，必将导致用地低效，交往疏离。学科的优化调整需要打破网格，教育的改革创新需要打破边界，大学的自新自强需要打破围墙。

　　"一个人要能朝外看，不能总是看自己。"阮双琛说。未来的大学不是外缘封闭、内部割裂的"象牙塔"，而是不同功能之间相互联结，不同学科之间交流密切的"大平台"。新技术时代，是传播的时代，也是联结产生价值的时代。相互联结的节点的数量多少和创新能力的水平高低，呈强相关关系。正如深圳技术大学党委宣传部负责人、复旦大学新闻学院高材生钟鑫所说："用传播的力量，让学校的科研成果与企业、社会发生深度联系，进而推动产品的产业化，在生活中发挥现实作用。这是高校宣传工作者，特别是应用技术大学宣传人应当发挥出的'联结'功能。"网络行动者媒介化这一泛在趋势，使得传播和联结不再是狭义的媒体功能，它们是政府、企业、高校等社会行动主体自身价值得以存续和发展的必要条件。对于面向地方、面向产业、面向"卡脖子"技术发力的应用技术大学来说，传播和联结不仅是宣传工作的生命线，更是高等工程教育本身的生命线。没有高水平的对外开放，不要奢谈高质量的传播和联结。敞开大学空间，使校、地、企深度融合更为流畅通达，也为校区、园区、社区共生共荣的有机生命体之生成构造成长之器皿。与此同时，通过打破网格、边界和围墙，大学能够将丰富的公共空间资源和文化资源给予城市和人民。因此，在校园建设规划之初，阮双琛就坚持建一所"没有围墙的大学"。他说："改革开放是中国发展的关键一招，学校也一定要开放，校园氛围才能变得更包容、更积极，学校内外的人员、技术等交流才能更便捷、更顺畅。'没有围墙'不光是市里的要求，也是我一直以来的理念。"

　　大学的发展，要在社会中找灵感，要在行业中寻联结。吴家骅说："打破围墙，有它的革命性和未来性。可以说，大学与社会的关系是非常密切、非常自然的，它与城市的生产建设、轻重工业、科学实验等一系列相关实践有着内在的联系。在实践中，必须交流、必须停车、必须卸货、必须装货，这一切都来得这么自然。没有围墙，则不设限，每个学院都可以和社会直接对话。这是伟大的新时代，大学不能钻到故纸堆里头！我们要相信我们的学生，相信我们的市民，相信大学与社会之间分不了、割不断的现实联系！"其实，"没有围墙"也是国际化的一个要素。从马克思主义实践观来看，围墙本身并不是判断一所学校好与坏的绝对标准。同理，"没有围墙"并不代表国际化，与"没有围墙"相匹配的高水平管理才代表国际化。打破围墙，如游鱼入海，被安全问题追着跑，被生存问题追着跑，被管理问题追着跑，大学由此不得不彻底摆脱不愿想、不愿动、不愿改的惰性常态。破物理之墙易，破观念之墙难。一封了事，不是高水平，不是国际化，看似免除麻烦，实则剥夺了大学的战斗性和成长性。毛主席的一首《井赞》道出了这种"保护"的侵害本质，诗曰："天井四四方，周围是高墙。清清见卵石，小鱼圈中央。只喝井里水，永远养不长。"鱼也好，人也好，大学也好，欲长长、长壮，则必破墙跃井，直击风雨。

麒麟山庄商定"空中大学"建设方案

困难与特色是一体两面的辩证关系，人的意志力、创造力和执行力是困难转变为特色的决定性变量。在校园一期项目中，面对校园建设用地被市政道路分割为多块不完整土地的用地条件，以吴家骅教授为首的设计团队基于对当代应用型教育教学、科学研究、社会服务模式的有益探索，创造性地提出"空中大学"的总体设计理念——向空中发展校园空间，形成"7米以上+24米以上"的立体化校园空间体系。全国首创的"空中大学"，以"景观轴"和"科技轴"为纵横轴线架起一条全长约为10公里的钢结构空中连廊，依据上述两条轴线统筹布局校内各个单体建筑，编织出校园的总体建设蓝图。它结合用地现状和地形特点，通过引入立体的二层平台交通系统，将各个分立的地块串联为完整统一的校园空间，构造了"空中+地面"双重步行体系，既彻底地解决了校园用地被割裂的现实问题，又合理地划分了实验、实训与科研、教学等功能性实践的空间界面。

为何要打造一条贯穿校区的"空中连廊"？市建筑工务署教育工程管理中心深圳技术大学（一期）项目主任曾维迪在接受《深圳特区报》的采访时表示，"深圳技术大学项目用地总共分三个地块，被多条市政道路分割开来。如果采用传统的校园设计，学生与教职员工穿行各个建筑之间就相对不便，也存在一定的安全隐患"。吴家骅说："我们把理论教学这类安静的活动放到'天上'去。与此同时，为了保证货柜车可以直接从校外开进来，不妨碍后期的大型设备安置，7米以上的空中连廊下面，除了图书馆以外全是标准车间和厂房构造。"这条空中连廊跨越了周边的几条重要公路，不仅加强了校园建筑之间的空间联络，而且通过解放底层空间和卓有成效的人车分流解决了学生上下学的安全问题。"我在乎的是孩子们高兴不高兴，我在乎的是大家有没有安全感，把分裂的地块连起来了，孩子们就安全了，不害怕了。我们不要让我们的学生在恐惧中生活，要把阳光留给青年人，要让他们自由地在平台上奔跑！"

吴家骅说："空中连廊是一个慢行系统，是一个流动的社交空间，在这个 24 小时开放的系统里，学生可以漫步、交流、开展各类活动。学校不是空间（space），而是场所（place）。什么叫作场所？场所是人类生产交往行为的空间。我们在场所寻求更好的生活、遇到朋友、思考问题、谈恋爱、约架……我们的情结和依恋在场所产生，场所比空间更有人性。我们的设计目标就是建造一个生产爱、联结爱、充满爱的场所，而不是一个冷淡的、苍白的、疏离的空间。"在吴家骅的心目中，"空中大学"是一种会呼吸、能生长、有生命的植物，他说："她就像一株调皮的葡萄藤，葡萄可以吃，形式感很好，还富有营养，是功能性和审美性的创新集成。"

△ 2021 年 4 月 28 日，连廊开通

"历史总是要前进的，历史从不等待一切犹豫者、观望者、懈怠者、软弱者。只有与历史同步伐、与时代共命运的人，才能赢得光明的未来。"2016 年 7 月 1 日，习近平总书记在庆祝中国共产党成立 95 周年大会上发表重要讲话，大国上下，顿时滔滔。北国风光，旖旎鹏城。"奋战小团队"紧锣密鼓地开展筹建的

各项工作，一刻不敢停，一刻不想停。2016年7月2日，阮双琛在麒麟山庄5号楼会议室主持召开了深圳技术大学概念性校园规划方案专家评审会，进一步优化校园建设方案，以便更好更快地推进筹建进程。

盛夏天鹅湖畔，群贤共襄盛会。华南理工大学何镜堂院士、同济大学常青院士、深圳市建筑设计研究院孟建民院士、浙江大学沈济黄建筑大师、中南设计院袁培煌建筑大师、苏州大学时匡建筑大师、重庆大学汤桦教授等多位建筑设计领域的泰斗级人物作为评审专家出席了本次会议。其中，何镜堂院士先后主持和设计过200多项重大工程，被誉为"校园建筑设计掌门人"。除了学术界巨擘，深圳市副市长吴以环，坪山新区管委会雷卫华、李莹，市发展和改革委员会吕林光、刘华电，市教育局颜辉，市建筑工务署裴宝伦、陈杰玲、吕晓欢、张春岳，市国土和规划资源委员会坪山管理局姚早兴、伍帅，市财委陈志川等有关单位负责同志亦齐聚麒麟山下，共同为打造经得起时间检验的校园建筑经典献计献策。

△ 2016年7月2日，学科建筑方案研讨会

　　"空中大学"并非建筑单体的描述，而是整个校园的立体平台系统，以及基于集约用地原则的高层教育建筑合理扩展的总称谓。评审专家充分肯定了吴家骅团队基于校园用地碎片化的特点所提出的"空中大学"的总体设计策略，认为总体规划的空间布局适宜、一气呵成。考虑到深圳的地貌特征及其亚热带海洋性气候，专家建议设计团队充分利用院落、骑廊，以及大面积的建筑阴影来调节小气候，提供多种遮风避雨的可能性；积极调动校园内外山水资源，不吝山景为胜景，将水体引入不同的建筑院落，为校园环境注入轻盈灵动的自然元素；结合应用型教育的实践特点，明确空间设置的主次虚实，在最佳景观区集中安置公共教学与公共活动空间。与此同时，设计团队应在现有规划的基础上，进一步探索建设一座开放式的、校城相融的技术型大学的可能性。专家明确指出，该方案涉及教育模式与空间实践之间的创新性构造，希望各级主管部门给予大力支持。吴家骅说："我没想到学术界会全体支持'空中大学'的设计方案，但是他们也怀疑我们究竟能不能百分百做到。这个方案你们能实现吗？我把这种怀疑当作一种鼓励。我得谢谢大家，谢谢不同阶段不同人的不同支持，一个学校，从来不是天上掉下来的，其筹建过程中，酸甜苦辣都有啊。"

　　任何一种圆满，都曾承受千锤万凿的琢磨；任何一种璀璨，都曾经历千磨万击的淬炼。秉持对教育负责、对发展负责的根本原则，市委、市政府严格把控校园建设的关键设计，坚持以系统观念组织实施高校的集群化发展，打造具有复数性质的新个体，使新建高校共同服务于高等教育卓越发展的统一目标。听取了深圳大学建筑规划与设计研究院关于概念性校园规划方案的汇报之后，吴以环提出了几点要求：一是明确风格与理念。技术大学应与普通大学有所区别，在规划、建筑和风格上要充分结合"现代""坪山""应用型大学"等核心元素,凸显前沿性、在地性和独特性。二是明确规划的原则。学校要以学生为本,在创新设计的基础上节约成本,用好纳税人的每一分钱。三是统筹利用立体空间。在向空中拓展的同时,校园建设应协调发展地下空间。四是明确校园的建筑基调。

2016 年 12 月 13 日上午,时任市政府党组书记、市长许勤主持召开市政府 2016 年第 22 次党组(扩大)会议,听取了深圳技术大学筹备办关于《深圳技术大学校园设计方案》的汇报。会议议定,市教育局、深圳技术大学筹备办要对标国际一流,认真分析学科建设和专业设置特点,研究提出校园规划设计的具体需求。在此基础上,进一步优化校园规划设计,并从中筛选出高水平备选设计方案报市政府审议。此项工作由杨洪、吴以环牵头协调。2017 年 6 月 19 日,刘庆生和吴以环组织召开关于深圳技术大学校园建设的会议,指出校园建设规划应体现"创新、品质、质量"的和谐统一,以百年大计的长远眼光和质量第一的使命担当打造精品建筑群落。会议再次强调"开放式"校园设计理念,并对整体规划和单体建筑方案提出了优化建议。2017 年 10 月 25日,杨洪、刘庆生和高自民专门就深圳技术大学建设项目召开会议,原则同意修改后的项目(一期)规划和建筑设计方案,提出合理增加地下停车位以及地上架空层、连廊免于立项,并报请市政府审定。2017 年 11 月 22 日,市政府听取了优化后的方案汇报,同意照此方案开展下一步的工作,并提出合理扩大建筑一、二层区域的架空空间,为师生提供更多学习和活动场所。吴家骅说:"没完没了的改动,没完没了的优化,没完没了的不满意……承受折腾是服务方的命运,不是这个折腾就是那个折腾,可以说,技术大学是我一生中受折腾的极限。前期是理念的问题,后期是实际的问题。刚开始与工务署的关系很差，但是时间长了，他们竟也觉得佩服我们。为人民服务不是嘴巴说说，不是吹泡泡，作为画图的人，我没有什么好炫耀的，一切都是为了技术大学能够筹建成功，为了不要让相信我们的阮校长失望！"

△ 2016 年 12 月 25 日，深圳技术大学校园一期场地平整

根据 2017 年 11 月 22 日的市政府会议精神，吴家骅团队再次对设计方案进行了优化。第一，坚持集约用地的原则，充分利用有限的土地资源，满足办学所需的空间条件。本次方案核定技术大学总建筑面积将近 100 万平方米，其中地上建筑面积80 多万平方米，地下建筑面积约为 20 万平方米，地下停车库可设 3000 多个车位。第二，建设没有围墙的开放式校园，与周边社区在文化、体育等公共设施方面协同构建共享共用、互利共赢的"善治"模式。第三，为引入阳光、利于空气流通，结合校园整体布局和人流动线，尽可能合理架空、架高建筑物的一、二层相关位置，保证学习交流、体育运动和其他活动等的公共空间开阔、明亮、健康、充足，架空面积约为 9 万平方米。第四，基于建设用地的现实条件，学校建筑以高层为主。核心单体建筑兼具功能之实与形态之美，着力突出定位特色，打造百年样板工程。

须知参差多态，乃是幸福本源。吴家骅说："我就偷偷地想，能不能让学校的建筑设计风格统一但不单调，能不能让每栋建筑都有自己的性格，都不一样？虽然这个建筑生命体出自我们小团队之手，但是能不能让她看起来像是好些人忙活的结果？古的、今的、中的、外的，颜色有变化，形状有变化，角度在变，高度在变……尽量想办法编花样，尽量让建筑手法不停地变。为什么要编花样，为什么要不停地变？还不是为了小屁孩儿！为了孩子们到学校初看时的惊讶、好奇和觉得有趣味。多元的统一、统一的多元，很重要。正所谓莫名其妙、歪打正着，在这么一块儿难搞的地方，灭点多、透视丰富、画面感极强，左一个、右一个、上一个、下一个……整个建筑设计远近高低各不同，鬼头鬼脑，但又很有秩序。我希望技术大学是动态的、充满活力的，所以学校建筑空间的'蹊跷之处'特别多。小动作加上大尺度，让人蹦上蹦下、跑进跑出，既青春洋溢、动感十足，又自觉谦卑、心生崇敬。我很感谢我的设计团队和其他同学的陪伴，一个人是干不了的，也是做不到的。"

爱之深，则为之计长远。阮双琛说："按照市委、市政府的政策，技术大学的建筑空间本身就有很多弹性。举例来说，连廊下面围起来就是有用面积。实际上，技术大学的这种面积非常非常多。传统意义上的盖房子，建筑空间大都是方方正正的绝对值，弹性不足，发展性不足。大家都感觉到，这种'预留面积'对未来技术大学的发展很有好处。"对于弹性建筑空间，吴家骅则如此解释："发展面向未来的教育，也要保证建筑支撑未来发展的持续可用性和生长性，留有余地才是真智慧。学校每栋建筑的一层全部留有虚空间，各学院也都留有虚空间，就是不算面积还可以存在的空间，不用的时候孩子们可以溜进去溜出来，溜进去溜出来……需要的时候就可以围起来另作他用。我们给学校留了很多这种小玩意儿，也为学校的未来预留了不少尚待打开的小礼物。"

把地铁建在校园里的奇思妙想

大学立地生根，恰如谋局落子成势，它与周边自然、文化与经济环境的互动关系远远大于一栋建筑、一套设备、一种资源。在历史唯物主义的视域中，社会实践网络是孤立的建筑、设备和资源产生价值的根本来源。在阮双琛看来，大学校园是现代城市建设和发展中的一针"强心剂"。一方面，大学特色鲜明、匠心独运的校园楼宇，成就了诸多趣味盎然的景点和地标性建筑；另一方面，大学校园的建筑规划体量较大，其功能布局、道路交通和生态环境建设是影响城市发展的重要因素；再一方面，活力四射、宁静致远的大学文化对城市的精神文明建设具有确然的提升作用。在综合互动的关系中看大学，在动态发展的结构中做规划。他说："在整个建设规划中还有一项非常核心的工作，就是在学校附近设置地铁站点。"

交通问题一直是阮双琛心头记挂的大问题。项目建设初期，技术大学选址拟建场地周边交通设施条件优势不足，距深圳市中心约1个小时车程，开车10分钟方能到达高铁坪山站，车次不多且转站频繁。筹建初期的路途奔波、风尘仆仆，已经成为一种创业者的特色集体记忆，深深地存在于脑海，存在于叙事。"印象中是2016年国庆节前后，当时的深圳地铁党委副书记李笑竹到坪山办事，我在深圳大学的时候跟他结识，他听说我在幼儿园筹建大学，就跑来看我，跟我聊聊天……他说地铁16号线可能在这个片区有一个站点，刚好他随身带了一个小本子，里面有一张地铁规划图，后来他就把那张图留给我了，到现在我还一直保留着那张图。他话音刚落，我就问他地铁线路能不能移到学校门口。为什么我这么问？因为地铁出行既安全又便宜，孩子上学方便，家长也放心。另外，我说这个地方的人口随着技术大学的发展很快就会突破2万人，人员流动是刚需……他说有道理，我说那接下来怎么办？他让我赶紧找轨道办，我就去找轨道办沟通，后来又找了其他部门说明情况。"

10月11日，筹备办向市政府报送了《深圳技术大学筹备办公室关于提请地铁16号线途经深圳技术大学的站点设为深圳技术大学站的函》，根据学校建设与发展规划和未来在校生规模等实际情况，请求将地铁16号线途经创景路和兰景路交会点的站点移至深圳技术大学，并将站点名称由田头站改为深圳技术大学站。"这个片区的站点原来设在田头山脚下，地铁线路本来是直线穿过去，现在要在技术大学这里拐一下再拐回去。地铁一开通，师生出行就会越来越方便。"阮双琛说。如果当时李笑竹没有去找阮双琛，或者是找了阮双琛却没有谈到地铁站点，抑或是谈到了地铁站点，阮双琛却没有应机立断、及时沟通、坚持己见，可能16号线还是那条笔直的16号线，可能创景路和兰景路交会点的站点还是坐落在寂静的田头山脚下。马克思主义者不相信偶然，偶然中隐藏着必然，必然通过偶然来表现，偶然是必然的表现形式。来到坪山是偶然，看望友人是偶然，聊天内容是偶然……多种偶然的背后其实是"念念不忘，必有回响"的必然。师生急难愁盼之事常挂心间，时时思虑，事事揣度，一旦偶然来敲门，他必然能够抓住想要抓住的，解决想要解决的。值得一提的是，技术大学站是全国首创无柱拱顶特色车站，整座车站采用无柱设计。大手笔的空间跨度和超简洁的空间界面，完美呈现了科幻气息与未来之感，生动展演了技术大学有技术、技术大学技术强的品牌特色。

△ 2022 年 12 月 28 日，深圳地铁 16 号线正式开通时阮双琛向大家展示当时的地铁规划图

想办法牵住校园规划的"牛鼻子"

清华大学"永远的校长"梅贻琦在其就职典礼上，留下了中国大学史上极为著名的一句话："所谓大学之大，非有大楼之谓也，乃有大师之谓也。"在刘泽慧看来，教育当然需时刻警惕以量图大、以量扩张的发展观念，但在辩证统一的视野下，"大楼"和"大师"都是教育高质量发展的重要支撑。没有"大楼"，"大师"难进也难安。实际上，重回梅贻琦当日讲话的整体情境，"大楼"与"大师"二者并非割裂对立、矛盾冲突，而是一体两面、各有侧重。梅贻琦说："我希望清华今后仍然保持它的特殊地位，不使坠落。我所谓特殊地位，并不是说清华要享受什么特殊的权利，我的意思是要清华在学术的研究上，应该有特殊的成就，我希望清华在学术研究方面应向高深专精的方面去做。"他特别说明，清华倘若要向高深研究的方向走，则必须满足两个必要

条件，其一是设备，其二便是教授。梅贻琦在肯定"大师"的同时，绝不意在贬抑"大楼"。与此同时，他言下之"大楼"不是一般意义上的"楼堂馆所"，而是围绕大学职能建立起的建筑、设备和平台综合体。因此，"大楼"并不比"大师"矮三分，它们都是一所学校实施教育的基础要素和重要保障。从历史实践来看，梅贻琦发表致辞当年便委托中国现代建筑界的大师级人物沈理源负责清华园的总体建设和规划，清华化学馆、机械工程馆、航空馆和静斋宿舍楼等建筑都出自沈理源之手。可以说，梅贻琦既重视"大楼之基"，又重视"大师之要"，两手都在抓，两手都很硬。在清华校史上的黄金时期，大师因大楼而滋育，大楼因大师而闻名，"大师"与"大楼"交相辉映、相得益彰。纵观中外，所谓大学之大，既有大楼之谓也，亦有大师之谓也。

作为一个在校园基建工程方面极富经验的行家里手，刘泽慧对"大楼"和"大师"之间的辩证统一关系有着更为现实的理解。"基建本质上是一项服务工程，是为使用者建造大楼，不是使用者去用一栋建造好的大楼。二者的差别在于谁是中心、谁是主体，谁是中心、谁是主体又决定了整个建筑行为是否是以人为本的。先不说施工质量的问题，仅在是否合理布局、合理规划的方面，基建就是完全以人为本的。所谓以人为本，就是以使用者为本，以使用者的实践需求、发展需求为本。校园基础设施的建设规划，要遵循以人为本的原则进行综合布局、精心设计，充分发挥空间文化的育人功能。建筑是发展定位和使用需求的物质表现，关键不是建造者自己要造什么，而是使用者需要造什么。因此，使用者前期的介入行为到后期会原原本本地返还给他们自己，他们提的需求越粗糙，得到的成果越令人不满意，提的需求越详细，建筑的功能就越满足他们的使用需求。总而言之，建筑空间的真正价值就在于服务使用者实现自己的目标。从这个角度来说，'大楼'不是'大师'的旁观者，'大师'也不是'大楼'的旁观者。"刘泽慧说。

《吕氏春秋·重己》记载了一则耐人寻味的小故事："使乌获疾引牛尾，尾绝力勚，而牛不可行，逆也。使五尺竖子引其棬，而牛恣所以之，顺也。"假使大力士乌获用力拽牛尾巴，即使把尾巴扯断，力气用尽，牛也不肯跟他走，因为方向反了。但是一个五尺的小孩只牵着牛鼻环，牛就会乖乖随他到处走，因为方向顺了。正所谓"牵牛要牵牛鼻子"，定位和特色就是办学的牛鼻子。办学定位和办学特色关乎学校的生存基点和发展方向，是一所大学办学理念的集中体现。回答建设一个什么样的新大学、怎样建设新大学，是深圳技术大学绕不开、躲不过，必须谨慎思虑而从之的一项核心工序。明确的办学定位、突出的办学特色，不仅关涉一校之航船行稳致远，而且关涉一域之产业转型升级，甚至关涉一国之教育创新发展。因此，办学定位和办学特色不仅是学校的第一课题，也是时代的重要课题。

《筹设深圳技术大学可行性论证报告》开宗明义地指出，"依据国家和省教育规划纲要、人才规划纲要、珠三角改革发展规划纲要，以及《现代职业教育体系建设规划（2014—2020年）》（教发〔2014〕6号）、《国务院关于加快发展现代职业教育的决定》（国发〔2014〕19号）、《教育部国家发展改革委财政部关于引导部分地方普通本科高校向应用型转变的指导意见》（教发〔2015〕7号）、《中国制造2025》（国发〔2015〕28号）和《广东省人民政府关于创建现代职业教育综合改革试点省的意见》（粤府〔2015〕12号）等文件精神，根据《深圳市教育发展'十二五'规划》有关设立深圳技术大学的要求，借鉴德国、瑞士等国家的先进职业教育办学经验，结合实际，深圳市委、市政府经过多年的认真调研和反复咨询论证，决定在'十三五'期间拟依托深圳大学开展筹设深圳技术大学的工作，以高起点、高定位，创办一所高水平、国际化、应用型技术大学"。

可以说，创建深圳技术大学是深圳市委、市政府落实《中国制造 2025》和"互联网+"行动，打造世界一流的现代化教育体系，加快建设国际科技和产业创新中心的重要举措，是在全社会弘扬工程师文化、培养大国巨匠、锻造"新鲁班"精神的具体实践。时任市长许勤多次强调"要走开放式、国际化发展新路"，为办校之路指明了前进方向，提供了行动指南。为探索应用型高等教育与区域产业转型升级之间的双向赋能路径，学校紧密对接《〈中国制造 2025〉深圳行动计划》中的集成电路、精密制造装备等 11 个战略性发展领域设置优化学科专业结构。以前沿产业需求为牵引，倾力建设集成电路与光电芯片、工程物理等特色学院，重点打造集成电路科学与工程、光学工程（光机电工程与应用）等特色学科，协同开设微电子科学与工程、集成电路设计与集成系统等特色专业，为抢抓新一轮科技革命和产业变革重大机遇，助推制造业强市再进化，构筑坚实的教育教学、科学研究与社会服务之基。

一项工程、一番事业、一座城市，乃至一个国家，都有"牛鼻子"，即发展全局中的重点领域、关键任务、核心矛盾。牵住"牛鼻子"就能突破难点、带动全域，明确办学定位和办学特色就找到了建设规划的"牛鼻子"。找到"牛鼻子"，还要牵好"牛鼻子"。所谓"牵好牛鼻子"，就是基于办学定位和办学特色，进一步制定科学的学科发展规划，确定周详的建筑使用需求。刘泽慧说："建设技术大学需要明晰的发展定位和严密的必要性论证。

因为定性的部分说清楚了，定量的部分就容易处理了。定性不是一句简单的'对接《〈中国制造 2025〉深圳行动计划》相关领域'，也不是一句简单的'六个方向''六个学院'。校园规划需要建立清晰的学科发展内容，包括发展目标、办学规模、专业设置等。没有它，任何规划工作都得不到实质性的推进。举例来说，如果办学规模不清楚，我们甚至没有办法启动学校布局规划的基本测算。所以我的工作需要和孙忠梅老师密切配合，但是孙老师也不能替任何一个学院拍脑子做决定。要解决校园规划工作中的关键问题，我们必须集中开展一次学科发展论证会。在此情况下，我向阮校长提出了集中开会、集中论证、集中解决这个思路。"

提高效率、保障进度，不能嘴上空吆喝，不落实在行动上。为加快深圳技术大学学科建设相关工作，完善学科专业设置规划，确保实验室、实训室等项目规划的可行性，筹备办公室已先期聘任吕启涛、曹建民、徐刚、姜连勃、曾燮榕、汪天富、阎评等专家学者为学科专业顾问，以及张孟阳、罗杰中、王树兰三人为实验员。学科专业顾问负责细化学科专业建设的目标与内容，重点在实训实验教学场地、设备建设规划等领域。2016 年 7 月19 日，阮双琛主持召开深圳技术大学筹备办工作会议。会议决定，组织学科专业顾问、深圳大学建筑规划与设计研究院，以及相关企业专家于 7 月 25 日封闭式召开"集中制定学科建筑规划方案研讨会"。

谈起那次研讨会，阎评记忆犹新。她说："我们就在金茂园酒店进行全封闭式作业，学科建设规划一天做不好，就一天不能出去，十天做不好，就十天不能出去。你看当时的会务手册，就会发现会议时间后面有一句话，大意就是会议结束时间以方案结束时间为准。总之，一定要根据学科建设规划，把学院建筑单体的使用需求系统地制定出来，你才能出去。在制定需求方案的过程中，我们要综合考虑学科专业的特殊性和发展性。不同的学科专业有不同的空间使用需求，有不同的招生数量和增长规模。先不说建筑单体的外观和造型，单单精确地计算出学院需要多少间实验室、多少间教室、多少间会议室、面积分别是多少，就不是一件容易的事。我们团队反复商量、反复计算，不断提高精确度。有一次，我和深圳大学建筑规划与设计研究院的一位同事研究方案，图纸在酒店的客房铺满了地，我们两个趴在地上，手里举着台灯，边讨论边核对，不知不觉时间就滑到凌晨三四点钟了。所以，说学院楼是我们一笔一笔画出来、算出来的，一点不为过。"7月28日，经过整整4天的高密度"头脑风暴"，一本较为完整的学科建筑规划任务书完成了。"牛鼻子"牵住了，大家也略松了一口气。

在市委、市政府的正确领导下，在市直有关部门和坪山新区管委会的支持配合下，筹备办争分夺秒开展深圳技术大学一期建设项目前期工作，在总体规划和方案设计、可行性研究、环境评价、初步勘探、需求研究等方面取得了积极进展。面对能力范围内解决不了的问题，开会以聚薪成火，提供帮助；面对权限范围内解决不了的问题，开会以上传下达，统筹协调；面对不可控或意料之外的问题，开会以明确方向，调整节奏。2016年8月11日下午，受吴以环副市长委托，黄国强、许重光副秘书长主持召开会议，听取了深圳技术大学一期建设项目开工情况的汇报，研究了有关问题，并对下一步工作进行了部署。会议强调，市发展改革委、规划国土委、人居环境委、交通运输委、教育局、住房建设局、水务局、城管局、建筑工务署、轨道办、坪山新区管委会，以及深圳大学等有关单位树立目标导向、问题导向，主动配合，扎实工作，着力解决一期建设工作中遇到的各种问题，确保学校设筹、建设、招生等工作如期进行。

会议要求，筹备办借鉴其他大学筹建工作经验，预测可能遇到的困难和风险，结合实际情况，提出详细需求，做好深圳技术大学去筹前期各项准备工作，根据 2016 年 12 月底一期建设项目开工的目标，倒排工期，科学拟定详备计划，狠抓落实；统筹兼顾，提前安排，同步推进可行性报告、环境评价、方案设计等工作；遵循分期建设、适度提前的原则，向市发展改革委提出校园一期建设及投资规模需求，请市发改委按程序提出审核意见；进一步细化深化校园规划建设方案，待方案成熟后报市政府审议。与此同时，请市教育局牵头，会同筹备办，研究学校招生规模调整事宜。请市人居环境委支持学校一期建设，于一周内向筹备办出具有关书面意见。请坪山新区管委会牵头，会同市规划国土委，明确时限，倒排工期，制订周详的土地整备计划，加速推进土地整备工作，并及时反馈筹备办，确保校园用地如期具备开工条件；会同市住房建设局、城管局、筹备办，加强巡查执法，严厉查处在校园建设用地范围内倾倒余泥渣土等违法行为，并尽快清出校园用地范围内的集装箱。为迎接省教育厅组织的专家评议考察，请市工务署牵头，会同筹备办，尽快研究确定校园建设一期工程的完工时间。会议特别提出，请市教育局加强统筹协调、督促检查，指导筹备办主动向市各有关单位沟通汇报、征求意见，协调解决具体问题，进一步提高工作质量和效率。

△ 2016 年 12 月 26 日，深圳技术大学校园建设一期工程正式开工

跨过沟沟坎坎，越过激流险滩，把情况摸清，把问题找准，把对策提实，把工作做好，不能停，不敢停……干事者明白，对未来真正的慷慨，是把一切献给现在。

百年包豪斯　经典永流传

2017 年 2 月 18 日，时任广东省委常委，深圳市委书记、市长许勤签署同意深圳技术大学（一期）规划与建筑设计方案。2 月 25 日，深圳技术大学（一期）建设项目开始施工。项目负责人于兵说："这个方案从一个高度抽象的创意概念到一个能够落地的规划蓝图，前前后后经历了将近两年的时间。地上的方案和地下的方案我们都研究过，最后大家认为'向上发展'更能体现学校求新进取的精神底色和工程实践的育人特色，所以我们紧紧抓住'空中校园'的设计理念，并一直贯彻始终。在深化设计的时候，我们愈发感觉空中连廊不单单是一个支撑性的建筑骨骼，它更像一个有机体的神经网络。作为独一无二的建筑形式，它能够承托物质的交通；作为多元开放的文化空间，它能够容纳精神的交流。随着学生、老师和教学活动越来越多，平台的功能也将朝多样化自发演变。"

2017年的"空中校园"还是空空如也的寂静荒原。"第一次打车来筹备办，我一直认为司机走错路了，关键司机自己也认为他走错路了。我们都觉得不可思议，深圳还有这样荒凉的地方！当时，校园建设还处于场地平整阶段，周围什么都没有。"后来的基建部得力干将罗英说。作为唯一的建筑，竹韵花园"当之无愧"地成了标志建筑。真是"借问深技大在何处，路人皆指竹韵花园"！不蒸馒头争口气，于兵说："其实，我们不希望竹韵花园成为技术大学的标志。相反，我们希望技术大学的建筑群能够成为区域的标志。"让深圳技术大学具有足够强大的功能承载力和形象辐射力，让她成为地区的经典建筑符号，让她为自己代言……这群"空间造梦师"在心中如此暗下决心。"因此，我们尽量在设计上弱化竹韵花园，把学校的若干单体建筑拔起来，形成区域性的视觉形象。我们希望大家知道，这里就是深圳技术大学，这里不仅是学校的身份地标，坪山区的景观地标，而且是每一个深圳技术大学人心中的信念地标。"

△ "空中大学"实景图

何种信念？第一，用心择事，为至极致。于兵说："从一开始，阮校长就希望我们的作品能够体现工匠精神，真正做到匠心匠艺、至臻至诚。所以，我们汇报方案的主题就是'匠心独具·空中大学'。匠心即初心，正是初心把大家凝聚在一起去为难为之事，去立非常之功。我觉得，初心就是我们在深圳技术大学感受到的归属感，它是一个很强的象征。"

第二，对标一流，全力以赴。于兵说："做方案的时候，市里提出了对标德国的要求。因为中德合作是我们人才培养的重要路径，市里希望我们的设计能够融合德国经典建筑元素。"设计团队从建筑史的角度出发，综合考察德国的建筑特征。包豪斯主义作为一种国际化的建筑形式，也是德国的主流设计风格之一。百年包豪斯（Bauhaus），经典永流传。包豪斯是世界上第一所完全为设计教育改革而创建的学院，被誉为"欧洲发挥创造力的中心"。它将现代设计教育和工业设计锚定于"以解决问题为核心"的基本理念之上，主张把教育教学和生产实践相结合，强调各艺术门类之间的融合交流，同时兼顾动手与动脑，注重在实践活动中培养理论素养。它是现代主义设计的摇篮，也是现代主义设计发展史上的里程碑。彼时的包豪斯第一次将设计与工业化相结合，充分发挥新材料、新技术、新结构的功能性和审美性，产生了一种全新的理性主义建筑风格。今日的包豪斯已经成为此种特定建筑流派的统称，建筑特点以简单立体主义为主，采用几何造型、幕墙结构、新兴材料，具有鲜明的实用主义色彩，建筑风格简洁且灵活、大方且淡朴。于兵说："德国建筑的工业化水平极高，一方面，我们尝试把包豪斯风格融入设计方案，选择大线条、大尺度、大开场；另一方面，我们努力在施工质量上对标德国，坚持用好的设计理念、好的建筑材料、好的施工质量体现技术大学的国际化风采。国际化是一套从上到下、从虚到实的设计方案，包括理念、形体、空间、材料、色彩、景观等等，例如我们的景观不是花园式景观，而是草坪式景观。"阮双琛坚持打造草坪式景观，他说："我曾建议坪山区负责道路绿化的同志参考隔离带植草的设计方案，因为从使用者的角度看，种草比种花、种树更安全。"

第三，立足本位，建构特色。"从设计之初，我们就研究了建筑的使用需求。高校规划有十二项必须遵循的指标，我们把这十二项指标与学校的使用和功能需求结合到一起，形成自己独具特色的分配指标和规划系统。技术大学和别的学校不一样，它的教育教学活动以实验实训为主，所以它的实验室、实训室的占比远远大于本市其他高校。学校的建筑特色并不特指建筑外观，在本质上，它是由差异化的指标系统构建出来的，而差异化的指标系统又是由学科专业的设置和建设决定的。确定需求方案的过程是一段相当复杂、相当难忘的过程。当时阮校长大刀阔斧、拍板定案，把设计方、基建部和各学院负责人全部拉到金茂园酒店进行封闭式管理，大家集中研究、讨论、制定需求方案。方案不出，人不能走，就是非把使用需求逼出来不可。其实，这个阶段是一个大步向前的关键阶段，它直接奠定了大学使用需求的结构性基础。建筑的使用需求跟学校的教学理念息息相关，核心学科的建筑规划对校园整体建筑形态具有决定性作用。不同的学科，不同的教学方式，决定了不同的建筑设计方案。我们在做方案的时候，刻意葆有一些超前意识，从德国、美国的教学方式里吸取了一些先进经验，加强了正式教学空间和非正式教学空间的结合，增加了大量灰空间供学生开展活动，调整了所有层高来满足工程教育的实践需求和健康的人、发展的人对空间的直观感受。

我们把很多对于学校有帮助的意见、建议都拿来推进校园建设，因为我们希望学校永远不落后，我们希望她能永远保持领先。"于兵说。

第四，开放包容，主动作为。包容四海之大，兼纳百川之渊。以开放包容的胸怀，中华文化绵延繁盛、深圳精神辉光日新，在新时代焕发无限生机与活力。"当时有人开玩笑地问我，开放式校园设计究竟是客观用地条件限制下的不得已而为之，还是我们的主动选择？我很坚定地告诉他们，这是我们的主动选择。阮校长从一开始就希望我们建造一所没有围墙的大学，市委、市政府也明确要求我们朝着开放式校园的方向推进工作。"2015 年12 月 20 日至 21 日，中央城市工作会议在北京举行。会议从中央层面为城市建设搭建顶层设计，为今后一段时期的城市工作制定了规划蓝图，指明了解决城市发展问题的方法和路径。2016 年2 月 6 日，《中共中央 国务院关于进一步加强城市规划建设管理工作的若干意见》提出，新建住宅要推广街区制，原则上不再建设封闭住宅小区。改革不停顿，开放不止步。于兵说："根据文件提出的开放式社区概念，市委、市政府就希望城市建设逐步打开围墙，推动发展开放式社区。作为'十三五'时期的重大建设工程，时任市委书记王伟中也强调技术大学要努力建成一座开放式校园。在设计上，如何确保学校既有一定的领域感，同时又葆有足够的开放性？我们做了不同的地坪标高，通过差异化的空间关系来实现开放式的设计要求。"

开放式的概念要从理念到现实，不仅需要物理空间的创新性布局，而且需要在更宏大的逻辑基础上，通过包容性发展的战略、机制与组织予以推动，使更多发展要素汇聚、碰撞、相互作用。于兵说："我们没有选择'向下发展'的设计理念的原因之一，就是为了给地铁 16 号线让道。"正所谓"地铁大学一相逢，便胜却美言无数"。在于兵的心中，方案成熟的过程就是化不利为有利、化腐朽为神奇的过程。他说："我们用一座空中连廊把彼此割裂的地块缝合起来，形成独树一帜的'空中大学'概念。除了两条市政道路，麻雀坑水库泄洪渠是切割学校用地的第三把刀，它横穿整个校园。我们跟水务集团沟通，协调推动泄洪渠实施合理改道，修复和填补校内遗留的渠段，并将其扩展成为校园的景观湖。从整盘区域构思到校园建设规划，到单体建筑设计，到房间家具摆设，到地面材料使用，到空调系统设置……设计是从大到小、从抽象到具体的复杂工程。在这个过程中，我个人的心态发生了重要的变化——最初，我只是以设计师的身份完成一项设计任务。随着设计的完善、交往的深化、工地的磨炼，我对技术大学的感情越来越深。现在，我是技术大学这个大家庭的一分子。我可以自豪地说，我已经勘察过技术大学脚下的每一寸土地，触摸过技术大学铺的每一块地砖，绘制过技术大学地形设计的每一条等高线。技术大学给了我真正的归属感，正是在这里，我找回了遗失的初心。"

△ 2022 年 12 月 28 日，深圳地铁 16 号线正式开通

第五章
产业之需　铸造学院之基

　　一群心中有火的人在深圳的东边种下了一颗种子，晨兴夜寐不遑宁息，经之以岁月，累之以日力，共襄树人树德百年大业。向着目标、扛着责任、守着信念，只争朝夕的领导核心、奋发进取的中层队伍和朝气蓬勃的年轻力量紧紧凝聚在一起，一件事接着一件事，一场会接着一场会，将筹建事业搞得红红火火。

　　2016年4月15日，深圳市政府正式向广东省政府递交了"关于设立深圳技术大学的请示"后，省教育厅高度重视并迅速将高校设置考察评议提上日程。5月24日，阮双琛主持召开关于迎接省专家组考察的专题会议。会议议定，孙忠梅负责准备纸质版筹备材料和汇报 PPT，江石寿、尚莹莹、杜晓芒、李智军等人协助；李智军负责建立与深圳技术大学有合作意向的企业资料库，同时针对本地企业设计并发放调查问卷，了解企业的校企合作现状、问题和需求；曾思予负责联系德国相关机构、专家，引进德国一流应用技术大学的培养方案、课程教材、卓越人才等，同时加强与上海汉斯·赛德尔基金会（Hanns Seidel Stiftung）的交流与合作；刘泽慧、王刚负责与设计方沟通，并在深圳技术大学筹备办公室坪山临时办公场地布置校园规划沙盘和宣传海报。

盛夏好时节，翠竹拔节高。2016年6月起，筹建工作进入新阶段。根据市领导要求，筹备办公室将办公场地迁至坪山新区，认真学习香港中文大学、南方科技大学的先进管理理念和模式，严肃考勤、振奋精神、积极作为。7月22日，阮双琛在竹韵花园幼儿园301会议室主持召开深圳技术大学筹备办公室（坪山）第一次办公会议，讨论和研究了筹备办近期的重要工作事项。会议宣布，深圳技术大学筹备办公室食堂即日起开始运营，后勤组负责办公室的供餐服务相关事宜。

衣食住行，人人关心。其实，阮双琛早在筹备办公室"大迁徙"之前就已经做好了在"家门口"解决吃饭问题的安排。"阮校长问我愿不愿意去坪山做餐饮服务时，我对未来的工作内容还有一些懵，但是又觉得领导既然把这项工作交给我，可能也是相信我能够把它做好。我感受到领导的信任，也得到了大家的支持。渐渐地，我心中有了一个明确的方向，那就是多做实事，尽量为大家解决餐饮需求方面的各种难题。2016年7月初，我第一次到坪山勘察工作现场，之后经过一周的筹备，供餐服务的前期工作基本上就做好了。因为后续会有很多同事陆陆续续地搬过来，员工的吃住问题肯定是领导关心的首要问题，所以我们要尽快做好准备工作。让大家吃好，让领导放心，就是我说的实事。在整个过程中，我边工作边学习，从来没有过做不下去或者临阵退缩的念头。"深圳技术大学餐饮服务的"第一人"连二妮说。

正如毛主席所说："一面学习，一面生产，克服困难，敌人丧胆。"历史主体凭借超越性确立自己的存在，靠向无限开放的未来前进，生成自己的现实本质。满足了马斯洛需求层次结构中的基础需要，"金字塔"顶峰的自我实现需求就成为第一需求；解决了吃饭问题，理想问题就摆在了桌面上。第一次办公会议强调了制度化建设的重要性，要求各部门尽快推进相关规章制度的编制和整理工作；确定了办公自动化（Office Automation）管理信息系统，拟定刘纪星、王晓峰、曾思予、孙忠梅、江石寿、陈俊驰、刘泽慧、刘力文分别为综合事务组、后勤组、国际交流组、申报组、设备组、财务组、基建组、人力组的审批人。本次会议的重头戏，也是未来一个月的大硬仗——做好迎接省教育厅及专家组考察评议的各项准备工作。会议议定，孙忠梅负责继续与省教育厅对接，确认专家组考察的时间，制定"广东省教育厅及专家组评审会工作任务分解表"，统筹安排各部门的具体工作事项。

迎接省教育厅及专家组考察评议

"筹备办公室揭牌以后，我们很快就迎来了幼儿园办公阶段的第二件大事。可以说，省教育厅及专家组的考察，是筹建工作中的里程碑事件。要创办一所大学首先要设筹，原来设筹也需要教育部的审批，根据相关文件精神，在'十三五'期间，争取省教育厅把学校列入'十三五'的高校设置规划才是设筹过程中最为关键的一步。所以，专家组是否同意深圳市筹建这样一所新型大学，对我们如何开展后期工作至关重要。"尚莹莹说。

2016年8月5日，广东省教育厅规划处谭昭、朱世森、张友凯一行赴筹备办公室对深圳技术大学筹建工作展开前期调研。深圳技术大学筹备办公室在301会议室组织召开调研会议，市教育局颜辉，坪山新区管委会江国初、林良沛、李莹，深圳大学建筑规划与设计研究院吴家骅、刘超，筹备办阮双琛、刘纪星、孙忠梅、刘泽慧、江石寿、沈天鹏、岳初霁、胡佳琪、刘文翰、李旭、薛成业出席会议。会上，阮双琛、吴家骅分别就筹建工作和概念性校园规划方案做了专题汇报。专家指出，筹备办要进一步凸显办学特色，完善有关教育用地程序的相关文件，明确深圳市对支持学校筹建经费的承诺。市教育局高等教育处副处长颜辉表示，学校的顺利筹设对深圳高等教育、前沿产业的发展具有重要意义，市委、市政府必将大力支持深圳技术大学的筹建工作。省教育厅规划处副处长谭昭指出，深圳技术大学的建设目标清晰，符合高水平、国际化、应用型大学的定位，学校的创立有利于构建现代化的高等教育体系，有利于提升广东省的高等教育水平，有利于强化卓越创新人才的系统化培养。与此同时，筹备办的前期筹建工作组织得力、思路清晰，各项工作推进有序。他提出两点建议：一是筹备办要参照规范标准继续优化申报材料和可行性论证报告，二是希望地方政府加大对深圳技术大学筹建工作的支持力度。

8月8日，阮双琛在301会议室主持召开全体工作会议，部署迎接省教育厅专家组前来考察评议的准备工作。阮双琛指出，此次考察评议对深圳技术大学的设筹意义重大，吴以环副市长对此尤为重视。全体工作人员务必按照《广东省教育厅及专家组评审会工作任务分解表》特别积极、特别认真、特别细致地做好实际工作，各组按照省教育厅专家组意见完善相关材料，孙忠梅统筹负责各项准备工作，并提前向市政府、教育局请示汇报此次评审会事宜。

8月16日，距离评审会还有1天。阮双琛在301会议室主持召开小组工作会议，会议要求根据任务分解表细化会务分工，责任到人，具体到事。刘纪星、岳初霁、沈天鹏负责联系坪山新区管委会，对接启动校区相关工作。会议强调，所有会议材料、电脑、打印机等设备于次日下午必须到位。高效开会，高效统一思想，高效解决问题，高效推动工作。每一次会议都能让参与者明白"你要干什么""你要让我干什么""要达成什么目标""有什么挑战"，让每一位参与者都感到"这事与我有关"。正如阮双琛在 8 月 8 日的全体会议上所说："积极主动、努力认真地投入工作，不仅有助于深圳技术大学的成长，而且有助于奋斗者个人的成长。"

2016 年 8 月 18 日至 19 日，广东省高等学校设置评议委员会专家组组长广东工业大学原校长张湘伟教授，成员广东技术师范学院原党委书记邝邦洪教授、华南农业大学原副校长张岳恒教授、广东金融学院原教学督导室主任张友凯教授一行 4 人来深，对深圳市人民政府申请筹设的深圳技术大学进行实地考察。4 位专家熟悉高校设置管理工作，且具有多年参与高校设置实地考察的经验。除了教育界的优秀代表，广东省教育厅副厅长魏中林、发展规划处处长姚侃、副处长谭昭、科长朱世森，深圳市副市长吴以环、副秘书长谢国强，深圳大学党委书记江潭瑜，市教育局、建筑工务署、坪山新区管委会、深圳技术大学筹备办公室主要负责同志，以及市发展改革委、经贸信息委、科技创新委、财政委、规划国土委、人力资源保障局等部门分管领导均出席会议。本次考察聚焦"筹设必要性"与"筹设可行性"，不仅关注筹建用地、筹建经费、筹建班子，而且研究了教育与人才、教育与产业、教育与民生之间的内在联系，是一场高规格、高水平、高质量的考察评议。

△ 2016 年 8 月 18 日，省教育厅专家组考察评议深圳技术大学筹设工作

　　18 日上午，专家组实地考察了深圳技术大学的校园选址情况，市教育局、建筑工务署、坪山新区管委会、筹备办主要负责同志，市规划国土委分管负责同志陪同。市规划国土委负责介绍校园用地情况。下午，专家组全面审查了深圳技术大学的申请筹设材料。之后，市教育局党工委书记张基宏主持考察评议报告会。吴以环在致辞中指出，在省委、省政府和省教育厅的领导和支持下，深圳的高等教育实现了跨越式发展。特别是"十二五"以来，深圳把深入推进高等教育改革创新作为城市发展的重要战略，大力引进国内外优质高等教育资源，走出一条开放式、国际化发展的新路径。为打造与全国性经济中心城市的高端定位相匹配的现代化高等教育体系，深圳市委、市政府基于充分的调研和论证，决定高起点、高标准创办深圳技术大学。这一举措是对党中央、国务院关于加快发展现代职业教育重大战略部署的积极响应；是借鉴德国、瑞士等发达国家高等工程教育的先进办学经

验，促进教育理念转变、制度创新、政策协同的精心谋划；是构建完善的现代教育体系，提升区域高等教育毛入学率，满足人民群众对多元化、个性化高等教育的美好向往的有力施策；是打造战略性新兴产业、未来产业、现代服务业和优势传统产业"四路纵队"，建设国际科技、产业创新中心的科学应对。与此同时，《深圳技术大学筹建方案》得到了教育部、中国工程院和省教育厅的大力支持。吴以环表示，根据广东省和深圳市的产业转型需求和高等教育发展规划，深圳市委、市政府将充分发挥一流的区位优势、一流的产业优势、一流的政策优势，举全市之力支持深圳技术大学努力建成具有中国特色和国际知名度的开放式、创新型、国际化的应用技术大学，为中国高等教育改革提供可复制、可推广、可持续的实践经验。

"广东要努力成为发展中国特色社会主义的排头兵、深化改革开放的先行地、探索科学发展的试验区，为率先全面建成小康社会、率先基本实现社会主义现代化而奋斗。"这是习近平总书记在 2012 年末视察广东时提出的殷切期望，也是引领广东未来发展的指路明灯。为加快实现"三个定位、两个率先"的总目标，近年来，广东省委、省政府高度重视和大力支持高等教育的改革与发展，通过实施高水平大学建设、高水平理工科大学建设、高校"创新强校"工程等一系列重大项目，全面提升广东省高校整体办学水平和服务创新驱动发展战略的能力。魏中林在致辞中指出，"十二五"期间，广东省高等教育发展迅猛，高校数从 2010年的 131 所，增加到目前的 147 所，高校总数位列全国第 2；普通本专科在校生规模达 185.64 万人，比 2010 年增加 30.1%，在全国也排在第 2 位；高等教育毛入学率从 23% 提高到 33.02%，应届高等学校毕业生就业率稳居全国前列，为广东省的经济社会发展培养了一大批高素质的优秀人才。与此同时，深圳认真贯彻省委、省政府的决策部署，把高等教育的发展摆在经济社会发展的核心位置，充分利用深圳改革创新的体制机制优势，整合国际国内成功经验，积极探索建设高水平大学的做法和经验，大手笔、高起点新建了一批高校，引入了近30所国内外顶级高校来深合作办学或开展项目合作，形成了良好的高等教育发展氛围和集聚效应，为提升深圳高等教育的整体实力和实施创新驱动发展战略发挥了积极作用。深圳大力发展高等教育的气魄和决心，以及近些年深圳推动高等教育超常规发展所积累的经验和做法，具有典型的示范引领作用，值得推广和借鉴。

当前，广东省已进入高等教育大众化的中期阶段。"十二五"期间，广东省高等教育的规模上去了，高校的办学水平和实力也有一定的提升，但是和国内高等教育发达省份相比，尤其是与京津冀地区、长三角地区相比，还存在较大的差距，主要体现在以下几个方面：一是高等教育毛入学率仍低于全国平均水平，高等教育的数量规模与广东省的人口大省、经济大省地位仍不相称。二是高等教育的布局结构还需进一步优化。优质高等教育资源集中在经济较发达的珠三角地区，粤东、粤西北地区高等教育发展相对落后，全省还有6个地级市没有普通本科高校。在147所高校中，本科高校只有62所，占比偏低。高校的学科结构不尽合理，理工科学科（专业）偏少，培养技术技能型人才的高校偏少。三是高等教育的质量和服务能力有待提高。很多高校搞综合性、"大而全"的积极性很高，同质化倾向比较严重，高水平大学数量偏少，优质高等教育资源短缺，高校人才培养模式创新程度不足，服务创新驱动发展战略的能力还有待提升等。因此，"十三五"期间，高等教育的发展仍然是短板。唯有铆足干劲，采取超常规的举措方能推动高等教育再上新台阶。在此方面，中央和广东省对深圳寄予厚望。

国家"十三五"规划纲要明确深圳要加快科技、产业创新中心建设。2016年2月，广东省委、省政府在广州举行广东省创新驱动发展大会，提出广东要率先形成以创新为主要引领和支撑的经济体系和发展模式。中共中央政治局委员、广东省委书记胡春华在会议上称，要改革完善创新发展的体制机制，破除制约创新的思想障碍和制度藩篱，使创新真正成为南粤大地的"风向标"。他指出，广东要扎实建设好珠三角自主创新示范区，全面提升珠三角区域创新水平，打造创新发展的强大引擎，为全省创新驱动发展提供示范带动。推动创新要素高度聚集和创新资源优化配置，加大区域间创新要素和创新资源聚集整合力度，重视发挥好高新区核心载体作用，推动科研资源共享共用，加快打通研发机构及人员与企业之间的通道，认真梳理并解决政策瓶颈，面向国际配置创新资源，面向经济发展主战场加强高水平大学和高水平理工大学、理工类学科建设。

同年6月，胡春华书记在全面深化改革加快实施创新驱动发展战略领导小组会议上提出，广州、深圳等高校资源丰富的珠三角城市，要多抓几所、多建设几所高水平大学。正是在此背景下，深圳市委、市政府认真谋划、精心设计，郑重向省政府提出了筹建深圳技术大学的申请，拟借鉴发达国家举办应用技术大学的成功经验，在坪山新区高起点、高标准、高要求建设一所适应高端制造业发展需求，立足"学历教育＋企业实训＋工程项目"的办学模式，深化产教融合、工学结合、校企合作、国际合作，培养本科及以上层次高水平工程师、设计师、精算师的开放式、创新型、国际化应用技术大学。魏中林认为，深圳的思考和谋划，是贯彻落实中央精神和胡春华书记指示要求的重大举措，是建设现代化国际化创新型城市的重要依托，具有前瞻性、开创性、领先性。他表示，罗伟其厅长高度重视深圳技术大学的筹建工作，多次指示要求相关部门加快工作进度，指导深圳做好筹设的各项准备工作。最后，魏中林对考察工作提出了两点要求：一是要严格标准。筹设本科学校的审批权限在教育部。专家组一定要严格按照教育部的筹设标准和要求，对学校的筹设材料进行系统审查，争取申报材料能够一次性通过教育部的审批，为接下来的正式设立工作争取时间。由于教育部普通本科高校设置标准正在修订中，因此，专家组在审查过程中，暂按原有"十二五"制定的标准和要求进行。二是严守工作纪律。各位考察组专家要严格依照考察工作的有关规定、程序和办法，实事求是，独立、客观、公平、公正地给出考察意见。考察期间，遵守中央八项规定，绝不单独与考察对象或相关人员接触，绝不泄露保密信息。

这次实地考察工作共分两段进行，专家组于18日视察了学校校址，审查了筹设材料，听取了筹建工作的总体汇报。19日上午，专家组结合实地考察的情况，形成了对深圳技术大学的考察评议报告，专家组组长张湘伟在考察反馈会议上向深圳市政府反馈考察意见。在筹设必要性方面，专家组一致认为：第一，崇尚创新，国家才有光明前景，社会才有蓬勃活力。实施创新驱动发展战略，是《中共中央关于制定国民经济和社会发展第十三个五年规划的建议》（以下简称《建议》）的重点和亮点。《建议》对创新在国家经济社会发展中的重要地位和作用作了崭新概括，提出了"创新是引领发展的第一动力"的重大论断，强调"让创新贯穿党和国家一切工作"。创新驱动实质上是人才驱动。作为国家自主创新示范区，实施更加积极的创新人才培养政策，是深圳孵化高端要素、高端产业、创新高地，加快形成高端引领的发展格局的题中应有之义。当前，深圳市的人才队伍仍存在一些深层次的结构性问题，尚未能满足建成具有强大带动力的创新型城市和区域创新中心的内在要求。专家组认为，筹设深圳技术大学是深圳经济社会和产业创新发展的迫切需要。

第二，2014 年 5 月 2 日，国务院出台《关于加快发展现代职业教育的决定》，提出引导一批普通本科高校向应用技术类型高校转型，重点举办本科职业教育。2015 年 3 月 5 日，时任国务院总理李克强在政府工作报告中提出"引导部分地方本科高校向应用型转变"。2016 年 3 月 5 日，政府工作报告明确提出"推动具备条件的普通本科高校向应用型转变"。转变就是改革，就是创新。高校的转型发展，就是高等教育供给侧结构性改革，就是对我国高等教育理念、体制、模式和方法的全面系统创新。目前，我国高等教育已步入大众化发展阶段，学科专业和高等院校的单一化、同质化发展结构导致人才培养质量不能适应经济社会发展需要。专家组认为，在《国务院关于加快发展现代职业教育的决定》（国发〔2014〕19 号）明确专科层次的职业技能型高等学校原则上不升格为本科学校的背景下，筹设深圳技术大学可以为广东省发展本科职业教育做出有益探索。

第三，我国研究型大学、非研究型本科院校和高职院校的整体构成呈现出"底部沉重、顶部陡峭"的结构类型。所谓"底部沉重"，是指高职院校的机构数量和招生规模占比过大；所谓"顶部陡峭"，是指研究型大学的机构数量和招生规模占比过小。"应用型"是大学的一种类型划分，而不是层次区别。从高等教育先行国家的经验来看，应用技术大学通常是高等教育到大众化过程中的规模扩张主力军，一流应用型大学是现代高等教育体系走向完备和成熟的标志。新发展阶段，我国高校的结构类型应着力从"陡峭的金字塔"转向"均衡的五指山"，从同型竞争转向错位发展，既要建设高水平研究型大学，也要建设高水平应用型大学，不同类型的高校都要办出特色、办出水平。专家组认为，筹设深圳技术大学有利于优化深圳高等教育结构，满足人民群众日益多样化的教育需求。

在筹设可行性方面，专家组一致认为：深圳市人民政府申请筹设深圳技术大学，程序得当、材料周备、论证充分、支持保障力度高。第一，筹建用地有保障。深圳市政府将建设深圳技术大学列为深圳市"十三五"重点建设项目。学校选址位于深圳市坪山新区，校园规划占地面积约为 103.3 万平方米，其中一期工程建设用地 51.6 万平方米。2016 年 7 月 29 日，深圳市规划和国土资源委员会坪山管理局核发《市规划国土委坪山管理局关于明确深圳技术大学（筹）项目一期总用地范围的函》（深规土坪函〔2016〕1049 号），明确了学校选址用地，核定一期总用地面积为 61.62 万平方米。目前，深圳技术大学筹备办已完成校园建设整体规划方案，并落实了办公场所。

第二，筹建经费有可靠的来源。深圳市 2015 年的公共预算收入为 7239 亿元，具备保障学校筹备及正常运作的财政基础。市政府已书面承诺全额投资举办深圳技术大学，将学校的筹设经费、校园规划建设经费、人才引进经费和日常运行经费等纳入深圳市年度预算安排，并提供充足的经费保障。根据深发改函〔2016〕763 号、深发改函〔2016〕1363 号、深发改〔2016〕495 号文及深圳市 2016 年政府投资项目计划表，筹备办已先后获得深圳市发展和改革委员会立项的项目建议书和建设前期投资计划经费的批复。

第三，建校筹建班子健全。根据深府办函〔2016〕39号文，深圳市政府专门成立了以吴以环副市长为组长、深圳市各职能部门负责人为成员的筹建工作领导小组。为全力推进筹建工作，领导小组下设深圳技术大学筹备办公室，办公室内设部门分工明了、人员齐备。

第四，办学定位清晰。深圳市政府制定了明确的大学建设目标，即面向高端产业发展需求，以创新创业创意为导向，以强化工程实践能力为路径，致力于培养极具"工匠精神"的卓越工程师、设计师、精算师等，努力建成一所高水平、国际化、应用型的本科及以上层次的新型大学。为快速、全面地达到教育部的相关规定和要求，学校于办学初期拟依托深圳大学办学。

第五，其他基础条件完备。深圳市政府拟筹设的深圳技术大学在选址区域已具有约8万平方米可供使用的全新建筑物，其中包括行政办公楼、教学楼、后勤服务楼、学生公寓、运动场、篮球场、学生活动中心和教学科研中心等，能够满足办学初期的教育教学及相关活动。

与此同时，专家组对筹设工作提出了两点建议：一是建议深圳市政府支持学校加快办理校园征地、建设许可各项手续，按规划拨付建设资金，按期启动校园建设工作，确保校园如期投入使用。二是建议同步推进学校筹建与校园建设，加强学科专业规划，加快落实人才引进规划，积极推进与世界知名应用技术大学的交流合作。着力建设一支高素质、专业化的教师队伍和管理人员队伍，打造一批与深圳市产业发展相适应的高水平、国际化的应用技术型学科专业。经过综合研判，专家组认为深圳市人民政府申请在深圳市筹设深圳技术大学是必要的和可行的。市教育局党工委书记张基宏说："深圳技术大学的创办对深圳市高等教育的未来意义重大，市教育局将全力支持学校的筹设工作，全方位做好各项服务工作。下一步，各有关单位将根据专家组考察评议的意见，加强整改、加快脚步、加大力度，争取早日实现高水平、国际化、应用型的新型大学梦。"

一个等待的背影

一千个人眼中有一千个哈姆雷特。对同一件事，不同的人有不同的感知角度、叙事重点和回忆版本。不同的角度、重点和版本使同一事件具有不同的侧面、层次和内涵。事件由此变得立体、丰满、有血有肉。

对于 2016 年 8 月 18 日至 19 日的省教育厅及专家组的考察评议，有的人觉得是一张又一张的证明材料，有的人觉得是一遍又一遍的报告修改，有的人觉得是一次又一次的协调沟通，有的人觉得是一趟又一趟的迎来送往。有人想起的是一段精彩的致辞，有人想起的是一个犀利的点评，有人想起的是一句诚挚的鼓励。全程参与此次考察评议的尚莹莹想起的则是一个等待的背影。她说："每次会议、每次活动，阮校长都来得特别早。那天一大早，他就站在筹备办的门口等待省厅领导和专家组，他自己在那里站了好久。我看到之后深受触动，因为我当天负责拍照，所以当即拍下了一张阮校长等待的背影。"

△ 2016 年 8 月 18 日，阮双琛在等待省教育厅专家考察组的来访

　　一个等待的背影，像是一个无声的象征。它象征着一群实干者对高等教育改革创新的殷切盼望，它象征着一众教育者对新型教育树人立人、报国强国的深情期待。在阮双琛心中，他深刻明了此次考察评议的重要意义。"说实话，我们刚刚毕业不久的年轻人，当时还意识不到这种会议代表着什么样的历史节点，具有什么样的历史意义，也意识不到它会对筹建工作未来的走向有什么样的影响。对我们来说，会议结束了我们就能回家过暑假了。但是，阮校长不是这么想问题的。我们把省厅领导和专家组送走之后，他就在幼儿园三楼的会议室开了一个短会，阮校长说专家组认为筹设深圳技术大学是必要的和可行的，意味着我们离拿到学校的'准生证'又进一步，拿到了'准生证'就意味着给不给办、能不能办的问题解决了。"尚莹莹说。

　　省考察评议结束后，各相关单位需按照专家组的考察意见，进一步修改完善筹设材料，及时报送省教育厅。然后，省教育厅将省高等学校设置评议委员会评议结果及深圳技术大学现有办学条件的基本情况向社会公示。待公示结束后，省教育厅将按程序报省政府审批，并以省政府名义向教育部正式提出筹设申请。因此，通过考察评议并不是终点，而是新工作、新奋斗的起点。千里程，万重山，志不改，意风发。新型大学不是吹起来、夸出来、掉下来的，而是实实在在干出来的。新问题、新情况、新挑战层出不穷，攀登者没有任何理由骄傲自满、松劲歇脚，必须乘势而上、再接再厉、接续奋斗，必须以一流大学为方向、以一流标准为尺度、以一流贡献为目标，必须一棒接着一棒跑、一事接着一事做、一山接着一山越，这既是攀登者永恒的使命，也是攀登者铮铮的誓言。

以一流会议探索一流理念

物有甘苦，尝之者识；道有夷险，履之者知。《中华人民共和国教育法》第五条指出，教育必须为社会主义现代化建设服务、为人民服务，必须与生产劳动和社会实践相结合，培养德智体美劳全面发展的社会主义建设者和接班人。全部社会生活在本质上是实践的，教育如此，应用型教育更是如此。实践始能出真知，实践方能长真才。唯有在干中学、学中干，教育才能成为社会性、支撑性、发展性的教育。

2016 年 10 月 21 日，根据《国务院关于印发统筹推进世界一流大学和一流学科建设总体方案的通知》（国发〔2015〕64号）、《中共广东省委、广东省人民政府关于建设高水平大学的意见》（粤发〔2015〕3 号），深圳市委、市政府印发《关于加快高等教育发展的若干意见》。意见指出，结合深圳经济社会发展重大需求，大力推进高等教育供给侧结构性改革，对标国际一流，集聚优质资源，深化改革创新，推动产学研用更紧密结合，加快构建国际化、开放式、创新型高等教育体系，促进高等教育跨越发展，为现代化、国际化、创新型城市建设提供强有力的人才保证、科技支撑、智力支持、文化引领，走出具有深圳特色的高等教育改革发展新路，为全国、全省的高等教育改革发展提供新经验。学习德国、瑞士等国家先进的职业教育理念、标准与模式，加强顶层设计，制定关于加快建设现代职业教育体系的意见，创新政策支持，统筹行业产业与教育资源，把深圳建设成为世界一流职业教育高地。鼓励与国外高水平技术大学合作，共建二级学院。大力发展本科职业教育，高起点建设深圳技术大学。与此同时，探索宽口径、厚基础的人才培养模式，建立以问题和课题为中心的教学模式。鼓励高校与企业等社会机构建立合作培养研究生的"双导师制"，探索教学和科研相结合的培养模式。加强创新创业教育，支持高校建立创新中心和创业基地。大力弘扬工匠精神，坚持职业素养与专业技能并重，大规模培养高级技师、技术工人等高技能人才。

同年 12 月 2 日，推进职业教育现代化座谈会在北京召开。时任国务院总理李克强做出重要批示。批示指出，加快发展现代职业教育，对于发挥我国人力和人才资源巨大优势、提升实体经济综合竞争力具有重要意义。在各方面共同努力下，近年来职业教育改革发展取得了显著成就，应予充分肯定。"十三五"时期，希望围绕贯彻党中央、国务院重大战略部署，落实新发展理念，切实把职业教育摆在更加突出的位置，加快构建现代职业教育体系。坚持面向市场、服务发展、促进就业的办学方向，进一步深化改革创新，强化产教融合、校企合作，积极鼓励和支持社会力量参与，努力建成一批高水平的职业学校和骨干专业，加快培育大批具有专业技能与工匠精神的高素质劳动者和人才，深度融入大众创业、万众创新和"中国制造 2025"的实践之中，促进新动能发展和产业升级，带动扩大就业和脱贫攻坚，为推动经济保持中高速增长、迈向中高端水平做出新贡献。全国上下，聚焦实践之力、技术之力，以实际应用为导向的工程教育模式迎来了它的春天。

研讨交流促进步，思想碰撞开生面。密织交流之网、合作之网，把积极力量搞得多多的，把消极因素搞得少少的，形成聚合力，形成强势头，是推进筹建事业迈入新阶段的重要战略和策略。2016 年 3 月 25 日上午，深圳市教育局主办的"'中国制造 2025'与职业教育发展论坛"在深圳大学开幕。中国工程院院士、西南交通大学博士生导师钱清泉，佛山科技学院党委副书记范彦斌，北京航空航天大学生物与医学工程学院博士生导师、院长樊瑜波，香港理工大学设计学院副院长李德志教授，深圳市智能机器人研究院院长、中组部学者席宁，教育部职业教育艺术设计教学指导委员会副主任彭亮，深圳职业技术学院副校长温希东，深圳信息职业技术学院副校长梁永生，国家级高层次人才、深圳市创益科技有限公司高级工程师、总经理李毅，以及来自华为、联想、中兴、比亚迪、大族激光和富士康等知名企业和有关高校的部分专家齐聚荔园，在中国制造重新定位、逆风前行的语境下，共同研讨深圳职业教育如何全面提升服务产业发展能力的问题。

△ 2016 年 3 月 25 日，参加筹建论证会的专家合影

　　钱清泉、范彦斌、樊瑜波、李德志、席宁、彭亮、李毅分别就轨道交通、金属 3D 打印技术、生物医学工程与医疗器械、创意设计生态系统、机器人、艺术设计、可再生能源等支柱或新兴产业发展的新趋势及其人才需求的新动向发表精彩演讲。没有强大的制造业，就没有国家和民族的强盛。打造具有国际竞争力的制造业，是我国提升综合国力、保障国家安全、建设世界强国的必由之路。温希东指出，制造业转型升级推动人才需求的类型和层次发生变化，面对目前高等教育人才培养存在的三个结构性"不尽合理"，即类型结构不尽合理、层级结构不尽合理、专业结构不尽合理，应用技术教育应积极把握制造业跨界融合与人才知识结构的现实联动关系，在现代职业教育体系建设、专业学位体系建设、合理分配人才培养资源三个方面走创新发展之路。他提出创新"专业 +"人才培养模式，构建"课程 +"学习平台，即专业课程 + 通识课程、专业课程 + 项目课程、文科课程 + 理工课程；创新产教融合的协同育人机制，系统性培育新时代职业素

养和工匠精神。中国要实现从"制造大国"向"制造强国"、从"中国制造"向"中国创造"的质性转变，亟须打造真正具有中国特色的制造文明和高效率、市场化的卓越工程师培养体系。梁永生强调，卓越工程师的"人才先锋队"和"智力蓄水池"不只包括学生群体，还应涵盖教师队伍。教师具备企业技能、育人技巧、创新意识和国际思维，学生方能在职业素养、职业技能、创新意识，以及合作精神方面拥有"照明灯"和"指南针"。除此之外，卓越工程师的培养需要在体制创新、理念引领、专业设置和互联思维四个方面有所突破，使人才队伍逐渐适应、跟进并引领高新技术的创新、跨界和自主发展范式。唯有如此，才是中国特色、世界一流的卓越工程师培养模式的曙光初露时。

3 月 25 日下午，"深圳技术大学筹建工作专家研讨会"上高论频现，来自全国各地的知名职业教育专家、学者和有志于推动职业教育发展的企业界人士开动脑筋、各抒己见，为深圳技术大学的筹建和专业设置献计献策。阮双琛首先介绍了深圳技术大学的目标定位、办学思路、办学特色和办学规模，在筹建路径方面，学校拟依托深圳大学应用类专业建设；在办学模式方面，加强学校和本地企业的共同育人、合作研究、共建机构和共享资源等活动，同时积极推进国际化协同育人工作，通过多种形式开拓优质国际教育资源合作渠道等；在专业设置方面，学校拟先期开设先进制造、轨道交通、互联网大数据、生物环境与健康、新能源与新材料和设计类专业。钱清泉指出，深圳创建技术大学有得天独厚的区位优势、产业优势、政策优势，可能多、机会大、前景广。与此同时，深圳技术大学筹建方案的制定及成形速度之快，可谓是"深圳速度"的典型表现。但是，关于学院如何定位、专业如何设置的问题仍需进一步论证。

在办学定位方面，范彦斌指出，创建深圳技术大学体现了深圳市委、市政府的大智慧，这一教育领域的大动作可被视为对深圳今后 20 年甚或 50 年产业、教育、社会综合发展的提前规划布局。其战略性之重、创新性之强意味着：学校的人才培养模式必须明确、细化为谁培养人才、如何培养人才的问题，跳出并超越传统路径，建设一个充分释放大学生蓬勃朝气、充分满足前沿产业发展需求、充分连接互联网思维的现代化大学。

在办学模式方面，深圳市科技创新委员会软科学研究会主任张军认为，传统产业的价值创造力大幅递减，战略性新兴产业和未来产业强势崛起，急需大量知识起点较高、创新思维活跃、学习能力较强的创新型、复合型和应用型人才。在德国，教师与地方企业合作承担应用研究和技术开发是应用技术大学的重要职能之一，深圳技术大学可立足深圳的产业发展基础，定期派遣教师到行业企业深度实践，丰富生产经验，更新专业知识，走孵化器模式的发展道路。

在人才培养方面，深圳市医疗器械行业协会秘书长蔡翘梧认为，高端应用型创新人才的培养必须深度和宽度兼备，因为解决复杂工程问题既需要广阔的理论知识储备，也需要丰富的项目实践经验。广州美术学院教授胡川妮则把学生能否在毕业时创作出自己的实际作品作为评判实践教育的关键标准。深圳市电子学会秘书长夏俊希望深圳技术大学的建立能够为深圳智能制造产业的高端化发展注入大学生的澎湃活力和创新智力。

在专业设置方面，张军指出，产业革命打破学科专业壁垒，加速商业模式的升级迭代，创新型、复合型和应用型人才同时也是懂制度、懂环境、懂专业、懂技术、懂市场、懂企业、懂社会的新时代商科人才。因此，新商科建设是高水平应用型大学人才培养的重要一环。东南大学生物科学与医学工程学院博士生导师万遂人认为，深圳在高端生物学仪器的制造方面相对发达，学校的专业设置应该把地方的产业优势体现出来。固高科技有限公司总经理吴宏表示，学校的专业设置不可一成不变，要跟随市场的发展趋势而变。

在师资队伍建设方面，吴宏强调，新知识的浪潮永远掌握在青年人才的手里，深圳技术大学可以借鉴香港科技大学15%的淘汰率，科学调控人才的流动性。此外，学校可以通过论证建立自己的教师资源库，在全球范围内聘用有学术假期的教授前来授课。联想信息产品（深圳）有限公司高级总监陈蔚认为，通过制度化、常态化的合作路径，让企业高管进入高校授课，有助于教育改革，有助于校企互动，有助于学生就业。万遂人指出，真正兼顾理论授课和项目实践的双师型人才少之又少，一流企业人才以及高端实验室研究人员加盟创新型、复合型和应用型人才培养确是可取之方。

与此同时，为充分学习德国、荷兰、日本等国家一流应用技术大学的先进办学经验，开拓国际合作、校企合作的新局面，深圳技术大学筹备办公室于2016年12月4日至6日举办了"高水平职业教育体系及中国制造2025与工业4.0研讨会"。此次研讨会旨在探索构建高层次、现代化职业教育体系和发展模式，研究如何借鉴发达国家应用型教育的成功经验，培养符合"中国制造2025"和"工业4.0"要求的高端应用型创新人才，如何将高水平职业教育和应用型人才培养与深圳的产业优势相结合，为经济发展模式的优化调整提供软实力和硬支撑。

许媛说："要办高水平的大学，不仅要配备优质的硬件，而且要打造出色的软件。把国内外的一流专家、学者召集在一起，举办一些高水平的学术会议是其中的关键举措。我们的第一次学术会议是在坪山高铁站附近的金地朗悦酒店举办的，现在好像改为坪山迎宾馆了。对我们来说，这次会议是一场硬仗；对金地朗悦酒店来说，也是一场硬仗。客观来说，由于经济区位、人流活动等原因，它从来没有举办高规格国际性会议的经验，很多装修好的客房没有人住过，服务人员对会议服务工作的流程和标准也不太熟悉，甚至国际化的供餐服务对它来说也是头一遭。所以，突然一下子涌进来这么多世界各地的专家、学者和领导，很难说没有慌张情绪。但是正如我之前所说，变'不可能'为'可能'，变'不行'为'行'是干事创业必备的精神韧性。持续沟通、及时配合、保持团结，即使是第一次见、第一次做，大家还是共同顺利地拿下了那场硬仗。"

△ 2016 年 12 月 5 日，参加高水平职业教育体系及中国制造 2025 与工业4.0 研讨会的专家合影

　　其实，所谓硬仗并不单指会议服务。高水平的会议需要高水平的嘉宾，邀请高水平的嘉宾并非一件易事。大族激光科技产业集团股份有限公司首席技术官、副总经理吕启涛曾在深圳技术大学筹建初期兼任中德智能制造学院院长，他说："2016 年 11 月

左右，阮校长说要围绕'什么是应用技术大学，怎么建设应用技术大学'举办一个国际性的学术论坛。曾思予老师开玩笑说，我们在国内都找不到几位专家，怎么找国际的专家？我在德国工作的时候认识了马库斯·古根穆斯（Markus Guggenmos），正所谓不打不相识，一次项目争夺赛让我们结下了几十年的深厚情谊。我就跟他联系说我们准备举办一个论坛，问他能不能帮忙邀请一些有分量的嘉宾过来。当时他已经是德国 ARGES 公司的 CEO 了，他非常热情地回复说：'没问题，我来帮你张罗！'很快，马库斯就和德国雷根斯堡市经济发展促进局局长托尼·约翰内斯·劳腾施莱格（Toni Johannes Lautenschläger）、德国东巴伐利亚州应用技术大学副校长托马斯·克劳斯·富尔曼（Thomas Klaus Fuhrmann）组成了一个参会小团队。可以说，企业的、高校的、政府的，齐全了。"

△ 吕启涛（左）和他的好朋友马库斯·古根穆斯

鹏城初冬稍显凉意，研讨交流热情未减。此次论坛可谓群贤毕至、众英咸集，既是大会又是盛会。广东省教育厅党组副书记、副厅长魏中林，深圳市政府副秘书长刘佳晨，坪山新区党工委副书记、管委会副主任陶永欣，深圳市教育局副局长许建领，坪山区政府筹备组成员、经济服务局局长陈华平，中国科学院院士姚建铨，国家特聘教授云峰，德国雷根斯堡市经济发展促进局局长托尼·约翰内斯·劳腾施莱格，德国东巴伐利亚州应用技术大学副校长托马斯·克劳斯·富尔曼，日本东京理科大学教授梅村和夫（Kazuo Umemura），德国 ARGES 公司 CEO 马库斯·古根穆斯，德国阿伦应用技术大学前副校长托马斯·赫尔穆特（Thomas Hellmuth），深圳大学材料学院特聘教授高福（Florian. J. Stadler），特许工程师和特许经理阿兰·米勒（Alan G Miller），汉斯赛德尔基金会常驻上海代表邵贝德（Bernd Seuling），荷兰国家应用科学院 /TNO 资深研究员陈玉森，美国硅谷著名数据安全公司 Bloombase Inc 创始人兼 CEO、天使投资人相韶华，东软医疗系统有限公司副总裁兼临床应用事业部总经理、东北大学中荷生物医学与信息工程学院前院长康雁，大族激光科技股份有限公司副总经理吕启涛，以及深圳职业技术学院、深圳信息技术学院、深圳市教育科学研究院、深圳市第一职业技术学校、华强职业技术学校有关代表齐聚坪山，通过深入探讨现代教育模式、人才培养路径、大学管理体系等教育高质量发展进程中的重大问题，从教育思想、发展理念、质量标准、技术方法、质量评价等角度碰撞观点，打开思维，为推动建立"应用为导向、产学研相结合"的教育-技术创新体系赋能增效，为构建校企联合培养卓越工程创新人才的合作共同体添薪续火，为推动我国工程教育规模大起来、实力强起来、结构优起来聚力献智。

△ 2017 年 9 月 8 日，高水平应用技术大学论坛顺利召开

　　高质量的论坛不仅是交流平台，而且是合作平台。创新的观点由此越辩越明，诚挚的友谊自此愈走愈深。吕启涛说："当时出席会议的领导说，你们是来真的！说按照德国应用技术大学的模式来办学，你们还真的把德国不同领域的专家请来了，你们真是很有能力的！听到领导这么说，大家也一下子变得信心十足，这是我印象很深的一个片段。另外一个是，我的朋友们对这次深圳之行的感受非常好！深圳速度、深圳精神给了他们很大的触动，这就是为什么他们后面又多次来到深圳，来到坪山，来到深圳技术大学。托尼来过几次，托马斯不用说了，马库斯甚至把他的孩子都带来过。对他们来说，深圳的变化和发展是不可思议、不可想象的。深圳技术大学正是他们理解深圳奇迹、感受深圳成长的一个窗口。后来我们每次去德国，这三个人一定是一起出场，一起接待我们，大家已经成了真正的好朋友。"

　　什么是应用技术大学，如何在中国办好一流应用技术大学？从他者的经验中，人们能够汲取走向未来的智慧。托马斯·克劳斯·富尔曼说："'德国工程'背后的秘密是有 2/3 的德国工程师毕业于应用技术大学。以东巴伐利亚州应用技术大学为例，学校开展以应用为导向的高水准教学工作，帮助学生做好准备迎接国际化的职业生涯，有30%的学生参加国际交换生课程或工作实习课程。同时，学校建立应用型研究和企业合作研究所，其目标是构建内部和外部联动的技术研发网络，拓展应用研究的基础设施，为教职员工提供项目合作支持，为校企合作搭建信息交流平台，努力成为地区性商业和工业布局的要塞。"

对这种德国应用技术大学中常见的平台化、要塞化的研究所，吴以环印象深刻，她说："我去国外调研的时候受到一个启发，学校一般设有和大型企业合作的工程中心或研究所，同时还有一种以服务为宗旨的中小企业中心。这类中心是能够接纳中小企业与学校共同研发产品或技术的公共服务平台。一个是向上的与大企业合作，一个是向下的对中小企业服务。学生不必等到毕业之后才开始真正地接触技术生产，从踏入校门的那一刻起，他们就能参与研发活动。德国的产业发展史已经证明，这种模式对学生、企业和学校都有好处。当时我就跟阮校长说，孤立和封闭没有出路，技术大学必须要开展校企合作。但是，它的校企合作与传统的职业院校有着本质差别。技术大学是以解决企业的问题为目标，它是在实际的生产研发过程中培养学生的。"

在德国工作生活了25年，且有应用技术大学执教经验的吕启涛认为，从深圳技术大学的建校使命来看，它和传统的职业院校之间的确存在质的不同。他说："传统的职业院校以双元制为主要特征，这种双元制的本质是师傅带徒弟式的经验传承。它缺乏有高度和深度的理论知识做支撑。纯粹的技术传承只生产熟练工，来自过去的经验和工艺必须上升到科学的层面，让人能够知其然、知其所以然、知其所以必然，这样才有进一步创新的可能。我在德国的企业里观察到，那些能够快速做到部门领导的人大部分都是应用技术大学毕业的。原因很简单，应用技术大学的培养模式是以解决实际问题为导向的，它不回避理论，只回避从理论到理论的教育方式，它以实际生产中可能遇见的典型情况为案例来帮助学生触摸、理解真实世界的运作规律。如此培养出来的学生不仅能够解决实际问题，而且能快速地响应企业的实际需求，这些素质都是企业所急需的。"高端应用型创新人才不是熟练工，应用型教育不是重复传统、自我封闭的教育，而是把握现实、面向未来的教育。它从不追求旧世界的回音，它只在理论—实践—再理论—再实践的多重转化中创造新世界。

托马斯·赫尔穆特认为，应用技术大学的使命是通过理论联系实践的教学和培训活动，培养学生将科学知识和科学方法学以致用的能力，帮助学生做好就业准备。在此过程中，教授和科研人员须兼顾自身教育任务中的研究和工程活动，积极开展应用型研究，为中小企业提供支持。在阿伦应用技术大学（Aalen University），培养工程师是教育教学活动的核心目标之一，每位导师以教授 30 名学生的标准密集地承担学生指导工作，其研究重点集中在先进材料与制造、光电子、分析化学和有机化学、智能机电系统等社会变革中的科技创新领域。与其他应用技术大学一样，阿伦应用技术大学同样设立有以孵化初创公司为目标的创新中心，它不仅可以为初创公司提供现代化的基础设施，而且能够为创始人提供专业化的咨询服务。从功能主义的角度来说，创新中心是联结大学和产业、学生与社会的桥梁，是实现从理念到产品的转化器，是增强高科技初创公司创新力、竞争力和抗风险能力的孵化器。以有效联结、积极转化和强势孵化为特征的公共服务功能，使得应用技术大学的平台性、辐射性、互动性、集聚性远远高于传统大学。

雷根斯堡应用技术大学（University Regensburg）为德国顶尖商业城市雷根斯堡提供了潜能巨大的高级技能型人才，其周围集聚了一批优秀的技术基地（TechBase）、技术校园（TechCampus）、生化公园（BiPark）等，托尼·约翰内斯·劳腾施莱格说："教育、科研和生产共处一地，能够产生明显的集聚效应。"集聚有助于提高生产协作效率和区域产业议价能力，有助于降低全产业链配套设施建设成本，有助于打造人才"近悦远来"的"引育留用"新机制，有助于分工的细化、质量的提升与技术的创新迭代。应用技术大学公共服务平台以技术创新为核心，以高科技初创公司为载体，把地方的高校、企业、科研院所，以及现代化产业链上下游各个环节的创新活动联结起来，能够推动产业内部及产业间的新技术、新工艺、新知识的产生、流动、更新和转化，提升企业的创新能力和竞争力。

阮双琛说："作为人才、技术、企业的聚集平台，应用技术大学周围能够形成极富活力的科技创新产业园区，进而产生推动当地经济发展的动力引擎——创新企业集群。德国一流应用技术大学对企业辐射带动的成功案例可以证明，环大学科技创新园区最有条件集成各种科学技术、各方优秀人才、各类创新资源，最有优势促进科技成果转化、科技企业孵化、科技人才培养，最有能力深度整合企业、高校、科研机构等创新资源，有效发挥龙头企业的辐射带动作用，形成环大学科技创新园区的集群效应，充分发挥科技创新和产业发展过程中的重要作用。"根据瑞士 Prognos 技术研究前景研究所（Swiss Prognos Institute for Prospective Technological Studies）对全德国 402 个城市和地区的分析，雷根斯堡在活跃性、人口发展前景、经济繁荣、就业情况、竞争力、创新能力等方面均表现突出。自 2002 年以来，它一直位于全德国 15 个顶尖商业城市之列。

从埋首书卷的求学之子到独当一面的行业专家，吕启涛对科学研究与实践应用之间的关系体悟得更加深切。在他看来，应用技术大学的优势在于能够从教育教学、科学研究、社会服务等模块的实践机制上弥合学与做、知与行之间的裂隙。市场需求是有着极强的时间性要求的社会需求，选择进入企业，就意味着必须以极高的效率回应市场需求。迈出象牙塔的吕启涛很快发现，单一的知识结构、相互区隔的专业布局往往在客观上造成知识面的窄化，而狭窄的知识面并不能胜任企业的核心任务。以激光产品的研发和生产为例，它是光、机、电、软、工艺等多方面理论知识和技术技能的综合，用吕启涛的话来说，企业研发人员必须是真正的"多面手"。

身处制造王国二十五载，他在大学任教，在研究所攻关，在知名激光公司大展拳脚。归国十余年，他充分利用国内的市场和平台，以更大倍速放大自己的知识、技术和经验，使民族激光闪耀世界舞台。吕启涛说："不管是在德国还是在中国，企业的发展都需要优秀的工程技术人才，只懂理论或者只会考试完全不能支撑一个产品在全球行业拥有真正的话语权。问题的关键不是在理论和实践之间比出高低，而是打破隔在理论和实践之间的那堵墙，使学生具有一个非常切合实际、接地气的知识视野，碰到实际问题的时候，能够联系自己的所学所悟去发蒙解惑。"

历史千变万化，社会需求决定课程的传授形式和内容。但是，无论何时教育留在学生脑海的都不应是抽象的公式，而应是对现实世界的真正理解。当下这个注重科学人才培养的火热年代，对我们提出了一项需要高度重视的教育任务——聚焦关键核心技术领域及战略性新兴产业，建设一支爱党报国、敬业奉献、具有突出技术创新能力、善于解决复杂工程问题的工程师队伍。不能让学生用已学的知识来分析问题、解决问题的教育不是好的教育，不能打通理论和实践的学习不是有效的学习。吕启涛说："我们很多老师把专业课讲成了数学课，对物理世界的探索被简化为数学公式的推导，理论在这边，实践在那边，或者根本就没有实践，学生不能感性地理解这些公式的物理表现和它们在现实中的典型情况。实际上，教育应该从最感性的、最典型的案例出发，通过丰富的个案讲解培养学生解决实际问题的能力。生动的、前沿的、具有代表性的案例教学，往往比抽象的、沿袭的、万年不变的公式推导更具教育力。"凭借着对中德两国高等教育体制、高新技术产业的了解，他信心十足地说："我深深地体会到应用技术大学的综合型培养模式确实是德国企业成功的秘诀之一，无论是从我国科技事业加快发展的角度还是从教育改革创新的角度，我认为我们都应该拥有德国模式的应用技术大学。"

德国应用技术大学诞生之初即以弥补已有教育体系在人才培养、专业设置，以及区域发展规划分布方面的不足为己任。在吕启涛看来，它有着极为鲜明的办学特色。第一，来自实践。应用技术大学的教育内容不是单纯的理论或实践，而是理论和实践的贯通。它强调从实践出发，联系现有理论、理解理论内核，从而实现对旧有理论的突破和再造。吕启涛说："不是理论联系实际，而是实际联系理论。知识，特别是理论知识太浩瀚了，没有实际问题来牵引，人学不完，也记不住，而且用到的也不多。实际联系理论就是说学生在具体的工作或者应用场景中发现问题，然后带着这些问题在理论知识中寻找答案和支撑，这是记得最牢固的，也是理解最深刻的学习方法。"应用技术大学实践性的最强支撑来自独特且刚性的师资队伍构成——教授必须具备 5 年的业界工作经验，在此 5 年中要有 3 年承担领导职责的经历；企业中的技术和管理人员占授课教师总数的 25%。与此同时，新生入学前要有实习经历，在校期间的企业实训是教学课程的重要组成部分。

第二，面向应用。在应用技术大学，不是传统学科分类决定办学，而是实践和应用统领学科建设，其专业设置偏重应用学科，专业分类较细。教师的科研密切联系实际，不唯纯学术和纯理论。教学模式以培养学生解决复杂工程问题的国际胜任力为导向，学生的毕业设计和论文则必须针对某一生产、研发的实际问题展开，90% 的学生在毕业时可以做出具体的产品。

第三，开放协作。应用技术大学的组织管理与社会密切融合，其管理机构须有来自企业和社会各界的其他人士参与。在师资招聘和课程设置上，学校享有充分的办学自主权。与此同时，学校与工商界合作办学，以"量身定制"的方式与企业协作开设学士和硕士课程。此外，教授每 4 年享受一次为期半年的"研究休假"（Forschungssemester），到校外的对口单位从事实用研究，以了解产业和市场中的最新问题和趋势，更新并扩充教学知识。

第四，立足本地。应用技术大学的课程设置与当地的地理、人文和企业机构紧密对接，这种与区域社会经济的"天然联系"从根本上有利于应用技术大学规避教育教学活动中理论与实际相脱离的问题，有利于从社会和产业界获得资助，有利于保障毕业生的谋职就业。

第五，面向全球。应用技术大学从全球范围招聘优秀教师，接纳世界各地的学生，通过积极探索国际的联合培养和实习实训机制加强与其他应用技术大学的常态化合作。吕启涛解释说："对标德国意味着一定要和德国有交往，包括人才队伍、课程体系、校园文化各个方面。"可以说，对标德国（国际化）既是应用技术大学的办学特色又是它的办学路径。

道相同，则情长远。对应用技术大学的理解和信心把天南海北的人召唤在一起，结成愈来愈壮大的队伍，形成愈来愈鲜明的理念，达成愈来愈普遍的共识，取得愈来愈显著的效果。2016 年 3 月，吕启涛接到一通电话："阮校长邀请我到深圳大学开个会。在会上，校长说受市委、市政府委托要按照德国应用技术大学的模式筹建一所新大学，一下子就把我的兴趣提起来了。"实际上，两个日后亲密的战友在本次会议之前并没有真正的交集。"在此之前，我们只是相互知道彼此，校长知道我是做激光的，我知道深圳大学有一位副校长也是做激光的，我们的专业方向是一致的。因为要按照德国的模式筹建深圳技术大学，校长就想找一个既了解德国教育体制，又与德国企业有诸多联系，还在中国企业工作的人。他当时对我说，找找吕总看行不行。"吕启涛说。

解决问题首先要研究问题的关键，抓住问题的要害。阮双琛站在了抓住人这个根本要素的高度，直指高等教育改革创新的核心问题，立足区域社会经济发展实际，用行动回答了如何对标德国从 0 到 1 地创建一所新型大学的问题——人是一切事物的尺度，是活化的实践模式，抓住了人，就抓住了制度，树立起了制度，就能涵养更多的人。虽未曾谋面，却恰似故交。和志同道合者在一起做一些事、影响一些人，把教育改革和技术报国的火炬传递下去的激情与责任感，使吕启涛和阮双琛一拍即合。

从学术界到工业界，吕启涛对实践改变世界的感受越发强烈。在他看来，参与筹建一所面向产业优化升级的迫切需要的应用技术大学，常规化、大批量、高水平培养极具"工匠精神"的高端应用型创新人才是一件"实事"。他说："一个制造业当家的国家或城市，一定需要非常多的卓越工程师。只有过硬的工程师队伍才能支撑过硬的制造业。一路走来，我感觉到校长是真正做实事的人，这很难得。出去调研，他每个地方都要去看，看了都要记下来。从开始到现在，他始终都坚持对标德国这个中心轴线往前推进建校、治校、强校的事业。"吕启涛坦言，并非私人情感使他与阮双琛的命运在高等教育领域交汇，"但是相处的时间越长，大家越是互相欣赏"。真的要干一番事业、真的要做一件事情的信念盘踞心头，指引干事者走到一处、站在一起，把每一个平凡的日子变成尽情燃烧的奋战时光。"我和校长真的是想在一起做点事情，想做实事，不是忽悠两下就行了。"吕启涛说。凭借着对德国应用技术大学教育模式的充分了解、在柏林技术大学的助教经验，以及在国际光电子领域的卓越贡献和广泛人脉，他被聘请为深圳技术大学中德智能制造学院的创院院长，全面负责学院的愿景规划、课程设置、实训机制、师资队伍建设等各项工作。

学科建设会议筹划学院蓝图

阮双琛说："在德国，应用技术大学是高水平大学。"其高水平体现在总体占比、运作机制、实施效果和社会声誉等方面。第一，应用技术大学在德国高校中的占比超过50%，已经形成了一定的规模效应；第二，德国的应用技术大学与周边的高科技公司、整个城市的产业和文化是协同发展的同心圆，教育链驱动人才链，人才链服务产业链，产业链支撑创新链，创新链提升教育链，四链紧密结合、深度融通；第三，应用技术大学为德国培养出了众多一流的工程师、设计师、精算师等，很多大型企业的创始人、CEO、技术骨干都毕业于应用技术大学；第四，应用技术大学深受德国学生、家长和社会的认可。可以说，德国应用技术大学的教育模式经受住了来自技术创新、产业发展、人才成长和社会共识等各方面的实践考验。究其根本，在于它与经济社会各领域之间的有机衔接。德国的每一个小镇，几乎都有一所应用型的技术大学。以应用技术大学为核心纽带，形成了区域均衡的产业强镇格局。诗韵流淌的德国小镇不仅胜在旖旎的自然风光，而且强在专精的技术产业，任何一个不起眼的地方都可能孕育着全球最有竞争力的企业。例如大众、奥迪、欧宝汽车公司的总部分别位于不为世人熟知的沃尔夫斯堡（Wolfsburg）、因戈尔施塔特（Ingolstadt）、吕塞尔斯海姆（Rüsselsheim），三者都并非传统意义上的中心城市。但是，它们都是德国特色的"中心小镇"——一镇主攻一业，每个小镇都有特色支柱经济，都是一个产业中心，能够孵化、吸引、留下高素质人才和高品质企业，并在发展经济的高度上解决就业问题。中心小镇集聚发展，形成了物质实力雄厚、基础设施完备、经济结构合理的区域产业生态圈，在电子信息、汽车制造、航空航天等领域享有盛名。可以说，城校企一体化发展的德国，走出了一条"小镇大产"的胜利之路。

阮双琛认为，对标德国并非照搬德国，其本质是根据地区发展实际重新校准大学的功能和定位。"教育要面向地方、面向周围（产业），面向地方、面向周围（产业）也是面向科技前沿、面向'卡脖子'难题，也是高水平。"他说。所谓面向，不是"对坐寂无语"的形式主义展演，而是了解区域产业结构、需求结构，以及结构变动的特征及趋势，将自身的专业、制度和文化实践与之相结合并实现顺应未来的可持续发展。一言以蔽之，面向即知之、行之、成之，知产业发展之航向，行实践教育之宗旨，成协同育人之大观。

《〈中国制造 2025〉深圳行动计划》深入贯彻落实党的十八

大以来中央各项决策部署、习近平总书记系列重要讲话和对深圳工作的重要批示精神，站在努力建成国内制造业的先锋城市、国际知名的高端制造业城市的高度，分析了深圳的产业基础和优势，把加快新一代信息技术与制造业深度融合作为主线任务，把推进智能制造作为主攻方向，把加强本地创新人才培养等措施作为人才保障，明确提出加快推进深圳技术大学的建设，提高高端制造业发展的人才培养能力和人才服务能力。根据市委、市政府相关指示批示精神，筹建中的深圳技术大学本着面向地方、面向周围（产业）的基本原则，紧密对接《〈中国制造2025〉深圳行动计划》中的数字化网络设备、精密制造装备、新型材料等11个战略性发展领域设置优化学科专业结构，以前沿产业需求为牵引，先期建设先进制造学院（中德智能制造学院）、互联网与大数据学院（大数据与互联网学院）、交通学院（城市交通与物流学院）、新能源与新材料学院（新材料与新能源学院）、健康与环境工程学院、创意学院（创意设计学院）等六大特色学院及相关学科专业，为打造以服务深圳制造业全面转型升级、提质增效为宗旨的新型大学奠定骨架基础。

创未有之业，最需要以一鼓作气的劲头、一往无前的姿态、一日万里的士气勠力前行。2016年4月14日至20日，一场为期一周的学科建设专家研讨会在深圳大学举行。"六大学院＋六个学科"分场次、分类别就学院专业设置、学科规划、专业规划、招生规模、人才培养、校企合作以及国际合作等学科建设相关问题展开高密度、深层次的研究和讨论。网络社会，数据已经成为重要的生产要素。数据服务的专业化、工程化、平台化发展，是激活数据要素价值潜能的核心支撑，是推动经济社会发展质量变革、效率变革、动力变革的重要引擎。4月14日下午，大数据与互联网学院学科专业规划专家研讨会在深圳大学办公楼101B会议室召开。深圳大学电子科学与技术学院教授曹建民、北京大学研究生院微电子学院副院长王新安、中兴通讯股份有限公司产品规划总监孟彪、深圳大学光电学院副院长郭金川等5位特邀专家为大数据与互联网学院的建设建良言、献良策。继阮双琛和曹建民分别介绍了深圳技术大学和大数据与互联网学院的筹建概况之后，王新安就一针见血地指出，当前中国职业教育的发展现状已经远远滞后于社会经济的转型需求，深圳技术大学若要建成一所为国树立新模范、引领教育新改革的特色大学，就应该放胆冲破传统的办学模式。其一，以人才培养为切入口，突出"工匠精神"，探索"大师工作室"的教学模式。基础课程由学校按照有关规定设置，专业课程则结合"大师"对学生的人才培养规划灵活设置。其二，学校以培养对接前沿产业需求、解决复杂工程问题、掌握技术开发核心技能、具备国际胜任力的高端应用型人才为目标。因此，购置与一线产业尖端接轨的实验设施平台是学校正常开展教育教学的必要条件。孟彪认为，构建校企之间的人才共享和人才合作的体制机制是筹建深圳技术大学的重中之重，身具实战经验的企业家走进高校对应用技术大学的健康发展具有重要意义。其次，项目合作也是校企合作的核心内容之一。双方可采取企业项目转移的方式，将企业的部分项目直接放置校内，由学生团队在教师的指导下完成企业项目。他强调，企业在必要时可使用股份激励机制，激发年轻人的战斗力和创造力。

现代生产方式的绿色低碳化为新能源、新材料带来产业发展迎风口。抢抓产业风口，才能跑出发展速度。4月15日下午，深圳大学材料学院院长曾燮榕、北京航空航天大学材料科学与工程学院副院长马朝利、西安西北有色金属研究院副总工程师高文柱、深圳市广大纳米工程技术有限公司总经理韩培刚、深圳市源源新材料科技有限公司董事长王毅、深圳市高分子行业协会秘书长王文广齐聚新能源与新材料学院学科专业规划论证会，在深圳大学办公楼 207 会议室为一个新学院的诞生群策群力、谋深计远。阮双琛首先介绍了深圳技术大学的筹建情况、前期建设目标，以及市委、市政府对深圳技术大学提出的定位要求，曾燮榕补充说明了学院筹建情况、学科发展规划和人才培养方案。王毅建议，为充分发挥一流应用技术大学人才培养的特色和效应，学科体系应设置本硕博全链条培养模式，扩大专业硕士和工程博士的培养规模。韩培刚认为，深圳技术大学的高标准定位决定培养工程博士是发挥其高端应用型人才供给职能的内在要求。面对人才培养与产业需求"两张皮"的多年痼疾，马朝利强调打破单方面依赖政府或由学校推动的校企合作动力机制，邀请企业高层或精英到校成立工作室、实验室，以此开启校企合作新局面。王文广针对师资队伍建设的现实困境提出，对于卓越退休教师的引进可考虑放宽年龄限制，对于杰出企业人才的引进可考虑放宽学历限制。高文柱指出，学院欲走保质量、创名气的特色发展之路，即须对深圳大中企业进行充分调研，根据具体的市场需求制定学生的培养方案。与此同时，注重完善学生的知识层次和结构，多设实习、实训课程，实现全产业链、全职业生涯的人才培养全覆盖。

同日下午，先进制造学院学科专业规划论证会在深圳大学机电与控制工程学院 S601 会议室召开。深圳职业技术学院机电学院院长冯小军、哈尔滨工业大学深圳研究生院机电学院院长李兵、北京大学深圳研究生院主任李挥、深圳智能机器人研究院副院长张光烈、深圳市先进制造业促进会副会长朱进嘉等 5 位特邀专家听取了徐刚教授对学校以及学院的筹建背景、定位和基础的情况介绍，就学院的专业发展规划、课程体系建设、人才培养规划和实验室建设规划展开了富有成效的讨论。在专业设置方面，专家提议参考德国、瑞士等一流应用技术大学的现有方案，规划建设机械电子工程、机电一体化、电气工程自动化、3D打印、装备制造、微纳米设计、工业互联网以及软件方向等。与此同时，专家指出当下正逢信息化和工业化两个历史进程的交汇与创新时期，工业以太网、物联网相关产业发展势头渐强，未来工业的大工厂形式对网络的实时性要求更强，学院的学科设置更应着眼于信息化带动产业化趋势，在未来工业布局、形态、特点上多加研究。在实验室建设方面，专家建议规划实验室区分科研和教研用途，建设精密 / 超精密检测实验室、电脑机房、控压机房，以及设备用油、材料、气体、压缩气体、设备废液处理空间，同时预留充足机动空间以备发展之需。

△ 2016 年 4 月 15 日，先进制造学院专业实验室规划专家咨询会

增益人类福祉的技术，是有现实价值的技术。把最前沿的技术服务于人民健康，是高质量发展的重要目标导向。4月17日下午，深圳市大深生物医学工程转化研究院副院长李葵、深圳职业技术学院医疗电子工程专业负责人余皓、深圳市医疗器械行业协会副秘书长张晓华、深圳大学生物医学工程教学实验中心常务副主任叶继伦，以及深圳大学医学部生物医学工程学院教学副院长陈昕等6位特邀专家会聚一堂，在深圳大学南区医学院508会议室共同商议健康与环境工程学院的学科专业发展设置与人才培养相关事宜。论证会伊始，李智军和教育部高等学校生物医学工程教学指导委员会委员汪天富分别介绍了筹建办的参会人员和特邀专家背景。之后，各位专家就学院的专业设置、招生规模、人才培养、师资队伍建设、校企合作、国际合作等六项议题展开了深入探究和研判。在专业设置方面，专家认为学院的专业建设规划不仅要面向医疗和健康领域，而且要面向更加工程化的生产和检验领域。经过热烈讨论，诸位专家一致同意优先设置生物医学工程、医学信息工程以及医学检验技术三个专业。在招生规模方面，专家基于每年的校招数据判断行业的吸纳能力很强。因此，学院目前的计划招生规模（150人）尚属合理。在人才培养方面，专家强调大量增加实践类课程的重要性，通过压缩理论课程、延长实习时限来满足企业的用人需求。在师资队伍建设方面，专家希望深圳技术大学的人事制度能够遵循高端应用型创新人才的成长规律，突破双师型人才"学校层面重视不够、教师个人缺乏动力、行业企业配合不够、制度体系尚待健全"的建设困境，不断探索并完善应用型高校的人才工作机制，为加快推进学校的高起点、高标准、高水平建设提供坚实的制度和人才保障。在校企合作方面，专家指出是否能够帮助企业解决工程能力不足的问题，即实现工程产品的转换，是决定校企合作成败的关键因素。从既往经验来看，"企业命题、学校选题，企业根据学校提供的项目解决方案的质量和水平给予合理资助的模式"可供借鉴。在国际合作方面，学校应该秉持"优势互补、互惠互利、追求一流、联动发展"的基本指导原则，积极与世界一流应用技术大学、应用型科研院所和海外知名跨国企业开展灵活多样的交流与合作，打造极具国际视野的卓越工程师队伍。

汽车产业的颠覆性技术变革，引领未来交通系统、智能制造、人才培养等新范式。4月19日上午，汽车服务工程专业学科咨询会在深圳大学机电与控制工程学院S601会议室召开。华南理工大学广东省汽车工程重点实验室主任兰凤崇、深圳市汽车维修行业协会相关负责人廖绍平、深圳市车神榜网络科技有限公司CEO赖子斌、深圳市风向标科技有限公司总经理王玉彪等4位特邀专家出席了咨询会。阮双琛和深圳大学机电与控制工程学院汽车工程系主任姜连勃分别介绍了学校和学院筹备设立的进展情况，并诚恳邀请各位专家对实验室建设、设备需求、专业规划等议题提出具体的意见建议。兰凤崇和赖子斌认为，专业设置必须具备超前意识，应当准确把握行业发展新趋势，故学科专业规划方案中应有专门的篇幅重点解读新能源汽车、智能网联汽车等内容。兰凤崇特别提出，学院要提高实验室和办公室的规划配备比例，先期规划电池实验室、电功率实验室、电机实验室以及科研实验室等。不仅如此，学校可以组建竞赛车队以培养学生的创新精神和实践能力。在数字化、网络化、智能化时代，学生唯有具备综合素质、高阶思维、创新能力和管理能力才能在竞争中立于不败之地。王玉彪指出，学校的高端定位决定其人才培养要对标新时代的人才新标准，既培养学生的动手能力又培养学生的动脑能力，在手脑并用中提升学生的思维力、意志力、凝聚力、适应力和创造力。

△ 2016 年 4 月 19 日，汽车服务工程专业学科咨询会

设计即创新，点亮生活美学，蕴蓄产业动能，塑造城市品牌。4 月 20 日下午，雅昌艺术网华南区经理赵海娟、深圳市平面设计协会秘书长宋博渊、深圳市工业设计行业协会执行副会长兼秘书长封昌红、深圳职业技术学院教授杜平、深圳职业技术学院讲师张国军等 5 位特邀专家共赴创意设计学院学科专业发展与人才培养论坛，就学院建筑规划、人才培养、专业建设、校企合作以及国际合作等议题展开讨论。阮双琛介绍了深圳技术大学和创意设计学院的筹建情况，阎评做补充说明。专家认为，学院的专业建设其一应对标国外一流应用技术大学，其二应着眼未来产业发展趋势。在建筑规划方面，成功的工作室设计不在其大，而在其能够满足专业的特殊性。在人才培养方面，学院可深入探索小班或小组实践模式，并将学院与工业设计协会、平面设计协会的定向培养纳入人才培养的关键环节。专家指出，学校可以通

过校企合作增强学生的实习意识，同时加强与其他国家相关高等院校、设计协会和头部企业的合作与交流，培养具有国际视野和全球竞争力的高素质设计人才。除此之外，优化传统的考试方法和考试科目以重新评价、甄选学生是创新人才培养模式的重要举措。专家特别强调，对于设计相关专业来说，人才培养的第一宗旨并非技术技能的传授，而是提升学生的创意与审美能力。

集思广益探索教育新命题，同心协力开拓实践新局面。高密度的会议汇集了高质量的观点，本轮学科建设研讨会为学校的"立校之本和发展之基"描绘了适宜的建设目标和建设路径，竖立了向卓越创新人才培养、协同育人机制、创新创业教育等方面进军的鲜亮"战旗"。战旗猎猎，使命光荣，一切正在进行时。

聚焦先进制造 —— 中德智能制造学院

发展智能制造对于巩固实体经济根基、建成现代产业体系、实现新型工业化具有重要作用。作为制造强国建设的主攻方向，智能制造的发展程度直接关乎我国制造业的质量和水平。2015年，深圳先进制造业增加值达 5165.57 亿元，同比增长 11.3%，增速高于全市规模以上工业增加值 3.6 个百分点，占规模以上工业增加值的比重为 76.1%，比上年提高 1.9 个百分点。由此可见，深圳制造业的高端化进程在持续提速，地区生产总值的含金量稳步提高。高质量的人才结构是产业结构优化升级的动力之源，人才的层次决定产业的高度，人才济济则产业兴盛。智能制造的新航向带动企业对人才的需求发生重大变化，高水平、复合型、创新型的人才资源成为实现我国制造业新的系统性跃升和质变的核心驱动力。突飞猛进的信息通信、生物、新材料、新能源等技术与先进制造技术加速融合，拉开了制造业高端化、智能化、绿色化发展的历史帷幕。传统企业正在经历"三化"改造的阵痛与蝶变，回应产业之需成为知识有效性和岗位发展性的生命线。

高校人才培养滞后于科技之变、产业之变、需求之变，诸多行业紧缺人才被挤压进企业的自我培养轨道。随着高端数控机床、工业机器人、3D打印等智能制造装备的普及应用，安装调试、操作编程、技术支持、设计研发和全球营销等方面的专业人才缺口巨大。传统产业的改造升级、新兴产业的培育壮大急需新生劳动力具备更高的劳动素质、更强的学习能力、更开阔的知识视野，能够紧跟科技创新发展新趋势，善于运用新知识、新技术、新工艺、新方法，开发新产品，提供新服务，探索新的生产方式和经营管理模式。他们不但要熟练地使用智能制造装备，而且要知道这些装备的运行原理，能够通过自主、合作、探究式学习，创造性地使用甚至改造现有设备，使其运行流程更顺、加工精度更高、能源损耗更少。

先进制造学院即以培养这种全面适应经济发展和先进制造行业结构调整的高端应用型创新人才为目标，尤其是既能利用计算机进行机械产品辅助设计，又能应用数控技术进行高端制造的高水平复合型人才，他们将成为"中国制造2025"的中坚力量。因此，学院在人才培养上既强调专业基础理论知识，又突出关键技术装备研发及应用。课程设置贴近新兴职业的岗位需求，为学生的职业生涯发展提供有力保障。从定位、特色和方略方面破解"毕业即失业""纸上谈兵不躬行""看得懂做不出"的高等教育困局。走进校园，学生是求知若渴的青少年；走出校园，他们是独当一面的大能手——德、智、体、美、劳全面发展，掌握先进制造知识与技能，具备创造性使用、维护和改装高端装备的能力，可以胜任先进制造领域相关的开发研究、生产管理、设备维护、质量管理、技术支持、市场营销等工作。

在王红志的印象中，中德智能制造学院是在一片尘土飞扬中扎根成长起来的。2017年4月，他开始在竹韵花园幼儿园办公。回想起在幼儿园的办公时光，首先浮现在他脑海中的是空旷寂寥却又机器轰鸣的施工场景。那时候，大家吃完午饭就到工地附近去溜达。放眼四望，目之所及皆是正待平整的土地，有些工地已经围起来了，站在高处可以看到施工方正在开挖基坑。机器扬起的灰尘在空中久久不散，恰如跃马扬鞭尘飞扬，任它长路艰辛又漫漫！在施工场地附近办公，让一众筹建工作者产生了很多与深圳摩登的城市标签不相符的感性经验。"走在路上，一脚踏下去，就会激起一圈浮灰。皮鞋一天不擦，第二天就穿不出去。白衬衣的领子不需多久就会变得黑乎乎。"王红志说。除此之外，他也是"三个100"，即车程往返100公里，油费支出100块钱，路上花费100分钟的亲历者。

心有志，则山海不可挡。这边是坪山，那边是南山，虽然干在这边，住在那边，从这边到那边，既是数百公里的车程，也是人至中年再次出发的时光轨迹。深圳一贯"闯"的精神、"创"的劲头、"干"的作风让人相信，创业团队洋溢的蓬勃朝气和团结力量让人相信，"学校一定能搞好"，正所谓"吾心信其可行，则移山填海之难，终有成功之日；吾心信其不可行，则反掌折枝之易，亦无收效之期也"。彼时的王红志已经在深圳大学沉淀磨砺了16年，不仅对实践教学兴趣浓厚，而且对技术研究颇有造诣。所以，他对深圳本土第一所应用技术大学心向往之。

学校的定位清晰、精准，产生更广泛的招徕效应。怀揣着对新事业的憧憬，王红志毅然决然加入了筹建队伍。他说："当时我在深圳大学机电与控制工程学院工作，担任机械系的副主任，来到技术大学之后就和吕总一起创建中德智能制造学院。众所周知，我们是对标德国建一流应用技术大学，在建校之初的六大学院中，只有中德智能制造学院是旗帜鲜明地讲 Sino-German（中德），这是很高的寄望，也是很大的压力，所以我们一定要想办法让学院在各方面都能够做排头兵，这是我跟吕总的共识。"借用毛主席的话，争当排头兵不是请客吃饭，不是做文章，不是绘画绣花，不能那样雅致，那样从容不迫，文质彬彬，那样温良恭俭让。工作忙起来，王红志就带几件换洗衣服住在办公室，在卫生间用毛巾简单擦一擦，折叠床一拉就睡了。有一次，他听说装修好的竹韵花园可供大家住宿，便兴冲冲地跑过去"侦察"，发现既有空调又有热水，甚是开心！一个念头闪过脑海，干脆以后睡这里！晚上 11 点多，王红志结束一天的工作后就带着他的"行军床"来到先前的"侦察地"，准备好好睡一觉。"结果不一会儿来了一位保安，他看到我这里亮着灯就上来检查。因为那栋楼虽然装修完了但是并未有人入住，一到晚上整栋楼都是乌漆墨黑的。保安很疑惑，灯怎么亮了，谁在那里？懵懵懂懂地，我成为竹韵花园 9 栋第一位'试睡员'。"王红志回忆说。

最初，王红志的所有工作都是围绕着学院大楼建设规划和人才培养方案制定这两项中心任务来展开。在学院大楼建设规划方面，他需要就建筑内部功能与深圳大学建筑设计研究院和基建工作负责人对接，共同商定符合核心学科定位和学院长期发展目标的需求方案。按照建院初期的专业发展规划，学院计划开设机械类、自动化类、仪器类和电子信息类等专业。

高校实验室是青年学生成长成才的重要基地，是突破关键核心技术的重要平台，是服务经济社会发展的重要窗口，其建设发展水平是高校人才培养、科技创新和社会服务水平的重要标志。面向地方、面向周围（产业）、面向"卡脖子"技术是应用型高校的根本工作路线，实验室是应用型高校发挥区域社会经济服务功能的核心构件。因此，标准化程度高、技术含量低、结构相对简单的实验室不能支撑应用型高校办出实效、办出亮点、办出影响。王红志说："不同的学校定位和学科专业有着不同的实验室建设需求。由于光学、机械等专业的特殊性，学院的部分实验室不能参照标准实验室建设。例如我们的地线要按照高标准设计网状地线，因为大功率设备产生的干扰非常强。还有，我们的光学设计制造及光学检测实验室要设在地下负一层，以减少振动对仪器设备正常运行的影响。像建筑空间的高度、宽度、地面钢筋混凝土厚度、给排水要求、消防要求、弱电要求、安防要求等，都会根据学科专业所需的基础设备系统进行参数调控。"

在人才培养方案制定方面，他需要根据应用型高校的办学定位，明确细化课程设置、突出强调培养特色，在学院层面上解决如何培养学生、培养什么样的学生的现实问题。王红志说："应用技术大学的特点就是要面向本地周边的经济结构和产业环境培养人才，学院对应深圳市特色龙头产业，设定了两个特色专业方向——激光智能制造、机器人。因为激光智能装备对于光学有要求，所以我们克服困难，决定从大学二年级开始就把两个方向分开教学。与此同时，应用技术大学的人才培养离不开实践，它在学院的培养方案当中占据相当大比重。从一年级到四年级，我们配置了不同层次的实践教学，包括后期的毕业实习和毕业设计也有严格的实践要求和标准。"

在他看来，无论是学院大楼的建设规划还是人才培养方案的制定，都是有难度的。"跟随比开创容易，前面一辆车走过，后面的按着车印走就会容易很多。"王红志说。但是，风雨与彩虹共生，意义与挑战并存。在"从0到1"的艰难跋涉里，谁能说得清什么是苦什么是甜？只知道确定了就义无反顾。他只希望通过精确、周详、扎实的人才培养实践，使学生在知识上有所得、在态度上有所正、在性格上有所炼，带着掌握技能的实力、终身学习的习惯和解决问题的勇气走进社会、书写人生。

着眼生物医药和医疗器械——健康与环境工程学院

生物学家、西湖大学首任校长、中国科学院院士施一公认为，21世纪是生命科学的世纪。作为21世纪最活跃的学科之一和自然科学的前沿学科，生命科学与我们的生活息息相关，人类面临的一系列重大生存问题，例如食物短缺、能源危机、环境污染，以及疾病危害的应对政策与行动，在很大程度上依赖于生命科学和生物技术的新突破与新发现。可以说，生命科学正在对人类经济、科技、政治和社会发展产生全方位的影响。

生物医学工程专业是生命科学的重要支柱，是理、工、医高度交叉融合的新兴学科，与生命、信息、材料和能源等高新技术均有密切关系。自20世纪70年代以来，生物医学工程领域迅猛发展，它与计算机科学及信息技术成为现代科学发展的最前沿，生物医药和医疗器械产业随之水涨船高，不仅是近30年发展最迅速的产业之一，而且是未来经济发展最闪亮的利润增长点之一。国务院发布的《国家中长期科学和技术发展规划纲要（2006—2020年）》明确将"研制重大新药和先进医疗设备"作为人口与健康专题的发展思路之一，即攻克新药、大型医疗器械、医用材料和释药系统创制关键技术，加快建立并完善国家医药创制技术平台，推进重大新药和医疗器械的自主创新，并将"先进医疗设备与生物医用材料"列为此专题的优先发展主题，即重点开发新型治疗和常规诊疗设备，数字化医疗技术、个体化医疗工程技术及设备，研究纳米生物药物释放系统和组织工程等技术，开发人体组织器官替代等新型生物医用材料。

目前，我国生物医药及医疗器械产业聚集区主要分布于珠江三角洲、长江三角洲和京津环渤海湾。深圳位于珠江三角洲的核心地带，是我国生物医药及医疗器械产业的重要基地，业已形成产业覆盖面宽、自有知识产权含量高、产品技术附加值高、产品出口比例大的结构性优势。2015 年，深圳市生物医药工程产业的总产值约 280 亿元，年增长速度高达 30%。如果说深圳是我国生物医药及医疗器械产业的重要基地，那么坪山可谓是基地中的基地。熟悉生物医药行业的人们都知道，业界流行着"生物医药企业首选坪山"的说法。这不仅是从业者的感性印象，而且是可用数据佐证的客观事实。在坪山，长约 3.6 千米的锦绣路两旁集聚了 200 余家生物医药类公司，逾 10 家上市公司的总部或厂区"毗邻而居"。所以，这条路也被业界称为"BT（生物技术）大道"。它是支撑深圳生物医药产业的"核中之核"，也是坪山生物医药产业分工深化、集聚发展的精彩缩影。

鉴于生物医药产业具有风险高、门槛高、回报高和周期长的特点，坪山聚焦企业最关心的政策、资本、平台等服务要素，先后出台了体系化的政策措施为生物医药企业提供专业化的支持和充足的发展空间。2015 年，坪山就站在产业集聚、要素集约、协同联动的高度推出了第一个生物医药产业全链条支持政策，致力于打造从小微企业初创到大型企业上市的全过程扶持机制。自

2017 年行政区挂牌成立以来，坪山的生物医药产业发展态势强劲，以生物创新药、高端医疗器械、生物技术为主体的生物医药产业先进制造业集群初步落成。除此之外，科研院所、产业服务平台和生物创业服务机构，乃至国家生物产业基地皆来此地试牛刀。该基地位于坪山区的东北部，规划面积 2.89 平方千米，重点发展生物制药、医疗器械、生物服务等三大领域产业，是 2005 年 6 月 5 日由国家发改委批准认定的以坪山区生物医药产业园区为核心区的国家首批 3 个生物产业基地之一。正如时任广东省委常委，深圳市委书记、市长许勤所言，坪山大有可为，也将大有作为。

2020 年 2 月，深圳市人民政府印发《深圳市促进生物医药产业集聚发展的指导意见》及《深圳市生物医药产业集聚发展实施方案（2020—2025 年)》，明确提出基于现有生物医药产业发展基础，综合深圳市各区资源禀赋、发展环境和区位空间等条件，优化生物医药产业空间布局，重点支持坪山打造生物医药产业集聚发展主园区，加速推动福田区、光明区、龙岗区、大鹏新区等地协同发展，突出各区发展优势，明确各区功能分工，构建协同创新、错位发展的"一核多中心"新格局。2021 年的公开报道显示，坪山全区共有 730 多家生物医药企业，年均新增企业 100 家以上、产值增长 30% 以上。其中，2020 年新增生物医药企业 230 家，同比增长高达 53.5%。在医疗器械和生物医药方面，以坪山区为申请人地址的专利申请量分别占全市申请量的 20% 和 33%。

作为坪山的三大主导产业之一，强势崛起的生物医药产业扩大了坪山在深圳高新技术领域的产业版图，也提升了坪山对能够在医疗器械、医疗卫生、生物医学工程、电子工程、信息与计算机技术等领域和医疗器械监督管理等行政部门从事科学研究、教学、系统设计、产品开发、生产管理与品质管理、质量监督与检测工作的专门人才的现实需求。医疗器械产业属于高新技术密集型产业，其产品的研发、设计、生产、销售和维护需要高智力、高技能要素条件，具有较高的行业壁垒。深圳市医疗器械行业协会对本市近 30 家具有相对较大的经营规模、较好的物质装备条件和经营管理能力的医疗器械生产企业发放了《深圳市医疗器械行业人才情况调查表》，其抽样调查数据显示，具有硕士以上学历的专业对口率为 58%，其中仅有 16% 来自广东省内高校；具有本科学历的专业对口率约为 47%，其中 27% 来自广东省内高校；具有大专学历的专业对口率约为 70%，其中 21% 来自广东省内学校；具有中专学历的专业对口率约为 14%，基本上来自外省学校。由此可见，在生物医学工程、医学信息工程等领域，深圳本土的高端应用型创新人才储备量和供给力严重不足。

学院、学科、专业设置，是校城精准对接的具体路径之一。深圳技术大学健康与环境工程学院面向健康医疗和环境保护等新兴行业的发展需求，以现代生命科学与环境工程为基础，以培养学生的创新能力、实训操作能力和工程应用能力为目标，着力为地方经济培养推动健康医疗产品的设计与开发、重大疾病的预防与诊断、环境治理与生态恢复等相关产业高质量发展的生力军。

2016 年 12 月，在深圳大学博士后流动站从事研究工作的邱惠玲决定转变身份，投身深圳技术大学的筹建工作。作为克莱蒙费朗大学（Université de Clermont-Ferrand）分子遗传与生理学博士，她拥有扎实的生物医药和生物技术的研究基础，加之在法国度过了 8 年左右的学习与工作时光，对欧盟的大学教育体制和院校类型，尤其是工程类大学的教育教学模式较为熟悉。因此，邱惠玲被委以筹建健康与环境工程学院的重任，主要负责学院和专业发展规划。

学院定位和专业设置并非抽象的闲话或空谈，而是具体的基建实施方案，它直接关乎学院能否对标德国培养高端应用型创新人才。为了找准方向、明确定位、细化方案，邱惠玲以专业为切入点多次展开线上线下的考察调研。"线下的考察调研以走访国内高校为主，当时我们已经明确把和医疗器械相关的生物医学工程作为学院的首个建设专业，所以哪所学校开设了这个专业，我就去哪所学校调研，主要是了解专业发展的需要，特别是实验室的核心标准与具体条件、医疗器械设备配置等问题。"邱惠玲说。她坦言自己虽然在实验室待过十几年，但是对于超出自己专业领域的基建相关工作并无把握。她说："那时候我们与深圳大学建筑设计研究院对接，建筑设计图纸完全看不懂，实验室的面积、水电和其他关键要素也不清楚，这是第一个挑战。第二个挑战是规划环境工程专业，因为当时学院只有我一个人，而我没有任何环境工程方面的知识储备或专业训练，与此同时，这个专业的实验室又有较高的特殊性，说实话，我的内心还是有些许忐忑，但是也没有太过担心，不会就去学，做事情不需要太多自我怀疑的想法。"

经过多年专业的学术训练，对邱惠玲来说，问题已经不是流俗意义上破碎、失败的代名词，而是更新、建造的转化器，它不再触发无量的恐惧，转而成为习得成长性心态的必经之路。解决问题的能力是应用型人才的基要与命运，戴尔（Dell）公司的卡伦·布吕特（Karen Bruett）说："对于一线员工来说，最大的挑战是具备有效团队工作所需的批判性思维技能和解决问题技能，究其原因，现场没人告诉他们该做些什么，他们必须自己弄清楚。"其实，每一个人都是自己人生的一线员工，解决问题的能力不仅是工程教育的课题，而且是人类如何成长的终身课题。用阮双琛的话来说，一个人只有把自己真正当作大人，他才会面对问题、解决问题，他才会成长。如此看来，工程教育是后现代社会童稚化现象的最佳矫正机制。

除了负责学院和专业发展规划，邱惠玲还与坪山的生物医药企业建立了良好的交往关系。她说："因为校企合作是技术大学的特点，所以学院在 2017 年的时候就已经开始与很多刚刚入驻坪山的公司对接了，我们希望建立一个联合服务平台、一种新型业务组织，它能够为所有的参与者创造价值。"

对胡俊青来说，2017 年 11 月 30 日有着特殊的意义。这一天，他跨越 1400 多千米从上海来到深圳。他把深圳称为"圆梦之地"，因为特区先行先试、敢为天下先的动员力，因为阮双琛实业兴国、技术报国情怀的感召力。胡俊青说："面向国家重大战略需求，紧跟深圳市、广东省甚至粤港澳大湾区的现代化产业建设步伐，培养一流的工程师、设计师、精算师等，需要从高等教育改革创新的角度进行总体规划。可以说，国家技术创新和产业升级的呼唤，振兴民族工业、叩响世界级品牌大门的责任，成就了应用型大学广阔的历史舞台。我想，阮校长带领我们建设这样一所中国化的应用型高校——研究型技术大学，当属国内首创，必将在中国高等教育史上留下浓墨重彩的一页。走别人没有走过的路需要胆量，摸着石头过河需要胆量，把路越走越宽广也需要胆量。"胆量不是没有准备的盲目冒进，有基础、有沉淀、有修行，才有重新选择和再次出发的胆量。

长期的海外工作经历、过硬的教育教学经验、扎实的技术研究基础，给予了胡俊青振翅鹏城的底气和信心。作为一个颇有成就的中年人，他仍然有不灭的梦想。"我仍然在构思如何朝着自己的研究方向组织、带领研究团队把学生培养好，把产品开发好，真正做到为党育人为国育才。"他说。

带着健康与环境工程学院院长的新身份，胡俊青开始了新一轮的事业筹划。"一是牢记我们要办高水平大学，二是坚持践行以技术突破、技术革新、技术运用为向导的办学理念。所谓高水平大学，并非在传统指标体系下的高排位，而是我们培养的学生不管是在实际动手能力方面，还是在理论知识的扎实程度方面，都可以和985、211院校媲美。与此同时，我们要抓好技术研究积累，抓好技术落地转化，两手都要抓，两手都要硬。在海外和上海，我主要从事偏技术应用方向的研究。相比之下，深圳有更完备、更先进的生物医疗产业环境，我们的团队不局限于应用型基础研究和文章发表，而是充分利用商业环境对市场需求和技术发展的敏感性，与周围的生物医疗行业、健康行业的企业进行深入对接和广泛合作，通过满足医疗装备领域的迫切需求，强化生物制剂领域的创新优势，解决智能医疗领域的痛点，为湾区或者国家的生物医疗和医疗器械行业做出力所能及的贡献。"胡俊青说。

在他的心中，真正好的教育是一项系统工程，是以区域产业结构和产业发展趋势为出发点，以关键核心技术突破，人才供给侧结构性改革，教育链、人才链、创新链和产业链融合发展为落脚点，统筹布局学科建设、人才培养、技术转化和产品应用的综合实践。他说："瞄准培养高层次、会思考、有想法的青年人才，也是瞄准国家重大需求、瞄准科技前沿。我希望经过大学四年的培养，学生的眼里有光芒，心中有梦想和对未来的期许。这是我们要做的事，我相信长期坚持下去一定会有成果。"

瞄准信息化浪潮——大数据与互联网学院

实施创新驱动发展战略，推动高水平科技自立自强，鹏城电子信息产业勇立潮头。作为全球重要的电子信息产业集聚基地和电子产品原型的原产地，深圳既是硬件之城，也是软件之城，不仅具有成熟的技术转化和落地应用的市场、法制、政策、融资和产业条件，而且具有数目众多、类型完备的科技型企业。2015年，全市规模以上电子信息制造业总产值为 1.5 万亿元，同比增长 9.1%。其中，计算机、通信设备、视听产品等产业位列全国第一，软件产业占比逐年提高，全行业呈现出"软硬兼备""软硬皆强"的高质量发展态势。无论是在体量的级别上，还是在结构的优势上，深圳电子信息产业都可谓名副其实的"拳头"产业。2022 年，电子信息制造业产值达 2.48 万亿元，占全国的 1/6。规模以上电子信息制造企业超 4100 家，年产值千亿级企业 5 家，过百亿企业 27 家，五亿以上企业近 400 家，全国电子信息百强企业 21 家，业已形成以华为、中兴、腾讯、大疆等一批重点领军企业头雁领飞，诸多细分龙头企业精耕细作的良好产业格局。

深圳以全产业链创新战略为锚点，高度整合电子信息产业发展资源，形成了强大的集聚效应。《关于发展壮大战略性新兴产业集群和培育发展未来产业的意见》重点规划发展的"20+8"产业集群和未来产业中，1/3 以上内容分布在电子信息领域。可以说，集聚发展、齐迈高端已经成为深圳新一代电子信息产业最具竞争力的表现。与此同时，深圳以战略性新兴产业和未来产业的超常规布局为导向，高标准建设科技创新平台矩阵——加快筹划大湾区综合性国家科学中心、鹏城实验室和光明科学城等，协同推动综合粒子设施、鹏城云脑Ⅲ等重大科技基础设施建设提速，聚力打造国家第三代半导体技术创新中心、深圳湾实验室等重大创新平台，以一批极具前瞻性的多元化科研中心，助力电子信息领域建成"基础研究＋技术攻关＋成果转化＋科技金融＋人才支撑"全过程创新生态链。行业发展之势头强劲勇猛，一日千里、日日更新；市场竞争之湍流汹涌疾急，不进则退、慢进亦退！在此背景下，电子信息领域相关企业对各层次的人才需求皆居高不下。公开数据显示，电子信息工程、机械设计制造及其自动化、生物工程、药学等专业都在高潜力行业中占据一席之地，软件工程、计算机科学与技术、电子科学与技术更是位居"3 年工作经验人才平均月薪 TOP 50 专业榜单"前三名。显而易见，电子信息相关专业不仅前景广阔，而且"钱景"可观。大数据与互联网学院锚定电子信息技术产业发展的前沿领域和市场需求，围绕大数据、人工智能、物联网工程、计算机科学与技术、网络空间安全等核心专业展开教育教学活动，找准民生痛点、市场爆点、产业支点，推动政校企深度合作，走高等教育与产业发展双向奔赴、共生共长之路。

在头部企业奋斗过，在特区高校耕耘过，看过象牙塔内外的天与地，曹建民对传统高等教育理念与模式的理论化偏向感受颇深。"在教学方面，大学教育还以传统的理论知识讲授为主要形式，学生没有真刀真枪、系统深入的项目实践经历，毕业之后往往要兜兜转转一段时间才能找到一个相对合适的岗位。"曹建民说。在他看来，这是不必要的时间成本支出，毕业和就业之间的时间断层完全可以通过实践教育的主动作为进行弥合。其实，教育和择业的断裂、错位背后是人才培养与产业需求的"两张皮"难题。一直以来，这道难题都是曹建民的一块心病。是病就得治，他说："2016年的春天，阮校长谈到他正在筹建一所应用型大学，一方面，我在观念上非常认同应用型高等教育的模式；另一方面，我在深圳大学，阮校长也在深圳大学，我们在科研上还有一些交集。阮校长知道我在中兴通讯工作过8年，而且书教得还不错。"曹建民觉得，"治心病"的机会来了。理念相合、背景契合，两人很快一拍即合！

在春天加入续写"春天的故事"的队伍；在夏天热火朝天地投入探索教育教学的新路；在冬天正式转变身份，离开南山奔赴坪山。作为深圳最为炙手可热的行业，互联网和大数据相关的企业实力强、发展潜力大、就业形势好。曹建民说："市里面确实对我们寄予厚望，希望学院建设以深圳产业最前沿为导向，围绕本地重点产业、重点企业，摸排调查人才需求的领域、层次和数量，提高人才培养与产业发展的匹配度，增强高等教育对地方经济社会发展的服务性。当时阮校长构想了'六大学院＋六个学科'的基础发展规划，遴选了六位学院负责人，我作为其中之一，负责大数据与互联网学院的筹建，主要包括团队的搭建、实验室建设、人才培养方案的制定等方面的工作。"

回望过往的奋斗路，一直冲在学院筹建第一线的曹建民说："起步的条件确实艰苦，但是依托着市委、市政府的支持和筹建领导的魄力，我们都一步一步地走过来了。办公场地不足，大家就挤在一间办公室。好在竹韵花园帮了大忙，它不仅仅是一个吃饭、住宿的地方，对有的老师来说，它还是推进校企合作的会客厅，甚至是开展简易研究的实验室。"那时候，曹建民经常跟别人打趣说自己是"皮包公司"，因为他经常背着一只大背包跑来跑去，包里放着给学生上课的东西、行政办公的东西，甚至还有一些实验方面的东西。他说："不只我一个人，几乎我们所有的老师都是背着自己的'皮包公司'在教室、实验室、办公室之间来回往返。"一个背在肩上的"皮包公司",就是一个移动的办公场所,它所承载的不仅是劳动工具的重量,而且是教育理想的重量;它所保证的不仅是一时一地的工作任务,而且是长长久久的树人之业。

学习不是书斋中的苦思和静坐,学习是以认识世界和改造世界为目的的理论与实践的双向结合和联系过程。阮双琛说:"我们过去总说,理论指导实践,应用型大学则倡导实践提升理论。老师需要具备在实际生产中解决问题的能力,并把这些经验带到课堂上,与学生进行探讨和交流,如何通过理论来解决实际问题。其根本目的是,学生最终在企业生产一线找到需要改进、需要创新、需要解决的问题。"因此,大数据与互联网学院在人才培养、课程设置、专业特色和保障措施等方面朝"实践育人"的方向集中发力。

在人才培养方面,学院以培养对电子信息产业结构调整有高度适应性的应用型创新人才为目标,致力于使学生掌握电路分析与调试、信息处理、数据分析、嵌入式系统应用、集成电路设计等基础知识和技能,并具备各类电子设备及信息系统的产品设计、设备制造、技术研发、生产管理等领域相关的岗位胜任力。在课程设置方面,学院将学生的职业生涯发展前景作为重要的考量因素,根据产业发展趋势及时更新知识体系,既强调专业理论知识,又突出前沿技术研究,提供多个方向的专业选择,力求贴近职业岗位需求。在专业特色方面,学院首批拟设置电子信息工程、软件工程、微电子科学与工程和物联网工程等专业。通过区分与研究型本科、职业技能型高等学校之间的系统性差异,精准定位应用型本科相关专业的教育教学模式。当今世界,科学技术和经济社会发展加速融合渗透，高校应主动适应科技创新趋势，坚持需求导向和问题导向，着眼于产业发展趋势和关键核心技术攻关，打破学科专业壁垒，打造有利于多学科交叉融合的课程体系。应用型教学实践超越了研究型大学的"学科本位"传统，积极发挥主动性和创造性，超前谋划布局，着力打通技术研究、实验开发、推广应用的协同创新链条。与研究型本科相比，应用（研究）型本科注重以实际问题牵引、实践项目驱动、产学合作协同育人的方式组织教学和研究活动。与职业技能型高等学校相比，应用（研究）型本科在知识结构和能力水平方面表现得更具自主性、发展性和创新性，而非一般的熟练性、常规性和规范性。换言之，应用型本科的专业教育不止步于言语传授"是什么"，而着力于在实践中阐释"为什么""怎么做"，以及"还能如何优化与提升"。在保障措施方面，学院大力引进企业研发骨干参与人才培养全过程，鼓励专任教师赴大规模计算机软件、集成电路设计与生产、平板显示技术研发、LED 显示技术等重点发展行业企业学习与培训，积极参与项目研发、技术转化、产品升级等企业活动，不断推进教师队伍的理念转变、知识更新和技能提升，全面打造以"现场参与和案例教学"为表现形式，以"情景感知和理论强化"为内在特征，以"解决问题和技术创新"为结果导向的工程型学习模式。

长久以来，校企合作的形式化、表层化是困扰大学和企业建构发展共同体的痼疾。学校的社会知名度、工作人员的畏难心态、超额的工作量，甚至突发疫情的衍生因素都不是最根本的制约条件。不识庐山真面目，只缘身在此山中。只有跳出校企合作才能真正地看清校企合作，才能发现真正的问题症结，找到合适的解决方案。对于应用（研究）型高校来说，推进校企合作的关键点在于师资队伍建设。拥有一流企业工作背景的高端人才不仅能够为教育教学带来全新的技术视野和实践模式，而且能够为校企合作带来稳定的社会交往资源。可以说，高校与企业之间的合作性互动建立在有效的人才共享机制上。所以，充分发挥深圳重点企业集聚优秀人才的优势，改革人才评价体系，拓宽引才聚才渠道，从企业引进高级工程师、技术师、精算师等，不仅是师资建设的创新举措，而且是校企合作的有力保障。质言之，师资队伍的规模、结构和素质能力直接关系学校的根本航向、前途命运和最终成败。

曹建民认为，学院筹建初期面临的难题之一即是人才招聘。他说："计算机和其他专业还不太一样，和业界相比，学界在薪资方面没有优势。对于一个还在建设中的新大学，社会声誉还没有打出去，人才招聘更是难上加难。"他坦言："最开始的时候基本上是靠情怀、靠脸面去吸引老师。"走向教坛之前，曹建民在中兴通讯股份有限公司度过了奋战的 8 年、光辉的 8 年、迅速成长的 8 年，建立了并肩作战的友谊和相互支撑的社会关系。他说："因为前期的工作关系，我认识一些在中兴退休的工作人员。主观上他们都有参与教学的意愿，奈何年纪都超过 60 岁。不可否认的是，年纪偏大确实会在客观上制约工作热情和工作能力。"本着对学校负责、对学生负责的态度，曹建民又继续扩大搜索范围，寻找更为合适的目标群体。"后来，我了解到华为有一个退休群，我有一个同学在里面，我就托他在群里发了招聘广告。我记得很清楚，他们当中有蛮多感兴趣的。于是，我就在南山的新桃园酒店组织了一个线下的沟通交流会议，像李发君老师、叶青松老师等，都是在那次会议上认识的。他们非常热情，对薪酬待遇看得很淡，来了就教书育人，把企业一手知识传授给学生，而且他们

45 岁退休，依然正当壮年，有任务就能立马顶上，排了课就能百分百认真地去完成，确实非常难得。现在看起来，他们的加盟的的确确对学院的发展起到了重要作用，尤其是在授课和校企合作方面。"他说。

一个成熟的、优秀的、可堪信任的人，就是一个流动的良性制度，一架促进交往与合作的桥梁，一座丰富的人脉资源矿藏。抓住了人，就抓住了制度之舵，抓住了成事之基，滋生出创造"1+1 > 2"的能动性。

在学历和职称与既有评价体系不相符的情况下，曹建民依然果断引进了一批高水平企业人才。不敢拍板，不敢担责，就不能成事。但是成事也要有规矩，曹建民说："阮校长经常说，不要因为私利去做一件事。这句话给我很大的启发，在没有规则且需要创造规则的时候，从公出发、从实出发应该是我们做事的根本规矩。实话实说，从华为来的这批教师有他们非常光彩的一面。尤其是在早期的学院筹建阶段，他们的很多主意都是非常漂亮的！他们的职业经理人素质对教学、科研，甚至学院风气的塑造方面都有非常大的帮助，面对任何困难，他们都能够保持非常乐观的心态把事情处理好。和他们在一起，没有任何烦恼，解决问题的过程都是非常愉快的合作过程。"曹建民连用五个"非常"，不仅直接表达了他对优秀企业人才的敬佩与赞誉，而且从侧面反映了"果断引进"的必要性、建设性和实效性。他说："所谓的职业经理人素质，就是把人和事凝聚在一点上，把问题解决掉，把成果做出来，把产品卖出去。这需要很高的智商，也需要很高的情商。创业是一将功成万骨枯，企业人都是被无数次挫折锻造的'皮实人'，像钢铁一样，淬炼之后才成器！企业文化和高校文化是两种完全不同的文化观，高校里面讲究自由、开放和包容。"

曹建民认为，企业文化和高校文化的有益碰撞，不仅有助于教师的个人成长，而且有助于彰显学校的办学特色。与此同时，他强调："碰撞绝不意味着高校的企业化，高校还是要保有鼓励创新的自由文化。但是对应用型大学来说，知识分子还是要适应、了解企业文化才能学会如何凝聚人心和资源。因为我们始终面临着如何在业务上、制度上与企业深度结合的中心任务。复杂的现实问题在后面追着你，你的情商是不是要高一点？你的容忍度是不是再大一点？你的韧性是不是再强一点？慢慢地，我们的教师就会习得一些职场的思维和心态。这样的话，他们走到哪里都能够强韧地生存下去。尤其重要的是，无论在任何地方，人都要学会做自己的老板。学校会有最基础的要求，比如要完成多少课时量和科研任务，但是具体怎么去完成都是自己的事。青年教师要学会根据发展需求制定目标，自己去完成，自己去评价，自己给自己加压，自己领导自己。"

正是自己做自己的主人、自己做自己的老板的"倔强"，深圳才不断强化自我发展的内在驱动，锚定技术范式的跃迁方向，力争把握每一个世界发展的时间窗口，深圳才由时间的猎物变成了时间的猎手。没有主观能动性的劳动是惩罚，建立在主体使命感之上的劳动则是建造，则是阿尔贝·加缪笔下赢得自己、赢得掌控权的西西弗斯（Sisyphus）的幸福。正如安德鲁·阿伯特（Andrew Abbott）所说："我们并未处在一场知识革命中；相反，我们一直处在一场相对稳定而连续的全方位的社会变革之中。"因此，做自己的主人、做自己的老板并由此找到自己在世界中的位置，不应是一阵子的策略，而应是一辈子的品质。自称"一介耕夫"的曹建民说："作为一名教师，得益于时代的推动、校领导的器重，我才慢慢地走到现在。这么多年，我一直在教学一线、科研一线耕耘，业务单位容不得虚头巴脑，它需要一步一步地认真做工作。对于我个人来说，看到一些曲里拐弯的青年人经过学校的培养以后，变得落落大方，再也没有羞手羞脚的小家子气，能以积极的心态发现问题、面对问题、解决问题，变成社会真正悦纳的中坚人才，我的内心就觉得十分宽慰、十分感动！"

面向智能流动——城市交通与物流学院

"五十岁的老司机我笑脸扬，拉起了手风琴咱们唠唠家常，想当年我十八就学会了开汽车，摆弄那个外国车我是老内行，可就是没见过中国车啥模样，盼星星盼月亮，盼得那个国产汽车真就出了厂！一把那个胡子我剃了个溜溜光，转一转这黑黝黝的方向盘，摸一摸明亮亮的玻璃窗，看一看仪表上的中国字，按一按小喇叭也清澈的又嘹亮，这声音叫得我眼发湿心发慌，脚乱动手乱忙，也不知国产汽车有股啥力量，弄得我这一辈子头回这么紧张……"二十世纪六七十年代，杨洪基的这首《老司机》风靡北国春城。

一首老歌，一个情结，一段故事。中华人民共和国成立后不久，毛主席就对中国汽车工业发展做了特别批示，他强调要大力发展汽车工业。1949 年 12 月，毛主席访问苏联并参观了斯大林汽车厂，看着一辆辆驶下装配线的汽车，他当即对随行人员表示："我们也要有这样的工厂！"1956 年 7 月 14 日，新中国第一批国产汽车驶出吉林省长春市第一汽车制造厂装配线，《人民日报》头版刊发《解放牌汽车试制出来》，庆祝我国揭开了汽车工业发展史的第一页。报道写道："汽车在人们狂热的掌声中开到了调整间。这时，工厂的设计部门和工艺部门的工程技术人员立即赶上去，抱着车头，聆听发动机的转动声。当发动机转动声渐渐停止的时候，人群中又响起了胜利的欢笑。"在中华人民共和国成立的第一个十年里，我国汽车工业不仅实现了从无到有的历史性跨越，而且完成了卡车、轿车、越野车等多元车型的全系列自主生产。

汽车兴则国兴，汽车强则国强。进入 21 世纪以来，我国汽车行业技术水平快速提升，产业发展成绩显著。自 2009 年始，产销量已连续 14 年位居全球第一。2015 年，我国汽车产销分别完成 2450.33 万辆和 2459.76 万辆，同比增长 3.3% 和 4.7%。值得一提的是，新能源汽车和智能网联汽车的产业规模加速扩大，产业链条日趋完善，中国制造有望抢占以机电一体化为核心的汽车产业链向电动化、网联化、智能化、共享化转型升级的市场先机。"到 2025 年，若干中国品牌汽车企业产销量进入世界前十，形成若干家进入全球前十的汽车零部件企业集团，中国品牌汽车在全球影响力得到进一步提升，迈入世界汽车强国行列。"2017 年 4 月，工信部、国家发改委、科技部联合印发《汽车产业中长期发展规划》，规划吹响了我国从汽车大国迈向汽车强国的冲锋号角。2022 年，我国汽车产销分别完成 2702.1 万辆和 2686.4 万辆，同比分别增长 3.4% 和 2.1%。与此同时，我国新能源汽车可谓高姿态迈入全面市场化拓展期，产销分别达到 705.8 万辆和 688.7 万辆，同比分别增长 96.9% 和 93.4%，市场占有率达到 25.6%。汽车产业不断发展壮大，相关产业税收占全国税收比、从业人员占全国城镇就业人数比、汽车销售额占全国商品零售额比均连续多年超过 10%。汽车产业在国民经济中的地位日益上升，作用持续增强，对推动经济增长、促进社会就业、改善民生福祉做出了卓越贡献。

当前，新一代信息技术、新能源、新材料等战略性新兴产业与传统行业呈融合发展态势，产业生态全方位变革，竞争态势系统性重塑。我国汽车产业全面步入转型升级、由大变强的战略机遇期。汽车产业发展形势面临重大变化。

第一，产品内涵和生产方式全面更新。随着汽车产品朝新能源、轻量化、智能化和网联化的方向纵深发展，汽车正从单维的工业机电产品转变为住宅空间之外的第二大私人空间，这一"车轮上的空间"（Spaces on Wheels）具有平台化、智能性、可移动性和集成性的技术特征。它由软件定义、数据驱动，并能够基于系统的自我更新持续优化用户体验。它是乘员、车辆、货物、运营平台与基础设施等现实要素数字化的高效集成，通信能力、计算能力、存储能力和感知能力是其核心竞争力。作为大型移动智能终端，汽车的使用功能更加多维化，既是便捷的交通工具，又是封闭的多元活动（休闲／办公）场所；既是流动的储能单元，又是个性化的数字空间（网络移动节点）；既是智能互联的使用主体，又是共享数据的生产主体。汽车产业链旧有的价值分配格局被重组和再造，正如苹果重新发明手机（Apple reinvents the phone），智能汽车正在重新定义汽车，重新定义出行和交通。另外，汽车的生产方式向深度互联协作的智能制造体系演进，区域产业链、供应链的联系更加紧密，生产资源的全球配置网络更加高效，产品的定制生产模式更加个性化。

第二，消费需求的多样化和商业模式的社交化日益鲜明。"互联网＋"汽车的技术成熟度和商业化程度的加深，安全驾乘、共享出行、移动办公、本地服务、休闲娱乐等消费需求加快释放，"用户体验"替代"出行刚需"成为影响汽车消费的核心因素。与此同时，社交网络对品牌认同和汽车消费的导向作用逐渐增强。

第三，产业发展面临新形势和新任务。高新技术企业与汽车产业竞合交融发展，全球汽车价值链、供应链、创新链发生深刻变化。为积极应对产业大变局和大洗牌，各国纷纷加紧谋划布局新能源与智能网联汽车产业，或加快推进产业创新与跨界融合，或利用成本和市场等优势，积极承接国际产业和资本转移。中国亟须抓住全球汽车产业结构和布局调整过程中孕育的新机遇，助力新老企业在新汽车时代闯出新局面。人才是第一资源，一流的汽车专业人才能支撑一流的汽车产业。汽车产业的"新四化"使汽车专业人才的知识构成呈现出车辆与新能源、计算机、大数据和物流交通等诸多其他学科领域联合、交叉的特点，新型汽车及相关产业的发展所需要的专业知识体系已经远远超过了原有机械工程的学科边界。面对产业的新变化，灵活扩展和调整传统车辆工程专业的人才培养方案和课程设置是汽车产业凝聚新势能、制胜新赛道的题中应有之义。

2015 年底，姜连勃在深圳大学碰到了阮双琛，他们之间进行了一段简短却颇有建设性的对话。阮双琛问道："姜老师，现在你的专业也划到城市学院里来了吧？"姜连勃回答："是的，阮校长。"阮双琛说："我们现在正在筹建一所应用型大学，可能考虑把城市学院作为建设基础。"姜连勃一听说："这太好了，原来的专业规划又能真正地往下推进了！"这段对话引出了一段深圳大学求新求变求发展的改革往事，幸运的是，往事并不如烟，这首小插曲在余音未消之时，续上了崭新的激昂曲目。

在姜连勃的回忆中，深圳技术大学筹建历程另有一番前情摘要，他说："在 2014 年的时候，深圳大学打算成立一个城市学院，计划把深圳大学的应用型专业全部划归其中。我的专业是汽车服务工程，属于应用型。所以当时规划一提出来，我就同意整个专业进驻城市学院。但是从 2014 年到 2015 年，这项计划似乎慢慢有些淡化。大家内心都有一种疑惑，那就是这件事究竟还做不做了？见到阮校长之后，一切都清楚了。把专业规划与新建大学相结合，有利于兼顾不同专业的差异化和高水平发展，我认为这是一件好事。后来，为了推动筹建工作迅速步入正轨，深圳大学的一些专业需要明确是否归并到技术大学。我的态度是非常坚决的——去，一定要去！"

姜连勃对深圳技术大学的心向往之并不贬抑他对深圳大学的个人情感认同和办学水平认可。在他看来，这一选择完全出于理性分析和专业热爱。不同的办学定位会塑造不同的学科专业结构，产生不同的优势专业矩阵。与办学定位及特色越相符，专业发展越能得到大力支持，师资能力越能拥有施展空间。

世界科技前沿、经济主战场、国家重大需求，以及人民生命健康是办学兴教的方向标和引力场，办学定位、办学特色和办学方略是专业资源配置的理念统领和制度基础。顺势而为方能乘势而上，姜连勃说："来到技术大学之后，我愈发感到自己的判断和决定是正确的！因为技术大学培养学生的理念使我一下子就能回到自己实践教学的路线上来，而且校领导对我们的专业确实非常重视，无论是在实验室建设和专业设备配置方面，还是在师资引进方面，都给予了大力支持。与此同时，学校对各学院的重视程度又是立足同一水平线的，目的就是推进各专业协同发展、共同进步。汽车服务工程专业一定要培养懂技术诊断、会实际操作的工程师。在这种情况下，我们尽量引进有企业经历或者相关专业背景的老师，尽管引进的难度是比较大的。有场所、有设备、有老师，学生就能带起来了。总体上说，城市交通与物流学院基本上就是以汽车服务工程专业为班底不断发展起来的。"

老班底，唱新戏。深圳大学汽车服务工程专业创建于 2010 年，在 2014 年正式通过省教育厅组织的新增专业评估验收工作。经过 6 年的建设，该专业已初步建成一支业务精湛、结构合理、充满活力的人才队伍，设有四个专业实验室——汽车结构（发动机）实验室、汽车结构（底盘）实验室、汽车检测诊断实验室和汽车电器实验室。2011 年，该专业团队与深圳市 7 家汽车企业联合成立了"汽车服务工程人才培养理事会"，积极探索产教融合人才培养模式和组织机制。截至 2016 年，深圳大学汽车服务工程专业已成功培养两届毕业生。姜连勃说："深圳有很多一流车企，所以这个专业的就业前景一直还算乐观。"

在有百年历史的传统汽车产业整体脱旧向新的转型升级阶段，原有的汽车服务工程及相关专业应主动面向产业变化、主动面向关键技术瓶颈、主动面向企业的未来需要，将智能感知系统、车载计算平台、车用无线通信、云服务终端、动力电池、电机电控、快速充电设施等领域，感知设备、线控底盘、智能驾驶操作系统等关键技术融入专业知识体系，系统性地更新人才培养方案和课程设置，以更好地支撑中国汽车产业的跨越式发展。2022 年 6 月 6 日，深圳发布《关于发展壮大战略性新兴产业集群和培育发展未来产业的意见》及配套文件（即"20+8"产业政策），正式将智能网联汽车产业纳入 20 个战略性新兴产业集群。"20+8"相关政策文件特别指出，深圳将依托南山、坪山、深汕等区发展智能网联汽车产业集聚区，建设深圳智能网联交通测试示范平台、比亚迪汽车工业园（深汕）等重点项目，把打造"世界一流汽车城"作为未来重大发展战略。同年 8 月 1 日，《深圳经济特区智能网联汽车管理条例》横空出世，深圳成为全国首个为智能网联汽车立法的城市。3 个月后，深圳接续出台《深圳市推进智能网联汽车高质量发展实施方案》。该方案明确指出，加快坪山区创建国家级车联网先导区及国家级"双智"（智慧城市＋智慧交通）先行示范区。依托 5G+ 车联网先导应用环境构建及场景试验验证公共服务平台等，将深圳（坪山）智能网联交通测试示范平台打造为场景丰富、设备齐全、功能完善、检测高效，辐射华南地区的国家级创新平台。推动坪山区全域网联基础设施建设，提升车端网联设施渗透率，搭建大数据云控平台，以交通安全、效率等应用为导向，率先落地多场景规模化应用，探索并验证面向智慧城市、智慧交通的可持续运营服务模式。支持坪山区加快落实《深圳经济特区智能网联汽车管理条例》，先行先试探索开展商业化试点工作。

随着前沿技术"落地生花"和精准政策"组合拳"的加持，深圳市尤其是坪山区的汽车产业发展又站在了一条新的起跑线上。姜连勃说："不仅是深圳，全国乃至全球的汽车产业都在朝新能源方向进军。在学院筹建之初，我们就认为要想把这个专业办好，一定不能生搬硬套传统的学科专业结构，一定要结合深圳的产业特点和当今的汽车制造大趋势去发展自己。"高等教育与区域社会经济发展携手并进，人才优势和高质量发展动力双向赋能，深圳技术大学城市交通与物流学院的落子成势和地方产业的创新发展之间必将书写一段彼此契合、互相成就的时代故事。

抓住发展的"直接推手"——新材料与新能源学院

发展之轮，滚滚不息；制造强国，步履铿锵。一代材料，一代装备，一代产业，一代文明……从以打制石器为代表的旧石器时代到以冶炼钢铁为特征的工业时代，再到以硅等半导体材料为标志的信息时代，生产方式和文明形态的演进无不伴随着材料科学领域的突破性进展，关键性新材料的发现及应用是新技术革命链式效应的"直接推手"。习近平总书记指出，新材料产业是战略性、基础性产业，也是高科技竞争的关键领域，我们要奋起直追、迎头赶上。所谓基础性，是指新材料产业已经全方位、多维度地融入国民经济和社会生活的各个领域，新材料是新能源、电子信息、航空航天、生物医药等战略性新兴产业发展的上游原材料制品业的重要支撑，是新技术、新装备和新工程实现新进展的核心构件；所谓战略性，是指新材料产业事关科技创新发展的全局，事关制造大国再跨越的未来，事关全球经济格局失衡与再均衡的根本。

当前，我国经济正朝高质量发展阶段阔步迈进，先行建设高质、高效、绿色、自主的新材料产业体系，是抢占新一轮科技革命和产业变革制高点，加快实现高水平科技自立自强的关键举措。深圳的新材料产业具备良好的发展基础、完善的政策和金融环境，其细分领域众多且有显著的比较优势，业已形成以电子信息材料、新能源材料、生物材料为核心的支撑领域，以新型功能材料、功能结构一体化材料为主力的优势领域，以超材料、纳米材料、超导材料为方向的新兴领域等三大产业势头。

众所周知，能源是经济社会发展的基础和动力源泉。近年来，全球能源的开发利用正在从资源依赖型向技术依赖型全面转型，科技创新对能源发展的引领作用更加凸显，绿色低碳成为当代能源发展主旋律。面对生态文明建设中的诸种现实挑战和全球能源供需版图深度调整的国际情势，新能源科技创新与产业升级是提升能源、资源、环境等约束条件的可持续性，抢抓能源产业转型发展新机遇的必然选择。经过多年发展，我国能源转型已由起步蓄力期转向全面加速期，能源结构持续优化，形成了多轮驱动的供应体系。深圳新能源产业专注攻坚产业链、价值链、技术链的中高端环节，自主品牌"华龙一号"三代核电技术和安全性能指标国际领航，智能光伏逆变器、锂离子储能等前沿技术全球领跑，质子交换膜燃料电池单堆额定功率国内领先，核能、光伏、储能、氢能等领域涌现出了一批具有核心竞争力的龙头骨干企业，特色鲜明的总部研发优质资源集聚态势初步形成。2020年9月22日，习近平总书记在第七十五届联合国大会一般性辩论上掷地有声地提出："二氧化碳排放力争于2030年前达到峰值，努力争取2060年前实现碳中和。"在此背景下，能源领域绿色低碳转型大幅提速，未来能源结构日趋多元，新能源一跃成为全球能源消费增量主体的历史大势，将为深圳新能源产业的奋进之路提供重大机遇。

早在2010年，《国务院关于加快培育和发展战略性新兴产业的决定》（国发〔2010〕32号）就将新材料与新能源列入了战略性新兴产业的重点领域。文件指出，必须完善以企业为主体、市场为导向、产学研相结合的技术创新体系，提升产业核心竞争力；要求加强产业关键核心技术和前沿技术研究，强化企业技术创新能力建设，加快落实人才强国战略和知识产权战略，实施重大产业创新发展工程，建设产业创新支撑体系，推进重大科技成果产业化和产业集聚发展。其中，加快落实人才强国战略和知识产权战略的相关论述特别强调加强战略性新兴产业相关专业学科建设，增加急需的专业学位类别。改革人才培养模式，制定鼓励企业参与人才培养的政策，建立企校联合培养人才的新机制，促进创新型、应用型、复合型和高水平技能型人才的培养。

公开资料显示，2010年是深圳市政府把新材料与新能源列入战略性新兴产业的元年。2015 年，深圳新能源产业增加值 405.87 亿元，增长 10.1%；新材料产业增加值 329.24 亿元，增长 11.3%。2022 年，深圳部分战略性新兴产业集群增速较高，其中以新材料（21.4%）和新能源（15.9%）为典型代表，新能源增速实现逐季提升。全球产业发展呈现出创新融合的大趋势。当代社会重大科学技术突破的过程往往表现为多学科交叉融合的过程，创新与产业一体化发展的过程，以及商业上可操作化的过程。从传统能源到新能源，新材料是助推器。新能源产业的迅速崛起也带动了关键材料产业及应用的蓬勃发展。以新能源汽车产业为例，新能源纯电动汽车产销量的爆发性增长直接推动了动力锂电池相关行业的高速成长，受益于动力锂电池市场需求的强势上涨，锂电池负极材料成为"香饽饽"。与此同时，新能源汽车产业就是物理学、化学、材料、机械、电子等学科交叉融合的产物。2019 年，约翰·B. 古迪纳夫（John B. Goodenough）、M. 斯坦利·威廷汉（M. Stanley Whittingham）、吉野彰（Akira Yoshino）凭借他们对发明锂离子电池做出的贡献获得了诺贝尔化学奖。这即是学科交叉融合取得重大科学突破的有力证明。

2022 年，深圳全市锂电池产业总产值约 6070.53 亿元，同比增长 26.61%，涉锂企业几乎全线预增，成为工业盈利增长的一大"风口"。目前，深圳锂电池产业已形成从关键材料生产、电池装备开发、锂电产品制造到电池回收再利用的基本自主可控的完整产业链闭环。现有企业超 4000 家，占广东省四成以上；上市公司 48 家，约占同期深圳地区上市公司总数的 12%；一批产业生态主导型企业、单项冠军企业和专精特新"小巨人"企业，像一支训练有素的军队，敢于出击、能战能胜。产业之热，需要人才之强。人才是产业发展的第一资源，产业发展得好，一定是人才支撑得好。为保障战略性新兴产业的强劲增长势能，以新材料和新能源为代表的相关领域产业链必须实现与高端应用型创新人才链的精准匹配和动态链接。

一流大学要有一流的人才供给能力。一流的人才培养模式、一流的应用型师资队伍、一流的技术研究成果、一流的社会服务能力和一流的国际声誉，锻造一流的人才供给能力。所谓人才供给能力，是指由人才培养供给侧与产业发展需求侧的契合度、支持度和提升度决定的人才培养主体可提供智力和人才支撑的能力，包括供给结构、供给效率和供给质量等方面。作为粤港澳大湾区建设的核心引擎，深圳坐拥时代机遇和政策环境同频共振的"双桂联芳"、产业中心和科技中心并驾齐驱的"双重中心"、成果转化和科研合作无缝连接的"双料冠军"、创新鹏城和魅力香港融合发展的"双城动能"等突出优势，为人才培养新举措的落地生根结硕果提供了肥沃的土壤。

海阔凭鱼跃，天高任鸟飞。新材料与新能源学院坚持面向高端制造业发展需求，以实现高质量就业创业为核心导向，以解决当今世界面临的材料、能源、资源和环境问题为重要使命，以培养和强化工程能力、实践创新能力和创业引领能力为主要目标，紧乘"创新之城"闯关破阵、劈波斩浪之翼——闯国际形势波谲云诡的"卡脖子"之关，劈新一轮科技革命的技术迭代之浪，把相关产业发展基础作为搭建多通道、模块化、开放性、互动式人才培养的"培养皿"和"起跳板"，把区域发展需求作为专业设置、课程体系、工程科研和教学活动的"指南针"和"坐标系"，把培养新材料和新能源领域的高端应用型创新人才视为事业之所赋、使命之所系和本职之所在，全力服务区域传统产业、传统动能、传统产能的转型升级。

得益于稳固且强大的产业基础能力，得益于追求创新、追求卓越的高端城市定位，得益于深圳大学材料学院在办学经验、理论沉淀和人才建设方面的强力支持，新材料与新能源学院把专业设置和产业需求相对接，把教育教学与国际胜任力的培养相对接，把应用研究与为企业破解技术难题相对接，通过校企合作、产教融合、工学结合等形式，探索新材料与新能源领域中学生、企业和学校三赢的人才培养模式，全面培养相关产业领域"两高一专"的工程技术精英，为深圳乃至粤港澳大湾区的新材料与新能源行业打造理论基础强、国际胜任力强、创新创业创意能力强的高水平工程师培养基地。所谓"两高"，是指人才的知识体系层次高、综合素质水平高；所谓"一专"，是指人才的专业能力认可度高。具体说来，通过四年系统的专业理论学习与项目综合实践，学生既能从事光伏发电系统、新能源发电并网技术、车载动力电池与储能系统、薄膜材料、光电子材料、新能源材料、珠宝加工与检测等相关领域的新材料、新器件、新技术和新工艺的设计与研发，同时又具备较强的创新意识、协作本领和领导能力，能够承担专业领域内的项目管理、科技教育等工作。

"新材料与新能源学院的底气和底色就是大国风范、绝不畏惧。"淘过金，睡过马槽，在内蒙古大草原上策马奔腾过，在香港街头闪烁的霓虹灯下彳亍过……曾经梦想做一个羊倌的无畏少年，从乡野马背一跃而至国际大都市的巨浪潮头，这一跃，是数十年的磨砺岁月，是半个世纪的自我探求。时光流逝如摩挲，不舍昼夜显真章。在活跃的思维、幽默的谈吐之下，跳动着韩培刚闪亮的"中国心"。在他看来，"中国心"就是"不屈之心"。不屈服，不抱屈，在匮乏之处谋机遇，在裂隙之处寻阳光——这也是所有创业者的共性素质。

在香港城市大学获得工学博士学位以后，韩培刚一直走在创业的道路上，先后创建了三家公司。30 年新材料与新能源产业研发经历、200 多家企业技术服务和工程建造经验，给了他随时重新开始的自信与魄力。他说："其实，办大学的本质就是创业，办大学和办公司都需要敢闯、敢想、敢干。阮校长身上就有这种特质。"2016 年 4 月，韩培刚作为企业代表参加了深圳大学材料学院院长曾燮榕组织的新材料与新能源学院的学科专业规划论证会。"曾院长当时就说我看起来更像做研究的，极力鼓动我来深圳技术大学。那段时间，我正在参与一个国家重大项目，也萌生了'回归'的想法。最后，我决定追随阮校长开始全新的创业，也是最终的'回归'。50 岁已是知天命之年，参与筹建深圳技术大学很可能就是我职业生涯的最后一站。干一件事就要把它干好，办教育就要全心全意。我退掉了几个公司的股份，干脆、彻底地踏上了我的回归教育之路。"全球招聘六大学院院长的广告发布不久，韩培刚就陪同阮双琛接待了数位高水平应聘者。但是，结果却不甚理想。"他们为什么没有选择留下来？我认为有两个方面的原因。第一，信心不足。他们到这里一看，大学在哪里？实验室在哪里？学生在哪里？对学校未来的发展前景，他们心里没底。第二，理念不一致。不同的学校定位决定了不同的人才需求，应用技术大学的师资队伍建设尤其重视工程实战经验，教师知战、善战，学生才能战、会战，学校的'应用之路'才走得出来，走得漂亮！"韩培刚说。

正所谓"踏破铁鞋无觅处，得来全不费工夫"。伯乐苦苦寻找的既有学术造诣和科学视野，又有技术开发与工程建造经验的"千里马"，不正是彼时以顾问形式参与学校学科建设的韩培刚吗？他说："因为我一直在创业，在我的创业公司我都是既当总经理，又兼 CTO。可以说，我从没离开过技术。"在曾燮榕的推荐下，阮双琛慎重地把韩培刚纳入了新材料与新能源学院创院院长的候选名单。韩培刚说："阮校长了解了我的教育背景和创业经历，但是对于是否由我来担任院长这一问题，他是认真思考了几个月的。"2017年2月，韩培刚正式到筹备办公室报到。同年4月，他被任命为新材料与新能源学院院长。感于阮双琛的伯乐一顾之恩，韩培刚以全力押注、绝无悔意的态度加入了深圳高等教育再出发的拓荒之旅。

忆往昔峥嵘岁月稠。恰同学少年，风华正茂；书生意气，挥斥方遒。韩培刚说："小小的田头农庄承载了很多中层干部的梦想和情怀，那里是很多好点子的诞生地。"没有人有闲心去挑剔饭菜口味，沉思、探索、激辩和创造本身已经具有无穷滋味。谈新材料与新能源学院建设，则不得不谈马鞍岭实验室的故事。韩培刚郑重地说："马鞍岭是当时阮校长交给我的任务，他让我在学校周围找一找有没有适合做实验室的空厂房，我就开着我的小红车到处看，大概找了二三十座空厂房，最后选定了石井和马鞍岭，解决了学科建设的大问题。其中，马鞍岭就在我们学院和城市交通与物流学院旁边，属于近水楼台，本可以顺利签约，没想到中间发生了一个小插曲，到最后我们不得不'智取擒拿'。"韩培刚解释道，"我之所以选择马鞍岭，其中一个原因就是那间厂房年底就到期了。村民跟我们说，承租工厂到期搬走后我们就可以租。但是，那家电镀工厂听说大学要来了，坐地涨价，死活不搬了。不管是按照先前的合同约定也好，还是按照深圳市环境治理与绿色转型实践的相关政策精神也好，我们都认为这家污染型工厂理应在确定期限内完成搬迁。"面对"无理取闹"，韩培刚在张席教授的提醒下决定"以理服人"。经过一番实地考察，他发现电镀工厂周围既有小学，又有中学，既有中专，又有大学，他说："电镀废气对环境和人体危害极大，'三废'处理工艺极低的污染型工厂，无疑是国家未来栋梁健康成长的一大隐患。在多次协商无果的情况下，我们就把这一情况反映给了当地知名媒体。媒体当天晚上报道之后，第二天生态环境局等相关部门就上门'拜访了'这家工厂，不到三天他们就全部搬离了。"

用特别手段拔掉这根暴力刺入祖国花圃的"毒烟囱"，用韩培刚的话说，就是"敌我双方"在智与勇、力与谋方面的灵活较量。"智取马鞍岭"只是实验室建设中的一役，他说："我是做表面工程的，知道电镀要用氰化钾，它的毒性很强。我还知道有一些违规企业会悄悄地挖坑往地下灌废水，那是防不胜防！所以就找了专业人士来马鞍岭的空厂房做有毒有害物质检测，一看果真毒性超标。试问谁能容许自己的师生因环境条件不达标而受无妄之灾？我当即决定挖地三尺！干吗呢？把厂区的旧土全部挖掉，换新土！把工厂的墙皮全部铲了，抹新灰！工程做完之后再做有毒有害物质检测，结果 OK，完全符合标准！"如今，无论是田头农庄畅谈学院规划建设，还是斗智斗勇拿下马鞍岭，抑或是一鼓作气"清毒"到底，都已成为人生之河的可爱浪花。韩培刚说："参与创办深圳技术大学这件事，值得我讲一辈子。我能在奇迹发生的第一现场，感受、投入、收获，已经足够幸运。"

用设计改变世界——创意设计学院

作为改革开放的先行地，深圳从"渔民码头""世界工厂"到"创客之城""创新之都"的华丽转身过程，是在全球产业链条爬坡跃升的过程。是赚"三来一补"的体力钱，抑或是赚"科技创新"的脑力钱，深圳根据不同的历史问卷，用实际行动写出了不同的精彩回答。先锋城市没有理由后退，而创意设计是引领深圳产业奔赴星辰大海、实现自我超越的重要力量。

设计的本质是创造性地解决问题，是突破新制度经济学的鼻祖罗纳德·哈里·科斯（Ronald H. Coase）言下的"没有产品的生产"，是技术含量高、附加值高、基础要素投入比例合理的发展之道。设计之于深圳，与其说是一项劳动内容，不如说是一种生产方式，一个指导城市转型升级并在社会文化相关领域创造均衡化经济发展机会的战略工具。

步入新世纪，乘着中国加入世界贸易组织（WTO）的东风，深圳迅速参与世界市场、嵌入全球产业链分工，在与世界经济的深入联系中确立起自己"中国科创重镇""全球供应链重要节点"的城市地位。此时，深圳把发展的目光投向了创意设计产业。2004 年 3 月，深圳确立建设"两城一都"即"图书馆之城＋钢琴之城＋设计之都"的战略目标。2007 年 5 月，深圳别具一格的"设计之都"申请报告令法国巴黎联合国教科文组织总部的官员们眼前一亮——中文报告以竹简样式卷成一株节节高、喜洋洋的竹笋，英文报告镂空嵌满了"含蕊红三叶，临风艳一城"的深圳市花簕杜鹃。当深圳市外事办的工作人员用流利的法语介绍过每个版本的设计内涵后，教科文组织的几位官员频频点头并竖起了大拇指。2008 年 11 月 21 日，时任联合国教科文组织总干事松浦晃一郎批准深圳加入联合国教科文组织全球创意城市网络（UNESCO）。同年 12 月 7 日，中国联合国教科文组织全国委员会和深圳市政府在北京联合召开新闻发布会，正式发布消息：深圳成为联合国教科文组织认定的中国第一个、全球第六个"设计之都"。2009 年 9 月 24 日，深圳市四届人大常委会第三十三次会议决定将每年的 12 月 7 日设立为"深圳创意设计日"。这也是国内设立的首个法定"创意设计日"。

文明是人类创新成果的传播和积累。市政府提请的相关议案称，设立法定"创意设计日"有助于传播"创意深圳"的城市形象，有助于积累"设计之都"的品牌价值。通过仪式化的节日实践，让全体市民了解并成为创意设计的参与者，对成就设计理念、设计群体和设计文化，可谓意义重大。2011 年，《深圳文化创意产业振兴发展规划（2011—2015 年）》强势登场，将推动文化创意产业规模化、集约化、专业化、高端化、国际化发展作为创造"深圳质量"的新动力。2016 年，深圳推出了《深圳文化创新发展 2020（实施方案）》，对"深圳设计"的有序发展进行统筹规划。2017 年 4 月 21 日，以"面向未来的设计"为主题的首届深圳设计周在各区隆重亮相。通过"Designing the Future"（设计为未来）和"Designing for Future"（为未来设计）两条主线，全球设计精英汇聚深圳，本土设计力量展翅鹏城，为共同打造面向国际的合作交流大平台打响了第一炮……深圳市委、市政府对创意设计产业战略布局的先行之风、先行之力、先行之谋，使"深圳设计"逐步成为继"深圳速度"和"深圳质量"之后又一蜚声中外的城市品牌。

十年磨一剑，砺得梅花香。2013 年，深圳文化创意产业增加值达 1357 亿元，占全市生产总值比重为 9.3%，年均增速达 25%，居全国首位。然而，深圳 2003 年文化创意产业的增加值只有 135.5 亿元，占全市生产总值比重仅为 2.5%。10 年后的产业增加值刚好是 10 年前的 10 倍。无巧不成书，2018 年，亦即成功申报"设计之都"10 年后，深圳市文化创意产业实现增加值 2621.77 亿元，占深圳生产总值的比重首次超过 10%，位列全国第一梯队。创意设计为"文化＋"产业注入"生长因子"，使文化产业一跃变成国民经济的支柱产业，并在深圳的经济发展中占据了一席之地。

制造与设计互促共生，数字与设计融合发展。深圳卓越的技术创新能力、深厚的制造业基础、完善的产业链配套以及高效的物流供应链体系，为创意设计各领域的成果转化及其全链条式产业化提供了更多可能性。与此同时，技术是创意设计的物质载体、媒介逻辑与审美语言。数字媒体技术作为一种新的生产方式，系统性地重塑了传统文化（设计）产业的要素、形态和结构。文化产业的科技含量逐年增高，数字文化产业版图迅速扩展。在2021年度"深圳文化企业100强"名单中，新媒体和网络文化、文化软件及游戏相关领域共计入选28家企业，另有22家高端文化装备企业成为百强之选。2023年的公开数据显示，深圳已有3.3万多家创意设计服务法人单位、30多家设计上市企业和22万名左右的专业设计师，设计产业年产值超千亿元。不仅如此，更有70多家文化创意园区、19家设计类行业协会、13家国家级工业设计中心和114家省级工业设计中心构筑了一流的创意设计孵化生态系统。经过多年发展，深圳的工业设计、平面设计、时尚设计、建筑设计、工程设计、集成电路设计、影视动漫设计、游戏设计等重点门类创意设计领域的国内市场份额大幅提升，"深圳设计周""创意十二月""环球设计大奖""深圳创意设计新锐奖""深港城市/建筑双城双年展""中国设计大展""深圳国际工业设计大展"等一批国际化设计活动的品牌力指数同样拔节向上、一路见涨，创意设计业已超越审美劳动的单维定义，成为一种全民生活方式、一种先锋城市文化、一种现代发展理念，滋润了这片创新之域的每个角落。

"2023深圳设计周"提出围绕"设计赋能产业创新发展、

引领时尚消费潮流、打造城市营销品牌、解决城市治理难题"四条发展路径，使设计的生机不断融入产业发展、城市建设、社会服务和人民生活的方方面面。通过全民活动、人才汇聚、园区建设、资金保障、政策扶持等多方位的探索，"深圳设计"培养出了一套成熟的"大设计"驱动机制，包括城市基础设施建设、产业融合创新发展、公共文化服务、在地文化特色、社会网络再造，以及文化创意生产和消费等多元实践维度，推动深圳朝着建成具有全球影响力的创新创业创意之都的宏伟目标步步挺进。

　　为促进创意设计与传统产业深度融合，打响城市综合实力和市民生活品质双响炮，擦亮新时代"深圳设计"的城市品牌，2019 年 7 月，深圳印发《关于推动深圳创意设计高质量发展的若干意见》（以下简称《意见》）。《意见》指出，围绕粤港澳大湾区和全球区域文化中心城市、国际文化创新创意先锋城市建设，注重价值引领、创新驱动、科技支撑、全球视野，从创意设计产业发展、基础设施、人才引进、全球美誉度、保障体系等五个方面发力培育一批有示范引领作用的行业龙头企业，形成一批具有自主知识产权的创意设计产品，发展一批高素质的创意设计中坚力量，打造一批具有国际影响力的创意设计品牌，逐步建成具有强大国际辐射力的创意设计之都。在加强创意设计人才培养引进方面，《意见》强调着力推进创意设计教育体系建设。鼓励深圳相关高等院校科学设置创意设计课程，引入优质师资，持续提升创意设计教育水平。探索采取中外合作办学方式，在深圳新建世界一流的创新创意设计学院。支持社会力量在创意设计园区建设专业技能培训中心和职业教育校外实训基地。此外，完善创意设计师职业评价体系。发挥政府、市场、行业协会、用人单位等评价主体作用，建立健全创意设计领域高层次人才和紧缺人才认定标准，鼓励行业协会、学会等社会组织和企事业单位依据市场需要自行开展能力水平评价活动。

政策引领一浪接一浪，一浪高一浪。2022 年 6 月，《深圳市培育数字创意产业集群行动计划（2022—2025 年）》正式印发，旨在深入推进"数字创意 +"行动，接续为"深圳设计"数字化的向上之势保驾护航，鼓励高校、科研院所设立数字创意学院或开设有关专业学科，开展数字创意基础理论研究，设立研究实验室和研究基地，加强产学研用协同合作，加快数字创意产业人才的梯度化、规模化培养。

40 余年创新之路愈走愈稳，"深圳设计"更上层楼再看今朝。人才，是知识密集型产业高质量发展的头号要素。打造立体化、多层次的设计人才培养体系，建设世界重要人才中心和创新高地，是创意设计增强产业活力、拉长产业周期、丰富产业内涵的重要举措。在设计引领创新发展的时代风口，牢牢把握粤港澳大湾区的产业升级和技术变革大势，紧密对接行业企业用人需求，创建国际化、应用型、高水平的创意设计学院，培养具有全球视野、世界眼光和国际胜任力的复合型高端创意设计人才已是如箭在弦，不得不发！

除了创新人才培养方式、加大人才培养力度，还要实行更加积极、更加开放、更加有效的人才引进政策和人才留用制度，充分集聚全球创新资源，精准引进行业紧缺人才，以越来越强的人才、资本和技术的磁吸效应拥抱创意经济的春天。栽下梧桐树，招来金凤凰。海外高端设计人才——霍裕达，就是其中之一。

集四海之气，借八方之力，聚天下英才而用之。2016 年 5 月，为进一步推动高水平大学建设，助力省内高校高层次人才队伍建设提质增效，广东省教育厅组织中山大学、华南理工大学、暨南大学、华南农业大学、南方医科大学、广州大学、深圳大学、南方科技大学等 14 所部属、省属及市属高等院校代表赴美国哈佛大学延揽各界有识之士、有志之才。

波士顿当地时间 12 日上午，广东省高水平大学海外高层次人才专场招聘会在哈佛大学工程与应用科学学院麦克斯韦·德沃金楼（Maxwell-Dworkin Hall）拉开帷幕。它是诸多神奇邂逅的引子，也是未来精彩故事的开篇。正是在这里，霍裕达第一次见到阮双琛。他说："我记得非常清楚，阮校长是最后一位做汇报的学校代表。他以深圳大学副校长的身份介绍了深圳大学的学科建设、人才需求、引育政策的基本情况，同时也谈到了深圳技术大学的办学定位、办学特色和办学方略。因为阮校长当时是深圳大学的代表，所以我是和深圳大学签订了人才引进意向书。但是，我对深圳技术大学的办学理念越是了解，我想要加入其中的念头就越是强烈。对标德国创建一所高水平、国际化的应用型大学，在国内当属先例。全新的办学理念和办学模式象征着无限的可能和无限的空间。加上我有将近 20 年的海外学习和工作经验，从个人的角度来说，也希望投身一项更具前瞻性、创造性和可能性的教育事业。"基于此，霍裕达毅然决然地选择了跟随阮双琛走一条从未有人走过的新路。

他解释道："第一，传统的高校固然有其优势，比如它有丰厚的文化积淀和完善的制度体系。但是，成熟是一把双刃剑，它可以是庇护，也可以是束缚。'从零开始'也是一把双刃剑，它可能是一无所有，也可能是自主和自由。吸引我的恰恰就是深圳技术大学的'从零开始'。第二，中国的教育体系需要这么一所培养高端应用型创新人才的大学，可以说，创建深圳技术大学是对国家教育改革大风向标的积极响应，是一件势在必行的好事、要事。第三，我在和阮校长的沟通中真切地感受到，他是一位平易近人、能谋善断，并且极富发展眼光的领导者。他的谈吐很自然地流露出他对筹建深圳技术大学倾注的无限热情和信心。我一直认为，阮校长个人的热情和信心本身就是深圳技术大学的最佳品牌。"的确，当人们和生活打过照面，才会知道热情和信心才是这个世界上唯一的深刻。每一个拥有热情和信心的大人，都是流沙岁月中的真正战士。他们凭借自身的主体性将时光固沙成塔，为混沌注入秩序。他们用阿特拉斯式（Atlas）的托举告诉世界：一个贯穿了个人意志力和建设性社会行动的人生便不算空白的人生。

异国他乡勤奋进取，终得才华傍身；设计领域摸爬滚打，练就过硬本领。2018 年 10 月，颇有国际风范和实战经验的霍裕达与立志走国际化和应用型道路的深圳技术大学正式"牵手"成功。他说："最初，我是创意设计学院的一名教师。前期工作主要是根据自己多年来的海外求学和工作经验，向学院的人才培养方案制定和学科专业发展规划提出一些意见和建议。一个关键的节点是，学校在 2019 年 7 月成立了校园美化设计工作小组，工作小组下设办公室，我很荣幸地担任了办公室主任，也因此主持和建设了很多校园美化设计项目。"洗衣房、咖啡厅、健身房、西餐厅、行政楼、学生宿舍、安保中心、创新创业园、啤酒实验室……霍裕达的办公电脑里，密密麻麻的项目工作文件夹像一块块坚实顶用的地砖，铺就了他的来时路，也导向了他的未来路。设计就是再生产，他用增益、更新和发展的设计之学使客体原有的形式更统一、风格更鲜明、功能更强大。

霍裕达说："我们的美化设计工作主要遵循国际化和高标准的原则，致力于营造具有包容性和亲和度的校园空间。不仅要满足多元化的使用需求，而且要彰显办学理念、融合学科特色。以创意设计学院为例，我们希望学生不但可以在此学习设计知识，也能够在此感受设计魅力。其实，教育就应该跳出念PPT或者读教案的小世界，投入多维实践的大天地。"在他看来，设计大有可为，教育大有可为。作为教育内容的生产者，应敢于从自身发起教育供给侧结构性改革，让教育实践真正成为学生看世界的窗口和闯世界的动力。他说："人才培养始终是教育的第一要务。教师站在讲台上，就是一个形象、一个榜样、一个参照系。我们传递给学生的不只是专业方面的知识，还有价值观上的影响。对我来说，教育首先是关于教学生如何做一个有价值的人的活动，其次才是专业的技术技能培训。"

入职三年后，霍裕达顺利成为创意设计学院院长。作为深圳技术大学最年轻的院长，他说："纵观学校的各个岗位，我们会发现深圳技术大学敢于给年轻人提供平台，敢于让年轻人去承担核心工作，这既是她先锋精神的表现之一，也是社会发展的必然趋势。我们需要'老资历'掌舵定向，也需要'小年轻'敢拼敢闯，就像机器的不同构件，每一个构件都有它的不可替代之处，各司其职才能活而不乱、活跃有序。"新时代的新高校，当顺势而发，开辟新气象，敢于新作为；新时代的新青年，当纵横潇洒，激荡新思想，碰撞新火花。面对角色的转变，霍裕达有如磐的信念和如铁的意志。他说："年轻是财富而不是包袱，健康发展的过程也是正确对待年轻人的过程。学院、老师和学生是共成长的，我希望以'创意向善、设计为众'为使命导向和价值引领，不断探索设计学科教育，大力培养有自主性、自驱力和自我学习能力的'设计新人'。当他们走出校园，不是说学到了什么具体的知识，而是说自我得到了何种改变和突破，以及自己将会帮助社会改变什么。换言之，学生再也不是静态知识的搬运工，而是新鲜经验、健康生活和向善社会的创造者。"

第六章
转变观念　创新育人方式

2018 年 9 月 10 日，全国教育大会在北京召开，对加快一流大学和一流学科建设，促进高等教育内涵式发展做出了新的战略部署。作为深圳在"十三五"期间重点打造的第三所本土高校，深圳技术大学是深圳高等教育在规模与质量方面双提升的有力之举，也是深圳在探索中国特色高等教育模式之路上的又一创新之举。刘宏伟说："在最初的招生经历中，我们经常遇到的问题就是，你们的人才培养究竟有什么不一样？"在吴以环看来，技术大学确实不一样，明确、保持和发展这个"不一样"很重要，因为它是技术大学安身立命之根本点，也是教育改革赋能产业发展之锚定点。同时，阐释、凝练和传播这个"不一样"也很重要，因为理解是认同的重要前提，传播是传承的关键手段。

阮双琛经常以高端电镜为例，说明技术大学培养出的人才究竟与普通高校中的工科类专业，以及职业高校培养的人才有什么不同。他说："职业高校的学生学习如何操作电镜，他们培养的人才是技术员或技术工人。在传统研究型大学里，学生在老师的带领下，运用新理论、新材料开发出高端电镜的样品，而后交给负责分析检测的公司进行测试。拿到测试结果后，再对其进行分析、优化。那么，技术大学培养的人才会做什么呢？我们的学生会在分析测试结果的基础上，从工业生产、技术发展的角度提出优化思路，比如改变外界条件，加强光、加气、加压等。经过优化和稳定后再进行分析测试，制造出满足研究型人才需要的新一代的电镜，可以进一步指导企业实施批量生产。所以，技术大学培养的是研究型技术人才，是能够推动技术设备不断迭代升级的人才。目前，我国显然是比较缺乏这种类型的人才的。现在有很多企业厂家，做到一定规模之后，会从招收的毕业生中，培养一部分钻研技术设备的人才。我们希望，学生在校期间既能得到理论知识的学习，又能获得工程实践的训练，建立起技术思维。这样，学生到了企业之后，就能快速上手。总体而言，技术大学培养一流的工程师和设计师，而非操作工和熟练工。他们可以在操作的基础上进行新产品的开发和新设备的研制。无论多么高精尖的设备，他们不仅会操作，而且懂得改造，勇于在实践中推动技术的点滴进步。像深圳本地的企业，其实很需要这样的人才。通过技术大学之门，学生将成长为以技术改变世界的卓越创新人才，这就是我们的培养目标和愿景。"

大胆招生是共识

忽如一夜春风来，千树万树梨花开。从 2016 年底开始，一大批中坚干部相继加入筹建队伍，筹备办的兼职人员将手中点燃的火炬郑重交接给后来人，并逐一回归原岗。一茬一茬的拓荒者生生不息相接续——有人说再见，有人正相逢。有人提笔在坪山的天空下画上休止符，有人千里来寻热土地，唯愿旧貌变新颜。

刘宏伟正是这支队伍中的一员。他说："2016 年底，我从深圳大学教务处来到技术大学筹备办工作。在学校还没有正式成立的时候，我的大部分工作都是以统筹去筹这件事为中心展开的，比如负责组织撰写《设立深圳技术大学申报材料》等。那个时候，原来的学科建设与申报组已经更名为教务组了。因为我在深圳大学任教务处副处长，所以在筹备办我也同时承担教学和招生方面的工作，比如根据技术大学的高水平、国际化、应用型的办学定位编制人才培养方案、具体招生方案，以及积极推进招生宣传工作等。"

2017 年 1 月 25 日，教育部发布《关于"十三五"时期高等学校设置工作的意见》（教发〔2017〕3 号）。《意见》明确提出"省级统筹，分区指导"的基本原则，即完善两级管理、以省级人民政府为主管理高等教育的体制，强化省级人民政府在推动高等教育分类管理和投入保障等方面的责任。教育部将根据区域间经济社会发展水平和人口结构、财政能力等差异因素，加强分区指导，推动高等教育协调发展。该《意见》印发后 3 个月内，各地要完成"十三五"高等学校设置规划草案编制工作。教育部将组织相关评委专家，对各地规划草案逐一沟通评议并反馈意见。修改完善后的规划正式文本，应于 2017 年 6 月底前由省级人民政府报教育部备案，作为"十三五"高等学校设置工作的基本依据。刘宏伟解释说："原来设筹也要教育部的批准，但是'十三五'期间已经不需要这样做了，只要省教育厅把学校列入省高等学校设置'十三五'规划就相当于设筹成功了。"

2017 年 1 月，广东省政府向教育部报送了《广东省人民政府关于申请筹设深圳技术大学的函》（粤府函〔2017〕5 号），省教育厅将深圳技术大学纳入《广东省高校设置"十三五"规划》，原则同意深圳市筹建深圳技术大学。至此，深圳技术大学正式进入设筹阶段。下一步，根据教育部《关于"十三五"时期高等学校设置工作的意见》精神，新建高校须达到教育部相关标准，条件成熟时，由教育部组织专家评议，评议通过后，即可正式设立招生。刘宏伟说："设筹成功之后的核心任务就是把筹建的各项要求落到实处，争取去筹成功，也就是向教育部争取对我们设筹请求的批准。这个过程需要我们撰写并报送非常多的材料，除此之外，我们也要做好各项工作迎接省教育厅和教育部的严格检查。真的是相当严格的检查。在国内，一所大学的诞生有其标准化流程。一般情况下，是先有一所大专，然后由大专升格为本科学院，最后再由学院升格为大学。"如果按照这个过程来走，深圳无疑需要很多年才能把新的教育改革之桩打入产业发展之基。但是，技术发展瞬息万变。错过了最佳的时间节点，创新大学也奢谈创新！《周易·系辞》有言，"唯几也，故能成天下之务"。可以说，能否抓住历史机遇和时间优势也是创新水平高与低的直接表现。刘宏伟接着说："我们当然是积极响应市委、市政府的决策和要求，下定决心又快又好地建成深圳技术大学，所以我们的目标从一开始就很明确，那就是一步到位办大学。"

材料写作急、繁、重，但是没有退路，只能"硬上"，写出来也要写，写不出来更要写！国务院研究室副主任康旭平曾以"东方亮"为笔名，在《秘书工作》杂志上发表《曾把天亮做信念》一文，文章写道："晚饭后，洗漱毕，孤灯下，便开工，一夜无眠到天亮。"当作者隔着窗帘听到早起忙碌的人匆匆而过的脚步声时，便知道天已亮了，而此时他的"材料"也接近尾声了。在这痛苦的"分娩"过程中，支撑作者最强烈的信念就是，天亮时"孩子"一定会生出来。正如邱惠玲所说，谁能想象有无数个凌晨两三点，我们都是在对着屏幕改材料。由于人员调整，邱惠玲在 2017 年 3 月左右加入教务组。她说："准备申报材料是筹建任务的重中之重，人力配备肯定要到位。虽然有学术论文的写作经验，但是面对公文材料的撰写任务，我还是感到既懵懂又没底，只能边学边干，边干边学。"

干中学、学中干，在写作中学习写作，在实践中增长才干，这就是实干者们的辩证法！作为一名"新手"，邱惠玲购买了很多材料撰写的相关书籍，工作台上也贴满了提示公文写作标准的标签纸。刚开始，她是团队中的协助者，逐渐地，基于工作内容和能力的劳动交往重新勾勒出了她的新角色。"我也不是很清楚，为什么自己写着写着就变成了主笔。"她说，"我的理解是，申报材料并不是一份一般意义上的陈述报告。它的核心是一系列制度文件、一系列会议决议、一系列数据分析和一系列行动诉求的结构化处理，它要与学校的办学理念、办学定位、办学路径相符合，也要与市委、市政府对学校的期待相结合，还要与市里头、省里头和国家层面的政策方针相契合。能够把这几个维度的信息和数据全部统一到位的材料，才是一份可以得到最广泛认同的材料。所谓的写材料之难并不是难在撰写本身，而是难在它对写作者的信息搜集能力、数据处理能力和逻辑分析能力有着极高的要求。我之前一直在做科研数据处理，可能在这方面的经验比教务组的其他老师相对要丰富一些。"

一个本子如要一气呵成，必须有一条主线，抓住了主笔，就抓住了主线。邱惠玲说："保持申报材料风格的统一性和逻辑的一贯性，是业务自身的内在要求，但是主笔只是材料写作这项大工程中的角色之一。最重要的角色其实是一个同心同德、协调顺畅的支撑团队。刘宏伟处长的领导能力、协调能力很强，在他的全盘统筹下，整个教务组内部分外团结、分外积极，同时又能够与其他各个部门保持一种特别愉快、特别高效的沟通与合作关系。在收集数据的时候，每个部门都配合得很好，他们愿意把最高质量的材料交出来，为我们后期做数据分析奠定了良好的基础。可以说，这是我们能够及时提交高品质文本的重要保障。"

发展形势在变、目标任务在变、材料内容也在变。"申报材料不是一稿定音，而是一直处于动态更新的状态，因为从蓝图走向现实的过程一定是现实数据不断调试和变化的过程。像《设立深圳技术大学申报材料》，我们能够拿出来的都有五六十个版本。根据最新的筹建进度，每一次沟通、每一次汇报都有一个新的成型版本。所以，申报材料其实是一个随着学校的建设步伐不断扩大化和丰富化的文本集合。"邱惠玲接着说，"一份成型的报告是由层层递进的团体协作完成的。一个版本诞生的周期挺漫长，但是节奏也很快。整个教务组上上下下，充盈着一种鼓舞人心的团结感。彼此之间有一种无须言明的默契，那就是材料写作不是某一个人的工作，而是每一个人的工作。每一份交出去的材料都要经过教务组每一位同事两遍以上的阅读检查，任何一个语句、标点和排版方面的错误都会被找出来，并贴上纸质标签。然后，整套修改后的材料会在全校各部门全方位流转一遍，每个部门的负责人再核实各自相关的材料板块。因为我们是一线的数据处理人员，部门负责人对本部门的最新信息更了解，可以更灵活、更到位地把控文字材料。同时，作为中层干部，他们也能够从业务的角度出发，给我们提供一些理念或规划层面的可操作性建议。根据各部门的反馈信息，我们会对材料文本进行重新调整。最后，筹备办公室的所有核心领导将从学校定位、省市要求以及国家政策的高度对编制好的材料进行全面校审。这样交出去的材料，大家心里面都比较放心。"

一条"标准线"加几十条"辅助线",再加数条"安全线",整个筹建团队通过高效的组织行动力织出了一张严密的质量保障之网,尽量做到"筛出去的都是纰漏,留下来的尽是干货"。邱惠玲说:"那会儿没有什么加班的概念,大家都保持着一种随叫随到的战斗状态,可以说是时刻准备着。"沟通及时、信息透明、行动迅速、质量过硬的背后,是领导有方的"头雁",是可堪信任的"战友",是召之即来、来之能战、战之必胜的"军队"。

镜头回到 2016 年的洛杉矶,科比·布莱恩特(Kobe Bryant)在 ESPY(Excellence in Sports Performance Yearly)颁奖典礼上发表获奖感言,他说:"我们能站在这里,不是因为天赋异禀,而是因为我们能在凌晨四点开始训练,因为我们一天两练甚至五练,因为我们不允许任何事情阻碍我们实现梦想。我们永不满足,我们永不退役。"自此,有一种努力就叫作"凌晨四点的洛杉矶"。在 2017 年的坪山特写里,"凌晨四点的创景路"少了一份舞台中央的灯火璀璨,却多了一些苦中作乐、自得其乐的幽默感。刘宏伟说:"在准备去筹材料的过程中,教务组的所有人都铆足了劲儿往前冲,统筹协调全校资料,即时整理汇报材料,精准整改审核意见……这样的工作常常一干就是一个通宵。挑灯夜战是家常便饭,加班加点更是屡见不鲜。"每到傍晚,彩霞在天边翻滚,群鸟隐入夜幕,当世界渐渐变得安静,心中有使命、肩上有责任的人们却又再次启动了工作的引擎……在深圳技术大学筹备办教务组,曾经流传着这样一段对白:"你见过凌晨四点的创景路吗?""没见过……太忙了,哪有时间往窗外看呀!"——这是专属于实干者的幽默感。

根据《普通本科学校设置暂行规定》(教发〔2006〕18 号)

文件精神，普通本科学校在办学规模、学科与专业、师资队伍、教学与科研水平、基础设施、办学经费、领导班子等领域有着严格的设置标准。其中，仅基础设施一项就包括土地、建筑面积、仪器设备、图书、实习和实训场所等方面的硬性规定。刘宏伟说："一步到位办大学就相当于三步跨做一步走，按照2006年教育部的高校设置标准，我们还是有很多的硬件上的差距。对标教育部的相关文件要求，我们当时至少需要有15万平方米的建筑面积、283名专任教师、40万册图书，以及有关的科研成果奖、教学成果奖，等等。这些都是专家组例行审查的目标对象，也是关涉去筹成败的关键因素。对我们来说，它们都是非常硬的骨头。因为至少在2017年10月11日到13日广东省高校设置委员会专家组对学校正式设立事项进行考察评议的时候，学校的永久校区还没有启动建设，而教育部的要求是什么呢？是建筑项目竣工验收，并且具有房产证！在紧迫的时间限制下，我们没有办法在一开始就圆满达标。"

△ 2017年10月12日，省专家组到校考察

前方迷雾漫漫，航道崎岖窄险，舵手更须眼明心亮、胆大心雄。尚莹莹说："阮校长经常说，我们这些人胆子大。"正所谓有"胆"才有"担"，没有胆识哪敢担当！该闯就闯、该试则试，绝不错失发展的机会，绝不留下软弱的遗憾。说到胆子大，不得不提 2017 年的胆大招生。在万事不俱备的情形下，开始首次招生，不得不谓之"兵行险着""自讨苦吃"！但是，筹建工作领导小组已经从上到下取得共识，即必须争取提前招生。吴以环自2010 年任深圳市副市长，一直分管教育工作，直接参与了中国教育改革急先锋——南方科技大学创建历程中诸多重大事项的决策和实施，她说："这是我的经验，任何一所新建高校，只要设筹了，就必须招生。如果不招生，很容易垮掉。打一个不恰当的比方，两个人结婚了，没有孩子就没有可见的凝聚力和约束力；也没有强烈的发展方向和发展动力，两个人一吵架就嚷嚷散伙，这个家就不太可能长久地维持下去。一所大学也是如此，你聘请一堆老师，总也不能招生，老师也待不住，他们不就跑了？学校不就散了？所以我就说，一定要招生，不招生不行。"

接到筹建深圳技术大学的任务，阮双琛就一直跟省教育厅领导、市相关领导沟通、探讨，当时探讨的核心就是怎么才能快速把学校办下来。他说："最后，我们得出了一致的结论，那就是依托深圳大学尽快启动招生工作计划。因为学生一到位，师资队伍、办学经费、图书馆、实验室等其他配套资源和设施就可以迅速跟进实施，这样能够加快脚步把学校办下来。"2016 年 10 月，在市领导和上级主管部门的指导下，筹备办与深圳大学达成一致，即深圳技术大学依托深圳大学应用类专业和招生指标，稳步推动 2017 年的招生相关工作。同年 11 月 3 日，时任市教育局局长张基宏与阮双琛一同前往广州，向当时的省教育厅厅长罗伟其汇报了学校的招生工作计划。罗伟其对学校的各类招生事项表示同意和支持。12月29日，阮双琛在深圳大学科技楼612会议室主持召开会议，会议决定成立招生工作小组，阮双琛任组长，徐刚任副组长，组员为陈俊驰、王晓峰、黄子嵩、邱泽枫、裴黎明、张红军。

2017年1月2日下午，阮双琛在深圳大学办公楼207会议室主持召开会议，会议审议通过了《深圳大学应用技术学院（坪山）实施方案》。方案对深圳技术大学招生专业及人数、教师队伍、干部选派、编制问题、办学条件和实施细则等进行了详细的说明。同年1月4日下午，时任深圳大学党委书记刘洪一主持召开深圳大学2017年度第1次党委常委会会议，会议原则通过了《深圳大学应用技术学院（坪山）实施方案》。刘洪一指出，筹备深圳技术大学是市委、市政府交给深圳大学的一项重要任务，学校各部门要加大力度支持筹备办公室的各项工作。筹备工作任务重、难度高、时间紧迫，筹备办公室要抓住重点、分清主次，制定详细时间表，稳步有序地完成工作安排。他强调，后勤和基建工作是当务之急，任务烦琐复杂，要重点搭建后勤和基建班子，加强与市、区相关部门的沟通协调，确保教室、宿舍、食堂、实验室、体育设施、网络信息等硬件支持在开学前全部到位。与此同时，筹备办公室要根据上级有关精神和要求，进一步研究、完善招生工作实施方案。尽早着手、尽量做细公共课教学安排，并根据专业需要和《深圳大学关于部分教职工转入深圳技术大学工作的配套方案》，负责组织实施校内教师的选聘工作。除此之外，筹备办公室要围绕开学迎新、入学教育、上课安排、新生生活等主题任务，制订周详的工作计划，确保9月顺利开学。面对硬任务，有条件要上，没有条件创造条件也要上。尚莹莹说："没有质量的速度，不堪一击。教育是大事，我们当然要达到条件才招生，但是这个条件绝不是循规蹈矩等来的。"

险夷原不滞胸中，何异浮云过太空。"招生不是没地方吗？向第三职业技术学校借！"吴以环快言快语地说。在她和阮双琛的积极协调下，2017 年 3 月 7 日，第三职业技术学校校长靖建瑞与深圳技术大学筹备办公室徐刚教授等在八卦岭 425 栋 503 会议室举行会议，就深圳技术大学租借市第三职业技术学校新校区部分校舍用于提前招生办学等问题达成一致意见。市总工会高度重视和大力支持深圳技术大学的筹建工作，市人大常委会副主任、市总工会主席乔家华要求市第三职业技术学校从深圳市职业教育发展的大局出发，克服自身困难，尽可能支持深圳技术大学的筹建工作。会议议定，第三职业技术学校将新校区职工教育综合楼地上部分共 10 层、文化艺术系楼南侧塔楼共 3 层，共计 10608.71 平方米的办学场地租借给深圳技术大学筹备办公室使用。与此同时，深圳技术大学筹备办公室可以无偿使用第三职业技术学校新校区图书馆 2 楼书库。双方商定共同推动新校区的竣工验收和规划验收等工作尽快实施，确保两边相关人员能在 2017 年 9 月 1 日前顺利入驻。

自 2016 年 8 月加入筹备办以来，徐刚先后负责过申报材料和基建规划相关工作，说他是筹建队伍中经验丰富的老骨干，确实不虚其名！徐刚说："2016 年的时候，我就开始跟第三职业技术学校谈借楼办学的事情，靖校长人很好，非常支持我们的工作。其实，他们的新校区当时也正在建设当中，预计建成时间是 2017 年 9 月。众所周知，基建方面有很多不确定因素，新校区的实际建设进度没有达到预期，他们也要开学，他们也很着急，后来就拜托我出面去区里、市里沟通协调。"

△ 2017年5月18日，深圳技术大学校园一期建设及当年招生协商会

2017年4月14日，吴以环率队到筹备办调研，全面考察了过渡校区——第三职业技术学校新校区的建设情况，她勉励各施工单位及相关部门在保证工程质量的前提下，全力以赴加快工程建设进度。徐刚说："最终过渡校区赶在8月底之前结束了所有验收工作。那是什么样的状态？就是他们前脚刚走，我们后脚就到！再拖一天都是麻烦。"黄子嵩对这段"三职借校"的故事印象颇深，他说："为了给2017年的招生工作打好基础，徐刚教授牵头跟区里沟通，解决了第三职业技术学校新校区建设中的很多问题。这里面有一个故事挺有趣的，我记得大概是2017年的6月，距离开学还有不到三个月的时间，但是按期交楼还是存在一定困难。当时《第一现场》要来采访，工务署的一个副主任恰好在施工现场，徐刚教授就把他'死死按住'，请记者追问他开学在即，究竟能否按时交楼？副主任对着镜头承诺一定完成任务。后来，我和徐教授一起去催施工进度的时候就和他开玩笑说，您看，您自己可是在全体深圳市民面前承诺了，一定按时把楼交给我们。"

借楼办学一敲定，筹备办公室立即着手向市委机构编制委员会提交《关于设立深圳技术大学（筹）的请示》。7 月 25 日，市委机构编制委员会发布《关于设立深圳技术大学（筹）的通知》，明确深圳技术大学（筹）作为市政府直属事业单位的组织属性，以及以开展先进制造、高端制造领域的工科教育为主，重点培养本科、专业硕士层次的高水平工程师、设计师的办学定位。深圳技术大学（筹）正式成立了！8 月 21 日，吴以环率市政府秘书长刘佳晨、坪山区委书记吕玉印、市教育局副局长许建领等再次来到坪山河畔，同阮双琛和国际友人一道为深圳技术大学（筹）揭牌。随着校牌上面的红幕缓缓揭开，深圳第一所应用型高校的创建之路亦步入了一个崭新的历史阶段。

△ 2017 年 8 月 21 日，深圳技术大学（筹）校牌揭牌

教学场地的问题解决了，生活居所的问题怎么办？吴以环说："我们要保证所有的人在这里都有容身之所，对吧？我印象很深，我们到学校选址周围考察，走到竹韵花园就发现那里几乎无人居住，我当时就提出把其中两栋保障房划给技术大学。人气聚集起来，慢慢地就能带动坪山整块区域的发展。先给了两栋，

阮校长举一反三又争取了四栋。这个西北汉子能力强，有一点阳光，他就拼命去灿烂。"那时候，阮双琛经常沿着创景路来来回回地走，他说："当时三职校即将竣工，我带着几位专家和高校的老校长商量，借三职校一栋楼作为教室，把竹韵花园装修成学生宿舍，小区下面的商服用的裙楼改成图书馆、食堂，学校就可以开学招生了。"

△ 2017 年 8 月 21 日，深圳技术大学（筹）教职工与校名石合影

2017 年 10 月 20 日，杨洪常委、高自民副市长主持召开会议，听取了市教育局、深圳技术大学（筹）关于 10 月 11 日广东省高校设置评议委员会专家组对学校设立进行考察评议情况的汇报，研究了学校申请设立条件和筹建工作，并对下一阶段工作进行了统筹部署。本次会议精准出击、逐个爆破，解决了三件大事要事。

第一，会议明确了竹韵花园产权划拨相关事宜。为解决学校教师以及启动校区学生食宿等问题，会议同意将竹韵花园 7—12 栋住房、竹韵花园项目的 6—12 栋架空层以及商业用房划拨给学校，分别用作教职工和学生宿舍、图书馆、食堂、学生活动中心等生活配套设施。以上房产建筑面积共计 8.5 万平方米，其产权作为人才用房统一划拨给深圳技术大学（筹）。竹韵花园项目先期由市土地整备局、坪山区政府、坪山区土地整备中心、市土地储备中心共同签署合作协议并投资建设，尚未办理产权登记证。为了尽快办理学校产权登记工作，会议要求上述单位坚决落实会议部署，于 10 月 23 日前完成签署补充协议，及早厘清、确定产权。同时，市住房建设局和坪山区政府全力配合学校，提高效率、并联审批，于 2017 年 11 月底之前办理完成产权划拨和登记手续。

第二，会议明确了深圳市第九高级中学（市高级中学东校区）产权划拨相关事宜。深圳市第九高级中学占地约 9.6 万平方米，建筑面积 6.9 万平方米，毗邻深圳技术大学永久校区。为满足深圳技术大学（筹）启动校区教育教学、科学研究以及其他办学需求，会议同意将该校全部产权划至深圳技术大学（筹）。会议要求坪山区政府于 10 月 27 日前办理完成规划验收和竣工决算手续后交市教育局。此外，请市规划国土委、市住房建设局、市教育局、市审计局、坪山区政府积极指导和协助深圳技术大学（筹）准备竹韵花园和第九高级中学产权划拨等事项的申报材料，确保于一个月之内完成房产登记手续。"为什么把第九高级中学的产权划拨给我们？"许媛解释说："第三职业技术学校的场地毕竟是租借的，并不能算在我们申请设立深圳技术大学的办学条件内。我们也尝试和他们沟通说能不能把产权临时划拨给技术大学，甚至我去市里参会的时候也专门提出过这个请求。但是第三职业技术学校属于工会系统，根据相关文件精神，这些产权是绝对不能挪作他用的。怎么办？ 15 万平方米的建筑面积的硬要求就像大山一样压在我们每一个人的心头！除去竹韵 8 万平方米左右的建筑面积，我们还有将近7万平方米的建筑面积缺口！怎么办？多亏当时的教育局局长张基宏，他力排万难、拍板定案，把第九高级中学的产权划给了我们，解决了我们的燃眉之急忧，清除了我们的心头之重负。"在深圳技术大学的筹建历史上，张基宏留下了稳健有力、功成不居的脚印。吴家骅就曾经说过："我特别想提一提当时的教育局局长张基宏，他始终明里暗里地帮忙，一直积极支持技术大学的建设。他很好，而且是难得的好。"

第三，会议明确了办理永久校区一期用地产权证相关事宜。根据省专家组评议意见，申报设立须提交所有用地产权证。深圳技术大学一期用地面积约60万平方米，已签署土地使用权出让合同的面积仅为48.89万平方米，剩余11.2万平方米仍未办理完成用地手续。会议要求市规划国土委和市教育局全力协助，争取在2017年11月底前办理完成一期全部用地产权证。请坪山区政府提供充足的建设用地和房产资源保障，满足学校办学初期之急需。请市总工会继续增援学校筹建。会议特别强调，各级各部门要进一步增强责任感和使命感，努力破解筹建工作中遇到的困难和阻碍，万众一心朝着学校2018年正式设立的建设目标挺进，以实际行动回报全市人民长期以来的厚望与所托。

空喊口号失却民心，玩弄虚招害人害己。深圳从来都是来真的！吴以环说："深圳是一个好地方。如果地方不愿意放弃产权，你也没办法；或者市委、市政府要求划拨，口头同意，行动上却一拖就是半年。这些情况不是不存在，但是深圳不一样。为了学校的发展，每一个人都能真正发挥毫不利己、专门利人的精神，这是深圳干部的大局观。"《礼记·杂记》中有这样一句话："居其位，无其言，君子耻之；有其言，无其行，君子耻之。"古人尚且如此挚诚，今人有何怠慢之理？所谓实干，正是艺高人胆大，无私天地宽！吴以环接着说："大家方方面面都想到了，也都给到了。于公于私，我们都去做工作了。于公，我们召开会议、出会议纪要；于私，我们私下打电话协调、沟通，甚至是请求。阮校长也是一样的，他从不摆架子，从不摆姿态，从来没有那种你给就给，不给就拉倒的傲慢态度。我认为，学校能够获得这么多人支持的原因之一，就是阮校长的亲和力与事业心感动了别人。"

彼时，深圳技术大学的"种子"刚刚落定，坪山就表示了热烈欢迎和高度重视。为保证筹建团队正常开展工作，相关领导特别在区委办公楼以及区委附近准备了两处办公场所。在表达感谢之余，阮双琛却婉拒了区政府的好意。他觉得，办公场地离学校越近越好，最好搬到现场去！竹韵花园幼儿园之所以被选中成为深圳技术大学的起步之地，最主要的原因就是它紧邻工地。阮双琛说："回过头来看，当时选幼儿园选对了。正是因为在幼儿园办公，我们才可第一时间了解学校周边的情况，才会知道那个地方有2000多套毛坯保障房，才能去思考如何让这些空置的房产资源为学校和地方所用，才有围绕着怎样把学校快速办下来的中心问题，去筹划房屋使用的一系列故事。比如我们把主楼改造为师生宿舍，把裙楼改造为食堂和图书馆……类似这样的举措，非常有利于技术大学的快速起步。尤其是市里把1200多套保障房的房屋产权划拨给了技术大学，更是对学校的发展起到了决定性的推动作用。"

要赢得发展空间、赢得历史主动、赢得光明未来，就要增强战略性、系统性思维，透过大选择的框架思考小选择的答案；以发展中的问题和未来目标为导向，重组当下资源，构建"为未来""向未来"的发展格局。因此，办公室的选址看似一个无关紧要的小问题，其实是筹建棋局中的关键一步。以发展的眼光来看，办公环境和条件的舒适与否，恰恰是最不重要的考量因素。这种把能否"促进发展""推进事成"，作为判断"做"或"不做"的根本尺度的干事创业之风，就是吴以环口中的"大局观"。而任何大局观的背后都不是"小我"的掣肘，而是"大我"的燃烧。

无条件的支持不代表无原则的溺爱。深圳干部的大局观是建立在极强的专业性之上的，举全市之力筹建技术大学的目的在于打造高等教育改革发展的精品与样板。精品与样板必须有核心竞争力，"软手段"可写不出"硬道理"！创业恰似取真经，要对付东西南北之烈风，要经历千磨万击之磨难。情况紧急时，各方各派都是剑拔弩张、气势逼人，哪里还顾得上谦雅和气的"君子"做派？

在许媛的印象中，她和市教育局的某位领导之间，就曾因为2017年的招生工作发生了一次突如其来、势如山火的争吵。她说："我们就学校是否具备招生条件的问题争执了一个多小时，手机都发烫了。他有他的专业立场，我也有我的合理诉求。"许媛承认，当听到对方说"你们有什么条件招生，你们有什么资格招生"的时候，她的眼泪一下子就涌了出来，扑簌簌地往下掉。但是，她也不甘示弱地说："我们不能因为不具备条件就不招生，我们现在就是在创造条件！"于无所有处有所为，于无所希望中怀抱希望。"面对筹建的任务部署，我们得把它做好，我们得让它可行！"许媛说，"其实，筹建领导小组成员之间已经取得了基本共识，尽早招生是成功筹建深圳技术大学的重要一环。很快，事情就捋顺了，那位领导也向我道歉了，大家相逢一笑泯恩仇，再见还是好朋友。因为申报工作要与教育局密切配合，他们的严格把关，甚至是合理的质疑，都是专业性和责任心的体现。有些话不必明说，我们都知道，每一个人都是朝着'学校不仅办得快，而且办得好'的目标奔走的。"

得到了招生许可，筹备办不犹豫、不观望，立即启动了招生宣传工作。刘宏伟说："为了把学校快速地办起来，也为了锻炼队伍，统筹规划管理相关的软件、硬件资源，我们在 2017 年就依托深圳大学开始招生。作为招生工作的负责人，我深深地感受到了技术大学初始招生的不容易！这种不容易一方面来自我们是一所新建大学，而且正在去筹的过程中，不为大众所熟知；另一方面来自社会对'技术'二字的根深蒂固的偏见，'技术'的称谓和办学层次不合时宜地捆绑在一起，更加大了考生和家长对学校的误读。在这种艰难的环境下，学校为什么还要坚持叫作'深圳技术大学'？因为校名是我们的宣言书，它能够以最直接的方式告诉所有人：这是一所真正按照德国模式打造的高水平、国际化、应用型的技术大学。我认为，人才培养目标就应该大声说出来，我们就是要培养卓越工程师、设计师和精算师的，这不丢人！这是国外顶尖的大学才能做好的事情。我们就是要办一所引领示范性的技术大学，就是要把牌子立在这个地方，旗帜鲜明地表态——我就是这个样子！"

错位发展注定不一样

我就是我，是颜色不一样的烟火。不会闪躲，为追求的目标而拼搏；不用粉墨，就站在光明的角落。"然而，在现实的招生过程中，我们确确实实会反反复复地遇到误解和质疑。你们是高职院校吗？你们是专科升本科吗？你们是二本吗？我们在招生工作中经常被问到类似问题。囿于传统观念，有些人可能觉得叫技术就差一点，没有叫科技那么响亮。每逢这个时候，我们就需要用各种各样的方式，让大家快速了解学校的办学理念、办学特色、办学优势和未来前景，最直接的就是说清楚学生在这里能学到什么，他们将来会变成什么样子。不得不说，这是一个艰难的过程。让我特别感动的是，不管周围如何充斥着不理解的声音，筹建办的每一位成员始终特别在意、特别珍视深圳技术大学这块招牌。面对没有恶意的误解，大家都会拼了命地去解释清楚。"

特别的爱，成就了特别的"小心眼"。用刘宏伟的话说，他们眼里揉不得一粒曲解和误读的沙子，他们想让全世界都知道技术大学究竟有多好，又究竟好在哪儿。他说："第一次招生，我们几乎是全员上阵。虽然大家在经验方面尚显不足，但是在进取热情和理念认同方面，我们有着势不可当的士气。筹备办分了几个招生组，分别去往各个地方、各个中学开展招生宣传工作。2017年4月到7月，除了吃饭、睡觉，我们一直在路上。校领导和学科带头人分批参与，走访了38所市内高中，先后到惠州、梅州、汕头、东莞、河源、汕尾、潮州7座城市的优质高中拜访。以召开宣讲会、组织咨询会等方式，广泛地宣传学校。高考结束后，我们再次联系已走访的学校，以专场推介会的方式进行了12场招生宣讲，并组织招生咨询、专业介绍、教授面对面等活动，集中展示学校的创新点和可能性。"

可以说，省内各地、市的每一场招生咨询会，不管大小，我们都派团队去了。其中有一场咨询会，是很多人心中潮湿的"情意结"。许媛回忆说："万事开头难，我们好不容易争取到某市一个重点中学的校内招生咨询会的入场资格，但是到了之后才发现，由于对技术大学不是很了解，他们把我们的展位和高职院校排在了一起。我们的带队老师立即找到这个中学的相关负责人，她也顾不得客气，上来就说：'您把我们的展位搞错了，我们是本科，不是专科，把本科和专科放在一起是不对的！'负责人答复说：'错了就算了，现在也来不及改了，还能怎么样？'听闻此话，带队老师几乎是立即不可控制地大哭了起来。她边哭边说：'您不能这样，我们是公办本科，公办本科！'她坚持讨回公道，最后真的争取到了一个比其他大学更好的位置。"刘宏伟说："这种热情，的确让人动容。讲句玩笑话就是，你可以侮辱我，但是不能侮辱我的大学。在筹备办，你能在每一个人身上感受到这种热情。"

乍一看，许媛口中关于招生的"两次哭泣"是心酸情绪的表达，其实它们的背后是传统观念转变之难。正如阮双琛所说："筹建深圳技术大学实际上来源于重新认识人才、重新评价人才、重新培养人才的现实需求。同时，这也是重新理解技术、重新认识教育、重新定位大学的改革使命。"

在阮双琛的眼中，创建深圳技术大学的过程就是不断谋求创新的过程，也是不断争取认同的过程，还是不断破除经验主义的过程。根据过去的经验，很多人认为学校去筹的条件不成熟。但是，世界是不断变化和发展的，基于既往实践活动形成的认知体系，只有在当时当地才具有绝对的适用性和真理性。因此，经验要得，经验主义要不得。人们的认识活动必须不断更新、不断进步，才能适应物质世界的永恒运动。阮双琛说："申报也好，去筹也好，在很多人都说你不满足条件的情况下，你的办学方案怎样能让教育部的主管部门从对学校的了解不多，到愿意了解你，再到基本上认可你，最后到鼎力支持你？这是一个过程，确实不容易。"

在尚莹莹的印象中，阮校长经常去北京出差，出差最主要的任务就是沟通。她解释说："就是在别人都认为你不行的情况下，不断地做工作，不断地提方案，最终靠自己的努力让别人认为你的方案是可行的。"2017 年 6 月 12 日，中央气象台宣布 1702 号强热带风暴级台风"苗柏"的中心将于当日 23 时前后在广东省深圳市大鹏半岛登陆，中心附近最大风力高达 10 级（90 公里 / 小时）。深圳机场大量航班延误或者取消，其中就包括深圳往返北京的航班。那一天，阮双琛本来要搭乘飞机前往教育部汇报筹建相关事宜，双方已经约好第二天中午见面，没想到航班却临时取消了。有志者，不为风雨所阻，不被颠簸所拦。"最后没办法，我和同行的两个人一起坐高铁，当天晚上到达武汉，在武汉住了一晚上。第二天一大早就从武汉赶往北京，刚好赶上中午给领导汇报工作。我们聊了很长时间，非常荣幸的是，学校的筹建方案最终得到了教育部有关领导的首肯。"阮双琛接着说，"市领导对筹建方案和国际化建设标准的认可也是技术大学创建过程中的重要支撑力。可以说，他们的支持贯穿了学校建设的方方面面。我切切实实地感受到，在技术大学的创建过程中，我们遇到了很多愿意帮助学校、支持学校的领导。他们认为，国内的的确确缺少对标德国的一流技术大学，筹建深圳技术大学是一件造福年轻人的好事。培养年轻人或者培养下一代意义深远，领导们听了我们的方案以后，都觉得这件事应该得到支持，而且应该得到超常规的支持。"

除此之外，最让阮双琛记挂的，还是学生的体验和感受。"特别是 2017 年，我们在条件极其简陋、生活颇为艰苦的环境下起步招生，如何得到学生的认可，也是重大的挑战。当时这个地方什么都没有，新生来了以后，我们怎么让他们知道这个地方就是大学？画壁画、立校牌、放置景观石……我们想了很多办法，经过各位老师们的不懈努力，所有的问题都逐步得到了解决。"

教育之田，耕耘不辍；人才之池，活水常来。其实，有关部门的支持、相关领导的认可、社会的接纳和学生的认同，是一个凝聚广泛共识的同心圆，圆心即是人才培养——培养什么样的人才，怎样培养人才，为谁培养人才。坚持党对教育事业的全面领导，坚持把立德树人作为根本任务，坚持优先发展教育事业，坚持社会主义办学方向，坚持扎根中国大地办教育，坚持以人民为中心发展教育，坚持深化教育改革创新，坚持把服务中华民族伟大复兴作为教育的重要使命，坚持把教师队伍建设作为基础工作，是使教育同党和国家事业发展要求相适应、同人民群众期待相契合、同我国综合国力和国际地位相匹配的核心路径。

错位发展，注定不一样。在办学定位方面，深圳技术大学不一样。它希望通过借鉴德国的办学模式，稳步建设针对"卡脖子"技术的、面向企业核心问题的、研究应用技术的一流研究型技术大学。阮双琛说："总体思路是，对标德国的技术大学，先走国际化的道路，再逐步实现高水平。德国 2/3 的大学都是应用技术大学，它们和综合性大学一样，是教学质量相当硬、育人水平相当高的大学。为了让新大学具备一个充满爆发力的起跑效果，在筹建技术大学过程中，市委、市政府明确把引进国外优质应用型教育资源作为推动深圳技术大学高起点、高水准办学的重要路径。我们始终积极推进与德国、瑞士、荷兰等国的应用技术大学合作进程，探索应用人才培养、产教融合、特色办学的新模式。其中最大的挑战就是扭转大家的观念。让所有人，尤其是学生和家长认识到，技术大学是好大学、高水平大学，它不比研究型大学差，这非常困难。包括我跟别人交流，要介绍我们是'研究型技术大学'，不然很容易被误解成低水平的、不入流的学校，这是外来经验与本土观念互动的结果，也是应用技术大学中国化的内在需求。所以在引荐国外先进经验的过程中，任何理念实践的可能性都是要受到在地化的观念结构和认知秩序的现实节制的，这个是恒定法则。受传统观念的影响，一提到研究，大家就觉得是高水平，一提到技术，似乎就是低水平，但事实并不是这样。包括我们通过四种序列进行聘任，头衔都是教授，后面加括号注明——教学型、工程实践型等等。为什么？因为大家还是潜在地认为教授的头衔更有吸引力，不得不说，整个社会对教授的接受度更高。另外，如何能让企业里的高级技术人员愿意倾囊相授，把前沿技术知识传授给学生，也是一大挑战。这个挑战一方面来自个人自身的观念问题，即他是不是由衷地认为培养年轻人是他的社会责任；另一方面也来自企业的观念问题，在现实中，企业很多时候不愿意放人，他们有一种难以言明的危机感和焦虑感，那就是好不容易研发出来的技术，传出去了怎么办？所以观念的转变还有很长的路要走。"

转变观念，是对标德国办大学的一个难点。在阮双琛看来，对标德国办大学还有三个重点。他说："第一是严格对标德国应用技术大学的招聘要求。在德国，应聘技术大学的老师不仅要有博士学位，而且要有 5 到 8 年的企业工作经验。这样的老师了解企业的市场需求，了解工业的技术难题，可以保证学生的学习从一开始就能与产业应用对接上。但是，在我国目前的人才评价和人才管理机制的导向下，建设这样一支人才队伍显然不容易。可以说，人才评价和人才管理机制改革是高水平人才队伍建设的迫切要求。第二是严格对标德国应用技术大学的学生培养方案。为了保证学生既能掌握理论知识，又能深入了解企业需求和技术难点，做到学生毕业即能满足企业的实际工作需要，德国应用技术大学的培养方案与企业高度融合，企业面临的技术问题都会体现在培养方案和教学计划中。相比传统大学的培养方案，这样的联动培养方式更困难。好在我们地处深圳，深圳众多的企业集群给校企联合培养人才创造了比较便捷的现实条件。第三是严格对标德国应用技术大学的学生评价机制。在德国应用技术大学学习，毕业要求是可以设计制造出真正能够用于企业应用的具体产品，或是提出实际问题的论证方案、规划方案，而不是用一篇论文潦草了事。比如汽车专业的学生毕业要求是设计制造出汽车，商学院的学生能够给金融公司拿出像样的商业计划书。实现这一目标，无疑需要学校把更多的精力放在学生身上。"

在办学模式方面，深圳技术大学不一样。新一代技术产业革命正在引发国际劳动分工新格局，全球生产链的重组为我国产业结构转型、升级带来重大历史机遇与现实挑战。高层次紧缺应用型人才培养成为占领信息技术、生物医药、高端装备、新材料等战略高地，满足优势与重点产业快速发展需求，应对高等教育培养目标与办学模式的现代化、差异化与多元化趋势，构建良性的教育生态结构的题中应有之义。深圳技术大学坚持应用型创新人才的培养模式，持续探索"专业实践、社会实践、科学研究、创新创业实践"有机结合的多维度实践育人路径，统筹提升理论基础学习、专业技能实践与工程技术创新的实践教育全过程。学校开设通识课程、专业基础课程、技术课程、技能实践课程和国际课程，其中，实践性课程学分占比超过60%；以"项目实践促进专业学习、校企合作提高专业技能、科创竞赛培养创新能力"的教学改革方案为方向，构建"课程实验＋项目实践＋校企合作＋科创竞赛"一体化的实践教学体系——以"教授负责制"为基点，进行项目化课堂教学；以政校企联动合作为依托，践行实战化技能培养；以双创生态和帮扶体系为载体，培育自主创新能力。

阮双琛说："其实，解决企业问题也是推动技术进步的有效方式。解决实际问题的过程，会激发学者对具体理论的定向钻研，进而催化新的发明诞生。据我所知，国外很多知名教授的课题都来源于企业。鉴于以上情况，我们将企业的技术难题纳入人才培养方案，以做出实际产品为导向，通过联合创办校企一体化、产学研一体化的精英班、实验室、实训中心等形式，来保障行业和企业能够全方位、全过程地参与学校的专业建设、课程设置、人才培养和绩效评价。因此，从招生阶段开始，学校就和企业有实际的业务交往，我们充分调研了企业的技术需求，有针对性地制定招生人数与人才培养方向，保证培养目标紧紧围绕高水平应用型工程师、设计师和精算师等，不脱离、不动摇、不松懈。可以这样说，实施校企协同育人机制是技术大学的生命线和根本工作路线，如果我们与企业之间缺乏常态化和制度化的深度合作，那么技术大学很快就会沦为没有自身特点的普通大学。以深度的校企合作为媒介，我们着力打造城市服务平台、应用研发平台、校企合作平台和国际合作平台相结合的平台化大学，大规模、成建制、可持续地为国家战略需求、地方产业发展，以及区域经济繁荣培养能做出核心技术，能解决'卡脖子'难题的科技生力军。"

值得指出的是，深圳技术大学对实践育人的制度化布局并非量的差异，而是质的不同，即学校的人才培养体制机制具有高等教育发展生态位上的结构性优势。一方面，深圳技术大学的起跑线位于技术-社会深度互嵌、技术范型高速迭代的时代境遇，创新人才培养模式的历史包袱小、路径依赖低，科研教学一体化具有紧跟前沿的硬件设备支撑、对标一流的体制机制保障。另一方面，对深圳技术大学来说，实践不是窄化的技术设备操作和样本分析研究，实践是以国家战略及区域经济建设需求为中心的教育链、产业链与人才链的协同再造，是以解决现实工程技术问题为核心的动手力、思考力和架构力的全面综合。

阮双琛特别强调，大学不仅要服务国家及地区战略需求，瞄准科技前沿和关键领域布局国内薄弱、空白、紧缺学科专业，而且要通过科研教学一体化全面提高人才培养质量。从人才成长的普遍规律出发，通过教育实践与制度设计，融合科学研究与教学育人的全过程，科研教学一体化能够有效统一人才培养与知识生产，紧密联结社会服务与文化传承，对完善应用型教育教学模式，培养高素质创新创业人才，提高科研成果产出，提升学科建设水平，具有重大意义。科研教学一体化的核心理念是，通过高水平的科学研究支撑高质量的人才培养，即让学生进入科研实验室，直接参与科研项目，使其学习和实践能力始终立足技术和产业发展最前沿，开发创新思维的动能与活力，涵养批判视野的深度与张力。

他说："要办好一流的技术大学，就是要把所有的资源向学生开放，尤其是向本科生开放。在德国和瑞士等发达国家，一流技术大学的科研实验室都是向本科生开放的。宁可把设备用坏，不能把设备放坏！在过去，贵重仪器基本上都是由工程技术人员操作，学生只能在旁边看一看，再好一点的是，老师在实验课上带着学生操作一下，除此之外，学生是没有其他机会近距离接触大型设备或者先进仪器的。其实，从培养卓越创新人才方面来讲，这是一个很大的误区。因为学校所有的实验设备都应该为培养学生服务，如果我们的学生不了解前沿设备，不熟悉它的核心构造和运行原理，不知道产业升级需要什么样的设备，不清楚下一代设备将朝哪个方向发展，他怎么有能力去开发第二代、第三代更好的设备呢？学生只有在使用设备的过程中，才会明白这个设备能用在什么地方、能解决什么问题、现在还不能解决什么问题，以及以后该在哪方面进行优化。我们应该相信学生，从一开始就让他们玩设备，给他们创造敢玩、会玩、玩得好的环境和条件。在教育领域，最重要的不是心疼仪器有多贵重，而是时刻提醒自己，学生的未来有多紧要。"

尚莹莹对阮双琛所说的给学生"创造敢玩、会玩、玩得好的环境和条件"深有体会，她说："阮校长曾在多个场合强调过，一定要培养学生的实践能力。这是学校一直以来的办学坚守，也是我们人才培养的根本信念。以学校的会堂运营为例，我们没有选择外聘专业人员，而是选拔、组建了一支学生团队负责运营会堂。说实话，我最初对这个方案是抱持怀疑态度的，会堂设备高端先进、价格不菲，不逊色于一般的剧院，即使外聘团队用起来都难免小心翼翼。而且灯光舞美音响设备，有着极高的专业门槛，既要懂技术也要有审美，并非简单的程式化操作。运营初期，我对学生团队的运营效果并没有抱有太大的期望，也不敢抱太大期望。但是我还是按照阮校长的指示，聘请专业人员对学生进行多次理论指导和现场教学。没想到有一次我在会堂和学生聊天时，学生说全程跟过几次晚会后，自己进步得很快，他指着一台设备告诉我：'老师，这台设备我都已经玩转了！'那一刻，我才真正感受到阮校长的深思远虑和良苦用心。有时候，是我们自己太把学生当学生，替他们预设了太多困难和太多脆弱。经过会堂一谈，我相信放其自由成长，总有意想不到的惊喜。除了会堂，学校的匠心坊、文印店、咖啡店、理发店、机房等，都是由我们的学生自主运营和管理的。特别是匠心坊，阮校长一直寄予厚望。受到雷根斯堡应用技术大学文创店的启发和支持，深圳技术大学校园品牌文化店'匠心坊'在 2018 年 9 月 6 日正式揭牌营业。用阮校长的话来说，成立匠心坊的目的就是给学生提供一个创新创业的社会实践平台和勤工助学基地。对标德国应用技术大学文创店，通过亲身参与文创品牌的创设与管理，学生个人素质的提高、校园文创品牌的发展、学校实践育人的深化就会同向而行、有机结合。"

△ 2021 年 11 月 26 日，深圳技术大学校园品牌文化店匠心坊举行扩容乔迁仪式

在传统的高等教育方式中，科研与教学或呈分而治之的区隔之势，或以教师为主体、以教学为载体，呈单向融合的偏重之态。阮双琛说："教育的初心就是培养人才，所有的老师都应该首先保证教学，而不是把教学和科研单列起来，有的老师只负责教学，有的老师只做科研。实际上，教学和科研是一体的，它们是育人过程的不同层次和环节。大学应该把科研融入教学的实践环节，通过科研促进教学的发展，应用技术大学更是如此。如果学生能够真正地参与各种项目实验，把手动起来，把脑子动起来，我们就能培养出能力强、水平高的人才，不光懂理论，还懂实践、懂技术、懂管理。在国内，教学和科研目前还是两条轨道，有交集，但是不多，这两条轨道还应该继续扩大重叠度。可以

说，教学科研一体化的过程不仅能推动教学效果更进一步，也能推动科研水平再上层楼。这一切都意味着，传统的人才培养的观念到了不得不改的时候了。我们要相信，本科生有相当的潜力成为优秀的科研创新团队。未来社会需要大量高质量的本科生，我们必须确保他们走出校门就能独当一面。"

科研教学一体化，旨在打破科研和教学之间的建制化对立，激发并融合科研的教育性和教学的科研性。不仅要求教师基于科学研究，在课堂上给学生传递新观点、新思想、新方法；而且要求学生加入科学研究，在科研活动的第一现场培养发现真问题、真解决问题的科学思辨与实践能力。不仅强调教师通过科学研究，实现自身综合素养的持续提升，并对学生的发展施加间接影响；而且强调学生参与科学研究，在具体研究情境中发挥主体性，对直观研究案例进行深层次、多维度、全过程的理解、应用、综合与分析，并与既有的研究观念、路径和范式产生有益的碰撞，促使教师的反思性成长。

加强科研教学一体化，有利于改变以知识传授为主要内容的教学模式，加快以现成知识为中心的灌输型教学向以现实问题为中心的实践型教学的转变。不是让学生被动接受已有的知识表述或技能表现，而是以发现问题为导向、以实践研究为媒介，用实践提升理论，养成学生高度自主的探究性学习习惯。使学生与教师协同构成知识传承与创新的科研共同体，实现人文意义上的教学相长；加强科研教学一体化，有利于突破传统高等教育的文化惯性和路径依赖，以培养创新型、复合型、应用型人才为宗旨，建立针对性的学科专业体系、组合式的教学实践模块、国际化的合作培养方案，依托先进、开放的科研实验室，将科学研究高效地转化为育人育才的资源优势。形成一种可操作、可借鉴、可推广的创新创业人才培养模式，探索一条建设国际化、高水平、示范性的一流研究型技术大学的新道路。

在评价机制方面，深圳技术大学不一样。创新之道，唯在得人；得人之要，唯在评价。解决有没有人才前来的问题，还要解决人才能不能发展的问题。人才如何发展取决于人才评价，人才评价是人才发展体制机制的重要组成部分，是人才资源开发管理和使用的前提。建立科学的、符合应用型高等教育的人才分类评价机制，对于树立实践育人导向、激励引导人才投身技术研究、保障高端应用型创新人才干事有平台、发展有前景、生活有保障、付出有认可，加快建设人才各展其能、各得其所的人才强国新格局具有重要作用。曹建民说："学校和华为也签署了战略合作协议，允许企业的优秀人才担任学校的兼职教师。值得注意的是，其中存在着很多现实的和制度的难题。第一，无论是中兴还是华为，他们的退休人员基本上都是硕士或者本科学历；第二，企业不像事业单位一样走职称路线，虽然他们在企业内部可能已经是六级或者七级专家，贡献很大，薪资也很高，但是企业的评级和事业单位的职级之间并没有一个权威的、通用的同级职称互认或者跨系列转换机制。所以，我们当时需要回答引进企业人才合适不合适的问题。"没有现成的政策依据的时候，往往是需要重回事情本质寻找答案的时候。拓荒犹如走夜路，如何能将继续下去的勇气寄望于现成的灯火和现成的答案？循规蹈矩不是深圳，自我重复不是成长。曹建民说："我们为什么要破格引进企业优秀人才？一方面，我们确实缺老师；另一方面，我们是应用型大学，我们需要来自行业、企业的技术精英、管理精英把他们的所思所想、所作所为，即卓越的企业职业经理人所具备的那些素质传授给学生，通过他们的思维模式、行为模式帮助我们形成一种超脱单一知识分子认知氛围的实践风气。"

曹建民认为，要办"不一样"的学校，就要打破生产"一样"的条条框框，一是敢于把一些拥有企业实战经验的人才引进来，二是敢于在人才评价指标或者体系上做出新的探索。他说："不是人招来了，一切就万事大吉了。我们还要思考用什么制度来管理人才最能做到实践导向，最能做到人事相宜，最能引导建立符合学校定位的师资队伍。缺人之后的第二大问题，是缺制度。因为缺制度，我们没有办法给招进来的老师定职称，无论是一般意义上的教授还是副教授，好像和他们的工作经历和履职内容都不太契合。"对筹建中的技术大学来说，曹建民口中的两大问题不是个别问题，而是普遍问题、核心问题。因此，从制度上确定企业人才在高校的称谓、地位和晋升标准迫在眉睫。用曹建民的话来说，就是我们不得不回答"他们叫什么，他们是什么地位，他们的发展路径是什么"的问题。

正所谓"名不正，则言不顺；言不顺，则事不成"。称谓即是定位，定位问题看起来是一个务虚问题，实际上它是基于系统意识和全局观念对人才队伍建设的长期发展规划所作的高度提炼，具有极强的现实性。曹建民回忆说："是叫高级实验师，还是叫企业教授？称谓的最终确定也经历了一个变来变去、反复斟酌的过程。"

2018 年 9 月 10 日，全国教育大会在北京召开，习近平总书记在讲话中指出，要深化教育体制改革，健全立德树人落实机制，扭转不科学的教育评价导向，坚决克服唯分数、唯升学、唯文凭、唯论文、唯帽子的顽瘴痼疾，从根本上解决教育评价指挥棒问题。春风吹，战鼓擂。2020 年 10 月，中共中央、国务院正式发布了《深化新时代教育评价改革总体方案》，明确将"破五唯"写入文件。2021 年 7 月，国务院办公厅印发《关于完善科技成果评价机制的指导意见》，要求坚决破解科技成果评价中的"唯论文、唯职称、唯学历、唯奖项"问题。全面纠正科技成果评价中单纯重数量指标、轻质量贡献等不良倾向，鼓励广大科技工作者把论文写在祖国大地上。以破除"唯论文"和"SCI 至上"为突破口，不把论文数量、代表作数量、影响因子作为唯一的量化考核评价指标。对具有重大学术影响、取得显著应用效果、为经济社会发展和国家安全做出突出贡献等高质量成果，提高其考核评价权重。人才结构性矛盾愈来愈突出，人才评价改革之势愈来愈强劲。为科学、客观、公正地评价各类教师的职业道德、创新能力、业绩水平和实际贡献，2022 年初，深圳技术大学乘东风而上，根据应用型大学的办学目标、价值取向和特色实践，在充分总结各相关高校教师职位晋升经验做法的基础上，印发了《深圳技术大学教师职位晋升实施细则》。该细则尊重人才的差异性，强调"分类评审、同行评议"，首次提出实践教师晋升评审路径，为建设一支既有突出教育教学能力、又有一流技术开发及应用能力的应用型师资队伍打好了制度基础。

阮双琛认为，深化改革人才评价体系势在必行，不同的学科、不同的专业领域，需要采用不同的评价标准，否则对高水平工程技术人才的培养非常不利，对关键核心技术和装备制造业的突破式发展非常不利。他说："我们希望由最了解一线企业、一线技术难题的实践型人才来校任教。他们既没有发表多篇文章的经历，也没申请国家级项目的经历，很难与传统的研究型大学的教师相比较，但在技术大学，这样的老师也能得到认可。学校总体上采用预聘-长聘制进行聘任考核，结合'破五唯'，将老师分为研究型、教学型、工程实践型、实验型四种序列。对于研究型老师，重点考核科研水平、承担项目能力、论文水平等；对于教学型老师，我们从学生评价、课堂观摩、教学效果等方面来评价；对于工程实践型老师，重点考核他们与企业合作研究的能力，由学术委员会对合作项目难度和水平、创造收益、学生在完成项目过程中的能力提升等进行综合评判；对于实验型老师，重点考核其实践课程教学水平、仪器设备研发水平。这四种序列的晋升通道都是畅通的，无论在哪一方面做出成绩都能得到认可。另外，学校对纵向项目和横向项目一视同仁，更鼓励老师们争取横向项目。对外介绍发展成果的时候，不是列举获得国家级项目的个数、发表的文章篇数、有某些头衔的人数，而是告诉别人我们做出了什么，在理论技术方面有哪些创新，对社会发展有什么推动作用。"

评价机制事关发展方向，是改革创新的关键环节。在教育、科技、人才"三位一体"协同融合发展的战略框架下，三大主体的评价体系同样应当统筹联动并聚焦高质量发展主题。为落实国务院办公厅《关于完善科技成果评价机制的指导意见》，进一步深化项目、人才、机构、成果等评价改革，构建科学、规范、高效、诚信的体系化科技评价机制，2022年9月，深圳市人民政府印发《深圳市深化完善科技评价机制实施方案》，提出遵循科研活动和人才发展规律，科学设立评价目标、指标、方法，引导科研人员潜心研究、探索创新；聚焦科技评价中存在的突出问题，从需求侧入手，注重以科技创新质量、绩效、贡献为核心的评价导向；坚持分类评价，针对不同类型科研活动及其产生的科技成果，以及从事不同科研活动的人才和机构，开展多维度差别化评价；充分发挥市场在资源配置中的决定性作用，更好发挥政府作用，客观公正地反映不同评价对象的实际情况。与此同时，为深入贯彻党的十九届五中全会关于健全科技人才评价体系的重要部署和中央人才工作会议精神，科技部等八部门于同月印发《关于开展科技人才评价改革试点的工作方案》，该方案旨在围绕国家科技任务用好用活人才，创新科技人才评价机制，以激发科技人才创新活力为目标，以"评什么、谁来评、怎么评、怎么用"为着力点，以"破四唯"和"立新标"为突破口，以深化改革和政策协同为保障，按照创新活动类型构建以创新价值、能力、贡献为导向的科技人才评价体系，引导各类科技人才人尽其才、才尽其用、用有所成，为实现高水平科技自立自强和建设世界科技强国提供有力人才支撑。

作为六大试点地方之一，深圳承担着深化科技人才分类评价改革，大胆创新人才发现、培养、使用、激励机制，发挥政策集成效应，推动人才、项目、基地、资金一体化配置，有效激发科技人才活力，探索形成可推广可复制的地区经验的历史使命。评价改革春潮滚滚，创新教育风帆浩浩。阮双琛说："学校借鉴了德国应用技术大学的教师评价体系，并进行了本土化的创新。国内大部分高校的评价体系基本上考查两个方面：一是科研项目数量及经费；二是论文数量。我们不把这两项作为教师考核的指标，而是以解决企业、行业和产业的实际问题，产学研创新成果，创造社会财富的能力，培养学生解决实际问题的能力等作为教师考核的主要内容。因此，我们要求所有的老师不仅要理论水平高，实操能力、动手能力也要强。每位老师带 8 至 10 个学生，除了负责学生的专业培养，还要指导学生进行实习实训，包括对接校企合作、国际交流等事项。如果教师在某个环节有所欠缺，学生的培养闭环就无法完成了。"

打破旧的藩篱难，树立新的标准更难。《关于开展科技人才评价改革试点的工作方案》确立了承担国家重大攻关任务的人才评价以及基础研究类、应用研究和技术开发类、社会公益研究类的人才评价的试点任务。其中，应用研究和技术开发类人才评价应以技术突破和产业贡献为导向，重点评价技术标准、技术解决方案、高质量专利、成果转化产业化、产学研深度融合成效等代表性成果，建立体现产学研和团队合作、技术创新与集成能力、成果的市场价值和应用实效、对经济社会发展贡献的评价指标。看起来，以创新水平、转化应用绩效和对经济社会发展的实际贡献为导向的评价体系，远不如以是否发表论文、取得专利多少和申请国家项目经费数量为主要指标的评价体系直观具体。

如何量化科研成果的高质量供给与转化应用，似乎已经成为"立新标"的阿喀琉斯之踵。但是阮双琛说："对于一项科技成果的实际贡献，同行之间是清楚的，我们让同行来评价，你提出的某项技术有多大价值，能否推动技术发展。据我了解，美国高校的专利转化率在3%左右，就是100个专利有3个能为企业产生效益。我们尝试建立这样一个评价体系，就是让老师安心带领学生解决实际问题，培养学生做出实际东西的能力，不为教学以外的事情分心。我们的教师评价体系还有另一项创新，传统大学实验室里的实验员，其资历与地位在高校教师队伍中比较低，要么是本科毕业生要么是硕士毕业生。而在深圳技术大学，我们在实验室进行教学的老师，不仅具备博士学位，还拥有企业多年工作经历。他们熟悉企业，了解前沿技术，他们的教学地位与在教室里上课的老师地位相同，也有副教授、教授职称。正是基于这种全新的教师评价体系，我们希望招聘的专任教师具有企业工作经验的比例要占专任教师总数的50%以上；5年以上工作经验的企业高管、工程技术人员、高技能人才担任兼职教师，比例要达

15%；专业教师每 5 年企业实践时间累计不少于 6 个月。"

　　科技创新要充分发挥科技成果评价的"指挥棒"作用，用曹建民的话来说："'指挥棒'在哪里，资源和投入就在哪里。"新标准要坚持以质量、绩效、贡献为核心的评价导向，要坚持科学分类、多维度评价，要坚持正确处理政府和市场关系，坚持尊重科技创新规律，在体制机制上解决分类评价体系不健全以及评价指标单一化、标准定量化、结果功利化的问题；充分发挥市场在资源配置中的决定性作用，更好发挥政府作用，引入第三方评价，加快技术市场建设，加快构建政府、社会组织、企业、投融资机构等共同参与的多元评价体系，充分调动各类评价主体的积极性，营造成果评价的良好创新生态；把握科研渐进性和成果阶段性的特点，创新成果评价方式方法，加强中长期评价、后评价和成果回溯，引导科研人员潜心研究、探索创新，推动科技成果价值早发现、早实现。曹建民说："真真正正地把应用研究和技术开发类人才在高校的称谓、地位和晋升标准确立下来，让企业人才在高校把心放下来，把根扎下来，才能彻底打开应用型教育的新局面。"

　　高质量的校企合作基于紧密的校企合作共同体。在对人才实施分类评价、分类管理的过程中，校企合作机制链接点得以生成，从而使校企发展共同体的建构呈现崭新局面。推进人才评价改革的实质就在于使产业链、教育链、人才链、创新链的分割性结构发生融合性变革，最终实现高等教育与国民经济双向互促的协同发展态势。因此，从某种意义上说，对校企合作"合而不做、做而不实"的突破，就是对不同领域的人才评价和人才管理"相互区隔、互不融通"的突破——解决了人才评价的问题，才能真正解决校企合作中的人才流动和人才共享的问题。既合又做的校企合作是应用型大学连接前沿产业、技术潮流、社会议题的桥梁。吴以环说："与企业进行高质量的合作对技术大学的快速、健康发展至关重要。所谓高质量，体现在这种合作是紧紧围绕着共同研发开展的，我们是在研发的过程中培养善动脑、敢动手的人才，同时又能够在合理的成本范围内解决企业发展面临的技术难题。我们培养的人才始终是要与发展性、提升性、优化性的技术方案打交道的，他们是把技术变成场景化的、更具体的商业产品的操盘手。解决就业只是成功为企业解决技术难题的副产品。培养解决产业发展问题的能力，才是技术大学自身发展的底层逻辑。在我的印象中，与深圳地铁集团签署的校企联合办学框架协议，是我们与国内企业签署的首个联合办学协议，也是技术大学校企合作迈出的重要一步。"

△ 2016 年 10 月 24 日，校领导与地铁集团签署联合办学协议

针对校企合作的谋长远、谋共赢，吴以环可谓深思之、力行之。早在 2016 年 7 月 4 日，她就率队到访深圳地铁集团，与

集团董事长林茂德就共建深圳技术大学轨道交通相关学科专业等事宜展开深入交流。深圳地铁集团与深圳大学有着良好的合作关系，鉴于原深圳大学轨道交通学院的相关专业将转移到深圳技术大学办学，吴以环希望地铁集团能够与深圳技术大学再续前缘、别开生面，进一步探索城市轨道交通人才培养联盟建设，共享人才师资，共建学科专业。林茂德则诚挚表示，地铁集团作为深圳市属国企必将全力支持深圳技术大学逐梦应用型大学的"高质量领跑者"。

从技术大学与地铁集团后续的精彩故事来看，这次调研颇有实效。短短3个多月之后，双方就正式签署了校企联合办学框架协议，吴以环亲手促成并见证了这场充满历史意义的签约仪式。根据协议，深圳技术大学将与深圳地铁集团有限公司共同组建"深圳技术大学城市交通与物流学院"，构建基于产学研用联动合作、符合学科专业发展规律、满足产业结构优化升级需求的城市轨道交通协同育人体系和平台，合力培养现代城市轨道交通领域的高端应用型创新人才。同时，双方将通力支持两队人才相互挂职锻炼，共同打造一支理论视野开阔、实践经验丰富、产学研用融通的双师型、国际化师资队伍。马不停蹄奔目标，一鼓作气迈新程。2017年3月3日上午，深圳技术大学筹备办公室与华为技术有限公司签署战略合作框架协议。根据协议，双方将充分发挥各自的资源优势，共建深圳技术大学互联网与大数据学院，并在实训基地、学生实习、学生认证培训、学校信息化及实验室信息化建设等相关领域展开全方位合作。作为技术大学有力的支持者、温暖的关怀者和智慧的引导者，吴以环毫无悬念地再次出席了本次签约仪式，在深圳技术大学筹备办公室与本土企业签署第二个战略合作协议的历史瞬间留下了熟悉且亲切的身影。

阮双琛说："贯彻落实校企合作、产教融合、工学结合、知行合一，是深圳技术大学筹建以来一贯坚持的重要发展方向，此次与华为技术有限公司签署战略合作框架协议，标志着深圳技术大学向培养具有技术特色和实践专长的高端应用型创新人才的办学目标，迈出了坚实的一大步。"

2017年3月底，杜晨林从深圳大学来到深圳技术大学。"来的时候，心里就一个想法，人这一辈子能有机会参与从零开始创建一所全新的应用技术大学，是非常难得、非常有意义、非常荣幸的。"杜晨林说。在这里，他开展了全新的、从未接触过的，甚至神奇的工作旅程，经历了很多人生中的"第一次"：第一次从头开始组建一个部门，第一次举办了"技大讲坛"，第一次成功举办了学校第一场校企战略合作框架协议签署仪式，第一次组织全校27项科技成果参展第十九届中国国际高新技术成果交易会，第一次制定了对学校校企合作工作起到指导和保障作用的《深圳技术大学（筹）校企合作工作方案（试行）》，第一次组织成立了深圳技术大学第一届学术委员会，第一次组织注册成立了深圳市深技大资产运营管理有限公司，第一次组织成立了深圳技术大学第一届伦理委员会，第一次组织成立了深圳技术大学第一届实验室技术安全委员会，第一次筹建筹开国际学术交流中心酒店工作，第一次注册成立深圳市深技大一零三四酒店管理有限公司……

杜晨林说："刚组建校企合作战略推进组的时候，除了我，全组只有王树兰一个人。后来，这个组改为科研部（校企合作部），后来再一次更名为现在的科研与校企合作部。最初两年，我经常带着部门的人跑企业，每到一个企业都会不断重复地介绍学校的筹建缘由和办学特色，目的就是能够给各个学院拉来越来越多的合作企业。那段时间，学校合作企业的数量从十几增加到三十几，再到五六十，然后超过一百，一百四五十，一百八九十，最后又超过两百，全部门六个人都特别欣慰、特别有成就感。印象特别深的是，当时很多老师都主动给我们推介各行各业的企业，遇到这么多为同一个目标而奋斗的朋友们，我的内心充满感激。"

在杜晨林的心中，有一个愿望一直未变，那就是——未来的某一天，学校不再需要往外寻找合作企业，相反，优秀企业都主动上门商请与学校合作。这意味着，"技术大学"的路走成了，牌子擦亮了。这意味着，越来越多的高校都将因为深圳技术大学的特色和水平，而争相使用"技术大学"这个名字。

△ 2017 年 9 月 28 日，深圳技术大学（筹）与中芯国际等 10 家企业集中签约

从不破不立到有破有立的过程，就是更新旧制度、探寻新规范的过程，也是解放旧思想、接纳新观念的过程。2016 年 3 月的一个晚上，在深圳大学工作了 3 年的吴旭得知深圳正在筹建一所新型大学，新学校、新理念、新天地，他在其中看到了无限破旧

立新、再开赛道、多元发展的可能，这正是在一张白纸上练就真本领，在一片荒芜中求得真学问的新时代！知其所以然者，无不兴致勃勃、蓄势待发。在建制化的学术界濡染多年，吴旭对各种平台、各类项目、各式奖项了如指掌。在他看来，在"破五唯"的背景下，适时建立与办学定位、办学特色和办学方略相适应的新的评价体系分外重要。他说："对不同类型的高校，一把尺子量到底是不能落实错位发展、多元发展、协调发展的现代高等教育理念的。由于传统人才或者科技评价机制的现实导向，大家可能对横向项目抱有一些偏见，觉得它不像纵向项目那样体现水平和实力。其实，现在无论是从国际的层面还是从国家的层面，企业间的竞争日益趋向白热化，他们对科研的投入非常慎重，非常注重质量，也非常考验高校人才的技术能力，所以真正的校企合作一定是紧紧围绕着企业急需解决的关键技术问题展开的，能够提供市场承认的技术方案本身就是水平和实力的表现。"

企业是市场竞争的直接参与者，更贴近生产第一线，更了解市场新动态，对未来技术、未来产品、未来需求最为敏感。企业主导的科研创新成果，直接面向市场，是科技、经济、管理和文化等要素的综合与优化，具有直接的市场竞争优势。因此，企业组织设立的横向项目能够有效衔接技术、资源和人才优势，在很大程度上克服理论与实践、科技与产业、高校和企业之间的"两张皮"结构，形成推进知识创新与技术创新的强大合力。吴旭说："在科研评价中同等看待横向项目和纵向项目，是评价机制改革中的关键点。学校的学术委员会和来自企业的技术顾问将根据项目所解决的技术问题的难度来衡量和评价项目的等级，技术顾问在产业实践中摸爬滚打过来，更清楚横向项目的技术难点和难度。"确立了横向项目和纵向项目在评价体系中的同等地位和作用，就调动了高校人才参与校企合作的积极性，释放了高校与企业联动发展的创造力和活跃力。

吴旭说："在校企合作方面，我们也建立了一套完整的系统和框架。横向地看，我们把企业大致分为了三种类型，第一种类型是头部企业、知名企业，第二种类型主要包括高精尖类企业，还有一种类型是中小型企业。这三种类型对应的合作方式和合作内容是不一样的。比如说，我们希望和知名企业联合建立产业学院和实验室。因为头部企业的资源非常丰富，从平台共建的宏观角度出发，有利于校企双方强强联合、共优共强。针对高精尖、小巨人类公司，我们不仅希望和他们共建专业、特色班、英才班，而且也希望和他们的研发人员组建技术攻关团队，头部企业的研发团队非常成熟，我们和高精尖类公司合作起来更能打成一团。再一个就是中小型公司，我们主要向他们提供相关的技术服务，帮助他们进行技术开发，因为他们的研发投入可能很少。与此同时，我们争取把学生的实习实训基地设置到知名企业和高精尖类公司里面，密织一张高层次的校企联合培养人才的输出网络。把具体技术应用于实际的工业生产和商业活动，形成一条完整的产业链。纵向地看，学校希望能够与产业链上下游的不同种类公司进行合作，抓住重点，布局合作框架。在校企合作中，个人当然是有影响力的，但是光靠个人的关系是不长久的，必须有一个常态化的合作机制作为高校和企业共同成长的支撑和保障。"

吴旭特别强调，校企合作的目的始终是指向双赢的。他说："基于双方的现实需求，建立一个共同的合作目标。这个目标可以是一个共建平台的大目标，也可以是一个共克项目问题的小目标。只要朝着目标走，就不慢，就不会输。"时至今日，吴旭依然能够感受到 2016 年 3 月的那个晚上，阮校长在深圳大学科技楼谈起筹建新大学时的憧憬和激情。那就像一座闪光的灯塔，鼓舞并指引着吴旭从一名普通的教师成长为一个部门的领导。他说："我是看着这所学校一步一步发展起来的，我相信只要我们坚持办学初心不动摇，学校一定会越来越好。我热爱这所学校，我希望自己能够一直伴她成长。"

在国际合作方面，深圳技术大学不一样。谈起国际合作的故事，很多人都曾如此感慨："他们竟然来真的！"阮双琛说："因为我们是对标德国办大学，所以在我刚刚接手筹建任务的时候，吴副市长他们就说要尽快找到德国的合作伙伴。虽然过去也有国际的校际合作经验，但是和国外一流应用技术大学之间的接触并不多。"2015 年 11 月 26 日，在时任市教育工委副书记范志刚的引荐下，阮双琛与德国巴伐利亚州中国代表处总代表王猛博士（Dr. Markus Wittmann）结缘。王猛向阮双琛推荐了汉斯·赛德尔基金会。很快，阮双琛就携曾思予和深圳大学外事处的张璋拜访了该基金会上海代表处首席代表邵贝德（Bernd Seuling）博士。阮双琛说："当时谈得非常好，我们希望他能到深圳来签约，他也非常爽快地答应了。"谁知，就在邵贝德前往深圳签约的过程中，发生了一个意料之外的小插曲。当他抵达深圳，在东华假日酒店办手续的时候，发现自己的钱包和护照全部不翼而飞。晚上 6 点钟左右，阮双琛来到酒店，本想邀请邵贝德在一楼自助餐厅吃个便饭，却敏锐地捕捉到他面露不悦。一问才知，邵贝德不慎遗失了钱包和护照。阮双琛说："我问他大概是在哪里弄丢的，他说有可能落在飞机上了。飞机停飞之后只有航空公司的工作人员可以进舱，刚好我有一个朋友在机场塔台里工作，我马上给他打电话，他随即就联系了航空公司派人登上了飞机，果然在邵贝德座位前排的座椅杂志袋里找到了他遗落的钱包和护照。航空公司的人说第二天给我们送过来，我看他挺着急的，就当场安排了一个人去机场给他取回来。钱包和护照失而复得，邵贝德非常兴奋，也非常感动。从此便和我们成了好朋友。"

事业的连接，其实是人的连接。对于阮双琛来说，团结人不是一门技术，而是发乎于心、见之于行的真挚交往。在诸多友人眼中，阮双琛甚至是拙诚和天真的。曾思予说："阮校长会带我们的国际友人去吃冰激凌，那个画面可以说是充满童趣，真的挺好的。大事稳妥，小事周到，他的人格魅力别人都感受得到。这也是很多外国友人愿意扎根坪山搞教育的一大原因。"吴以环则如此评价阮双琛："他是用心、用情、用力办大学。"

2016年6月7日下午，在德国驻广州总领事馆总领事吕海慕、德国巴伐利亚州中国代表处（深圳）总代表王猛、深圳市副市长吴以环、市教育局局长郭雨蓉、市委教育工委副书记范志刚，市外办、坪山新区管委会有关负责人的共同见证下，阮双琛与邵贝德在市民中心签署共建"中德技术合作中心"备忘录。根据合作备忘录，双方将共建"中德技术合作中心"，汉斯·赛德尔基金会为深圳技术大学推荐德国相关企业和教育机构并协作建立合作项目，推荐德国应用技术大学的专家，共同开发教师培训及进修项目。市教育局局长郭雨蓉在致辞中表示，深圳技术大学是深圳举全市之力筹建的一所高层次的应用技术大学，学校将引进德国、瑞士等职业教育发达国家的先进教育理念和办学经验，加快建成高水平应用技术大学，推动深圳构建开放式、国际化、创新型的高等教育体系和国际一流的现代职业教育体系。

△ 2016 年 6 月 7 日，筹备办公室与汉斯·赛德尔基金会签署备忘录

　　深圳技术大学和汉斯·赛德尔基金会合作共建"中德技术合作中心"，对于深圳技术大学的国际化发展意义重大。深圳将全力为"中德技术合作中心"提供支撑性服务，争取把深圳技术大学建成中德教育合作的标杆项目，用实际行动为两国教育、科技和文化的多方位合作与交流做出深圳贡献。阮双琛说："与汉斯·赛德尔基金会签署合作备忘录，是深圳技术大学与德国合作的第一步，也是我们打开与国外应用技术大学全方位合作的一把钥匙。从这里开始，我们与德国、瑞士、美国、日本等发达国家应用技术大学合作的脚步再也没有停下过。"对于技术大学前期的中德合作，特别是在引介德国一流应用技术大学资源方面，邵贝德确实起到了非常积极的作用。包括当时的巴伐利亚州教育文化科学艺术部职业教育司司长（German Denneborg）、纽伦堡市市长顾问（Christian Büttner），以及一些应用技术大学的校长，都是他倾力推荐的。从阮双琛口中得知，他们中的很多人都亲自到访过坪山，在竹韵花园幼儿园畅谈过，在创景路漫步过，看过聚龙山巅的青云缭绕，欣赏过坪山天际的晚霞燃烧……其中，邵贝德推荐的兰茨胡特应用技术大学（Landshut University of Applied

Sciences）校长又为阮双琛引荐了深圳技术大学国际合作的关键人物之一——付朗兹·拉普茨（Franz Raps）。

深圳早春，生机盎然。2017年2月下旬，付朗兹·拉普茨作为深圳技术大学的首位特聘教授首次到访坪山，开展其在筹备办为期两周的首轮建设工作。三"首"齐应，风景独好。工作期间，他精心为筹备办的全体教职工准备了多场干货满满的讲座——《德国的应用技术大学》《德国应用技术大学的教授与实验室老师》《深圳技术大学办学建议》……一系列主题讲座，可谓场场精彩纷呈，场场反响热烈。他说："在德国，应用技术大学是一个已经被社会广泛接受的大学类型。但是在中国，它的发展前景还是未知数。目前，中国对应用技术大学的评价模式依然与传统大学如出一辙。其实应用技术大学的工作重点，跟传统大学不一样。在师资队伍的能力构成方面，它更侧重实践经验，更侧重专家、教授对企业的技术难点和痛点的实际把握；在科学研究的导向方面，它更注重解决企业的技术难题，更注重对科研成果在企业和产业中的产品转化；在人才培养方面，它更看重学生知识复合、能力复合与思维复合的全面贯通，更看重培养他们获得和保持工作、在工作中进步，以及应对工作中出现的变化的综合能力，亦即可雇佣性（Imployability）的塑造。可雇佣性是个人品质、技能素质和学科理解相互作用的产物，它只有在具体的、系统的、可感的实战操作中才能习得。"

2017年9月8日，付朗兹·拉普茨与数十位来自德国的专家、教授齐聚坪山，在"中国制造2025"与"工业4.0"——高水平应用技术大学论坛上，就学科建设、校企合作、技术转移和应用，以及国际化建设等议题展开深度对话。在交流中碰撞思想，在沟通中凝聚共识。经过一番敞开谈，大家更加确信，教育当勇于创新，当从实际出发，而不是一味教授在书本上已经存在了数十年的静态知识。毫无疑问，大学能够做的事情还有很多！

付朗兹·拉普茨说："大学，尤其是应用技术大学不应只是学生吸收理论知识的场地，它还应该人格化为一个领路人和启蒙者，积极鼓励、大力支持、正确引导学生全面掌握把理论知识转化为成果、转化为能力的技巧。这当然不是将教育庸俗化为无底线的实用主义。德国专门做问卷调查，关于毕业生在企业被炒鱿鱼的因素，其中占比最大的就是学生不知道如何将大学期间学习到的理论知识转化成实际的工作能力。所以，教育真正的问题并不在于抽象地辨识究竟是理论重要还是实践重要，而在于如何在理论和实践之间建立起一个关于培养转化能力的机制和共识。这种机制和共识是一个包容性的成长空间，在这里，学生不会害怕犯错，不会总是等待，他们一直走在实践的道路上。"

2018年5月，64岁的付朗兹·拉普茨正式受聘为深圳技术大学（筹）城市交通与物流学院的首任院长，他也是深圳技术大学（筹）聘请的首位外籍院长。面对来自数千公里外的诚挚邀约，他认真地说："我觉得这是一个人一辈子都难得拥有一次的珍贵际遇，大概考虑了10分钟，我就欣然接受了这个邀请。此情此景，无须过多思虑，放手去做就好！"

在德国奥格斯堡应用技术大学（Augsburg University of Applied Sciences）电气工程学院担任了14年院长，德技并长的付朗兹·拉普茨跨越山海，为深圳奇迹而来，为教育大爱而来，为人生扬帆再出发而来。他说："阮校长正在带领深圳技术大学开创一条全新的实践教育之路，我非常希望参与其中，为学校的发展贡献自己的知识和经验。我知道直接照搬德国的教育模式是不可能的，我们必须找到能够完美结合两国教育模式的新方式，这也是我接下来的工作重点。"在付朗兹·拉普茨看来，扎实的理论基础、丰富的实践经验、开放的心胸气度与过硬的外语能力是学生走出国门、走向国际的重要品质。"走出国门的第一步，就是先走出教室，走进项目、走进社团、走进工作坊……想要拥有实践经验，你就不能害怕弄脏自己的手。如果灯泡坏了，不要总想着给电工打电话，自己动手换吧！世界属于那些不怕把手弄脏的人！"

谈到技术大学国际合作道路的开拓史，吕启涛是不可绕过的关键人物之一。作为在业界扛过风雨、见过世面、练就了过硬本领的"非典型博士"，他常常被学界的同人亲切地称为"吕总"。阮双琛说："第二个对学校的国际化工作做出实质性推动的人，实际上是吕总。在 2016 年来到坪山办公以后，市里就希望我们能够邀请一些德国友人，举办一场'高水平职业教育体系及中国制造 2025 与工业 4.0 研讨会'。可是邀请哪些嘉宾参会，这件事一直没有定下来。后来，吕总到德国去参加一个光电展览会，刚好碰见他在德国留学时候的好朋友马库斯·古根穆斯，他就给吕总介绍了德国雷根斯堡市经济发展促进局局长和东巴伐利亚州应用技术大学副校长。再加上一些其他外国专家、教授，2016 年 12 月，一场国际研讨会就办起来了。这次研讨会确实对技术大学的国际合作起到了极大的促进作用，因为正是通过这次研讨会，我们结识了托马斯·克劳斯·富尔曼，他是东巴伐利亚州应用技术大学的副校长，就是他向我们推荐了霍尔格·哈顿旺。"

阮双琛口中的霍尔格·哈顿旺（Holger Halenwang）是一位德国经济学专家，曾担任德国东巴伐利亚州应用技术大学（雷根斯堡）副校长、学术理事会主席和学术监督委员会副主席等职务。2017 年 4 月，他以深圳技术大学创校国际顾问的身份加入了深圳技术大学的筹建队伍。

春天，万物生长；春天，孕育希望。2017 年的春天，阮双琛、曾思予等一行 5 人来到德国东巴伐利亚州应用技术大学拜访副校长托马斯·克劳斯·富尔曼。曾思予说："我们希望他可以介绍一些国际化的专家、教授来给我们的学生上课，或者开展一些其他可实现的项目合作，他当场就推荐了学校的前任副校长，也就是我们现在所熟知的霍尔格·哈顿旺教授。"

　　回忆起与霍尔格·哈顿旺的初识，阮双琛至今还觉得有些"不可思议"。"我们见面才几分钟，他就决定到深圳工作了，之前他也没来过深圳，没想到几分钟他就答应到这儿来了。"阮双琛说。对此，霍尔格·哈顿旺则爽朗地回应道："当时我被邀请到会议室，一走进去，我就看到 5 个中国人坐在那里，那是我第一次见到阮校长。他们问我是否有兴趣到中国工作，我说为什么不呢？为什么我要犹豫？为什么我不去？在我看来，这是一次充满意义的冒险，帮助新建一所大学永远是一个很棒的体验。当然，能够借此领略深圳的城市和科技发展之道，也是非常有趣的。因为在来这里之前，我就已经听说过华为和腾讯的大名了。他们说想要先看一下我的个人简历，我说没问题，我会尽快给你们发邮件。"

　　在一般人看来，这次会议室的简短座谈只是一些不必当真的礼貌性对话。谁能料到，这群不远万里来到德国寻觅良才的中国人竟然来真的！座谈几天之后，霍尔格·哈顿旺就收到了曾思予的邮件。"我们仔细看了他的简历，认为他非常适合做我们国际合作的顾问，甚至是筹建大学的顾问。我在邮件中介绍了他究竟能够过来为我们做什么，他也回复说期待接下来的发展。同一天，他就再次收到了我的邮件，这次是一份合同意向书。"曾思予说。"我发完简历没多久，就收到了他们的回复邮件，里面说希望我能够尽快给他们提供一张护照复印件，我还问我的太太，他们为什么需要我的护照复印件？话刚说出口我便恍然大悟，他们竟然来真的！这是我第一次切实地感受到何谓'深圳速度'，在后来的故事中，这种冲击性的感受更是俯拾皆是。"霍尔格·哈顿旺说。

也许，阮双琛认为的初识的"不可思议"含有一点"美丽的误会"。但是，随着双方合作的深入，"美丽的误会"变成了"美丽的回忆"。阮双琛说："我们在德国和霍尔格·哈顿旺会面的时候，前后就跟他谈了十来分钟，可能最初他本人多多少少会有一些不确定——我们这些人究竟是不是随便说一说？但是我们看到他的简历以后，就马上把合同意向书给他发过去了，他收到合同意向书以后，打内心觉得我们办事很认真，当即就表示同意到深圳来，紧接着我们就着手给他办工作签证了。"

2017 年 4 月 18 日到 25 日的德国之旅，目标明确、行程紧凑、收获颇丰。筹备办公室与德国慕尼黑应用技术大学、德国奥格斯堡应用技术大学、德国维尔茨堡-施韦因富特应用技术大学签订了合作备忘录，将近 20 位优秀的德国应用技术类专业人才明确表示愿意到技术大学授课。阮双琛说："很多人出国交流谈合作，可能说一说就没有下文了，我们刚到纽伦堡应用技术大学拜访的时候，负责接待的工作人员估计我们也就是随便看看、随便说两句。最开始他们说他们的校长很忙，后来我们和他们谈完了以后就问：'有没有可能见一见你们的校长？'他们就把我们领到了校长的办公室，刚好校长忙完了，就临时决定跟我们聊一会儿，谁知校长越聊越激动，越聊越愿意跟我们合作。他兴高采烈地给我们讲述了物理学家乔治·西蒙·欧姆的故事，还一定要拉着我们去欧姆的雕像前看一看。大家都知道，欧姆因著名的欧姆定律闻名于世，实际上他还有另一个重要的身份，那就是纽伦堡应用技术大学的第二任校长。这位迈克尔·布劳恩（Michael Braun）校长是纽伦堡应用技术大学的第四十四任校长，当时他还把 1833 年 7 月 13 日路德维希一世授予欧姆的任命书拷贝件送给了我们做纪念。后来，他一个人专门到技术大学来看过，坚持在教学计划、教师培训、学生交流、联合课程开发、联合实验室建设等方面跟我们合作。其实，一路走来，我们在开展国际合作的过程中遇到的大学校长都非常热情，都非常愿意跟技术大学合作。纽伦堡应用技术大学也好，维尔茨堡－施韦因富特应用技术大学也好，还有奥格斯堡应用技术大学，等等，他们都跟我们有深入友好的合作。特别是维尔茨堡－施韦因富特应用技术大学，伦琴就是在这个学校发现了 X 射线，然后获得了首届诺贝尔物理学奖，他们的校长罗伯特·盖尔布纳（Robert Grebner）特别看重技术大学，从学校刚开始筹建他就亲自过来交流。在我的印象中，他前前后后一共来过五六次，确确实实帮助技术大学拓宽了国际合作的版图。"

△ 2017 年 7 月 11 日，纽伦堡应用技术大学校长来访深圳技术大学

5月2日，吴以环专程听取了筹备办公室赴德国多所应用技术大学访问事宜。吴以环指出，学校要及时推动所签协议的内容细化和方案落地，不仅要广泛吸纳国外优秀应用技术大学的师资力量和技术力量，而且要不断学习、充分吸收、灵活借鉴国外先进教学评估体系和人才激励制度，以一流应用技术大学的办学经验赋能深圳技术大学的筹建和管理。与此同时，筹备办要管理好、服务好、使用好远道而来的德国专家和教授，在现有工作的基础上，以"深圳速度"和"德国质量"为核心标准，进一步完善管理制度，提高管理水平。

携热爱远赴山海，有理想情定东方。7月3日，霍尔格·哈顿旺首次来到技术大学。他以讲座和座谈会的形式，与筹备办的全体教职工分享了自己在德国应用技术大学主管外事和人事相关工作30多年间积累的一手经验。他阳光开朗、风趣幽默，很快便和筹备办的大朋友、小朋友们打成一片。因为相似的发音，大家都热情地称呼霍尔格·哈顿旺为"王教授"，他也入乡随俗，开心地应承下来。谈起对技术大学的第一印象，"王教授"带着一抹不可置信的神情笑着说："当我问别人，你们知道深圳技术大学在哪里吗？他们说在竹韵花园幼儿园。这种有趣的反差让人印象深刻。"正所谓"兵无常势，水无常形；能因敌变化而取胜者，谓之神"。发展之道亦无它，唯从实际出发，用能用的，做该做的。今天跌跌撞撞的幼儿，就是明日稳稳当当的青年。希望，不就在此吗？

△ 2017 年 7 月 14 日，霍尔格·哈顿旺教授与学校教职工交流

    2018 年 6 月 14 日，霍尔格·哈顿旺被聘为深圳技术大学商学院院长。阮双琛认为，霍尔格·哈顿旺与付朗兹·拉普茨的全职加盟，标志着深圳技术大学的国际化进程步入了崭新阶段。他说："高水平的德国教授长期在学校工作，就相当于我们拥有了一座'富矿'。第一，他们两位来了以后，可以说是真正把德国应用技术大学的核心或者是灵魂引进了技术大学。在师资队伍建设、人才培养方案、学生毕业要求等方面树立起了能够规范和引导技术大学错位发展的新标准。经过多次的研讨，他们牵头编写了《深圳技术大学：应用技术型高等教育研讨会》手册，印制后分发给了各个学院，供我们的教师参考学习。"

    2020 年 11 月 26 日，深圳技术大学首次教学研讨会顺利召开，会议就教学方法、教师招聘、教师培训、教学评价、教师晋升以及教师工作量等内容展开讨论。霍尔格·哈顿旺与付朗兹·拉普茨从德国应用教育实践者的角度提出了诸多富有建设性的建议，让全体教职工从充满现场感的讲述中了解了什么是应用技术大学、为什么要创办应用技术大学，以及如何建设一流应用技术大学。2021 年 7 月 9 日，以"提升教学质量"（Quality of Teaching）为主题的教学研讨会重点讨论了教学支持、教学督导和学生评教等内容，同时，会议审议通过了《深圳技术大学高等教育质量规范》（*The SZTU Quality Code for Higher Education*），并由深圳技术大学校长及各学院院长联合签署。

　　基于在德国应用技术大学的一手实践经验，霍尔格·哈顿旺与付朗兹·拉普茨联手为技术大学量身打造了教育教学相关活动的质量标准体系，有力地推动了深圳技术大学的教育评价改革。该规范开宗明义地指出，为工业升级、商业繁荣和社会发展培养造就具有全球视野和国际水平的高端应用型创新人才，是深圳技术大学全体成员的共同使命。在两位德国应用技术大学教育教学专家看来，全体师生的内驱力、自信心和满足感是提高教学质量的力量源泉。除此之外，学校应该在课程质量、教学质量、支持质量和就业准备质量方面拉紧标准线、夯实基本功。课程内容是学生获得学科知识的基础，教职工的应用研究、开发研究、校企合作，以及业界专家的主题性授课是应用技术大学课程内容的重要组成部分。深圳技术大学应当支持和促进学生通过实习实训、项目合作和技能竞赛等方式获得实践性知识。优秀的教师是高质量教学的基础。深圳技术大学的教师应当秉持现代化的教育理念，以项目实践为导向组织实施教育教学活动。此外，规范的监督体系、高效的激励机制和愉快的学习氛围是高质量支持系统的关键要素。深圳技术大学应当对各层次、各类型学生提供必要的个人支持。最后，学生的就业能力是衡量应用技术大学办学质量的标准之一。为使学生能够在毕业后胜任智力密集型、技术密集型与资本密集型的工作岗位，深圳技术大学应当在学生就读期间为其提供针对性的建议和与前沿行业相关的具体内容，保证学生能够实现从学习到工作的平稳过渡。

在德国，应用技术大学人才培养的社会评价刻度尺是毕业生的就业能力。所谓的就业能力，主要包括未就业人数、毕业后找到工作的时长、在公司的级别（是否为领导层）、薪资，以及公司或行业协会的诉求。其中，未就业人数和毕业后找到工作的时长由政府的就业机构负责统计，未就业者会在该机构登记，政府将提供一定的补助金来帮助他们维持生活并促使他们尽快找到工作；某些公司或政府机构负责统计在公司的级别（是否为领导层）和薪资的相关数据，并由政府支付使用经费；公司或行业协会的诉求主要由德国机械公司协会和德国工业协会等协会以及商会提供。以上所有信息均由德国联邦各州的教育部负责收集和整理，它是联邦政府决定向各综合性大学和应用技术大学提供资金支持的重要依据。

阮双琛接着说："学校始终珍惜他们在深圳的工作时光，坚持充分发挥他们的高级顾问作用，坚持认真、深入系统地学习他们提出的合理性建议，坚持将学习和交流成果形成文字并落实在规章制度上。除了在教育教学、评价机制、管理制度等方面的内容引介和标准建构，两位德籍院长还有力地提升了我们的国际化校园文化建设，以及多元化的国际交流合作水平。学校每年一次的国际周，他们都会精心安排、盛情邀请德国应用技术大学的专家和教授过来为我们的学生授课。通过他们，学校能够链接更多德国高校和企业，学生也因此可以得到更多短期参观访学的机会。值得一提的是，经过这几年的筹建，德国应用技术大学的专家或教授都对技术大学的国际化办学理念和校园环境表示认可，所以他们愿意来，来了以后待得住。我觉得，这也是学校在国际交流过程中的一个非常重要的收获和经验。"

△ 2017 年 7 月 11 日，纽伦堡应用技术大学校长来访深圳技术大学

　　如果说国际合作只是传统高校的一个业务模块，那么对深圳技术大学来说，国际合作就是一个操作系统。正如吴以环所说："各走各的路，最关键的是技术大学一定要把中德合作的特色坚持下去，要把国外先进的应用型教育理念深深地根植于学校的体制机制。只要保持住这个特色、这个韧劲，技术大学不仅能在深圳的大学里走在前列，而且能在全国的大学里走在前列。因此，技术大学的国际合作，第一要扩大范围，做大基数，强化内涵。第二要在时间上积累，在空间上布局。教育本来就不是一年两年的事，必须践行长期主义才能有成果。所谓在空间上布局，就是在校园打造国际化的文化矩阵，包括校园的装修风格、特色周边、仪式活动等等。第三要坚持师资队伍的国际化，聘请的外籍院长要能长期驻扎、积极融合。深入、全面的国际合作不光是教育领域的大作为，而且是两国人民友好交往方面的大作为。技术大学的做法非常好，让大家感觉到不一样。浓浓的德国风、鲜明的国际范儿、丰富的海外元素，这就不一样了！"

首届开学典礼风采十足

奋战招生季，风风火火；叱咤首航时，顺顺当当。2017年盛夏，深圳技术大学（筹）依托深圳大学应用类专业（二本）招生，共计在机械设计制造及其自动化、物联网工程、光源与照明3个专业招收了226名本科生，其中，市内考生155人，市外考生71人。市内最低录取分数为480分，市外最低分数为498分，平均分为493.5分，高出当年一本线8.5分；最高录取分数为536分，高出当年一本线51分。8月17日，学校主体移师三职校，部分则转至深圳市高级中学东校区、石井及生物产业园，"战略据点"分布在坪山河两岸，有人将之戏称为"两岸三地"的发展阶段。尚莹莹发了一条朋友圈："今天，一百多号人浩浩荡荡从临时校区搬到启动校区，学校新食堂第一天启用，新领导第一天到位……亲眼见证技术大学从只有两三个人到一两百人……一点点改变，越来越好……"深圳技术大学（筹）的微信公众号也在《今天，我们搬家啦！》的推文中发起号召："欢迎关注我们，欢迎和我们一起成长进步！"欣欣向荣之蓬勃感，溢于言表；意气风发之少年心，跃然纸上。

△ 2017 年 8 月 17 日，搬入启动校区

8 月 21 日，距离 2017 年开学还有 9 天，吴以环专程来到坪山，对学校各项招生准备工作进行现场"考试"和"阅卷"。300多个学生床位、58 间教室及实训室配置到位，学生活动中心、图书馆、洗衣房和食堂相继开放，80 余名授课教师、12 名德国产业导师、32 名中国产业导师整装待发，学校可谓"万事俱备，只待学生"。在一番仔细参观考察之后，吴以环语气肯定地说："虽然只有一年筹备时间，但是深圳技术大学（筹）高效、有序地推进了各项工作并取得了较为丰硕的成果。"她希望，学校在下一步的工作中继续严格科学规划、扎实有力实施，一方面创制人性化、精细化的学生安全管理体系，另一方面优化启动校区软环境，着力打造国际化的校园文化，让学生能够正心学做人、静心习本领、放心看世界。

尚莹莹说："有人说这一届学生是'小白鼠'，也有人说他们是'冒险家'。在我看来，他们是被学校捧在手心里的'心头肉'，是名副其实的宝贝疙瘩。"从吴以环视察学校期间，专门抽出时间与前来"探营"的 28 位新生亲切交流即可看出，尚莹莹所言不虚。那天的一张照片令人印象深刻，吴以环如师亦如友，认真倾听着学生的一言一语。再看阮双琛，他目光如炬地看着眼前的"宝贝疙瘩"，嘴角不自觉地扬起了一抹赞赏和鼓励的微笑。仔细观察，现场每个人的衣服都湿了大半，但是大家脸上闪亮的眼神、专注的表情和灿烂的笑容，酣畅淋漓地诠释了什么是实干的纯真年代。

△ 2017 年 8 月 21 日，新生"探营"

吴以环勉励学生："要好好学习、好好生活、好好锻炼、好好实践，抓住政府和学校提供的优质教育资源和良好机遇，努力提升自我，为自己的未来创造一个美好的前景！"而在被问及对学校的初始印象时，新生们一致把"开放的环境""民主的氛围""浓浓的关爱"作为了核心关键词。

8 月 29 日，深圳技术大学（筹）的三个招生学院的正副院长隆重上任，中德智能制造学院院长吕启涛、副院长王红志，大数据与互联网学院院长相韶华、副院长曹建民，新材料与新能源学院院长韩培刚、副院长仇明侠，六位大将枕戈待旦、训将练兵，不可谓不上心，不可谓不投入！

10 月 13 日，学校又迎来好消息——市委组织部颁发《关于阮双琛等同志任职的通知》：市委批准，阮双琛同志任深圳技术大学（筹）主任；徐刚、孙乡瑜、张岩鸿同志为深圳技术大学（筹）副主任。一支有信心、有能力、有抱负的首航队伍正欲劈波斩浪，一个有使命、有担当、有愿景的改革梦想将要振翅高翔！O Captain！My Captain！一句"站好自己的讲台，带好自己的学生"就是最嘹亮的启航之音！

阮双琛常常谈到我国杰出科学家钱学森的一个观点，那就是一个有科学创新能力的人不但要有科学知识，还要有文化艺术修养，它能够开拓科学创新思维。因此，他希望深圳技术大学的"技术"，是跳动着大国匠心的技术，是怀抱着无界哲思的技术，是充满着人文情怀的技术。质量之魂，存于匠心。2017年3月5日，国务院总理李克强在政府工作报告中指出，要大力弘扬工匠精神，厚植工匠文化，恪尽职业操守，崇尚精益求精，完善激励机制，培育众多"中国工匠"，打造更多享誉世界的"中国品牌"，推动中国经济发展进入质量时代。筹建深圳技术大学的这一步，可谓踩得准、踏得实！

2017年9月7日，吴以环副市长、中国科学院姚建铨院士、市教育局张基宏局长、坪山区委吕玉印书记、深圳大学李清泉校长、坪山区陶永欣区长、比亚迪股份有限公司王传福总裁，以及维尔茨堡-施韦因富特应用技术大学罗伯特·盖尔布纳校长等十余位德国嘉宾，与深圳技术大学（筹）的226名新生和全体教职工欢聚在清丽明秀的马峦山下，共襄开学盛典。启动校区彩旗飘扬，上面一条鲜亮的标语令人印象深刻——工匠精神，人文关怀。科技与人文，如车之两轮、鸟之双翼。双轮驱动，大路畅通；双翼齐飞，前程光明。这条标语表达了阮双琛心目中的"大学之道"，也体现了他建校办学的"专攻之术"。《孙子兵法》说："道为术之灵，术为道之体。"人类的文明福祉是我们追求的"大道"，技术创新是通往这一大道的工具载体。

△ 2017 年 9 月 7 日，2017 级开学典礼

　　阮双琛在致辞中动情地说："我们倡导的工匠精神，是不畏艰难，刻苦钻研的精神；是不尚空谈，脚踏实地的精神；是一丝不苟，精益求精的精神；是勤恳尽责，敬业奉献的精神；是虚怀若谷，海纳百川的精神；是勇于挑战，不断创新的精神；是立志高远，追求卓越的精神。我们倡导的人文关怀，是遏制贪欲，崇尚道德的关怀；是意境优美，兴趣活泼的关怀；是克服冷漠，仁爱众生的关怀；是刚毅有节，助人济世的关怀；是忠贞报国，无私奉献的关怀；是心系苍生，放眼天下的关怀；是超越小我，成就大我的关怀。"用吴以环的话来说，深圳技术大学之"技"，不是雕虫小技之"技"，深圳技术大学之"技"，是往实际里去，却不沉湎于琐碎；是往高远处去，却不停滞于虚无的"立己达人、兼济天下"之"济"。

　　2017 年 12 月，习近平总书记在接见回国参加驻外使节工作会议的使节时发表重要讲话指出："放眼世界，我们面对的是百年未有之大变局。"局势多变，而大道不变！站在全球生产布局加速重构、权力版图深刻变化的时代路口，教育当彰显其支撑力和贡献力。眼光决胜千里，实干改变世界。今天，深圳市委、市政府高瞻远瞩、科学谋划、鼎力支持建设的新型大学，是以培养本科和专业硕士等高端应用型创新人才为宗旨，秉承学生为本、教学立基、教学相长原则的大学；是立足高新技术产业环境，实施对口需求、定制培养、校企双赢政策的大学；是大力引进世界应用技术高等教育先进经验，实践全方位开放、国际接轨、双向培养的大学；是支撑从深圳制造到深圳创造、从深圳速度到深圳质量的时代转型，争做工程师之摇篮、创造之动力，活力之源泉的大学。

盛情盛景，深圳大学李清泉校长亦心潮澎湃。他说："深圳大学按照市委、市政府的部署和要求，积极参与和支持深圳技术大学的各项筹建工作，遴选了一批工作能力强的管理干部、教学科研经验丰富的骨干教师参与筹建工作，择取了一批与我市创新驱动发展战略相适应、与产业对接好、应用性强的专业作为深圳技术大学的启动专业。两年多来，在各方面的大力支持下，深圳技术大学在办学条件、师资队伍建设、专业设立和国际合作等方面都取得了可喜的进展，这是一个非常好的开端，为学校未来的发展奠定了基础。今后深圳大学将继续支持深圳技术大学的建设和发展，同时加强两校的合作和联系，在市委、市政府的领导下，共同为深圳高等教育跨越式发展、为深圳打造'六个先行区'做出贡献。"

校际联盟亲密无间，校企合作风采更劲。比亚迪股份有限公司董事长兼总裁王传福在开学典礼上铿锵有力地说："中国不缺大学，缺的是有特色的大学！"他希望 226 名新生与比亚迪一起创新、创业，走出坪山、走出深圳、走出国门、走出属于自己的一片天。可以说，创建深圳技术大学是市委、市政府加快构建创新型、开放式、国际化高等教育体系的重要举措，也是推动深圳高校分类发展、错位发展、协同发展的重要成果。"深圳技术大学的发展目标，就是要建设成为适应城市高端产业发展需求，国内最好、世界一流的应用技术大学。"时任教育局局长张基宏如是说。在这个庄严的"启航"仪式上，政府的支持之手、学校的开拓之手、企业的协同之手、学生的信任之手叠放在一起，用信心在俊秀蜿蜒的坪山河畔写下了两个无形的大字——出发！

啤酒实验室品牌飘香

创新和教育，必须相遇。在一次公开演讲中，付朗兹·拉普茨一语破的地指出："不同领域的创新能力都是可以培养的，但是简单地要求创新是无效的，我们必须让学生去思考如何做一件事情，有什么样的步骤，他们需要上手实践。创新有不同的步骤，识别和描述问题是其中非常关键的一步，如果这一步没有做好，我们是没有办法成功的。在实践场景中真听、真看、真感觉，有助于新手积累识别和描述问题的经验。要知道，真正的知识不是在课本里，真正的知识是在我们的生活之中。"一方面，大学是为创新而教育；另一方面，大学教育的过程本身就可以包含并实现创新。用付朗兹·拉普茨的话来说，这两方面必须整合在一起，实现目标和手段的统一。深圳技术大学在应用科学方面对标德国同类大学，聚焦研究、教学和实践三大方向。"我们必须将实践和前两大面向结合在一起，因为创新与实践总是互存互动的，将教学和实践结合起来，就是高质量的教育；将研究和实践结合起来，就是可应用的创新。创新只有在实践的整合中才能为卓越创新人才培养带来更多推动力量和发展空间。"大学是培育卓越创新人才的重要力量，在大学建立创新发展体系是创新和教育牵手的必经之途。如果我们希望人才做出新的发明和创造，那么大学就应该具备相应的培养机制，创造必要的成长环境，帮助学生习得并强化他们的创新意识和创新能力，这是教育创新可以做到的，也是创新教育必须做到的。

为了实现研究、教学和实践的有机结合，深圳技术大学构造了以品牌工作室（实验室）为中心的实践环境。付朗兹·拉普茨说："工作室不仅有实践基地，而且会组织成员参加不同地区和不同层次的项目竞赛。与此同时，工作室还有一个重要的作用，那就是它可以和行业公司建立友好的合作关系。不少公司会到工作室寻找具有创新能力的优质学生，很多情况下，根本不用等到他们自己去找工作，就会有公司主动上门来招聘。当然，创新也需要得到支持，甚至是超常规的支持。深圳是一个极为支持创新的伟大城市，深圳技术大学亦是如此。在这里，研究、教学和实践相结合的体制机制将成为创新诞生的最好基石。"

吕启涛说："学校筹建之初，我和阮校长就有一个不谋而合的想法，我们都认为一定要建上十个以上特色实验室。国际合作要瞄准海外应用技术大学最具代表性的特色实验，以共建联合实验室的方式建立深度的互动关系。这样做有什么好处呢？我们和别人谈合作肯定不能空谈，两所学校具备同等水平的实验室条件，有助于双方进行师资交换或学生交流。举例来说，假如慕尼黑和深圳的工作环境是一样的，我们去了就能工作，否则就是你搞你的、我搞我的，人员交往就起不到真正的作用。人虽在场，实际上却插不上手，因为两个环境在条件上是根本脱节的。"

谈起深圳技术大学的特色实验室，中德啤酒酿造过程控制实验室（Sino-German Laboratory of Beer Brewing Process Control）是一个绝对不能绕过的王牌。它背后的主要推手之一，就是那位笑容可掬的"德国老铁"——霍尔格·哈顿旺。他刚到技术大学不久，就被求贤心切的吕启涛盯上了。交往一旦开始，精彩的故事便不断涌现。"吕启涛院长问我能不能介绍一些德国的教授过来学院授课或者是参与筹建中德智能制造学院，经过了多次沟通与细节讨论，我们最终确定以共建过程控制实验室的形式作为深圳技术大学和东巴伐利亚州应用技术大学合作办学的起点。"霍尔格·哈顿旺说。在他的引荐下，西格夫里·施拉梅尔（Siegfried Schrammel）在 2018 年元旦过后来到坪山，他说："尽管校址周围仍是一片荒芜，但是我相信这所大学将会迅速发展。"

他为何如此笃定？因为从 2017 年 9 月 15 日接到筹建实验室的通知，到同年 12 月底实验室建成投入实践教学使用，这帮扎根坪山的造梦者只用了三个多月就给他完美复制了一个完全符合德国配置标准的啤酒酿造实验室。

△ 2018 年 1 月 25 日，啤酒实验室揭牌

不打无准备之仗，不打无把握之仗。正如毛主席所说："优势而无准备，不是真正的优势，也没有主动。懂得这一点，劣势而有准备之军，常可对敌举行不意的攻势，把优势者打败。"在一片荒凉之地和一段滚烫人生之间，是干事者纯粹的心灵、闪耀的意志和卓越的行动力汇聚而成的璀璨星河。西格夫里·施拉梅尔回忆说："从项目提议到我启程来到深圳技术大学，仅仅花费了5个月的时间。正是因为学校管理层和学院老师齐心协力加油干，才使诸多不可能成为可能。"

在吕启涛的印象中，中德智能制造学院的老师接到通知后，就马上与西格夫里·施拉梅尔进行了邮件沟通。他亲自电话面试了这位即将在坪山洒下万里酒香的啤酒酿造工程师。吕启涛说："电话面试之后，我觉得他很不错！他在啤酒酿造领域的教学经验和工程经验十分丰富，由他创建的啤酒工厂已经具有25年的历史了。但是在他来之前，我们需要做一些准备工作。"2017年9月下旬起，吕启涛、王红志、李春波、申文静等实验室筹建人员就进入了战斗状态。与西格夫里·施拉梅尔通过邮件沟通水电标准、酿造设备、辅助设备等实验室建设相关问题，与付朗兹·拉普茨面对面交流德国酿造设备供电电压、系统控制等专业实操问题，对国内外酿造设备进行多方调研……

吕启涛说："我们考虑到国内同样具有出口欧洲资质的啤酒设备公司，在国内采购设备，安装维护也更便捷。在实地考察了许多啤酒设备生产厂家之后，申文静老师起草了一份详细的考察报告并发送给了西格夫里·施拉梅尔。他们也就设备的细节问题进行了多次沟通。在充分了解了生产厂家的技术水平和产品质量之后，西格夫里·施拉梅尔表示非常支持我们在中国采购啤酒设备。大概10月份，我们就确定了实验室的场地，对所有设备进行了招标采购，包括 100L 啤酒酿造设备、洗瓶机、纯水机、实验台、恒温恒湿柜、冰箱等。一进入 11 月份，我们就开始对实验室进行场地改造和水电网络铺设，同时继续落实相关教学方案和原材料采购等工作。到了 12 月份，我们的场地改造已经基本完工，看着所有设备一一到场、安装、调试，直到实验室的各项软硬件条件全部达到教学和研究的标准，我们悬着的心才算放下来。"

忘不了阮校长说的那句"为什么不做？一定要做"，忘不了霍尔格·哈顿旺热情慷慨的国际主义友谊，忘不了中德智能制造学院横下一条心、铆足一股劲的赤诚之情……就是这么一群人，愣是在荒凉的土地种上了热烈的"玫瑰"，只不过这"玫瑰"散发的不是清雅的花香，而是醇厚的麦芽焦香。"在竹韵幼儿园的一个小房间，我们就是这样把一个国际标准的啤酒实验室建起来了。"吕启涛满怀感慨地说。

3 个多月的夙兴夜寐、3 个多月的紧张筹备、3 个多月的全情投入，筹建团队给漂洋过海来授课的西格夫里·施拉梅尔制造了惊艳的第一印象。他说："在我第一次踏入实验室时，地板就全部铺好了，供水管道等基础设施也已经安装完毕，所有的应用系统都进入待工作状态了。"来到这里的第 3 天，他和申文静根据巴伐利亚的啤酒纯度法，酿制出了第一瓶德国啤酒。一周之后，他们带领着《啤酒酿造过程控制》课程的 28 名学生酿造出了第一批深圳技术大学牌啤酒。西格夫里·施拉梅尔为它们取名"Starterbier"，中文译为"启程啤酒"，寓意深圳技术大学奋楫扬帆启新程，朝向中国研究型技术大学的典范破浪笃行。他说："当我的学生们用中文翻译出'强劲的启程啤酒'这个名字时，大家都笑了。"不过，启程就是要强劲，毕竟不上头的故事就像不上头的酒，没有醉的滋味！

在启程啤酒外包装的"首席设计师"阎评看来，"启程"两字有着更深的情感和定位意蕴。她说："有一句话叫艺术源于生活而高于生活，从2016年2月加入学校的筹建队伍开始，一点一滴的事情都在我的心中积累着、发酵着，惊涛骇浪也罢，风雨彩虹也罢，幸福释然也罢，积淀到了一定的程度，你自然会萌生一种纯粹的情感动力，想要为这个地方、这群人做点事情。所谓启程，就是从这里出发，从这片土地出发。"阎评的设计灵感就完完全全来自这片从荒芜到繁华的神奇土地。她笑着说："校园建设之初，施工队在打桩的时候挖出来一些岩层的样本。韩培刚院长捡回来三块，被我截和了两块。"

第一眼看到那块带着坪山地下岩层特有纹理的石头，啤酒外包装的设计灵感就开始在阎评的心中跃动。"启程，从这里出发，石头是从这里挖出来的，它坚硬可靠、独一无二、浑然天成，它的颜色、质地和纹理都是我们脚下这片土地的自然密码。我当即想到，这块石头就代表着深圳技术大学扎根的土地和成长的原点，它是我们启程的起跑线。"灵感闪现，必须用行动抓住它。阎评立即邀请学校宣传部的摄影达人李明磊上场助阵："我请他从不同的角度对那块石头进行高清拍摄，我在其中选择了一张，经过适当剪裁，启程啤酒外包装设计的核心要素就有了。"内敛、稳重的栗色带有一丝奔放、自信的猩红，它和典雅、柔和的象牙白如浪交织，形成了疏密有致的岩层年轮线。

阎评说："白色的岩质部分放大后，能够看到星星点点的栗色颗粒，后来很多人跟我说这个视觉效果特别像翻腾的啤酒沫。"在这一刻，抽象的设计和具体的感知击掌、共鸣了。这份满载着对脚下土地之爱的啤酒外包装设计，最终还斩获了"第五届中国高等院校设计作品大赛"二等奖，并被收录至《中国高等院校设计作品精选年鉴（2018卷）》。情感是设计的重要组成部分，内涵亦是如此。阎评说："启程二字，不光有字面意思，它里面还有专属于技术大学自己创造的意义空间。启，取业界代表吕启涛之启；程，与高校代表阮双琛之琛近音。启程就是启琛，就是以校企合作和校际合作为主线的实践教育在深圳的新探索。我常常赞叹这个啤酒的名字起得好，好像两位故事的主人公出生之时，这杯坪山的德国啤酒就已经酿造好，就等着50年后大家一起来这里举杯！深感于命运的深意和玄妙，所以我设计的第一版外包装的金色印刷体就是'启琛啤酒'，后面的设计优化隐去了个人要素，提升了抽象意涵，仍然以'启程啤酒'作为深圳技术大学牌啤酒的名称。"正如阎评所说，启程啤酒不仅是阮双琛和吕启涛在"并肩作战"中凝聚的战友情谊，而且是深圳技术大学在实践中淬炼教育的第一块闪亮结晶。

在啤酒酿造过程控制实验室，西格夫里·施拉梅尔创造性地将过程控制原理运用在啤酒酿造中，成功地把理论知识的传授与工业生产实践相结合，培养了学生的分析能力和实践能力。他说："因为学生和老师之间必须用英语交流，所以啤酒酿造的专业用语会给课堂教学增加难度。但是对教育来说，有时候师生之间的言语交流不是最重要的，最重要的是学生能够身处酿造的第一现场，看到它，闻到它，在实际操作中感悟各个过程的变化是如何实现的，这是不需要语言来沟通的。虽然只有少数人能成为酿酒大师，但酿造技术可以带给孩子们无尽的快乐。"

2018年1月25日，深圳技术大学（筹）与德国东巴伐利亚州应用技术大学（雷根斯堡）联合创建的中德啤酒酿造过程控制实验室正式揭牌，这是学校建成的第25个实验室，也是中德合作的第一个实验室。阮双琛说："它的建成是中德合作办学的标志性成果，是深圳速度和德国质量的一次完美结合，对推进中外合作办学、加快中德智能制造学院的发展具有重要意义。这种将实践融入课堂的教学方法和教学模式受到各级领导的充分肯定和高度关切，更深受学生们欢迎。可以说，中德共建实验室已迈出实质性一步，这大大增强了我们未来继续探索的信心，也为如何继续促进与国外应用技术大学的合作提供了宝贵经验。接下来，我们将在前期工作的基础上，延续、深化这种特色实验室模式，推动更多中外合作项目在各个学院落地生根、开花结果。将深圳技术大学特色实验室打造成中外合作实验室的标杆和领跑者！"

以特色实验室为基点，开课程、做项目、搞研究，一个全方位、多层次的实践教育网络就张罗起来了。吕启涛说："实验室面向全校本科生开设《啤酒酿造过程控制》国际课程。低年级的学生通过课程学习，能够了解机电一体化生产设备和过程控制理论，学习利用工程软件 LabVIEW 对酿造过程中的体积、温度、压力、时间等变量进行测量和控制，在习得啤酒酿造工艺的过程中理解和把握工业控制的相关理论。高年级的学生可以通过项目实践，充分结合所学的机械设计、液压与气动、智能传感检测技术、PLC 控制等专业知识对设备进行二次设计和优化。"值得一提的是，2018 年 10 月 18 日，中德啤酒酿造过程控制实验室迎来了史上第一批赴深圳技术大学进行毕业设计研究工作的留学生。德国东巴伐利亚应用技术大学（雷根斯堡）的两名研究生约翰内斯·赫尔曼（Johannes Hermann）、托比亚斯·博勒（Tobias Bohrer）和一名本科生奥利弗·格里尔（Oliver Grill）在实验室开展了为期五周的研究工作。在专业教师的指导下，他们以设备改造升级为目标，围绕糖化阶段温度控制准确性、LabVIEW 环境下控制系统集成和酿造过程仿真三个方面，进行了深入且富有成效的实用性研究。吕启涛对此做出了高度评价，他说："这次留学生交流工作，开创了深圳技术大学接收德国留学生到实验室进行毕业设计工作的先河，也为学校今后开展中德互换留学生毕业设计的交流活动提供了宝贵的经验。"课程结束后，西格夫里·施拉梅尔返程归家，深圳技术大学的师生们依然与他保持着友好的联系，大家像从未说再见那样，自然地分享学习和研究中的各种有趣时刻。

有一个时刻，常常使西格夫里·施拉梅尔心旌摇动。在遥远的东方，他曾在下班后与他的学生们共饮一杯清凉的自酿啤酒。文化的差异会影响啤酒的风格，中国人更偏爱清淡的口味。从那时起，对他来说，那一丝淡淡的回甘开始变得具有特殊意义。他说："我期待着再次回到这里，下一次的访问已在计划中。"阮双琛常常说，深圳技术大学的"技术"是"技术改变世界"的"技术"。对于实践教育来说，技术改变世界的潜台词就是产品改变世界。能否做出好的产品，是检验实践教育的唯一标准。改变世界并非遥不可及的宏大叙事，很多时候，它就是一抹舌尖留存的回味、一种赛车漂移的快感……图难于其易，为大于其细。天下难事，必作于易；天下大事，必作于细。起步于竹韵幼儿园的一个小房间的啤酒实验室，如今已经衍生出了声名在外的啤酒体验馆。2020年10月1日，它在技术大学校园开放日正式开馆。每当有人问起当地人，坪山有没有什么特产啊？他们都会听到那句熟悉且充满骄傲的回答——有啊，技术大学的啤酒！韩培刚说："有一说一，技术大学的啤酒，连诺贝尔物理学奖得主梶田隆章喝了都竖大拇指。2018年4月20日，他专门在啤酒实验室的留言簿上写了一句'I like the beer！'，不信你们就去看！"

赛车工作室里的人才培养加速度

这边美酒飘香，那边引擎轰鸣。2018 年 6 月，不惑之年的李和言为自己在北京理工大学的工作画上了休止符，正式入职深圳技术大学。从北到南，无问西东。彼时的深圳同样即将叩响四十不惑的时光大门，三十多年的开拓进取，绘就新时代的壮丽篇章。李和言说："不管什么东西，只要有'深圳'两个字，都仿佛自带光环。"但是，选择深圳不是选择光环，而是选择新的可能。深圳技术大学以实践教育培养高端应用型创新人才的改革宣言，深深地吸引着李和言。在北京理工大学，他在军品开发领域深耕过，在管理学生车队方面摔打过、锤炼过、成就过。回看之前的工作经历，再看这所新型大学的办学定位、办学特色和办学方略，不禁让人慨叹：相逢情便深，恨不相逢早！

李和言说："因为有带领学生做赛车、搞研发的经历，我就想能不能基于赛车工作室，把这种理论和实践相结合的教学方式搭建起来。刚好，我们的付朗兹·拉普茨院长来自德国，德国高校的赛车队可以说是技术研发和教育功能有机统一的典范。同时，姜连勃副院长在深圳大学的时候也做过赛车，就是这么契合！他就说一定要把这件事办起来！"说干就干，根据数月的调研结果，李和言向院领导班子汇报了当下汽车学科和行业发展的新特点、新趋势和新挑战。大家一致认为教育教学方式确实应该改一改，如果还是按照老一套照本宣科，恐怕"教"和"用"就真的脱节了！

2018 年 9 月，深圳技术大学赛车工作室正式成立。李和言说："得到学院的支持以后，我当即着手修改 2018 年的人才培养方案，一直到年底，初稿才算告一段落。2019 年 5 月，我们最新的汽车服务工程专业的培养方案，已经正式把赛车相关的项目实践纳入其中了。我也在课堂上跟学生们做了宣讲，逐步推进赛车工作室的队员遴选和基础培训工作。"和"先生教死书，死教书，教书死；学生读死书，死读书，读书死"的旧教育不同，在大学期间组团队、造赛车、打比赛的实践育人模式还是很有吸引力的。李和言说："我记得很清楚，当时大家都无比兴奋，我们第一届一共60名学生，将近50名同学都报名了。暑假期间，我们从石井搬到了马鞍岭，虽然条件还不是很完善，但是场地的问题解决了。我们能够就赛车相关议题展开集中讨论，我也带领第一批队员去各大高校参观，让他们在现场观摩比赛，积累经验。2019年10月15日，赛车工作室召开第一次全体大会，正式启动赛车研发工作，我们瞄准的就是2020年8月的全国巴哈越野车大赛，也成立了工作室的第一支车队——飓风巴哈车队。学校和学院大力支持，从常规预算中给我们预留了赛车研发经费。紧赶慢赶，2020年8月，我们第一辆自制赛车下线了。但是，由于疫情，比赛的计划落空了。"

与赛车相爱容易，与研发相处太难！李和言接着说："听起来很美好的事情，做起来也难免枯燥。与机械、铁器、机油耳鬓厮磨将近一年，很多队员受不住就离队了，真正陪伴第一辆自制赛车下线的只有十几个人，再到后来只剩下四五位同学。加之不能参加比赛，赛车工作室的吸引力和关注度就大大下降了。到了2019级招新的时候，只有十来位学生加入。在这种情况下，我们尽量把团队保持在10到13人的规模，继续我们的赛车梦。后面的一年，我们咬紧牙关对赛车整车的可靠性进行了优化提升。赛车这东西，是骡子是马，总得拉出去遛一遛。忙碌了整整两年，我们都在等那个时刻。"

2021 年 9 月，赛车工作室第一次亮相中国汽车工程学会巴哈大赛（Baja SAE China）。李和言高兴地说："这是中国汽车工程学会举办的全国性赛事，本科院校和职业院校的汽车相关专业学生组队参赛，在越野汽车设计、制造和检测方面进行同场竞技。说实话，我们没敢想走到最后一步，更没敢想拿到奖项。但是，最后我们获得了本届赛事的全国第三名。我们在研发过程中做了大胆的尝试，攻克了机械全时四驱传动的技术，就是把发动机的动力从机械结构上直接分至四个车轮，它在这次赛事中算得上是一个新技术。"

谈起这次比赛，李旭说车队队员在临时活动房里面就地躺下休息，在暴雨中奋力推车、护车，在泥浆四溅的赛道中双眉紧锁、目光如电的参赛片段常常在她的记忆中闪回。"从无到有造赛车不是一件容易的事，在实习实训替换学分的制度有待完善的情况下，花两年时间造车的结果很可能是不能参赛、没有获奖、拿不到奖学金……我非常理解为什么有那么多学生中途退出，因为中间的过程太艰难、太茫然、太不确定。可以说，整个工作室是靠着那几个热血青年撑下来的。他们真的认可、真的热爱、不计利益、不谋名誉，就是单纯地为做好一件事去拼去搏、去闯去试。"或许都是走在"从无到有"之路的同道中人，李旭对这群纯粹的孩子格外偏爱。她说："在比赛结果出来之前，我就向他们保证，一定要给他们办一场高规格的新车发布会。"比赛之后，赛车工作室再次进行了大跨步的尝试。"我们不光研发燃油全地形越野赛车，我们还想探索未来机车技术领域，制造电动化的方程式赛车。其实，在巴哈大赛之前，也就是 2021 年初，我们就已经开始研发方程式赛车了。借着 11 月参加比赛的契机，我们举办了一场新车发布会，加上赛车工作室的专题纪录片和其他宣传方式，我们把赛车工作室的名片擦亮了。一方面是夯实工作室的自信心，另一方面是把赛车项目从单一的技术维度解放出来，将它变成一个真正面向竞争市场的创新产品。"

创新不同于实验和发明，实验是一种科技实践行为，发明是一种新的人造装置或工序，创新则是一种以更高的经济社会效益为导向，创造并执行新方案的经济行为。用付朗兹·拉普茨的话来说，"创新意味着将我们的点子付诸实践，创造新的价值。我们需要做出产品，这里面涉及产品的设想、开发和交付。当然，服务也可以有这些步骤，我们要设计、开发和交付服务"。

在 2022 农历新年即将到来之际，深圳市领导赴深圳技术大学参观、调研，了解并考察应用型高等教育的建设和发展情况。市领导专门参观了赛车工作室，并与车队负责人进行了亲切又热烈的交流。听闻学生们自主研发的第一辆巴哈赛车飓风 U8 首次参赛就取得全国第 12 名的好成绩，市领导表示高度赞扬，他详细询问了决定赛车通过能力的相关参数、小组分工和规范作业水平，并再三叮嘱学生们注意安全。市领导对赛车接近角、离去角、纵向通过角以及底盘高度等相关细节的熟稔程度引起了现场的阵阵掌声，他笑道："赛车是我曾经的梦想。"他回忆起自己中学时期做航模的经历，强调培养动手能力、创新能力和自主学习能力在应用型高等教育中的重要性。让人印象深刻的是，在电动方程式 Aurora-21 旁与赛车工作室队员合影留念后，市领导大声对同学们说了一句："祝你们成功！"这既是殷切的祝福，又是厚重的嘱托。

少年壮志当拿云。这是一支高度团结的队伍，这是一支不负众望的队伍。市领导前来考察后仅四个月，赛车工作室的极光车队在"2021 中国大学生电动方程式大赛"中斩获全国二等奖。李和言骄傲地说："Aurora-21 是我们自主研发设计的第一辆电动方程式赛车，整车重量仅有 250 kg，最高车速可达 115 km/h，零百加速仅需 3.9 秒。在线上答辩的过程中，我们的队员在设计、成本和商业答辩环节都表现出了过硬的实力。"

2023 年 5 月 24 日，引擎轰鸣声再次响彻晴空。飓风巴哈车队在第七届中国汽车工程学会巴哈大赛中荣获全国一等奖！"从三等奖到二等奖，再到一等奖，赛车工作室也算一步一个脚印、一步一个台阶地走到了今天。经过几年的发展，我们的培训体系日渐完善，加上学校学分兑换和奖学金资助制度的支撑，大家已经能够拥有可以期待的成就感和获得感，所以现在吸纳新成员完全不是问题。"

李和言精辟地总结道："在这里，我们看到了工程教育本来的样子。"何谓"本来"？学科脚踏市场经济的大地，紧乘改革开放的东风，不是两只眼睛朝上，而是两只眼睛朝下，朝着人类幸福，朝着技术发展，朝着社会大繁荣，即是"本来"。学校不是关注如何争项目、争帽子、争经费，而是关心学生如何成长、成才、成就人生，即是"本来"。理论和实践、专业和专业之间不是割裂、对立，而是融合发展、各展所长，即是"本来"。李和言解释说："第一，赛车本身就是一个综合开发对象和交叉学科平台。它既有机械也有电，既有材料也有计算，既有控制也有传感，包括创意设计，甚至还有人机功效……整个造车项目不仅不排斥其他专业，反而能够真正实现跨学科交流和协作。我们不是为了跨学科而跨学科，而是项目实践本身需要这样，不跨学科反而不正常。从我个人的理解来说，所有工程产品都是机、电、液、控、材料、信息、美学、心理、历史等要素高度综合的复合体。这类复合体产品诞生的过程，也就是我们复合型人才诞生的过程。原来赛车工作室的队员都是我们学院汽车服务工程专业和车辆工程专业的同学，后来慢慢开始有其他学院的同学加入，现在我们有 30% 的队员具有跨学科背景。第二，研究型大学强调独立创造，可能更偏重技术攻关，综合性大学在团队建设上倾注更多，它们不像研究型技术大学这般推崇商业和市场。正是因为把商业和市场融入管理、融入技术，我们才能更接近产业发展和现实需求。我们有我们的侧重方式，他们有他们的侧重方式，各有特色而已。"

"当我和世界不一样，那就让我不一样，坚持对我来说就是以刚克刚……"在赛车工作室两周年暨新车发布会的最后，工作室全体成员合唱了一首《倔强》，三届追梦汽车人凭借一种坚持、一种韧劲、一种精神、一种境界，在坪山河畔写下专属自己的倔强青春。如果有人问起，你在大学里最难忘的经历是什么？——我们拥有一辆真正出自我手的赛车！这是每一位车队成员永不改变的唯一答案。最美的愿望，一定最疯狂。

"坚持国际化方向，坚持最早、最新、最有用的研发理念，成长为以技术改变世界的卓越创新人才！"阮双琛在赛车工作室五周年庆典暨新车发布会上如此寄望。在充满激情和活力的工作室，学生通过自主开展赛车设计、制造、装配、测试、比赛、营销、募集赞助等实践活动，实现了科研实践过程、职业体验过程与思想锤炼过程的有机统一。

△ 2023 年 10 月 10 日，深圳技术大学赛车工作室成立五周年新车发布会

自 2021 年首次参加大学生学科竞赛以来，赛车工作室已荣获国家一等奖 3 项、二等奖 7 项、三等奖 5 项，省、市、校级奖多项，30% 的队员荣获中国汽车工程学会颁发的见习汽车工程师证书，工作室队员创办企业 6 家，新毕业的两届队员就业率超过95%。与此同时，工作室对外开放办学资源，在大学校园内连续举办三届汽车文化节，通过科普研学回馈不同年龄阶段的社会宾客 2000 余人次，全方位、多层次、立体化地建构并传播汽车技术的专业魅力。"懂技术懂研发"的技术能力培养、"懂系统懂管理"的领导能力训练，以及"懂市场懂运营"的商业能力实践交叉融合的育人模式，得以在案例教学和实战经验中被体验、被感知、被复制、被传播，满足汽车产业结构优化升级、新旧动能接续转换需求的复合型创新人才培养基地初步建成。

青年以逐光追梦的倔强凝聚团队的向心力，中年以心志坚定的笃行搭建造梦的青云梯。李和言认为，以赛车工作室为载体，以"赛教融合"为路径，能够有效加强专业理论与实践技能教学的一体化，突破重复性操作"看山是山，看水是水"的第一重境界和抽象性思维"看山不是山，看水不是水"的第二重境界，直达融通性实践"看山还是山，看水还是水"第三重境界，使"懂技术懂研发"的人才既能见山水之明秀，又能悟大道之玄妙。以未来汽车工程师工作室为载体，以"产教融合"为路径，能够大力推进汽车工程师职业体验与导师负责制培养相结合，统筹协调科创实践与大团队管理，为培养"懂系统懂管理"的人才提供仿真环境，让学生身临其境感知个人职业岗位的业务范畴，鼓励试错、求同存异，在反复交流、妥协、迭代的项目实践中训练学生的团队协作和管理能力。

李和言说："2020年3月，我们成立了以教师为主体的智能汽车课题组，课题组和以学生为主体的赛车工作室共同组建了未来汽车工程师工作室。在这里，老师领衔预先研究引领方向，学生参加科创竞赛积累经验，老学员指导新学员接续传承，形成梯次合理的长效育人机制。以'完全学分制'奖励制度保障学科竞赛、技术预研与技能培训的有序推进。所谓'完全学分制'，是指技术研发、科创竞赛等活动都能够通过科学的量化标准和传统学分进行等效替换，这样就相当于把'挣学分'从课堂上释放出来，学生在竞赛中、劳动中、实习中都可以获得学分。除此之外，队员能够顶岗带薪在工作室或与工作室密切合作的企业完成至少一学期的实习。经过这么些年的摸索，我认为表象的产教融合不值得提倡。我更赞同把产教融合的重点放在老师身上，放在教学组身上，而不是一味地把学生直接扔到产业一线。老师要对产业需求和实际进行咀嚼和二次创作，用一种既能帮助学生对接产业，又能护佑他们蓬勃朝气的方式实施校企协同育人，或是课程改革，或是项目实践，抑或是工作室制度等等。未来汽车工程师工作室就是这种二次创作的结果，它参照现代车企研发中心的组织结构来设定职位，组建了学生负责的运营部，高质量推进学生的管理能力、组织能力和业务能力的综合培养。不仅如此，我们还创办了深圳技术大学汽车文化节和汽车技术宣讲团，同时，继续发扬队员全权负责新车发布会的传统，多路径、多举措保障我们的学生既懂技术懂研发，又懂系统懂管理，而且还懂市场懂运营。"

追风逐电，燃情五载；冀望未来，大道宽广。回顾走过的路，李和言欣慰地说："新理念、新教育、新空间，这里万物刚刚生长，一切皆有可能。"

严阵以待　迎接教育部专家组考察评议

谋定而快动，不拖、不等、不放、不推，这是做大事的精神气和节奏感。2016 年 12 月 26 日，深圳市第四季度第三批 30 个重大项目集中开工。此次集中开工的重大项目以民生建设类项目为主，深圳技术大学（一期）建设项目即是其中之一。时任省委副书记、市委书记马兴瑞，市长许勤出席活动。"这个日子我记得特别清楚，因为我们是天天盼、日日盼，就盼着校园建设迈出第一步。从 2016 年 12 月 26 日正式开工到 2017 年 9 月完成土地平整工作，再到 2017 年 12 月进入基坑土石方工程，再到 2018年 5 月施工总承包 I 标进场，永久校区一期的点滴变化，我们都看在眼里，喜在心头。"许媛说，"其实，不光是永久校区，学校周边都在变，都在建。"

△ 2016 年 12 月 26 日，深圳技术大学施工现场和奠基石

教育是创新发展的关键变量，为地区发展增加关键变量，恰如注入源头活水，亦好似更新操作系统。在许媛的印象中，校址周围原来有百十家污染型、作坊式小企业，周围居民不堪其扰，可谓"苦其久矣"！她说："后来，有很多本地居民常常慨叹，就是因为在这里筹建技术大学，困扰他们几十年的老问题才能顺利得到解决。"拆旧工厂，建新项目，校园建设一旦迈出了第一步，就有破竹之势。"我们是亲眼看着一栋栋建筑拔地而起的，即使现在想来，也觉得不可思议，今天一个样，明天一个样，放个小短假回来一看，又变了！"许媛说。

房子盖得快，其他任务也不能落下，如期去筹仍是全校工作的重中之重。《普通本科学校设置暂行规定》（教发〔2006〕18号）明确提出：普通本科学校的筹建期限，从批准之日起，应当不少于 1 年，最长不超过 5 年。拟要求"去筹"、正式设立的普通本科学校，须在其正式批准的筹建期满后，由其主管部门向教育部提出正式设立的申请。凡提出设置普通本科学校的申请，在经由教育部形式审查通过后，由教育部委托全国高校设置评议委员会进行考察、评议；通过考察、评议的学校，由教育部正式批准设立。未通过教育部形式审查或未通过全国高校设置评议委员会考察、评议的学校，若仍需设置，需由学校主管部门重新向教育部提出申请。凡未通过考察、评议的学校，教育部将以书面形式告知其主管部门。尚莹莹说："对深圳技术大学来说，全国高评委专家组的考察和评议，是生死攸关的大事。对我们来说，这是真正意义上的大考。我相信，每一个在2018年1月31日之前入职的人，都对此印象深刻。"

教育兹事体大而允，瘝瘝次于万人心。成立一所高校岂能儿戏？任何一次考察和评议既不是浮皮潦草的粗糙形式主义，也绝非认认真真走过场的精致形式主义。"从论证到事实，从现状到展望，从严守规矩到支持创新，在每一个层面、每一个环节，全国高评委专家组都展现出了高度的严谨性和专业性。"全程参与此次"大战"的刘宏伟说。难，但是此役不得不赢。因为，时间不停，机遇不等，唯有奔跑，唯有奋进。

从上到下，无一懈怠；由内至外，严阵以待。尚莹莹说："学校的命运和未来，也是大家的命运和未来，每一个人都不敢有丝毫大意。在孙乡瑜副主任的带领下，我们把所有呈报的材料翻来覆去过了好几遍。在这个过程中，我第一次听说了'推稿'这个词，据说是机关单位的特色，就是部门根据材料撰写的要求，组织专门班子对初稿进行反复研讨、反复修改，直到达成一致意见。孙副主任严把质量关，带着材料组在会议室一字一句地推敲原稿。电脑投屏到大屏幕，同事们围坐在一起，一人负责读稿、改稿，逐字逐句地往前推，有意见大家当场提出、当场讨论、当场修改。这样逐轮地推稿，往往一开始就到凌晨，甚至通宵，不定稿不结束。材料修改属实异常磨人，说是精雕细琢也不为过。

有时候，仅是一个字的调整，整个句子的意思便大有不同。孙副主任逻辑清晰、站位高端、角度独到、立意深刻，她总能恰到好处又一针见血地点破要义。每次推稿到凌晨两三点，大伙都迷糊的迷糊、凌乱的凌乱，她依然能保持头脑清醒，按计划推进工作，赶早不赶晚。"

这边一遍一遍地完善材料，那边一遍一遍地模拟汇报。尚莹莹接着说："阮校长的汇报 PPT 同样是以最严苛的标准制作，比文字材料有过之而无不及，内容要到位，形式要得体，时长要合理……汇报前一晚，我们一群人在会议室看着校长试讲 PPT，控制时间，把握节奏，反反复复，试了又试，直到校长胸有成竹地说没问题，大家才收工。"

创景路上，晚霞瑰丽，月光清幽——这是"夜猫子"刘宏伟最熟悉的风景。他说："大考来临之前，党政办负责人意外受伤，所以我又临时兼管了党政办的主要工作。除了要完成申报材料的统筹、撰写，还要兼顾对外接待、沟通联络，包括设计专家组考察路线，迎接他们来校考察并做引导和讲解，最大程度展现学校的办学能力，等等。那段时间，真是冲风冒雨，起早贪黑。也是那时候，我才知道人一天只睡两三个小时也是可以的。"在邱惠玲的记忆中，大考可谓魔考。她说："专家组过来不是走形式，也不是给你点赞，而是来找你哪里做得还不行、哪里做得还不够，说压力不大都是骗人的。在学校层面，很多领导做的工作是极为细致的。像刘宏伟处长，为了计算专家组从校门口走到电梯口需要多长时间，工作人员应该站在几楼，什么时候按电梯最合适，前 3 天都在来来回回地踩点测试。没有人要求他这么做，是他自己主动这么做。这种积极负责的态度和踏实认真的演练，是整个考察流程顺畅无阻的绝佳保证。"

这边一步一步踩点测试，那边一本一本核算面积。许媛说："按照要求，在校园的建筑面积上，去筹必须达到一定的标准。你用手指一指，说哪栋楼是你的，哪块地是你的，根本没人信，专家组只认产权。当时竹韵的产权过户给学校的时候，是一个房间一本产权证，我们是一本一本地数，一个房间一个房间地往上加，60 平方米加 40 平方米，再加 60 平方米……用计算器一点一点地加到了 8 万平方米，少一平方米都不行。那一天，产权证整整齐齐地摆了满满一整桌。"

2017 年 10 月 17 日，张岩鸿驱车前往深圳技术大学，跟随导航一路越走越荒凉，心里打着小鼓在竹韵花园地下车库绕了半天，最后被新同事"解救"，带往启动校区——第三职业技术学校 11 号楼。彼时，距离全国高校设置评议委员会前来考察还有不到 4 个月的时间。她说："学校敦促工务署加快建设，我们每天就扒着办公室的窗户看下面什么时候才动工。"从中共深圳市委党校教研部主任到深圳技术大学（筹）副主任，角色的转变意味着工作内容、工作责任和工作节奏的转变。为了应对这种系统性的变化，张岩鸿从 2018 年 1 月 10 日开始记录工作日志，6 年来从未中断、从未敷衍。

翻开 100 多万字的工作日志，本已远去的故事随着叙述文字再次浮现在脑海。2018 年 1 月 29 日至 30 日，大考 3 天，深圳最高气温骤降至 10℃以下，3 级北风夹杂着冷冷冰雨，气氛更显森冷、凝重。迎检工作定在五洲宾馆，所有材料已在前一天打印好并摆放在会议桌上。尚莹莹说："最后一轮材料核对，有人发现一处细小的问题，孙副主任当即下令回收所有纸质材料，重新打印、装订。那时已经是晚上九点多钟，距离专家组进场还有不到 12 小时。但是，我们不能赌，不能怀有一丝侥幸，我们必须确保万无一失。所以，大家当即行动，重新更换全套汇报材料。"

28日上午九点半，全国高评委专家组组长孙维杰教授携4位专家落座五洲宾馆，考察评议座谈会如期举行，高自民副市长、刘佳晨副秘书长，以及深圳技术大学筹建工作领导小组成员单位主要负责同志参加会议。众所周知，高等教育发展的体量和质量与深圳的经济结构和水平之间的不匹配，常被媒体诟病为"深圳教育短板论"。时任深圳市副市长高自民在致辞中说："雨降于沧澜大海，人们称之为降水，但若降于久旱土地，人们则称其为甘霖。超常规发展现代高等教育对于深圳的意义，正如甘霖之于久旱。深圳迫切需要建设一所本科及以上层次的高水平应用技术大学，补高端应用型创新人才之不足，优区域高等教育结构之偏颇，通校际间多元人才培养之通道，长应用型高等教育创新发展之经验。深圳市政府有信心、肯投入、守承诺，我们相信，现代高等教育在深圳也能取得大发展和大效益。"

△ 2018 年 1 月 28 日，教育部高校设置委员会考察深圳技术大学

办学汇报、材料审核、实地考察，材料组全员时刻准备着回复专家组在任何环节提出的任何问题，"刷夜"已是常规操作，支撑每一个人走下去的，就是那个悬悬而望却尚未到来的破晓黎

明！张岩鸿说："专家组肯定了深圳的办学热情和积极性，也赞同大力发展应用型大学是构建国家创新体系、实现科技自主创新和建设创新型国家的重要举措，对技术大学的办学定位、办学特色和办学方略也表示认可。但是，也有专家说这些都是设想，不是现实。要知道，当时连学校地基都只是刚刚开挖而已。他们说，在这种情况下，能不能给你批，确实很难把握。因为，批就相当于批期货，而不是现货，其中风险可想而知。"专家话音未落，会场气氛就已降至冰点。这个时候，高自民副市长站起来说了几句话，让张岩鸿至今印象深刻。他说："深圳一直是一个敢闯、敢试、敢担当的城市。当初深圳修建垃圾发电厂，刚开始也是没人相信，没人支持，不想给批，但是真批了以后发现深圳做得很好。深圳，从来不会让帮助她的人失望，也从来不会把她的支持者置于令人尴尬的境地，她为自己的城市声誉和职业判断负责到底！"那一刻，仿佛整个深圳的峥嵘历史和锦绣山河都站在了技术大学的背后。正如她曾经在改革开放的春潮下争流逐浪，她也想再次抓住高等教育卓越发展的腾飞缆绳。

△ 2018 年 1 月 28 日，教育部高校设置委员会考察深圳技术大学

在现场，专家仍持保留态度。一时间，去筹前景如霾笼罩，不甚明朗。推开宾馆大门，冷风袭面而来，赵大宇深吸一口冷气，感到身心俱寒。2017 年 8 月 1 日，赵大宇第一次来到坪山。跨越 60 多千米的空间距离，仿佛穿越了数十年的时间刻度，他感觉时光倒流回了 20 年前的南山——虽繁华不足，但潜力无限。他说："一片处女地、一所新学校，像一张白纸一样，充满创新和创造的可能性。奔着未来的精彩画面，我好像又找到了当年自己刚读大学时的那种无惧无畏、有盼有愿的劲头了。坦白来讲，刚来学校的时候，我认为就是从一个单位调到另外一个单位而已，完全没有想到去筹是这么困难的一件事情，对一所学校有这个'筹'字和没有这个'筹'字的区别，没有切身体会。"8 月，学校的行政办公区从竹韵花园幼儿园整体搬迁至三职校，在人手不够、预算有限、搬家公司嫌弃地方偏远不愿意揽活的情况下，刚到后勤组的他没有觉得难，顺利完成了学校在坪山的"第一搬"。9 月，听从领导安排转去综合办公室的他，与教务部一起承担急、难、繁、重的材料写作任务。熬数不完的通宵、写数不完的材料、核数不完的数据，他不仅没有觉得难，反而和刘宏伟一起苦中作乐、涩中取甜，甚至创造出了一度出圈的经典对白——"你见过凌晨四点的创景路吗？""没见过……太忙了，哪有时间往窗外看呀！"

但是，2018 年的 1 月 28 日、1 月 29 日、1 月 30 日，赵大宇却觉得自己度过了人生中最为煎熬、最为漫长的三天。他说："整整三天三夜，我一步都没有离开宾馆，一直在那里协调学校各个部门，包括与市里、省厅各相关职能部门沟通。教育部专家组的考察可以说是去筹工作的'最后一战'了。根据考察情况，专家组会研究并出具一份报告，这份报告在很大程度上将影响后期评委的投票结果。从他们在会场的质疑来看，结论恐怕不太乐观。"

老经验和老传统会强加在一所大学、一个专业、一名学生身上。亲历"深圳奇迹"的文化研究学者吴予敏在评价教育改革时曾说："成功的教育，就是要教育那种不认命的人。创新的人才都是不认命的，不认命是创新的前提和条件。"所谓"期货"，并不见得必然逊于"现货"。"期货"是关于时间的艺术，是关于未来的魔术，未来是自己写就的，命运是自己决定的。深圳技术大学不认命！赵大宇说："没有时间怨天尤人，判决书一天没下，我们就还有机会。"2021年11月25日下午，赵大宇在深圳技术大学体育场培训校运会教职工女子4×100米接力赛，从站位、预跑、传接棒等多个环节优化接力赛流程，就像他在综合办公室优化会议服务工作流程一样。2021年12月8日上午，该支队伍不负众望摘得教职工女子4×100米接力赛总冠军。接力赛，就像一个积极的隐喻，成为赵大宇职业生涯中的关键词。

奔跑接力　成功去筹

2018年1月30日，专家组离深，给深圳技术大学（筹）的命运留下了一个开放式的结局。2月1日，阮双琛和高自民副市长在市民中心对此次考察评议进行了全面复盘。不认命的阮双琛决定再次北上沟通，他当即退掉了2月5日前往美国调研的机票，于2月2日抵达北京做最后的努力。经过沟通协调，高校设置委员会希望深圳技术大学（筹）出具几份重要文件。幸运的是，这株拼尽全力破土而出的幼苗背后站着锐意进取的广东，站着开拓创新的深圳，站着手足情深的深圳大学，站着时刻准备着的筹建团队。心齐则事成，广东省、深圳市、深圳大学表示鼎力支持。

2月2日傍晚，正在深圳湾跑步的刘宏伟接到了一通紧急电话。他说："在学校去筹问题悬而未决的关键时刻，阮校长带队赴教育部继续汇报工作，进一步阐释我们已经做的事情、我们将要做的事情和我们一定能做好的事情，给教育部信心，给专家组信心，让他们确信我们一定能、一定行！"站在命运的十字路口，一向淡定的刘宏伟也不禁紧张起来。靠跑步解压的他，这一次真的要跑起来了！"我接到电话说，有几份重要文件是非常重要的论证支撑，需要连夜送到北京去。时间紧迫，根本来不及回家换衣服，我穿着一身运动服，取到文件就直奔机场，登上了当天的最后一班飞机，凌晨3点到达北京的临时住处。让我记忆深刻的是，赵大宇一直在那里等我，他跟我说：'兄弟，你这么辛苦，我必须等着你！'然后，我就回了他一句话：'借我一千块钱。'他说：'我以为你会说你很感动的！'我说：'我身上一分钱也没有，很没安全感。'这段对话现在已经成为我们两个之间的一个梗了。"从傍晚到凌晨，从深圳到北京，从草木葳蕤到天地萧瑟，从运动服到西服正装，刘宏伟眼眶微湿地说："速度和激情从来都是筹建过程中的两个关键词。"

2月3日早上，阮双琛亲自把那几份事关深圳技术大学命运的文件送到了教育部。战斗的人儿啊，有一颗总也放不下的心。从2月2日抵京一搏，到2月5日高校设置委员会开会，阮双琛带着他的战士们一直在北京等待和守候，等待任何一丝转机，守候任何一丝希望。回忆起这一段惊心动魄的"北上往事"，赵大宇说："评委会相关会议召开在即，一份事关学校去筹命运的承诺书急需打印出来送到会议现场。这是接力赛的最后一棒，我背负着技术大学的使命，冒着凛冽的寒风，奔跑在北京的街道上，那一刻，我感觉自己仿佛奔跑在历史中。直到赶在开会前的10分钟，成功把文件递送到了会议现场，我才如释重负。"你所做的每一件事情，无论大小，都会影响未来、塑造未来、改变未来，这是拓荒者在泪与笑、汗与歌中获得的有关历史感的真谛。2 月 6 日，北京的初雪在这座充满故事的城市上空飘扬。在这里，人们从四面八方而来，创造自己的故事，领取自己的故事，又朝五湖四海而去，续写自己的故事，成就自己的故事。

2018 年 5 月 31 日，根据《中华人民共和国高等教育法》《普通高等学校设置暂行条例》和《普通本科学校设置暂行规定》等有关规定，经第七届全国高等学校设置评议委员会专家考察和评议，广东省人民政府申报设置的深圳技术大学获得通过并向社会公示，公示时间为 2018 年 5 月 31 日至 6 月 13 日。张岩鸿说："那一天，很多人都喝醉了，有人抱头痛哭，有人激动落泪。"虽然状况百出，不一而足，却是真情流露，甚为可爱。

这个从看似"不行"到肯定"能行"的惊险转折，尚莹莹称之为一场"技术大学的奇幻之旅"。她说："我小时候看过《牧羊少年的奇幻之旅》这本书，书中说，当你全心全意梦想着什么的时候，整个宇宙都会协同起来，助你实现自己的心愿。技术大学的诞生就是这样，大家全力以赴，世界出手相助，这是齐心协力的力量，也是顺势而为的力量。天时、地利、人和，缺一不可。"

对于齐心协力出奇迹，从深圳到北京，由南向北 2000 多千米，贯穿大半个中国上演"急速救援"的奔跑者们深有体会；于公于私、为计长远、不折不扣地推动高等教育改革创新的破壁者们深有体会；暴雨之夜通宵达旦地支援图书馆扫码上架工作的校领导、知名老教授、怀孕女教师深有体会。用吴以环的话来说就是，"各自都发挥了各自的力量和作用，只要你能想到的、该用的力、能用的力，都用上了。每个人都在为学校默默出力，这是什么感觉? 这就是共识, 大家都觉得这个学校应该办, 而且应该办好"。

如果说尚莹莹的形容带有一丝浪漫色彩, 刘宏伟的叙述则颇具史家风采, 他认为这是关键人物"挽狂澜于既倒, 扶大厦之将倾"的决定性一战。关键人物, 是团队的"定心丸"和"强心剂", 当大家用情绪去回应挫败的时候, 他用行动去解决问题; 当大家用认命去追随现实的时候, 他用不认命去改变未来。刘宏伟说:"每当感到沮丧, 只要看到阮校长那张典型西北汉子的质朴笑脸, 听到那句镇定从容的'这有啥', 我都能立马满血复活。"以工程思维看人生和社会, 则没有理由伤春悲秋, 没有理由怨天尤人, 更没有理由惧怕问题,"识别问题""把事情做成"和"交付可靠、可用的实际成果"是第一要务。

"运动场上健儿飞, 冲破寒意森森。学府师生共欢欣。今日了却愁, 举杯当欢饮。"2018 年 11 月 30 日, 是深圳技术大学创建史上的关键节点。这一天, 教育部下发《教育部关于同意建立深圳技术大学的函》(教发函〔2018〕149 号), 同意广东省以深圳大学部分资源为基础建立深圳技术大学, 学校标识码为 4144014655。韩培刚在学校运动会上听闻此消息, 激动地赋词一首——《临江仙·美酒去愁》,"去愁"即"去筹","去筹"即"去愁"!

文件明确规定: 学校定位于应用型高等学校, 主要培养区域经济社会发展所需要的应用型、技术技能型人才; 首批设置机械设计制造及其自动化、物联网工程、交通运输、汽车服务工程、光源与照明、工业设计 6 个本科专业。教育部殷切希望广东省进一步加大投入力度, 加快建设速度, 提高建设质量, 引导学校坚持公益办学导向, 加强教师队伍建设, 创新人才培养模式, 注重内涵发展，促使学校办出特色、办出水平，更好地为地方经济、社会发展服务。

自此，深圳技术大学（筹）正式成为深圳技术大学。一字之差，相隔的是 1034 个日日夜夜的奋战与搏击；一字之差，改变的是研究型技术大学的身份与未来；一字之差，确立的是创建大学的新的深圳速度和深圳质量；一字之差，调整的是新时代高等教育供给侧的革新版图和层次结构。有一个场景，尚莹莹一直难以忘怀——阮双琛拿到那份红头文件之后，就快步走出办公室，来到走廊上，他手里举着文件大声喊道："大家快出来看啊！"那一刻，所有的人都从办公室涌向他，争相围观那张来之不易的"出生证明"。它那么轻，又那么重。唯有亲自走过的人才懂得，那是"轻舟已过万重山"的轻，那是"千斤重担常担"的重。阮双琛高举着那张"命运之纸"，就像挥舞着一面崭新的旗帜。旗帜亮，道路明。正是从这里开始，深圳技术大学的故事注定会越写越长，越写越精彩。

第二次招生中的小插曲

古人言：世间烦恼千千万，从来好事多磨难。一般情况下，正式去筹都赶在当年招生季之前，这样去筹之后就可以马上招生。根据 2018 年 5 月 31 日教育部发展规划司官网发布的《关于 2018 年拟批准设置高等学校的公示》，40 所省级人民政府申报设置的高等学校获得通过。从教育部发展规划司发布的名单来看，拟新设置的 40 所高校包括 19 所新设本科学校、16 所更名大学、3 所独立学院转设为独立设置民办本科学校和 2 所同层次更名院校。据说，由于涉及部分民办学校的转设和改名颇具争议，故而当年同期拟新设置的高校经教育部批准"去筹转正"的时间就推迟到了 11 月底。2017 年，深圳技术大学已经依托深圳大学应用类专业在广东省招收了 226 名本科生。

面对意料之外的"转正延期"和"独立招生"之间不可逾越的时间差，招生还是不招生，成了一个问题。设置公示已于 6 月 13 日完成，正式设置程序正按有关规定进行。客观上来说，2018 年实施独立招生已无望；继续依托深圳大学招生，有很多人反对；不招生，人才培养又将不可避免地出现工作断档、资源浪费的问题。可谓进亦忧，退亦忧！

是一步一步细细盘算也好，是天地跟着人心转也好，步入招生倒计时的 20 天恰好是吴以环副市长代管招生考试相关事宜的 20 天。虽然"代管"常常被所谓的官场哲学解读为"基本不能管"和"基本不要管"，但是创造新风尚、新规则、新哲学是干事者的命运。得知技术大学的尴尬处境后，吴以环第一时间给相关部门致电，了解具体情况。她说："把情况摸清了之后，我心里就有底了。我说应该招生，必须招生。其实，招生是对的，它奠定了学校去筹的底气。特别是 2017 年已经招生了，第二年又不招生了，老师们怎么办，学生们心里怎么想？另外，正常招生还能为省里解决一部分学位问题。招，是有理、有据、有益的。"当时有一种压倒性的声音，说是反正已经确定去筹了，坐等着就好，招生不仅费老劲还要花大钱。对此情势，吴以环坚决顶回去了，她说："实际情况确实是有关领导已经决定不招生了，经过一番沟通之后，我打电话给阮校长说，不能不招生，我们再依托深圳大学招一年。他高兴坏了，他一直就想招，早就开始部署招生工作了。"

一直在学校招生办和同事们等消息的尚莹莹从一线场景印证

了吴以环的说法，她说："如果 2018 年停招，对技术大学的负面影响不可小觑，所以大家的心情都很焦灼，一会儿说不招了，一会儿又说招，一会儿又说不招了，现场气氛非常紧张。后来，我们才知道这种不确定性来自决策者之间的激烈博弈。直到距离招生时间截止的最后几小时，我们才收到了确切的消息说可以招生，我们才能把那条捂在手里许久的招生信息发送给几十万考生家长。"

2018 年，深圳技术大学（筹）依托深圳大学面向广东省成功招生 800 余人，并对其按照应用型本科生进行单独培养和管理。接续招生，不仅有助于守住人才队伍，而且有助于扩大师资力量。吴以环告诉阮双琛："如果有人有异议，你就往我身上推，我来兜底！"这朵铿锵玫瑰，在深圳技术大学"破茧成蝶"的危急时刻，再一次挺身而出，在她代管的短短 20 天，只身顶压力，拍板定招生。她说："招生事件的转机也取决于校长的态度，如果他本人不想招、不配合，谁也没办法。虽然好多事情办起来都是有压力的，但是对于我认为是正确的事情，我敢出来顶，心里就很踏实。就算是代管，我也要拍板。我说了，错了，我来承担。"

走过骄阳似火的酷暑天，迎来秋高气爽的开学季。2018 年 9 月 7 日，807 名新生怀着鲲鹏之志，相聚在英姿勃发的大鹏湾畔，在一所以"技术"命名的大学中开启人生新的航程。在中国改革开放 40 周年，也是深圳经济特区创立 38 周年的重大历史节点，这所大学应运而生。运由命所主，命由运所发。这里所说的"运"，是时代大势，是中国改革开放的宏伟蓝图，是世界科技创新的客观趋势，还是深圳作为国家自主创新示范区的发展机遇。这里所说的"命"，是技术大学的使命，是依靠技术创新、技术服务立足的办学本位，是和国家发展战略、地方经济社会发展同步推进的办学宗旨，还是将爱国主义和科学主义结合在一起的新精神传播给全社会的办学理想。命运相托，命运共生，命运长青。这是深圳技术大学的必行之路，也是她光辉的未来。

阮双琛在开学典礼致辞中指出："这所大学是没有围墙的，这意味着你们的学习和探索没有边界，没有止境，与广大社会和企业是零距离，大学内外都是你们学习的课堂和实践的战场。这所大学是汇聚多种语言的，这意味着你们的交流是国际化的，思维是世界性的。技术无国界，技术无禁区。开放、包容、求实、进取是我们的主旋律。这所大学是突破等级、讲求实力、崇尚竞争的，这意味着任何妄自菲薄的心态、无所作为的思想、平庸懒惰的作风，在这所大学里是没有出路和机会的。这所大学是十分较真、特别踏实、不尚空谈的，这意味着各种享乐主义、利己主义、马虎主义都和严谨的科学精神格格不入，我们要创造的不仅是一所高等学府，不仅是一些特色专业，更重要的是要培育出一代技术精英——将科学理想和技术才能有机结合的新人。"

他特别强调，在日趋激烈的全球化竞争中，我们没有后退的余地，必须走自主创新之路。要做祖国命运的在场者，就要充分意识到技术文明和国家命运的关系；就要虚心刻苦地学习先进技术、善养浩然之气；就要把扎扎实实的本领和坦坦荡荡的品格贡献给祖国和人民，贡献给这片燃情热土和父老乡亲。要做自己命运的在场者，就要摆脱亦步亦趋的学徒状态和无来由的自负；就要切中当今世界发展的技术现实、产业现实和文化现实，特别是中国的多重现实；就要通过深入社会现实破除先验的、抽象的，甚至流俗的普遍性对鲜活生命的宰制，获得学识、人格、实践和命运方面自我主张的勇气、能力和累累硕果。充满无限可能的深圳技术大学已经做好准备，和同样充满无限潜能的青年学子一道，致力于抓住时代的大运大势，顺势而为，乘势而上，以非常之为，收非常之功，创非常之业。

成立大会再启奋发新篇

2018 年 12 月 17 日，广东省人民政府办公厅转发《教育部关于同意建立深圳技术大学的函》。12 月 18 日，校领导和学生代表一起为石制的校牌揭去"筹"字。谈起这个去"筹"的历史时刻，许媛分享了一个小故事。她说："我们制作深圳技术大学（筹）的校牌时，阮校长多想了一步。因为校牌上的字是刻上去的，一旦成型，就没有返工的可能，如果去筹成功，还要再重新刻一座，这不是浪费吗？所以，阮校长决定直接制作深圳技术大学的校牌，然后用塑料薄膜印制一个筹字贴在上面，等到真的去筹时，把塑料薄膜一揭就好了。"

△ 2018 年 12 月 18 日，深圳技术大学正式去"筹"

工程思维不仅是如何把事做成的思维，而且是如何把事漂亮地做成的思维。其中就包括利用成本思维和造价思维，找准支点，用限定的资源撬动最大的优质变量，这就是许媛口中的"多想了一步"。小事不"小视"，小事情连大局观，小事情显敬业心。时时多想一步，事事多想一步，脚步就实了，道路就宽了。

　　2019 年 1 月 8 日，中国共产党深圳市第六届委员会第十一次全体会议召开。时任省委副书记、深圳市委书记王伟中代表市委常委会作工作报告，王伟中在全会报告中两次提到深圳技术大学，要求学校站在 2018 年获批设立的起点上，加快推进校区建设。在分组讨论会上，有关市领导特别强调学校不仅要对标德国一流应用技术大学，而且要向美国麻省理工学院等知名大学学习，大力发展新工科，为建设中国特色社会主义先行示范区和社会主义现代化强国的城市范例做出应有贡献。

△ 2019 年 1 月 24 日，公共教学楼封顶

2019年5月24日，中共广东省委组织部印发《关于张基宏、阮双琛同志任职的通知》（粤组干〔2019〕403号）任命张基宏同志为深圳技术大学党委委员、书记，阮双琛同志为深圳技术大学校长。在同年6月3日的任命仪式上，阮双琛动情地说："从今年开始，深圳技术大学将开始正式独立招生，站在新的历史纪元、新的起点，省委领导将建设深圳技术大学的指挥棒交到我和基宏书记手上，我感到非常荣幸，同时深感责任重大。"回忆起学校从深圳技术大学筹备办公室到深圳技术大学（筹）再到深圳技术大学的奋斗创业史，回忆起兰田路3002号从无到有、从一片荒凉野土到千里高楼林立的筑梦奇迹，阮双琛向长期以来支持和关心技术大学建设的各级领导和全体师生郑重承诺，他必将继续以只争朝夕、奋发有为的奋斗姿态投入到接下来的工作中，全心全意为学校谋发展、为师生谋福祉，不辱使命、不负期望，给时代和人民交上一份满意的答卷。

△ 2019年8月27日，从启动校区搬入公共教学楼

2019 年 11 月 28 日，人民网、新华网、新京报网、澎湃新闻、中国教育在线、南方都市报、南方日报、广州日报、羊城晚报、深圳特区报、深圳商报、晶报、深圳晚报、深圳日报等多家媒体通过报纸、视频、App 等渠道，多平台、多方式地聚焦并报道了深圳技术大学在教育部正式批准设立后的第一次大事件——成立大会。"高水平""探路人""领跑""标杆""生逢其时""个性鲜明"等关键词见诸报端。从教育改革到地区发展，从构建人才培养新范式到服务产业跃迁新愿景，这颗高等教育新星被寄予厚望——深圳技术大学的担当所在和使命所系，正在于这个跳动着创新之心的城市的技术未来、产业未来和文化未来。

经过将近一年的精心筹备，在中华人民共和国成立 70 周年，深圳建市 40 周年，特别是党中央、国务院支持深圳建设中国特色社会主义先行示范区之际，深圳技术大学成立大会于 2019 年 11 月 27 日在学校临时运动场隆重举行，广东省委副书记、深圳市委书记王伟中，教育部规划司副巡视员楼旭庆，广东省教育厅副厅长邢锋，深圳市委常委、宣传部部长李小甘，市委常委、秘书长高自民，副市长王立新，坪山区委书记陶永欣，区委副书记、区长李勇，市市场监管局局长邝兵，市建筑工务署署长乔恒利，市教育局副局长许建领，深圳大学校长李清泉，南方科技大学党委副书记李凤亮，深圳技术大学党委书记张基宏，校长阮双琛，党委副书记、纪委书记张岩鸿，副主任徐刚出席成立大会。高校代表、企业代表以及受邀媒体等各方贵宾和全校师生大约 2600 人，共同见证了这个庄严的宣言时刻。

△ 2019 年 11 月 27 日，深圳技术大学成立大会顺利召开

上午 9 点 30 分，五星红旗在嘹亮的国歌声中冉冉升起，会场全体人员肃立并行注目礼。在熟悉而雄壮的旋律中，成立大会的序幕徐徐拉开。王伟中书记代表深圳市委、市政府，对深圳技术大学的成立表示祝贺，对教育部和省委、省政府，以及社会各界长期以来对深圳教育事业的大力支持表示感谢。他强调，当前深圳正在抢抓建设粤港澳大湾区和建设中国特色社会主义先行示范区"双区驱动"的重大历史机遇，聚焦"五大战略定位"，努力实现"学有优教"，比以往任何时候都更加需要核心科技和卓越人才，更加需要一流高校和一流创新平台，更加需要加快实现教育现代化。

王伟中指出，近年来，深圳始终坚持教育优先发展战略，加大力度高起点、高水平、高标准兴建深圳技术大学等一批新高校，他希望深圳技术大学坚持以习近平新时代中国特色社会主义思想为指导，全面贯彻党的教育方针，落实立德树人根本任务和"人才第一"战略，大力弘扬工匠精神，推进产教融合发展，将学校建设成为高端应用技术人才培养、前沿技术研发、人才创新创业的新高地，为粤港澳大湾区和中国特色社会主义先行示范区建设提供强有力的人才、科技和智力支撑。深圳市委、市政府将一如既往地支持深圳技术大学高质量发展，努力为学校提供更有力的保障。同时，他勉励广大师生志存高远，勤学笃行，修身立德，以青春之我、奋斗之我，书写无愧于自己、无愧于国家和时代的人生篇章，为实现中华民族伟大复兴的中国梦而努力奋斗。

随后，教育部规划司副巡视员楼旭庆宣读深圳技术大学正式成立文件。1034 天的夙兴夜寐，1034 天的勇毅拼搏，1034 天创建一所全新的大学，缔造了中国高校发展史上的一个奇迹！阮双琛在致辞中说："这个奇迹是教育部，省委、省政府，市委、市政府谋篇布局、大力推动的成果，是全体教职工众志成城、齐心协力的成果，是 4000 多名建筑工人坚守岗位、日夜奋战的成果，是来自德国、瑞士、美国等 12 个国家的 40 多个合作伙伴及 170 家国内外签约企业全力支持、相互信任的成果。"

△ 2019 年 11 月 27 日，阮双琛在深圳技术大学成立大会上致辞

《中国制造2025》蓝图宏伟，深圳市委、市政府眼光卓越，把创建深圳技术大学作为推动地方经济社会繁荣，探索我国高等教育现代化、创新化、引领化发展，落实国家重大科技前进战略的重要举措。3年来，国际化、智慧化的特色校园在这里拔地而起，放眼技术前沿、聚焦发展需求的学科布局在这里初成体系，品德过硬、理论过硬、实践过硬的师资队伍在这里发光发热，以培养学生解决复杂工程问题的能力和创新能力为核心的评价标准在这里落地生根，务实办学、朴实养学、崇实治学的"深技大风格"旗帜飞扬……记使命、探路径、解问题、谋发展、知感恩，阮双琛庄重地说，作为国家应用型高等教育的一方试验田，深圳技术大学将在这里开展更多高等教育的大胆改革和有益探索，在新时代重铸新教育、培育新人才，为中国应用型高等教育发展探路，为全社会科学技术进步作贡献，为深圳建设中国特色社会主义先行示范区打造人才高地，以技术之真和人文之美，开创教育、产业和国家的光明未来。

1034精神在坪山河畔萌发

40年春风化雨，40年春华秋实。2020年10月14日，深圳经济特区建立40周年庆祝大会在广东省深圳市隆重举行。习近平总书记铿锵有力的声音回荡在中国南海之滨的奇迹之地。他说，深圳等经济特区一路走来，每一步都不是轻而易举的，每一步都付出了艰辛努力。他说，要弘扬以爱国主义为核心的民族精神和以改革创新为核心的时代精神，继续发扬敢闯敢试、敢为人先、埋头苦干的特区精神，激励干部群众勇当新时代的"拓荒牛"。他说，在新起点上，经济特区广大干部群众要坚定不移贯彻落实党中央决策部署，永葆"闯"的精神、"创"的劲头、"干"的作风，努力续写更多"春天的故事"，努力创造让世界刮目相看的新的更大奇迹！3 天后，一株雄浑劲健的"钢铁巨竹"在坪山河畔"破土而出"。

10 月 17 日，迎着深圳经济特区建立 40 周年庆祝大会的热浪，深圳技术大学"1034"广场揭牌仪式在一片绿茵上拉开帷幕。那株名为"1034"的"钢铁巨竹"，其实是由霍裕达设计的纪念深圳技术大学正式设立的艺术装置。所谓"1034"，是指学校从深圳市委 2016 年 1 月 31 日一锤定音，原则通过市政府党组提交的《深圳技术大学筹建方案》，到教育部 2018 年 11 月 30 日一函定论，正式印发《教育部关于同意建立深圳技术大学的函》（教发函〔2018〕149 号）的 1034 天。

△ 2020 年 10 月 17 日，"1034"广场正式揭幕

霍裕达说："可以说，1034 的落成经历了一个漫长的过程。其实，压力非常大。当时，我不断地跟校领导沟通，作为一个具有文化地标和纪念意义的装置艺术，它究竟需要以什么样的形式

呈现？能够做到什么样的尺度？彰显什么样的精神文化？包括位置也前前后后地变动了几次，因为不同的场地对装置的承载和解读效果不一样。从最初决定做这件事，到最后将创意落地变为现实，花费了一年左右的时间。1034 是一根高度抽象化的春笋，远远地看起来，它像一个三角形。我们用高水平、国际化、应用型支撑起一根高等教育领域中的春笋，它以春为引、以笋为灵，象征着技术大学拔节攀升的势头。1034 装置全高 12.38 米，外部刻录了技术大学创建过程中的所有重要节点，其中，'2018 年 11 月 30 日深圳技术大学正式成立'的标线距地面 10.34 米，这个距离决定了装置的基本高度和比例关系。1034 内部雕刻了学校前三届所有学生的姓名，一共 1813 个，一个也不能少，一个也没有少。刚开始，我还考虑过以参数化的设计体现 1813 这个要素，后来觉得还是直观展现的情感最质朴、冲击力最强。当然，把名字刻在装置上会让人产生不同的想法，我就想办法弱化它的表现形式。最终，1813 个学生的名字就变成了将近 29 万个点，一个一个排好，然后用激光切割出来。从外面看，不容易看到。一旦你走进装置内部，就能够真正感受到光线从 29 万个点穿过，形成 1813 个随光而变的学生的姓名的恢宏感。它们有早晨的朝气，正午的热烈和傍晚的浪漫。我记得很清楚，我们用吊车把 1034 放在临时运动场门口的停车场做焊接的时候，很多学生跑过去找自己的名字，我很感动。虽然在整个设计的过程中，自己的内心承受了很大的压力，也做好了面对争议的心理准备，但是当我看到学生找到自己名字时的那种欢欣雀跃，感觉一切都值了。"

1034 装置采用耐候钢材质制作，无光泽的仿古锈色和坚硬的金属特质相结合，极具现代感。霍尔格·哈顿旺说："耐候钢材质表面具有保护层，能够防止内部锈化，这代表我们的学生在校学习、生活期间，可以时刻受到保护。同时，它刚毅、沉稳、精进的气质也预示着深圳技术大学的未来必将越来越好。"付朗兹·拉普茨则从装置名称的角度说："用数字1034命名，是一个很特别的方式。相同的数字有不同的解释。1034作为学校创建历史、创业精神和创新文化的一部分，是多重意义建构的纪念地标。"

苍茫青云碧空尽，唯见"巨竹"耸天幕。站在杜岗路和竹坳路交叉口，天际线那抹雄浑遒劲的古铜色"斜提"迸发出千钧"笔力"。象征着深圳技术大学无限生机的1034，象征着深圳技术大学学子品端骨坚的1034，象征着实干者敢闯敢试、敢为天下先的拓荒精神的1034，象征着应用型教育蓬勃生发、欣欣向荣的时代趋势的1034，突破校园的界限，坐落在坪山河湿地公园的最高处，和坪山的青山绿水、宽阔道路、瑰丽时光融合在一起。大学和教育，以艺术的方式塑造了城市的面目和精神，成为闪耀城市的一部分。

真正的大学，植根人民；真正的教育，服务人民。在早期的方案中，1034本来是放置在教学楼前的空地上的。有一次，阮双琛沿着杜岗路边走边思考问题，走着走着，一个高高隆起的土坡映入了他的眼帘。也许是触景生情，也许是灵光一闪，那一刻，他强烈地感觉到1034必须站在一个更高远、更宽阔的城市舞台，就像应用型教育必须站在一个更高远、更宽阔的发展舞台一样。他当即联系当地的有关部门，咨询装置艺术的落地可能性和可行性。

一峰晓似朝仙处，青节森森倚绛云。2020年10月17日，在那一处高坡上，这株仿佛从大地中成长起来的"钢铁巨竹"正式与世人见面。尚莹莹说："阮校长特意嘱咐我，一定要邀请2017级的学生参加1034广场的揭牌仪式。我一直觉得，他对 2017 级的学生是尤为偏爱的，从来不吝给他们成长成才的机会——免费出国，出席重要场合、高水平论坛、国际化活动，做高端项目，遴选优秀的毕业生留校……在揭牌仪式上，阮校长用了大量篇幅感谢 2017 级的学生和他们的家长，感谢他们的勇气，感谢他们的信任，感谢他们选择了一所从 0 到 1 起步的新大学。可以说，是他们的勇气、信心和选择，托举着深圳技术大学走过了从设筹到去筹的风云岁月。这也是为什么，阮校长坚持在 1034 装置上刻上前三届学生的名字。"

△ 2020 年 10 月 17 日，学校部分教职工在 1034 装置艺术前合影

吴以环曾说，学生是学校去筹的底气。刘力文曾说，学校没有学生就没有前途。刘宏伟曾说，这是一群身披彩霞的孩子。霍裕达口中的"一个都不能少，一个都不会少"，正是阮双琛"以学生为中心"的教育理念的直观表达。脚踩绿茵，站在装置前，面对着可爱的学生、可敬的战友、可亲的同事，阮双琛深情回顾了深圳技术大学的创建历程，他说："正是所有人的通力合作，竞

兢业业，不辞劳苦，才有今天深圳技术大学的硕果。"在尚莹莹的印象中，那一天的阮双琛格外高兴。她说："阮校长现场 cue 了好多人发表感言，每个人讲得都特别走心，cue 到我上去讲的时候，我才发现大家眼里都噙满了泪水。当瞥见一向理性镇定的大宇主任也在偷偷抽泣，我的眼泪就像决堤一样，再也控制不住了……"

攀登中的眼泪与欢笑，拓荒中的剑锋与犁尖，探索中的困顿与突破，锻造了进取的、团结的、实干的、创新的 1034 精神。1034 是成就，也是初心；是传承，也是恒心；是蓝图，也是信心。一串数字本没有特定的所指，是人们的时代探索和历史实践赋予其具体的内涵。所谓存在，即是不断以实干生成意义的过程，不断以主观能动性占有虚无主义的过程。这意味着：无论风暴将我们带到什么样的岸边，我们都将以主人的身份上岸。

新时代　大发展

天问求同道，祝融耀大地。2021 年 5 月 15 日，我国首次火星探测任务着陆火星取得成功，这是我国星际探测征程的重要一步，实现了从地月系到行星际的跨越，中国人第一次在火星上留下了自己的印迹。习近平总书记在贺电中寄望我国航天事业新力量坚持科技自立自强，因为关键核心技术是要不来、买不来、讨不来的。短短十多天后，教育部公布了首批未来技术学院名单，北京大学、清华大学、哈尔滨工业大学等 12 所大学入选。根据建设目标，首批 12 家未来技术学院将瞄准未来 10—15 年的前沿性、革命性、颠覆性技术，突破常规、突破约束、突破壁垒，强化变革、强化创新、强化引领，着力培养具有前瞻性、能够引领未来发展的科技创新领军人才，推动从"中国制造"到"中国创造"的转型升级，为建设高等教育强国、服务高质量发展、实现中华民族伟大复兴奠定基础。教育、科技、人才"三位一体"协同融合发展，助力社会主义现代化强国建设的历史方位从未如此清晰。以关键共性技术、前沿引领技术、现代工程技术、颠覆性技术创新为突破口，敢于蹚别人没蹚过的河，敢于走自己的特色道路，从教育链端口发力，努力实现关键核心技术自主可控，把创新主动权、发展主动权牢牢掌握在自己手中，是高等教育的时代使命和历史担当。

△ 2021 年 6 月 22 日，深圳技术大学办公地点搬入行政楼

　　一所有使命担当的大学背后，是一群有使命担当的鲜活个体。"创新不是某一个人的责任，创新是每一个人的责任。"2023年 9 月 22 日晚，加拿大工程院院士刘清侠在深圳技术大学未来技术学院 2023 级新才特色班招生宣讲会上如是说。2019 年 11月 7 日至 9 日，深圳技术大学主办 2019 晶体生长与检测技术研讨会，刘清侠受邀参会并作特邀报告。在参观、交流期间，阮双琛和刘清侠曾并肩站在永久校区教学楼的二楼俯瞰校园，阮双琛向刘清侠全面介绍了学校的办学定位、办学特色、办学方略，以

及未来的发展规划。刘清侠说："我对学校的办学理念非常认可，可以说，这是我梦想中的办学模式。在北美，很多高校都相当重视如何把抽象知识转化为具体产品，如何让知识变成更社会化、应用化、可视化的财富，如何在解决实际问题和重大问题的过程中培养人才、锻炼人才、凝聚人才。虽然当时校园建设还在进行中，但是阮校长非常有信心，也非常有激情。他说，深圳技术大学的进度是深圳速度，高速、高效、高质量，这些楼明年很快就能起来！"

阮双琛心中那团燃烧的火焰，让刘清侠感到了相同的"再创业"的脉动。研讨会结束后，刘清侠与阮双琛一直保持着友好的联系。面对这位能源、矿物及环境领域的国际知名学者，阮双琛一以贯之地动员他前来坪山干出一片新天地。迎向新的起点、新的空间、新的可能，刘清侠亦有素履以往的赤子之心。正值抉择之际，一个前所未见的全球公共卫生突发事件将他和祖国分隔两地。在多方共同努力下，刘清侠终于获批办理回国签证。2020年9月3日晚11点左右，韩培刚一收到通知就迫不及待地把这个好消息传送给了远在加拿大的刘清侠。此情此景，韩培刚突然感慨万千，他郑重其事地在和刘清侠的消息对话框中写下了一句"祖国比以往任何时候更需要您回来，中国必胜！"，点击发送键之后，他的心情久久不能平静。不同的时空，相同的心绪，相距整整7723千米的两颗中国心分享了同一种澎湃心潮。收到信息后的刘清侠几乎是一刻未停，收拾妥当后，立马办理签证奔赴他的下一场山海。他充满仪式感地回复韩培刚："在这个'变与不变'的特殊时期，能回到深圳，我非常感恩和珍惜。"一个人的内心肯定有着某种火焰，既把自己和其他人区别开来，也把自己和同道人聚在一起。

2020 年 12 月 14 日，刘清侠被深圳技术大学正式聘任为聚龙学院（创新创业学院）院长。阮双琛解释说："一方面，学校就在聚龙山下，叫聚龙学院能够直观地体现校地关系；另一方面，院士就像大龙，能够孵化、带领一群小龙做事、成事。"其实，从聚龙学院的发展定位、体制机制、人才培养和师资配备来看，它与未来技术学院如出一辙。2023 年 9 月 12 日，聚龙学院（创新创业学院）更名为未来技术学院。学院面向未来、前瞻布局的总体思路更加鲜明；基于对未来科技发展趋势的有组织研判，培养未来技术创新领军人才的发展目标更加清晰；以学院层面的组织模式创新为基点，带动工程教育在理念、范式、标准、路径、技术、方法和评价等方面的全链条、深层次变革更加强劲。深圳技术大学未来技术学院借鉴欧林工学院（Olin College of Engineering）的教育理念和育人方式，以领衔教授责权为核心，以致力于为企业创新发展解决技术难题的项目为牵引，加强多学科交叉融合与产学研协同创新，围绕未来技术的基础教学模块（未来能源子模块、智能制造子模块和未来需求设计子模块），按照国际化的课程设置标准培养（未来）产业急需的卓越创新人才。

为保证走稳、走好新型人才培养的探索之路、拓荒之路，深圳技术大学专门制定了《卓越创新人才培养工作方案》。刘宏伟说："这个方案主要面向通过未来技术学院和学校认可的赛车工作室、机器人工作室、无人机工作室，以及交叉学科创新中心选拔的学生。学校秉持'优中选优'的原则，打造梯度式的卓越创新人才支撑体系，鼓励学生积极参加国际高水平赛事活动，并提供充足的奖学金支持。除此之外，未来技术学院的相关工作还包括建立国际合作与交流机制，与国外高水平科技学府建立合作关系，通过开展学生交换项目，拓宽学生的国际视野。"

值得一提的是，未来技术学院 2023 级新才特色班的金牌招生宣讲人是物理学领域全球前 1% 高被引的重量级人物——唐定远。他是国际激光物理领域顶尖科学家，由他领导的课题组研发了世界上首个全光纤及全固态石墨烯锁模激光器。在国外学习、工作 30 多年，唐定远一直有一个报国梦，他梦想有机会把自己的科研成果像种子一般撒在祖国的大地上，以科学研究之高、精、尖，助力大国重器之强、利、稳。播下希望的种子，收获可期的未来。2022 年，当深圳技术大学抛来"橄榄枝"时，他毫不犹豫地放弃了新加坡南洋理工大学的永久职位，毅然决然地加入深圳东部那所刚刚崛起的研究型技术大学。

10 月 27 日，唐定远正式受聘为深圳技术大学讲席教授。经常有人问起，深圳技术大学究竟开出了什么条件才赢得了他这位顶尖科学家的"芳心"？唐定远说："其实并没有开条件，是我自己想过来这边工作，没跟任何人谈任何的条件。虽然别人都很 surprise（惊讶），但是真的没有所谓的开条件。因为，粤港澳大湾区的经济发达、思想开放，而且政府非常重视对科研的投入。最重要的是，这里的产业链比较齐全，我想，自己的所学所长可能会在某些地方找到契合的应用场景。我在新加坡也尝试过，那里地方很小，而且制造业优势不大，因此，在新加坡推进科研成果的产业化就很困难。深圳是中国大市场环境中的佼佼者，在深圳的话，科研落地、应用的可能性就比较大。所以，我想回来探索一把，闯一把。"可爱、内敛又带着一股钻研韧劲的科学家站在招生宣讲台上，就是最好的招生宣讲。从热烈的师生互动现场来看，阮双琛言下的"大龙"孵化、带领一群"小龙"做事、成事的愿景，不是远景。

聚龙山下鸾翔凤集，坪山河畔群英济济。面对事关重大的人生抉择，往往英雄所见略同。2022年6月6日，深圳市出台《关于发展壮大战略性新兴产业集群和培育发展未来产业的意见》，为制造强市发展壮大战略性新兴产业集群、积极培育发展未来产业的"再出发"战略明确了目标和方向。在深圳市重点发展的20个战略性新兴产业集群中，"半导体与集成电路"占据重要一席，充分彰显制造强市着眼制造强国战略布局，攻克"卡脖子"难题的雄心壮志。仅仅1个月之后，2022年7月10日，深圳技术大学集成电路与光电芯片学院正式揭牌成立，这是粤港澳大湾区第一所集成电路与光电芯片学院。

谈及创办这个学院的初衷，阮双琛表示："打赢关键核心技术攻坚战，高校要勇挑重担。"作为集技术密集型、资本密集型和人才于一体的高科技产业，芯片产业是高端制造业中科技含量最高、研发资金需求最大、制造工艺最复杂的产业之一。自美国单方面发起对华贸易战以来，芯片核心技术被"卡脖子"成为中国必须面对的冷峻现实。根据摩尔定律，芯片上容纳的晶体管数量每18个月会增加一倍，这意味着对芯片制造的工艺水平、所需的设备和材料的要求也会水涨船高。其中，产业关涉的关键核心技术和设备研发壁垒高、垄断性强，短时间内突破"技术封锁"的成本高、概率小。如今，摩尔定律临近极限，世界各国纷纷发力，中国亦是"磨刀霍霍"。大学，特别是研究型技术大学理应在此时代大潮中择其发展赛道、动其服务势能、强其育人本位。

重担须有重磅压。2022年5月18日，深圳技术大学正式聘任一位重磅人物担任集成电路与光电芯片学院院长，他就是世界纳米激光及半导体器件领域的领军人之一、白光激光的发明者——宁存政。他曾带领研究团队在半导体纳米光电子学方面创造多项世界第一，与此同时，有多项物理现象和理论以他的名字命名，比如 Ning-Haken 几何位相理论等。师从世界著名物理学家赫尔曼·哈肯（Hermann Haken）教授，在德国斯图加特大学（Universität Stuttgart）求知、探索；在美国亚利桑那州立大学（Arizona State University）攀登、锻造；在美国国家航空航天总署（NASA）AMES 研究中心奋斗、超越，在清华大学国际纳米光电子研究中心拼搏、奉献，刚逾耳顺之年，宁存政却选择辞北向南，在一所非常年轻的新型大学再次启航。选择的背后，是办学理念的吸引，是远大理想的召唤。他说："以促进光电融合集成为目标，统筹建设一个光电集成工程中心、一个微纳加工平台、成立集成电路与光电芯片学院，开展相关教育教学、技术攻关和产业服务，面向粤港澳大湾区培养卓越技术人才、突破'卡脖子'问题、孵化区域高新企业，这些事情意义十分重大，也是我来到深圳技术大学的重要原因。"

大约 15 年前，原伯克利校长田长霖教授在西安交通大学讲过一句话："因为有劳伦斯伯克利国家实验室（Lawrence Berkeley National Laboratory，LBNL 或 LBL），伯克利永远不会落后。"阮双琛相信，因为有一流的公共平台，深圳技术大学永远不会落后。在他看来，所谓一流，是指具有过硬的服务国家战略、服务区域发展、服务民生改善、服务文化创新的转化度和托举力；所谓不落后，是指不与国家需求脱节，不与地方特色脱节，不与产业跃迁脱节，不与知识更新脱节的融入度和引领力。

正是"众里寻他千百度，蓦然回首，那人却在灯火阑珊处"。阮双琛的科学家老友宁存政，恰好志在南下打造一个一流集成电路产教融合协同创新平台。宁存政说："假如一个人进行半导体相关产业的创业，当灵感突然闪现，他可以去哪里实现它？

在硅谷，他可以晚上到斯坦福大学或者加利福尼亚大学伯克利分校的加工平台去。三五个人创业的小企业，不可能建造一个自有平台，他们能够实现概念验证的唯一机会，就是这些大学提供的公共平台。每小时支付 100、200 美元的费用，就可以迈出科技成果转化的第一步。可以说，大学的公共平台对地方的产业发展、企业成长具有巨大的支撑和促进作用。举个例子，美国凤凰城之所以拥有这么多的优秀企业，我曾经任职的亚利桑那州立大学的公共平台就在其中发挥了重要作用。这个平台创建于 1981 年，在它运行的 40 余年间，已经培养了无数的硕士、博士，很多学生就在凤凰城周围安营扎寨、起步创业。现在，这里半导体产业生态健康、规范、欣欣向荣，大学的公共平台，功不可没。据我所知，仅在美国大学层面，就有大约 80 至 100 个类似平台，并且数量仍在增加之中。2018 年，麻省理工学院就耗资 4 亿美元打造了纳米科学与技术中心。虽然国内已经意识到建设相关微纳加工平台的迫切性，但是目前能做到全流程并且专业设备齐全、职业化运行的平台，屈指可数，所以相关的加工能力才难以提升。众所周知，21 世纪是光子世纪。早在 30 年前，西方已经有很多公司开始涉足光电芯片、光电集成。国内差不多是在最近 5 年才开始大规模、深层次地去关注这个问题。相比之下，差距肯定是显著的。正因如此，我想在一个超净间，从前到后完整做一遍半导体光电子器件，这样的环境或者说设备目前在北京还非常难找，在全国也比较罕见。这几年，我一直在探索建设这样的平台。"

致力于围绕核心产业打造一流平台的爱国梦和专业梦，使得阮双琛和宁存政这两位相识多年的老朋友，跨越万里相聚"梦都"——深圳，一起造梦、圆梦。宁存政说："相比国内的很多城市，深圳相关产业链的完备度要高很多，从设计、制造、封装、测试到系统研发、应用开发、产品推广，产业链条和商业链条相对稳定、完整、强韧。因此，深圳具有得天独厚的优势，保障科技成果从应用研究到产业化的全过程，无论是从技术向产品演进的过程，还是从产品向商品演进的过程。加之深圳技术大学始终旗帜鲜明地鼓励和支持大家积极开展科技成果转化，而且愿意为之提供广阔舞台。同心共济、同道相益，携手共进也就顺理成章。"

实干者总是一不做、二不休，拿出家伙什儿就是大干一场。一个计划总投资3亿元的集成电路产教融合协同创新平台，正逐步走出蓝图，走进现实。这是一个集芯片设计、芯片加工、先进封装和芯片测试全流程于一体的综合性、开放性创新平台，以共性技术研发和解决"卡脖子"技术难题为中心，统筹开展人才培养、科学研究和产业服务。宁存政说："我们是朝着深圳市唯一的、完整职业化运营的、面向全社会开放的，化合物半导体芯片全套设计、加工、封装和测试能力的平台定位进行整体规划的，它同时具有一定的第三代半导体和硅器件加工能力。"

协同创新平台具有设计仿真实验室、半导体微纳加工实验室、先进封装实验室、电子芯片测试实验室、光器件及芯片测试实验室，以及校级分析测试中心等半导体芯片开发相关的闭环式、一体化完备设备及服务能力，为集成电路与光电芯片学院人才培养、深圳市"半导体先进制造学院"工艺教学实训、地方产业孵化服务提供基础设施、专业咨询、技术团队等系统支持。"从总体上说，平台能够支撑学校的科研活动和技术开发，从实践出发培养半导体设计和制造人才，为半导体芯片初创企业提供'第一次概念'验证的现实渠道，打造化合物半导体行业的小试和中试基地，与此同时，它也是半导体关键设备国产化验证的重要物质条件。"宁存政解释道。以微纳加工实验室为例，其功能区主要分为工艺教学培训区、科研和产业服务区、升级拓展区。为避免不同的功能区相互干扰，三者实行独立运作、分开管控的管理模式。其中，工艺教学培训区总面积约350平方米，主要用于集成电路工艺实践教学和企业人才工艺培训；科研和产业服务区总面积约990平方米，系统配置先进设备以支持校内外相关科学研究以及产业中试代工；升级拓展区总面积约300平方米，是平台建设及可持续发展的预留物理空间。

摒弃幻想，靠自己！"核心技术、关键技术、国之重器必须立足于自身。"习近平总书记2018年4月26日在烽火科技集团有限公司考察时的讲话犹在耳畔，高端应用型创新人才培养的使命在催促，服务区域经济社会发展的使命在催促，高水平公共服务平台的建设步伐一刻不能停、一刻不能慢！宁存政说："立足高校科研、面向产业，采取研发线和小量试产线相结合的方式建设集成电路产教融合协同创新平台，既能够支持校内外的研发活动，又能够满足本地中小企业的代工需求。一个完善的电光集成芯片生态系统，有助于粤港澳大湾区企业和高校创新成果的落地转化，有助于牵住关键核心技术自主创新这个'牛鼻子'。我和阮校长相识数十年，他知道我的为人，我也知道他的为人，人和人之间最难得的是信任，天时、地利、人和，就能成事。我希望在深圳技术大学组建一个学院、搭建一个平台、建设一个中心、培养一批人才，尽我所能，从零开始，在白纸上画出最新最美的图画。国际环境瞬息万变，确确实实只有靠我们自己，坚持不懈地做原始创新，才能免遭高端技术被人'卡脖子'的阵痛。"历史已经无数次地告诉我们，所谓困顿的开端，往往也是荣耀的起点。是困顿，还是荣耀，仅取决于你是否坚强。

欲知平直，则必准绳；欲知方圆，则必规矩。标准是经济社会健康发展的重要尺度，是开放市场有序竞争的强力保障，是连接国际平台的制度桥梁。标准决定质量和效率，全领域标准化的深度发展是赋能高技术创新、支撑高效能治理、推进高水平开放、保障高品质生活的必由之路。

深圳市委、市政府一向高度重视标准化工作的发展。2014年10月30日，深圳市第五届人民代表大会常务委员会第三十二次会议通过《深圳市人民代表大会常务委员会关于加强深圳经济特区标准建设若干问题的决定》，在全国率先提出并打造"深圳标准"。2014年12月25日，深圳市政府五届一百二十三次常务会议审议并原则通过了《关于打造深圳标准构建质量发展新优势的指导意见》和《关于打造深圳标准构建质量发展新优势行动计划（2014—2020年）》。作为2015年市政府1号文件，《关于打造深圳标准构建质量发展新优势的指导意见》及行动计划旗帜鲜明、号角响亮地拉开了构建"深圳标准"认证制度的序幕。从立法保障到纲领指导再到行动方案，深圳在国内首先构筑起大质量大标准体系的全链条建设，以顶层设计创新加快推进"深圳标准"走向全国，迈步世界。2016年5月26日，深圳市市场和质量监督管理委员会发布首批《深圳标准产品和服务目录》，内容涵盖家具，电子设备及零部件，纺织品、服装和皮革制品等领域，开启"标准化"与区域经济社会发展各方面的深度融合之路。2017年4月27日，深圳市第六届人民代表大会常务委员会第十六次会议通过《深圳经济特区质量条例》，以法律形式明确建立"深圳标准"认证制度。2018年7月24日，深圳市市场和质量监督管理委员会印发《深圳标准标识管理办法》，"深圳标准"标识从视觉传达设计的角度展示了"深圳标准"之"钻石品质""联通世界""科技创新"的多重维度。深圳以国际一流标准为标杆，加快构建覆盖经济社会各领域的多层次、多角度、高水平的"标准+"协同发展体系。2019年10月14日即第50届世界标准日，深圳以96.76的高分顺利通过国家市场监管总局的工作验收，成为全国首个标准国际化创新型城市。

共识联动世界，标准成就一流。当今世界，国际标准业已成为全球市场竞争的制高点，掌握了标准，就掌握了话语权，掌握了产业链劳动分工和价值链利益分配的主导权。质言之，标准已经从传统意义上的产品交换和质量评价的依据，转变为产业整体发展的系统性支撑，是牵引产业优化升级的基础性、先导性和战略性工作。标准化事业的稳步开展离不开标准化人才的系统培养，离不开标准化教育的全面推进。标准化教育体系是人才培养模式的应用效果和示范推广的倍增器。作为一个复杂的系统工程，它需要联动各方、凝聚共识，基于广泛的交流协作，形成科学规划、创新驱动、标准引领的社会合力。

汇涓流成江海，聚群力成大事。2017年2月24日，深圳标准工作领导小组办公室在市民中心组织召开了"创建标准国际化创新型城市国际标准化人才培养推进会"。国家标准委主任田世宏与会时指出，人才是推动经济发展和社会进步的决定性动力，深圳作为国家标准委批准首个开展"标准国际化创新型城市"示范创建工作的城市，要率先落实《国际标准化人才培训规划（2016—2020年）》中提出的"打造国际标准化培训基地"的工作任务，要领头打造高水平、高质量、创一流的"国际标准化人才培训基地"，系统地建成分层级的国际标准化人才培训体系，创新地开发利用网络技术和新兴媒体的培训平台，精准地服务标准国际化相关工作。

2019 年 1 月 17 日，深圳技术大学成立质量和标准学院。重托亦是众望，深圳理当不负期许。黄曼雪说："为贯彻落实国家标准化管理委员会关于成立国际标准化人才培训基地批复要求，以及市领导关于质量管理和国际标准化人才培训基地建设指示精神，以培养本地质量管理和国际标准化人才为重点，加快推动国际标准化人才培训基地建设，同时推进深圳打造国际化、高水平、示范性应用技术大学的进程，深圳市坪山区人民政府、市场监督管理局和技术大学三方协商一致决定，在深圳技术大学合作共建质量和标准学院。"

21 世纪初步入标准化行业，黄曼雪在深圳市市场监督管理局一干就是 20 多年。20 多年间，她与 50 多个委办局开展标准化相关工作，其企业标准化足迹涉足无人机、平衡车、眼镜、服装、首饰等各行各业；20 多年间，她牵头完成 500 多项标准、数十项省部级以上研究项目、几十部出版物……活跃、扎实的专业活动萃集成了黄曼雪丰富且闪耀的身份印记——深圳市标准技术研究院副院长、深圳市金融标准化技术委员会秘书长、广东省电动车标准化技术委员会秘书长、国际标准化组织机构治理技术委员会副主席……"我常常开玩笑说，每一个人都应该认真回答保安的灵魂三问：你是谁？你从哪里来？你到哪里去？我也问我自己，写了 20 多年的标准，接下来我能做点什么不一样的事？把 500 项标准堆叠到 1000 项？快意人生不应该一味追求数量，还应该思考怎么样才能有质的改变。我在思考，从制定标准到培养制定标准的人，是不是一个质的改变的维度？"黄曼雪说。在她看来，不被凡事所困，怀揣伟大梦想，是不断调整人生航向的坚挺动力。所以，当深圳市市场监督管理局抽派骨干力量筹建深圳技术大学质量和标准学院时，黄曼雪下定决心做点不一样的事。她说："通过教书育人，让更多的年轻人系统地接触到质量和标准，同时把质量和标准的价值转化为他们职业生涯中积极的社会生产力和创造力，对我来说，是一个全新的人生目标和工作方向。"

深圳技术大学质量和标准学院确实不一样。首先，为什么是深圳技术大学？黄曼雪说："在推动国际标准化人才基地的建设工作中，最让人头疼的就是'不可持续'的问题。开几个两小时的讲座，转头就是一场空，因为它不能形成一股可持续的力量长久地发力下去。如何能够可持续地推进质量和标准的人才培养工作？一个地缘相近、主业相连、理念相合、人文相亲的合作伙伴是必不可少的。在市场监管局给市领导汇报相关工作的时候，市领导第一个就想到了技术大学。阮校长也非常认可和支持质量和标准的人才培养工作，立马就派了教务处、人事处等负责人跟我们对接。那么，为什么是深圳技术大学？我们都知道，在新技术的驱动下，工作内容和场景的变化呼唤应用型、复合型、创新型人才。技术大学恰恰把培养这种新时代的新人才作为第一要务。新时代的新人才必须具备解决问题的能力，解决问题需要什么呢？需要质量和标准。共同使用和重复使用就需要建立规则，权威、民主、实用、科学的规则就是标准。抓质量，一定得抓标准。中国要高质量发展，我们的工程师队伍应该熟练掌握质量和标准的工具和方法。"

其次，为什么不一样？"质量和标准学院成立以后，相关领导希望我们尽快把课开起来。要不要开课，大家是有共识的，我们商定了当年9月就把第一门课开起来。但是要不要招生，要不要发证，大家的意见就不太一致了。一个既不招生又不发证的学院会是一个什么样的学院？怎么能够在学校存在？从常规的角度看，这是一个比较'奇葩'的操作。就教育部的普通高等学校本科专业管理现实来说，标准化工程已经是一个成熟的专业，既不招生又不发证确实让人难以理解。但是，我们的目标使命是将质量和标准的知识无缝嵌入学校所有的现有专业，而不是通过发证专门培养标准化工程这一个专业的学生。因为，质量和标准在我们的生产生活中是无处不在的，对吧？我们吃的东西要有好的质量和标准，我们穿的衣服要有好的质量和标准，我们用的手机要有好的质量和标准……请问什么专业的学生才能够从事质量和标准的相关工作呢？对制定标准的人来说，首先要有一个专业的基础。比如，谈基因测序的标准，我们的生物学知识是不是要到位？再比如，谈充电桩的标准，我们是不是要有基础的新能源知识？所有的标准都与一个特定行业中的具体应用紧密相关，都是通过解决行业的实质性问题而表现出的一个共识性、引领性、规范性的形式。所以，仅只一个标准化工程专业远远不能满足编制标准的需求。了解了质量和标准知识构成的特殊性，我们坚持建设一个和别人不一样的学院。庆幸的是，经过反复的讲解和论证，大家都对我们这种独一无二的发展路径表示认可。所谓的独一无二的发展路径，是指坚持创新引领原则，优化传统的质量管理和标准化人才培训工作，开展嵌入式专业学科标准化教育课程＋标准化公共基础课程教学；坚持校企联动原则，致力于质量和标准学院建设供给侧与企业标准化人才发展需求侧无缝对接，建立人才输送渠道，推动校企实习岗位高效适配，促进校企一体化发展；坚持国际化发展原则，积极引入国外先进质量管理和标准化教育资源，包括高端会议，保障质量和标准学院标准化教育工作与国际接轨。"黄曼雪说。

最后，效果怎么样？"搞质量的人，搞标准的人，他们的强项是什么？搞评价！判断什么叫好什么叫不好，就是我们经常干的工作。我常说，要跳出建制化的专业版图看专业人才的教育、培育和化育，使人才的成长超越一院、一校、一区，甚至一国的尺度，在全球产业和市场网络中找准与自身特色相匹配的关键节点，迅速扎根，协同发展，持续壮大。对标全球一流应用技术大学，我们研究过各个排行榜的核心指标，了解从哪个指标、哪个角度做功会产生什么样的效果。好的教育格局一定是既支撑脱颖而出，又容纳百花齐放，也就是'一流＋特色'导向的评价指标体系配置。在这样大尺度的配置下，我们再去思考如何培养不一样的学生，也就是培养具有国际视野和国际胜任力的应用型、复合型人才。除了在国内组织召开了六次院士参与的大型研讨会，我们还跟 ISO、IEC、BSI 等国际标准化相关组织做了专门讨论，可以说是在全球范围上论证这条不一样的路到底行不得通。同时，我们也把过去 10 年全球每个国家关于标准化教育的专业材料全部看了一遍。我们确信，质量和标准这一门知识有它的独特性，它更适合用'嵌入＋案例'方式去传播。很庆幸，在这条不一样的路上，我们得到了领导、专家、机构和学生的认可。一开始，我和邱惠玲老师两个人组队，从零开始搭建学院的运作机制，一个不一样的学院就这么开了张。随着专业性和工作量的增加，我在校领导的大力支持下，从原单位引进了几位标准化相关工作的行家。他们对我们后期工作的开展起到了关键性的作用。目前，我们已经开发了'1+3+4+10'矩阵式课程体系，这是我们独创的。在内容上，它涵盖公选课、专业＋、社会热点案例、美育涵养等课程模块；在形式上，它包括院长讲堂、实践工坊、企业课堂、小组活动和经验分享。课程体系秉承了我们一以贯之的理念——人才培养不光需要知识的传播，它更需要提供身临其境的具体感受。这种具体感受就是细化的生活和工作场景，它们以案例的方式展示人们如何使用质量和标准的方法解决现实问题。书本上的知识表达是单维的，现实问题却是立体的，它不局限于'知道'，它不只表现为一份专业的方案，它还表现为一种稳健的应急能力，它也表现为一身得体的着装，它甚至表现为一缕敢于回应的坚毅目光。解决现实问题的能力就是短时间在人群中被点赞的能力，靠什么？靠场景的训练！我们的课程体系鼓励多参加活动、多开展交往、多承担责任。学院一年培养两千多名学生，同一首歌来回唱肯定不行。我们要在现有的课件基础上不断更新，从 1.0 版到 2.0 版……如此升级。值得一提的是，我们不仅培养学生，还负责在全国高校范围内培养质量和标准相关的教师。此外，我们还尝试承接 1400 个左右技术委员会的培训工作。遍布各行各业的 5 万多名委员以培训的方式集中在技术大学，能够让我们的师生有更多的机会接触不同行业的领军人物。学生群体的培养、师资队伍的提升、产业人才的融入，三者围绕质量和标准的教育，形成了一个相互支撑、资源共享、不断拓展的同心圆。"黄曼雪信心满满地接着说，"创新的道路注定不是寻常路。从不寻常到寻常，是协商一致的过程，是取得认同的过程，是一个新生事物被理解、被接纳的过程，也是领航者的产生过程。追求卓越永无止境，唯有行动终结徘徊。看到学生们越来越积极，既不妄自菲薄，也不好高骛远，我越来越觉得，从使劲编制很多很多的标准，到使劲培育很多很多了解、使用、热爱质量和标准的人才，这个方向真选对了！"

国际合作不只是深圳技术大学的一个业务模块，它更是学校国际化发展战略的操作系统。正如深圳技术大学研究生院院长翟剑庞所说："国际化在技术大学，既是途径也是特色，是普及的、深入的，不同于多数大学只要少数人参与的概念化的国际化。"如何把国际化发展融入校园文化，融入教育发展的创新实践，融入学生成长成才，形成一组有特色、有水平、有影响的品牌活动，是阮双琛一直思考的问题。他说："我们一开始就把国际化办学作为第一要务，国际周是这个过程中的重要一环。"从 2018 年开始，深圳技术大学就推出了"国际教学周"大型活动。国际周期间，来自世界一流应用技术大学的教授们将在技术大学联合开设国际课程和国际讲座。除此之外，原汁原味的德式风情"巴伐利亚文化之夜"、深度对话的"高水平应用技术大学国际论坛"、礼贯中西的"高桌晚宴"也是国际周的重量级活动。可以说，国际周有效综合了多元教育、文化交流、学术交往和仪式教育，构建了深圳技术大学国际化办学的品牌活动矩阵。

△ 2019 年 9 月 24 日晚，深圳技术大学 2019 级新生高桌晚宴

曾思予说："2018 年至 2019 年，学校已经连续两年成功举办'国际教学周'活动。我们常说，'国际教学周'不能停，国际化办学的脚步不能停！随着新冠疫情防控形势的变化，国际化的学术和文化盛宴在 2023 年下半年正式重启。"正是南国好风景，叶子花开又逢君。2023 年 9 月 10 日，来自德国、瑞士、奥地利等多国应用技术大学的 40 余名教授和 20 余名国际学生抵达深圳技术大学。其中，有一见如故的新朋友，还有真诚相交的老朋友。像深圳技术大学第一个德国的合作伙伴——维尔茨堡－施

韦因富特应用技术大学校长罗伯特·盖尔布纳，曾先后5次到学校交流，亲历了深圳技术大学创建之路上的诸多重要历史时刻。他说："这是我第6次来到深圳技术大学，但是我和阮校长早在2017年就结识了。几年来，深圳技术大学的快速发展令人印象深刻！到现在，我还清楚记得他来我办公室拜访的那一天，他豪情满怀地说：'我来自中国，我正在建设一所新大学。'阮校长向我介绍了这所新大学的发展规划，我非常感兴趣。众所周知，中德两国多领域合作前景广阔，建立一种紧密、互信的经济或文化联系需要我们为此共同努力。所以，就是在我和阮校长第一次见面的那一天，我就决定与深圳技术大学开展合作，可以说，甚至在她还没有正式成立时我就这么决定了。"

45位国际教授和29位校内教授为2023年"国际教学周"带来了116门国际课程，6761名学生加入了这场"开眼看世界"的学习之旅。阮双琛说："我们有一个共同的愿望，那就是加速人才培养、提升人才质量。我们有一个共同的认识，那就是教育就是未来，没有教育就没有未来。'国际教学周'和一般的邀请外国专家开讲座的情形完全不一样，从受众的参与方式到参与效果都有差别。我们一切以学生为中心，国际教授过来主要是给学生开课，结合学校的专业，结合深圳'20+8'产业的发展需求，或者结合湾区企业成长的技术需求开课。学校一年级、二年级的学生可以根据自己的兴趣任选课程，国际教授会根据自己上课的情况，给学生计学分。我认为，国际课程学习和后续师生间的自由交流，有利于开阔学生的国际视野，有利于培养卓越工程师，有利于推进人才培养方式的有效改革。"

付朗兹·拉普茨说："他向世界敞开心扉。"这个"他"指的正是阮双琛。在阮双琛看来，举办国际周的意义绝不单单停留在海内外师生一年一度"双向奔赴"的欢聚，更着眼于以品牌为桥梁，以品牌为力量，助力学校与海外一流应用技术大学在人才培养与科学研究方面长年累月的合作，这是推动高等教育高水平对外开放的有益探索。他说："我们希望把国际周打造成一个国际交流品牌，培养具有国际标准的人才，开拓更多国际合作的通道，为应用技术大学的中国化、类型化和高质量发展提供可复制、能推广的经验。技术大学要用行动和成果来证明，教育改革、技术创新、人才培养一体化发展的新路一定是越走越宽、越走越长、越走越心安的。"

△ 2018 年 1 月 22 日，深圳技术大学学生首次到雷根斯堡大学交流

霍尔格·哈顿旺认为，深圳在科技创新领域有着巨大的潜力，在区域产业人才需求方面也更显迫切，他说："技术大学的人才培养模式跟技术发展、企业合作联系紧密。我们邀请来参加国际周的国际教授，大部分有在企业工作或与企业合作的实践背景。他们在上课时会结合自身经历，用有趣的教学形式，引导学生了解企业及产业的发展需求，以更具体、更实际的路径探寻解决办法。这种方式有助于培养真正能推动科技进步的人才。"

润园湖畔载歌载舞，世界情怀广阔辽远。2018 年 4 月 13

日，曾思予带着国际友人参观学校建设工地时说："现在一切都在建设中，周边相对落后一些，所以您现在看到的只是深圳的一部分。"国际友人说："但是，我认为我现在看到的就是最真实的深圳。"曾思予想反驳说："不是的，真正的深圳是非常发达的。"结果国际友人接着说："因为我在这里看到了成长、发展、勤奋、奉献、开拓者精神，这些是真正的深圳精神。"一座自信、自豪、自重、自知、自省、自赎、自勉、自强的城市，应自视能配得上最高尚的东西。精神的伟大和力量是不可以低估和小视的。深圳精神，也是世界精神。在这里，来自不同国家的人们一起创造更有生机的明天。如果说"国际化"三个字是抽象的，那么学生深度交流的热情、自信昂扬的姿态、清澈闪亮的眼光，能脚下扎根、敢论谈世界的形象——如此具体，如此直接，如此生动——都是让人心怀希望的真实慰藉。毕竟，能够感受美好、欣赏美好、创造美好的新一代，定能接续开启经济更加发展、民主更加健全、科教更加进步、文化更加繁荣、社会更加和谐、人民生活更加殷实的新世界。

△ 2018 年 11 月 21 日，巴伐利亚之夜

　　9月15日晚,深圳技术大学2024年秋季开学典礼如期而至。这是一次令人难忘的开学典礼,当晚雨势不小,只是人们拒绝了这种意外,就像曾经拒绝成长中的每一次无奈,大家在运动场撑起五颜六色的雨伞,好似向天空举起彩色的盾牌。人和人紧靠在一起,心和心连接在一起。当罗伯特·盖尔布纳出现在开学典礼的舞台上时,台下响起了一阵长久不息的热烈掌声。有诗云:青山一道同云雨,明月何曾是两乡。这场雨中的开学典礼,既是罗伯特·盖尔布纳对2023年"国际教学周"的深情告别,又是他向2023级新生的诚挚欢迎;既是跨国情谊风雨同舟的精彩妙喻,也是国际合作风雨无阻的有力象征。罗伯特·盖尔布纳在致辞中表示,自人生之初始,人类就走在求知的道路上,面对未知的挑战,大家当能够用独特的视角观察世界,用科学的方法解决问题,同时尝试与来自世界各地的人们成为朋友。这场雨中的开学典礼,既是追求科学的集体号召,又是拥抱世界的改革信念;既是新同学策马扬鞭的启程站,也是老战士乘势而上的再出发。

△ 罗伯特·盖尔布纳在深圳技术大学2023年开学典礼上致辞

结　语
教育要转变面向指标的战略

　　2023 年，是深圳技术大学建校 8 周年，是应用型高等教育的种子落地坪山、扎根湾区、辐射海内外的起势之年。在深圳技术大学的历史坐标系中，这一年注定留下极其特殊而重要的印记。这是一道历史的分水岭。2019 年，学校首次独立招生。2023 届本科毕业生是学校真正意义上的首届毕业生，首批授予 808 位本科毕业生学士学位。2016—2018—2021—2023，时光的脚步留下了一路奔跑、一路成长的历史脉络。2016 年，深圳技术大学筹备办公室正式揭牌；2018 年，教育部高校设置委员会派出工作组对学校正式设立进行考察评议，深圳技术大学获教育部批复正式设立；2021 年，学校获批广东省硕士学位授予立项建设单位，入选广东省新一轮"冲一流、补短板、强特色"特色高校提升计划；2023 年，第一届手持深圳技术大学毕业证书的学子们走出校门，走向社会，深入产业，深入市场，在新时代的浪潮中追光前行。从如何尽快把大学办下来，到怎样对标德国办成名校，深圳技术大学跨越重峦叠嶂，开拓全新境界，乘势而上，向一流研究型技术大学进军，学校高等教育事业揭开新篇章。

　　这是开山拓荒、创造奇迹的 8 年。8 年来，一群实干者在坪山河畔创造了 1034 天平地办大学的创校奇迹，创造了现代化、国际化、智慧化"空中校园" 4 年拔地而起的建设奇迹，创造了 6 年步入万人大学行列的发展奇迹，创造了首次独立招生即闯入全省理科前十的奋进奇迹。这是初心不改、其志不移的 8 年。8 年来，学校始终坚持面向世界，涵养国际视野；面向地方，反哺区域经济；面向现代化，锻造创新创业能力；面向未来，助力祖国富强，民族振兴！学校始终坚持以技术为着力点和生命线，自信于技术、自立于技术、自强于技术，从技术出发到价值中去，从实验出发到实际中去，从有用出发到有爱中去。学校始终坚持错位发展、特色发展、高质量发展，着力构建创新机制有效、科研主体有活力、跨学科配置有序、国际化发展有道的教育实践机制，不断增强区域人才培养创新力和竞争力。

　　这是长风破浪、成果斐然的 8 年。8 年来，深圳技术大学已形成由 18 个学院、36 个专业和 5 个学科门类构成的人才培养方阵。规模逾 1221 人的高素质师资团队，236 家高精尖合作企业，68 个高水平国际合作伙伴，600 多项国际、国家等重大赛事的重量级奖项……光学工程、物联网工程、集成电路科学与工程获批省级重点建设学科。学士—硕士—博士—博士后全链条人才培养体系运转畅通，超 90% 毕业研究生就业于行业龙头企业。这是惠及于民、反哺地方的 8 年。8 年来，"没有围墙的大学"横跨创景路两侧，带来了灵活多元、开放包容的大学精神，带来了国际化办学、政产学研用协同发展的资源、环境、技术和认知。2016 年 9 月，阮双琛提议并推动了地铁 16 号线原规划的"田头站"由田头山下移至校园出入口，同时更名为"技术大学站"，开启了地铁和学校相互赋能、特色高校与地方产业共同成长的新时代。

这是脚踏实地、锐意进取的 8 年。8 年来，学校从文化、制度、资金等多维面向支持学生自制实验仪器设备，自主运营、自主管理校园文印店、润园咖啡、匠心坊，独立设计、自主制造多类型赛车，把学习从书本解放至整个社会生产生活，全方位锻造学生的人际交往能力、动手实践能力、组织管理能力、系统思考能力。科研团队聚焦国家重大需求，聚焦国际科技前沿，聚焦关键核心技术，研发出高功率、大能量超快薄片激光器（工业化），解决了薄片激光器的"卡脖子"难题。晶体生长与检测先进技术重点实验室攻克了国际出口管制的金刚石与功能晶体技术，形成了可转化的产品、专利和项目成果。2016 年的创景路可谓人迹罕至的不毛之地。8 年来，深圳技术大学在创景路上创造美好前景。如今的创景路已经是发展新技术、培育新青年、塑造新文化的创新道路。曾经，胸怀鲲鹏之志的同道者在聚龙山下开疆辟土，再启全新航向；未来，秉承实干精神的后继者将在"技术改变世界"的道路上，奔向更新的天地。

△ 深圳技术大学

D. E. 司托克斯（D. E. Stokes）在《基础科学与技术创新：巴斯德象限》一书中说："天才的科学家是那么经常地谈论起研究目标——特别是基本的认识追求与应用性考虑这两种目标之间的关系……由此引出的基础与应用两种范畴间关系的看法妨碍了他们对事物的观察，那么就有必要对它们加以探究。"放眼世界，新一轮科技革命和产业变革深入发展，技术范型跃迁从来没有像今天这样，在社会的各个领域、各个方面、各个环节引起如此全面而深刻的链式反应。从交通、信息、教育到健康、服务、娱乐……影响范围之广，前所未有；影响程度之深，前所未有。值得注意的是，现代科学在物理层面上表现出极强的操作性、干预性和创造性，技术手段的进步对科学研究的推动作用越来越明显，对全新研究道路的拓展越来越有力。冷战结束后，越来越多的基础研究贴近应用，越来越多的应用激发了基础研究。当前的科学研究，愈加呈现出以技术应用为导向、以可靠程序为支撑、以制造产品为预期的特征。与此同时，技术发展的轨道和市场推广的轨道往往是创造商业成功的一体两面。

将科学进步看作技术发展的全部决定因素的传统观念已经式微，技术发展史已经雄辩地证明科学和技术在很大程度上是相互作用的关系，技术时常对科学产生有力的影响。科学研究的年鉴里，记载着许多科学和技术两者相互加强的实例。基础科学与技术创新之间静态的、一维的、单向度的决定关系与被决定关系，必须由一种动态的、相互作用而半自动向上发展的双线条关系所替代。一言以蔽之，科学与技术的关系已经出现了新变化。这种新变化就是单维"科技"向"科技"和"技科"双轨并置结构的系统转变。如果"科技"代表着科学引领技术的传统观念，那么"技科"则代表着技术导引科学的第一现实。从"单维"走向"双轨并置"结构,不仅表达了科研范式的转移,而且展现了技术改变世界的实践雄心。强化问题导向的技术实践有助于牵引基础研究回到"解决现实问题""解决发展问题""解决迫切问题"的轨道上来。

阮双琛说:"从近代科学史来看,很多时候是先有技术的发明创造,后有理论的突破创新。纯粹的理论研究很有力量,但是 20世纪科学家当中的实例显著说明,吸纳应用的需要在让知识带来技术回报方面起了相当重要的作用。深圳技术大学倡导'从技术出发'的有组织科学研究,这意味着把科学前景和社会目标结合起来。这个社会目标就是世界科技前沿,就是经济主战场,就是国家重大需求,就是人民生命健康。我认为,'从技术出发'的有组织科学研究的核心目标是解决现实问题。因此,必须跳出科学和技术的概念争论本身,立足科技、产业和经济的融合结构看人才培养的观念转变、制度建设和政策保障。"

2021 年 8 月 22 日,一块镌刻着"唯实求精"四个大字的校训石为创景路上热火朝天奔创新的建设大军扬起了鲜亮的精神旗帜。毛体大美不拘、雄强峻拔,文字简洁有力、直击人心。阮双琛说:"我去德国、瑞士等国家考察了很多应用技术大学,慢慢地,我就发现这些学校的很多老师长期甚至一辈子只盯着一件事来做,目标就是把这件事做到极致,做到最好。在这个过程中就有可能产生新的方法、新的理论和新的发明。就像伦琴发明 X 射线,其实他一直都在做电子方面的实验。几十年就做一件事,一辈子就做一件事,一代一代的积累成就了德国标准和德国品牌。这种现象启发了我——技术大学就是要朝着这个目标迈进——从实践出发,聚焦实际需求,弘扬实干精神,把取得惠民和强国实效作为目标,以实事求是的心境和作风培养用技术改变世界的卓越工程师。'实'是讲求实际，'精'是追求进步。永远脚踏实地，永远追求进步。我认为，'唯实求精'能够表达这样的精神。"

在阮双琛看来，"唯实求精"背后的深层含义是在深圳高等教育的版图中开创一个新赛道。他说："最关键的就是转变观念，高等教育要把追求指标的战略转变成人才培养、科学研究和社会服务。从微观层面上看，'唯实求精'是对个体施教和受教活动的规范，包括老师如何育人、垂范，学生如何求学、成才。老师不以发表文章为目的，而是聚焦于解决现有市场技术的不足或者实现技术方面的突破。学生不以掌握应试技巧为目的，而是致力于制造出一件专业领域的高水平产品。从中观层面上看，'唯实求精'指代全新的评价体系和育人机制。第一，我们的老师有研究型、教学型、工程实践型等不同类别。不同的老师针对教育教学的不同的环节各有侧重，各展所长。第二，我们把横向课题和纵向项目同等对待，这意味着在横向课题与纵向项目之间构建了一种科学合理的等效评价机制。换言之，无论是中央或地方财政性计划内资金支持的课题，还是委托企事业单位合法资金支持的课题，它们在科研评价体系中具有相同的权重价值。这样做的目的，是充分发挥评价体系的'指挥棒'作用，牵引老师将科研精力投放在校企合作方面，推动以校企合作为支点，贯通人才培养、科学研究和社会服务的战略实施。高质量的校企合作是技术大学彰显特色、发挥优势的重要支撑。学校一贯重视以校企合作系统整合各项办学活动，早在 2018 年 1 月 19 日，我们就制定并印发了《深圳技术大学（筹）校企合作工作方案（试行）》，从合作内容、政策支持、保障措施等方面对校企合作工作的落实落细提供制度支持。第三，我们积极开展自制实验仪器设备项目，科研与校企合作部有专项经费支持老师开发设备。实际上，德国相关高校也有相同的传统。我们都相信，只有把理论与实践结合起来，才能取得非凡的成就。通过观察不难发现，那些真正改变了整个行业的人，往往并不满足于停留在语义逻辑上的'懂了'，而是朝着把理论变成现实的方向进军。能从单维的理论走到多维的现实，能从单向度的思考走到多面向的行动，才是有力度的理解，才是有分量的懂了。从这个意义上说，真正的实干家就是真正的思想家。第四，我们在创新创业的领域给学生提供项目，同样是以做出产品为目标，通过实践化的训练帮助学生把所学的理论或者知识应用于解决实际问题。从宏观层面上看，真正一流的大学首先要服务当地的产业，把服务区域经济社会高质量发展的能力作为衡量办学水平的重要标准。这个理念实质上是对校地关系的重新理解，同时也是对大学定位的重新理解。过去我们总是两只眼睛朝上看，追求指标、追求项目，现在我们强调面向地方、面向周围、面向产业的核心需求，追求质量、追求技术和设计等方面的突破，用实实在在的好产品把知识转化为力量。其实，面向地方、面向周围、面向产业的核心需求，也是面向科技前沿、面向'卡脖子'技术、面向高质量发展。通过在微观、中观和宏观层面强化技术服务力和支撑力，学校可以提高企业的产品水平，同时企业能够锤炼学校的研发能力。这样的校地关系，是'校'与'地'双向持续提升的。重新理解校地关系，就能重新理解大学定位。大学定位包括两个方面：一方面是水平，另一方面是内涵。在水平上，技术大学是对标世界一流大学的。在内涵上，通俗地说，技术大学以研究技术为主业，以取得突破性发现和发明为方向，用全新的评价体系和育人机制做好人才培养、科学研究和社会服务等主要工作。我们的目标很明确，我们要办成的技术大学是国际化、高水平、示范性的一流研究型技术大学。当然，学校的定位不是一下子蹦出来的，它有其特殊的历史背景和来路。我们尊重历史，我们也尊重未来。从旧路中走出新路，有对比、有借鉴、有创新，我们想记录这个道路形成的过程。总体来说，技术大学在中国的高等教育版图上是一个新事物。当我们谈到技术大学的时候，我们实际上是在谈应用型教育、实践教育、高等工程教育等求自强、逐卓越的新型教育实践；我们也是在谈人才培养和产业需要、教育布局和经济社会、区域特色和国际经验的现实互动关系。应用型教育、实践教育、高等工程教育是技术大学办学活动的不同侧面。当我们强调一项技术在具体场景中落地应用以及市场化、产业化这一目标导向时，我们讲应用型教育；当我们强调目标导向行为中的批判性思维和人文精神的综合托举作用时，我们讲实践教育；当我们强调建制化的高等教育类型以及不同类型之间的错位发展和优势互补时，我们讲高等工程教育。上述三个概念并不是相互独立的，而是同一个新型教育实践过程当中的不同侧重点。众所周知，科学研究是一个过程性活动，根据不同的任务、环节和方法可以分为不同的类型。我们所关注的科学研究主要是结合深圳产业创新的基本特征，聚焦于应用研究领域。所以，我们言下的'研究型'和传统的大学分类所指涉'研究型'既有相同点，也有不同点，可以说是一种'新型研究型'。相同点在于，二者都代表高标准、高质量、高水平；不同点在于，如果说传统研究型大学更偏向于基础研究，那么技术大学更侧重于应用研究。从科学出发的基础研究和从技术出发的应用研究，在结构上是双轨并置的，在效果上是相互加强的，在技术创新史上是一体化发展的。"

阮双琛接着说，"'新型研究型'，新就新在对标国际先进标准与做法，探索既立足本国实际又兼具全球尺度和国际思维的发展路径，把国际化作为大学建设的关键一招，充分结合国内教育实际，有组织地将国际视野、跨文化理念和全球教育资源纳入办学治校全过程，构建国际化的学习环境、校园文化、组织制度和评价机制等。'新型研究型'，新就新在全方位转变评价体系，在制度设计上切实将追求指标的战略转变为面向人才培养、科学研究和社会服务。扭转刚性、短期化、单维度和结果偏向的量化指标建设思路，合理增加质性评价的权重比例。围绕'在什么领域、解决了什么问题、做出了什么成果'建立实际贡献导向型评价体系。'新型研究型'，新就新在坚持让教育面向地方、面向周围、面向产业，与教育面向世界科技前沿、面向经济主战场、面向国家重大需求、面向人民生命健康相结合的办学理念。面向地方、面向周围、面向产业是走向世界与扎根地方的有机结合，是攻克'卡脖子'技术与助推本地经济发展的统筹联合，是应用技术研究与原创理论发明的深度融合，是强化特色和提升水平的双向契合；'新型研究型'，新就新在以'从技术出发'的有组织科学研究统筹课程设置及内容，通过师生互动、校企互动，打造不断跟进社会经济发展的'进化型课程体系'，做到教育教学与社会发展无缝对接，理论学习与项目实践无缝对接，求学与求职无缝对接。在理解'新型研究型'的基础上重新明确大学定位，就能理解学校坚持取名'深圳技术大学'的深意。总体说来，原因有三。其一，'技术'二字体现着对标国际一流应用技术大学的建设标准和定位。其二，'技术'二字体现着深圳技术大学的建设目标和使命，即培养卓越创新人才，包括高水平工程师、设计师、精算师等。这个过程必然肩负着转变传统社会观念、教育观念和研究观念的使命，使'技术改变世界'的认知深入人心。技术并不低人一等，技术当中不仅有科学发现和创新发明，还有协作文明和市场实践。重新认识技术，对于优化高等教育发展，提升教育改革共识具有重要意义。其三，'技术'二字，内在地涵盖实践和应用的逻辑，不实践、不应用的技术不是真技术，不实践、不应用的工科教育不是真正的新工科教育。可以说，'技术'二字体现了深圳技术大学教育创新的出发点和落脚点，即从实践出发，回到实践，提升实践，真正把实战教学和知识应用变成强大学生、企业和国家的现实力量。所以，深圳技术大学之'技术'不仅不是传统意义上的技术，它恰恰肩负着扭转传统技术之理解的社会使命。在深圳技术大学的建设队伍中，存在着这样一种共识——在技术发展日新月异的新时代，深圳技术大学创办得好，有助于人们重新认识技术、重新定位技术，有助于形成尊重技术、尊重工程师等社会发展中坚人才的社会氛围。深圳技术大学紧跟新工科建设的壮阔步伐，面对可能存在的社会误读和不理解，可谓'明知山有虎，偏向虎山行'。在我看来，这种精神恰恰就是改革的精神，也是走新路、保特色、创新功的必备勇气。"

以"技术"为中心，以微观层面的个人选择规范、中观层面的育人机制设置和宏观层面的办学理念创新为发力点，一幅有标准、有方向、有举措的高等教育新画卷正在徐徐展开。从中国科学院西安光机所研究员到深圳大学工程技术学院院长，从深圳大学副校长到深圳技术大学创校校长……参加工作 35 年来，无论称呼如何改变，阮双琛的社会角色和人生使命始终被一个中心身份所牵引，那就是——一个纯粹的教育工作者。他投身教育，相信教育，寄希望于教育；他看得远，想得深，做得细。

他说，没有教育就没有未来，没有高质量人才就没有原始创新能力。他说，教育要把追求指标的战略转变为面向人才培养、面向社会服务、面向核心技术攻关的体制机制。他说，大学和大学之间要实现差异化发展，要实现"各个不一样、都是好大学"的高校发展生态。他说，大学要和地方社区、特色产业紧密联系，有了大学就有人气，有了人气就有企业，有了企业就有生机。他说，办什么样的大学，怎么办大学，是影响地方产业经济和人口流动的重要因素。他说，他有一个梦想，这个梦想是高考不再设置录取批次，所有高校统一起跑线，各凭实力同时招生，以此在各省市间自发形成均衡的名校和强校生态。这个梦想是突破传统的办学年限和条件限制，下放硕士和博士授权审批权限，使各省按照本省经济、社会、科技、文化事业发展需要和专业学位教育发展状况自主设置相应硕士点和博士点，实现区域高等教育错位发展。同时合理开放硕士和博士招生指标，招生指标必须直接用于本土高端人才聚集和培养方面，坚决避免异地使用。这个梦想是创新经费支持方式，将自主培养能力和筹措资金能力作为高校扩大招生资质和指标的重要尺度和依据，解决新增硕士和博士的培养成本问题。把项目研发经费或校企合作经费作为硕士和博士培养经费的主要来源，政府不再额外资助财政性教育经费，企业以项目形式支持学校人才培养，以此深化校企合作，既增强学生解决复杂工程问题的能力，又为企业精准扩大人才储备。这些不仅是关于教育均衡发展的梦想，还是关于有效解决区域经济社会发展过度极化问题的梦想，更是关于使后来者拥有更广阔光明的前景，更幸福地度日，更合理地做人的梦想。

育人耕耘三十五载，阮双琛对高等教育始终抱有深厚的感情："我还是想为培养下一代做一点工作，为深圳高等教育创新发展做一点努力。"在他心目中，"办什么样的大学，怎么办大学"始终服务于"培养什么样的人，怎么培养人"。为人师者，如为人父母。阮双琛说："我认为，学校培养学生主要聚焦三个目标。

第一，身体健康；第二，素质提高；第三，从容应对社会。现代化的人才培养过程理应围绕这三个中心展开，只要这三个方面培养好了，学生对哪个专业感兴趣，在哪个领域有创新就是水到渠成的事情。大学的责任、教育的责任是保持并激发学生的活力，培育健康的孩子、快乐的孩子、前进的孩子，让他们爱祖国、爱世界、爱生活、爱创造。发展、创新和贡献是这一过程的自然结果，而不是强制的前提。这就是为什么深圳技术大学校园别称叫'润园'。'润园'一方面是表达学校三面环水、一面靠山的区位环境之优美；另一方面是倡导真正的好教育就如春风化雨、润物无声；再一方面是取英文'run'的谐音，鼓励大家做充满活力的奔跑者，生命不息，求真不止，求善不止，求美不止。"

父母之爱子，则为之计深远。当今世界正经历百年未有之大变局，成就发展、向上、愉快的下一代，教育模式和评价体系的深化改革已是箭在弦上，从未如此急要！从 2015 年 8 月到 2023 年 12 月，从 52 岁到 60 岁，阮双琛和他最可爱的战友们扎根坪山、拥抱世界、面向产业、逐梦一流，不放过任何一次重要契机，快速扎实地推进大学建设，在高等教育深化改革的道路上跑出了开山拓荒、创造奇迹的 8 年，跑出了初心不改、其志不移的 8 年，跑出了长风破浪、成果斐然的 8 年。改革不能停步，理想不能放弃，意志不能消沉，今日之神州正昂首走在以中国式现代化全面推进强国建设、民族复兴伟业的新征程上，建设国际化、高水平、示范性的一流研究型技术大学还需要后继的改革者奋力前行。"战士指看南粤，更加郁郁葱葱。"第一代拓荒者在此地付出赤诚与坚守，一代又一代的耕耘者也将在这里燃烧激情和热血。润园的未来，必将葱茏勃郁。

后 记

新年新开局，开局谋新篇。今天是新年上班的第一天，8年前的今天，深圳市政府六届第二十一次常务会议刚刚审议通过《深圳技术大学筹建方案》不过一天，距离深圳市委六届第二十四次常委会会议一锤定音决定筹建深圳技术大学还有短短28天。1月，新年伊始，对深圳技术大学来说从来都是战斗的日子、奋进的日子、不辞劳苦的日子。

深圳技术大学的筹建和发展历程，是全面贯彻新时代党的教育方针，不断探索高质量教育体系建构路径的重要举措，是深圳高等教育改革创新、卓越发展的宝贵样本。为充分总结新型研究型大学"从0到1"的创建经验，巩固国际化、高水平、（应用）研究型教育教学的创新模式，凝练实干、团结、感恩的筹建精神，学校组织撰写了建校史专著《1034拓荒记——深圳技术大学创建之路》。

在这个特殊的日子里，我们要感谢深圳市原副市长吴以环，感谢深圳大学吴家骅、刘纪星、孙忠梅、刘泽慧、李智军，他们不仅为深圳技术大学的筹建做出了卓越贡献，而且也是本书圆满完成的有力助推者。在与我们的采访团队素未谋面的情况下，仅仅是一条短消息，他们就毫不犹豫地接受了长达数个小时的人物专访，为我们的写作提供了相当生动、相当鲜活的一手建校史素材。

在这个特殊的日子里，我们要感谢深圳技术大学创校校长阮双琛，感谢张岩鸿、孙乡瑜、徐刚、Franz Raps、Holger Halenwang、许媛、赵大宇、刘宏伟、吴旭、刘力文、曾思予、杜晨林、翟剑庞、杨光东、王红志、阎评、罗英、于兵、张席、连二妮，感谢吕启涛、刘清侠、宁存政、邱惠玲、姜连勃、胡俊青、韩培刚、黄曼雪、曹建民、霍裕达、钟玲、李真、李和言，感谢尚莹莹、李旭、黄子嵩、薛成业、邵然、刘璐、陈玄、胡佳琪，感谢黄全斌、蔡少梅、伍世豪、刘礼杰、付昱民、陶巍、陈晓芬、谢森豪，他们全部接受过创作小组的采访，大家可谓是知无不言、言无不尽，慷慨地与我们分享学校筹建中的风云往事和情深回忆。很多人在采访的过程中都忍不住哽咽、流泪了，其中不光有感情丰富的俏巾帼，甚至还有很多平常看起来十分冷峻、理性的男同志。我们都知道，这不是伤感的泪水，这不是脆弱的泪水，这是致敬拓荒精神的泪水，这是致敬激情岁月的泪水，这是全力奔跑后的无愧于心，这是奋力一搏后的俯仰无悔。

在这个特殊的日子里，我们特别要感谢深圳技术大学学生邹水英、陈淑婷、欧钰欣、王璐、曾雅婷、王韵琪、胡嘉琳、卢诗娴、曾淑玲、林博宇、谢贺垚，他们全程参与人物访谈并提供了摄像支持。从具体项目出发，和学生站在一起、想在一起、干在一起、成长在一起，是学校实践教育所倡导的。我们认为，感受一种精神和传承一种历史的最好方式，就是贯彻这种精神和历史的实践方式。书写一个"以学生为中心"的大学故事的最好方式，就是和学生站在一起、想在一起、干在一起、成长在一起。

在这个特殊的日子里，我们还要感谢深圳出版社编辑李春为本书出版所作的努力!

在深技大筹建初期,流传着"三个100"的故事,那就是每天老师们从市区开车往返坪山得100千米、通勤时间得100分钟、开车花费得100元。巧合的是,本书的创作过程也有"三个100"的故事,搜集文字资料100万字,整理采访录音100万字,笔记本电脑里有100个稿件的修订版本。深圳技术大学的峥嵘筹建史就这样和它的第一本专著奇妙地联结为一个精神共同体,它们共同延续着奋斗的血脉、拓荒的毅力和无问西东的初心。

这本书从城市定位、产业发展与高等教育的关系出发,深度挖掘了一所新型研究型大学诞生背后的故事。从"高瞻远瞩 筹建新型大学""聚焦技术 明确发展道路""招兵买马 组建人才队伍""独具匠心'空中大学'落成""产业之需 铸造学院之基""转变观念 创新育人方式"六个方面展示了高扬技术旗帜的重要性,以及"从技术出发""面向地方、面向周围、面向产业""先办国际化,再创高水平"背后所展现的当代社会发展对重新认识人才、重新评价人才和重新培养人才的迫切需求。

创作团队立足翔实的书面材料和丰富的访谈资料,构建了从国家政策背景到地方发展策略、从领导班子核心到一线工作人员、从政策文件到口述历史、从重大节点到个人感受、从故事复现到观念分析、从办学定位到办学方略的同心圆,兼顾理性与感性、叙述与分析。在以深圳市委、市政府为核心的筹建班子挽狂澜于既倒的故事中,展现现代高等教育改革的时代脉动与纤毫。

可以说,建设国际化、高水平、研究型技术大学的过程,既是以市委、市政府为核心的筹建班子只争朝夕的实干过程,也是深圳市现代高等教育卓越发展的创新过程,还是每一位筹建成员团结协作、凝心聚力创造奇迹的过程。这本书中有阮双琛校长

2015 年 8 月在天津出差时接到的一通改变命运的电话，有张岩鸿书记写下 100 万字工作日志的水滴石穿，有梁永生副校长参会献智的高瞻远瞩，有刘宏伟处长千里送文件的"速度与激情"，有刘力文处长、曾思予主任转变身份再出发的气概豪迈，有刘清侠院士疫情时期逆行返深的"中国心"，有总工于兵踩过的每一块地砖、画过的每一条等高线，有啤酒实验室的美酒飘香，有赛车工作室的引擎轰鸣……

一本书就像一滴树脂包裹住一段真实的时光，形成一颗晶莹剔透的琥珀。在今后的日子中，当我们迷茫、脆弱、困惑时，翻开这本书，就像重走当时的创业路。我们可以在这一粒"琥珀"中找回方向和定位，找回激情和初心，找回再战的勇气和豪情。一本书就像联结友情的"情意结"，昨天我们共同出现在筹建的战场，今天我们共同出现在书本的某页某行，明天我们仍将共同奔跑在美好人生、美好教育的赛道上。

并肩战斗的情谊不会忘，教育改革的决心不散场。深圳技术大学创校史专著的创作之路已至终站，深圳技术大学的发展之路定当越走越长、越走越宽广。昨日的、今日的、明日的亲爱战友们，我们将永远是深圳高等教育创新发展的同路人，永远是弘扬技术改变世界教育观的同路人，永远是托举新技术、新文明、新人才、新世界的同路人！ 1034 个奋战的日日夜夜萦绕于心，34 万字不足以说清当时的一战一役、一枪一炮，也不足以说明彼时的情同手足、情深常伴。但是，只要深沉的意志、恢宏的想象、坚定的行动、炙热的情感仍在我们的人生版图上，时代馈赠和燃情岁月就从未远去。

2024 年 1 月 2 日

附 录[*]
阮双琛同志在深圳技术大学创建历程中的重要活动讲话

在中德技术合作中心备忘录签署仪式上的讲话

（2016 年 6 月 7 日）

尊敬的各位领导、各位来宾：

大家下午好！

欢迎大家前来参加中德技术合作中心备忘录签署仪式。正在筹建中的深圳技术大学是一所涵盖本科及工程硕士的高水平、国际化、应用型技术大学。在人才培养方面面向高端制造业发展需求，以就业创业为导向，以强化工程能力和实践创新能力为载体，致力于培养高水平工程师、设计师等极具"工匠特色"的高层次高素质的产业精英和技术精英。努力建成具有中国特色和国际知名度的开放式、创新型、国际化应用类技术大学。

---

*谨以此附录呈现深圳技术大学创建历程中的重要事件和办学理念发展。

为此深圳技术大学需要认真汲取德国等国家职业教育先进经验，积极引进德国职业教育界高端人才，学习德国职业教育在办学理念、模式、方法等方面的精髓，同时紧密结合我市高端制造业和服务业对应用型人才的需求，努力将深圳技术大学建成应用型工程师、设计师的摇篮。

德国汉斯·赛德尔基金会多年来一直活跃在中国的教育领域，拥有适合中国国情的工作经验和形式多样的教育措施，在高等教育、高等职业教育、教育培训、学术交流、科学合作等方面的国际交往与合作中有着丰富的经验。

德国汉斯·赛德尔基金会与深圳技术大学筹备办经过会谈，达成了合作意向：同意成立中德技术合作中心，主要开展教师培训；为深圳技术大学介绍并引进德国应用技术大学的教学计划及相关专家；并为深圳技术大学介绍德国相关企业并协作建立合作项目。

此次合作的达成，是深圳技术大学筹备办国际交流与合作迈出的重要一步，是学习德国职业教育先进经验，积极引进德国职业教育界高端人才的良好开端。中德技术合作中心必将为深圳技术大学迈向高水平、走向国际化发挥积极的推动作用。我们将努力工作，让深圳技术大学筹备办与德国汉斯·赛德尔基金会的合作取得丰硕成果，为深圳、广东、中国乃至世界的职业教育发展做出自己的贡献。

谢谢大家！

在地铁集团签约仪式上的讲话

（2016 年 10 月 24 日）

尊敬的各位领导、各位来宾：

大家上午好！

欢迎各位前来参加深圳技术大学筹备办公室与深圳地铁集团校企联合办学框架协议签署仪式。

正在筹设的深圳技术大学是一所高水平、国际化、应用型技术大学，我们致力于培养高水平工程师、设计师等具有"工匠特色"的高端应用技术型人才，并一直在努力探索产教融合、校企合作、产学研用一体化协作的办学新路子。

深圳地铁集团是深圳市国有资产监督管理委员会直属的国有独资大型企业，他们作为深圳轨道交通建设的主力军，在城市轨道交通项目的投融资、建设运营、开发和综合利用等方面取得了突出成绩。随着轨道交通的迅速发展，深圳地铁对高水平技术技能人才的需求也与日俱增。

经过多次调研和协商，我们深圳技术大学筹备办公室和深圳地铁双方对深化产教融合、校企合作、产学研用一体化协作培养人才的办学理念达成了共识，一致同意在优势互补、互惠互利、发展共赢的基础上，共同探索、构建和实践"以产业实际需求为牵引、以学科发展规律为约束、以市场为导向、以企业为主体、产学研用深度融合的协同创新体系"。

　　本次校企联合办学框架协议的签署是我们深圳技术大学校企合作迈出的重要一步，也是我们在国内签署联合办学协议的第一家，感谢地铁集团对我们的信任和大力支持。希望我们校企双方利用好各自的优势资源，通过共同组建"深圳技术大学城市交通与物流学院"，构建政、产、学、研、用协同育人体系与平台，提高学校的教学质量和科研水平，提升企业的创新能力和科技水平，达到学校和企业的互助和双赢，为今后的校企合作积累成功经验，为深圳的现代职业教育发展做出贡献。

　　谢谢大家！

在建筑工务署校园建设一期工程交接仪式上的讲话

（2016 年 10 月 27 日）

尊敬的吴市长、各位领导、各位来宾、各位同事：

大家上午好！

欢迎大家参加深圳技术大学校园建设工程一期交接仪式，感谢大家的光临指导！

市委、市政府对技术大学的各项建设非常重视。今年 4 月，市里专门成立了由吴市长挂帅的"深圳技术大学筹建工作领导小组"，成员包括市发改委、科创委、财委、规土委、教育局等多个部门主要领导。吴市长不管有多忙，每两周甚至每周都会召集领导小组成员开例会，专门研究协调学校筹建工作中遇到的各类问题并及时给予帮助和解决。有时候，对于一些较为棘手的问题，吴市长还会在百忙之中把我们召集到她的办公室，亲自指导和教授我们如何解决问题，如何宣传出工作中的亮点。我们的简报，吴市长都会亲自审阅；我们的公众号刚一推出，吴市长又是我们的第一批读者，给我们打气和鼓励。在这里，我要特别对吴市长表示深深的感谢。

还要感谢市教育局张局、许局的关心支持，感谢高教处颜处的指导帮助。尤其是最近一段时间，我们的重点工作比较集中，教育局的同志多次放弃了周末休息时间，也和我们一样加班加点，给了我们大力支持和及时帮助！正是因为有了各级领导的参与和关注，我们技术大学的工作进展都非常顺利。目前，各项筹备工作在紧张地进行中，学校全球招聘教师工作已启动；基建项目定于 12 月 28 日开工；2017 年 9 月将利用暂借的启动校区，招收首批共 500 名学生。

最近，我们更是好事不断，8 月中旬一次性通过了广东省高校设置评议委员会专家组考察评议；9 月中旬和德国巴伐利亚州教育文化科学艺术部签署了框架合作协议书；在本周一，也是在这间会议室，又与深圳市地铁集团有限公司在优势互补、合作共赢的基础上签署了联合办学框架协议。

因为校园建设的工作要求，我们和市建筑工务署一直保持着密切的关系。工务署对我们的工作也一向非常支持，经常加班加点地和我们一起研讨施工方案、细节。为了争取在今年年底开工，我们近期与市建筑工务署召开了好几次协调会，双方共同协商和探讨了校园规划事宜，积极解决存在的问题，并在建设工程交接方面基本上达成了一致。

今天我们在这里举行校园建设工程移交仪式，这不仅是工作的移交，更是将我们的信任一并移交。希望工务署在动工建设时，做到以下几点：

一是一定坚持质量第一。质量是工程的根基，更是关联着万余名学生和教师的安全问题。希望咱们的工程施工一步到位，经得起检验，也经得起时间的考验。

二是希望在施工时，原汁原味地保持我们的规划设计方案特色。我们深圳技术大学可用地块比较分散，又有着大量实训基地、实验用房的特殊需求，因此，用地用房都非常紧张。为此我们特意聘请知名专家规划设计了校园建设方案，针对校园空间被市政道路切割、建设用地分散的现状问题，尊重现有地形地貌，融合自然景观，积极向空中发展，通过立体交通的方式，明晰功能分区，形成了立体化的校园空间体系。希望我们的规划设计在未来的建设中能够充分体现出来。

三是希望能确保工程进度。目前，我们可用的过渡校区，条件非常有限，学生宿舍和饭堂都没有办法提供。而按照全市计划，学生招生将逐步扩大规模，2017 年招收 500 人，2018 年要招收 1700 人，在校学生将达到 2500 人。时不我待，在确保工程质量的前提下，希望咱们建筑工务署可以加快校园建设速度，让深圳技术大学早日迎来更多的学生。

最后，希望在吴市长的带领下，我们和建筑工务署双方通力合作、共同努力，尽快完成深圳技术大学的校园建设，为这所高水平、国际化的应用型大学打下坚实的物质基础，提供硬件保障，向市委、市政府交出满意的答卷！

谢谢大家！

在华为签约仪式上的讲话

（2017 年 3 月 3 日）

尊敬的吴市长、各位领导、各位嘉宾：

大家好！

国家"十三五"规划纲要明确提出，深圳要加快科技、产业创新中心建设，成为中国创新型城市的排头兵。因此，深圳市委、市政府经过反复研究论证，决定筹设深圳技术大学，培养一大批本科及以上层次应用型技术技能型人才，为深圳及珠三角地区经济结构调整和产业转型升级提供有力的人才保障，增强深圳乃至广东经济发展后劲和竞争力。

校企融合是我国职业教育发展的目标和当前面临的薄弱之处，也是我们深圳技术大学在办学上的指导和探索。坚持校企合作、产教融合、工学结合、知行合一是深圳技术大学筹建以来一贯坚持的重要方向。去年 10 月份，在吴以环副市长的见证下，我们与深圳地铁集团有限公司签署了校企联合办学框架协议书。校企双方将通过共同组建"深圳技术大学城市交通与物流学院"，构建政、产、学、研、用协同育人体系与平台，提高学校的教学质量和科研水平，提升企业的创新能力和科技水平，达到学校和企业的互助和双赢。今年 1 月，我们又与深圳大学、荷兰代尔夫特理工大学、荷兰国家应用科学研究院、深圳市地铁集团有限公司达成合作共识，制定了产学研合作谅解备忘录。

华为技术有限公司是深圳技术大学一直非常期待合作的对象，自 2016 年 6 月 30 日吴市长带领我们赴华为调研学习之后，我们深圳技术大学筹备办公室与华为技术有限公司一直有着良好的沟通和交流，并有了共同探索产教融合、校企合作新模式的想法。

今天，我们双方为了学校和企业的共同发展达成了一致，将在这里签署联合办学框架协议，共同创建互联网与大数据学院，双方将发挥各自优势资源，在实训、学生实习、学生认证培训、学校信息化及实验室信息化建设等相关领域共同展开全方位合作。

双方的合作，不仅标志着深圳技术大学向培养具有"工匠特色"、高端应用技术型人才目标迈出了坚实而有力的一步，也预示着华为技术有限公司在应用技能型专门人才的培养选拔、技术研发与创新上又找到了新的、强有力的合作伙伴。

双方的合作，既符合深圳技术大学未来人才培养的方向，又满足华为公司的用人需求。可以有效提升企业的创新能力和科技水平，有助于提高学校的教学质量和科研水平，促进学校、企业和社会的共同进步和共赢。

我们的合作，可以说是在吴市长的指导和牵头下促成的，因此，我要在这里感谢吴市长对我校的大力支持，感谢华为技术有限公司对我们的信任！

接下来，我们将以"问题导向"为原则，学习华为技术有限公司的先进管理经验，让校企合作真正落地，将学校办好，办出特色，办出成绩！

谢谢大家！

大鹏展翅在今朝
——在 2017 年深圳技术大学（筹）开学典礼上的致辞

（2017 年 9 月 7 日）

尊敬的吴以环副市长、姚建铨院士，尊敬的各位领导、各位来宾、各位家长、老师们、同学们：

上午好！

今天，我们欢聚在这山清水秀的马峦山下，举行开学典礼，热烈欢迎 226 名新同学！欢迎你们报考深圳大学应用技术学院，欢迎你们参与并见证深圳技术大学筹建、发展过程。你们的参与是对深圳技术大学的厚爱，也是全体筹建人员的荣幸。

你们是由深圳市主办的一所全新的深圳技术大学培养的第一批新生，是这个现代化新校园的第一批主人。今天，你们是高考战场上的胜者；明天，你们将是引领技术创新的精英！

建立深圳技术大学，是深圳市委、市政府从发展全局的高度做出的重大决策，是我国大力推进应用技术高等教育的重大成果。在此，让我向热情关怀、大力支持学校建设的深圳市委、市政府，特别是吴以环副市长——自 2015 年 4 月以来，她作为筹建领导小组组长对我校各项工作亲力亲为和多次及时帮助——表示衷心的感谢！向市教育局和坪山区的各级领导，向全力扶助学校成长的深圳大学，向精诚合作的德国、瑞士等发达国家的技术大学伙伴，表示衷心的感谢！向为新校园建设抛洒热血的设计师和工人师傅们，向为创建新大学夜以继日奋发努力的教职员工们，表示衷心的感谢！

深圳技术大学是在深圳大学应用技术学院建制的基础上创建的一所独立的本科大学，是广东省和深圳市纳入"十三五"高等教育发展规划的全新的应用型技术大学。随着新校园的落成、高水平师资队伍的到位、226位新同学的入校、国际化教学培养方案的实施，教育部将给予我校正式命名，我国高等教育版图上将出现一个崭新的亮点。

同学们，当你们踏进新校园，也许已经留意到一条彩旗标语——"工匠精神，人文关怀"。这表达了我们的"大学之道"，也体现了我们的"专攻之术"。《孙子兵法》说："道为术之灵，术为道之体。"人类的文明福祉是我们追求的"大道"，技术创新是通往这一大道的工具载体。

去年，李克强总理在政府工作报告中特别倡导了"工匠精神"。工匠精神是体现在华佗、鲁班、毕昇等能工巧匠身上的中华民族优秀传统精神，也是体现在爱迪生、莱特兄弟、贝尔等发明家身上的现代科技文明精神。20世纪发展起来的五大核心技术——核技术、航天技术、信息技术、激光技术和生物技术，在科学家和能工巧匠手上，创造出人类文明的新纪元。

同学们，你们正站在这个新纪元的入口。你们脚下的这片土地，在30年前还是一个边陲小镇，今天她已经是中国最具活力的科技创新之城。1989年，一位18岁的年轻人和你们一样怀揣着入学通知书进入深圳大学，学习计算机应用技术，几年之后他和几个同学一起创业，今天他们的公司市值已经超过3000亿美元，全世界使用他们产品的人口超过了数十亿。这就是腾讯公司"小马哥"的故事。

一位出生在德国巴伐利亚阿恩布鲁克小城的大学生在雷根斯堡应用技术大学完成了他的学业，今天，他是全球电子电气工程领域的领先企业西门子公司的 CEO，这是乔伊·凯瑟（Joe Kaeser）先生的故事。

如今，培育了中德两国杰出技术精英的大学，正在一个新的起点上开始合作办学。在我们的校园中，还会有瑞士、荷兰、美国、英国、澳大利亚、日本等各国先进的技术教育被引进，各国的工匠精神将和我们伟大祖国的工匠精神熔铸成一体。我们将打造一所开放式、创新型、国际化、充满无限可能性的一流的技术大学，将有更多的小马哥和凯瑟被培养出来。

我们倡导的工匠精神，是不畏艰难，刻苦钻研的精神；是不尚空谈，脚踏实地的精神；是一丝不苟，精益求精的精神；是勤恳尽责，敬业奉献的精神；是虚怀若谷，海纳百川的精神；是勇于挑战，不断创新的精神；是立志高远，追求卓越的精神。

我们倡导的人文关怀，是遏制贪欲，崇尚道德的关怀；是意境优美，兴趣活泼的关怀；是克服冷漠，仁爱众生的关怀；是刚毅有节，助人济世的关怀；是忠贞报国，无私奉献的关怀；是心系苍生，放眼天下的关怀；是超越小我，成就大我的关怀。

爱因斯坦在 20 世纪初就曾经告诫人们：人类精神必须凌驾于技术之上。今天的技术，既能创造富足的生活，也能加速人性的堕落；既能给世界带来光明，也能将地球毁灭。科技与人文，如车之两轮、鸟之双翼。双轮驱动，大路畅通；双翼齐飞，前程光明。

今天我们要建立的技术大学是一所新型的大学——

这是以培养本科和专业硕士等应用技术人才为宗旨的大学，

学生为本，教学立基，教学相长。

这是立足高新技术产业环境的大学，对口需求，定制培养，校企双赢。

这是大力引进世界应用技术高等教育先进经验的大学，全方位开放，国际接轨，双向培养。

这是支撑从深圳制造到深圳创造、从深圳速度到深圳质量的时代转型的大学，工程师的摇篮，创造之都，活力之源。

为了让新大学有一个出色有力的起跑，我们与德国、瑞士、荷兰等14所应用技术类高校及机构达成合作意向，其中与德国慕尼黑应用技术大学、奥格斯堡应用技术大学等9所高校已经签署框架合作备忘录，我们将采取引进来走出去的方式，积极引进国际高水平师资，派遣师生飞赴欧洲，到这些合作院校进行学习和研究。

为了这样一所祖国和人民殷切期待的大学，国家科技领军人才、深圳高新技术示范企业的首席技术官、美国硅谷著名数据企业的创始人、德国名校和名企的高新技术导师团队都已经到岗。他们术业有专攻、博学多才，既是企业精英，更是教学名师。未来，他们将会与同学们朝夕相处，亦师亦友，带领大家走进教室和实验室，解开工程技术世界的奥妙，进入创新创造的殿堂。

我们坚信，通过全体师生的共同努力，深圳技术大学未来一定会成为中国乃至国际一流的应用技术大学，成为我国应用技术高等教育的领跑者。

大鹏展翅在今朝。亲爱的同学们，时代选择了你们，你们选择了这座青春之城、创业宝地！

再过一些日子，我们将迎来党的十九大的召开，我们将和全国人民一起，在以习近平同志为核心的党中央带领下，为实现中华民族伟大复兴的中国梦，奉献出我们的青春和力量！

深圳技术大学已为你们铺设好了一条实现理想的金光大道，乘风鹏飞九万里，前程锦绣无疆界，期待你们从今天开启新的梦想，未来在这里收获精彩人生！

祝各位领导、各位来宾、各位朋友身体健康、平安幸福！

谢谢大家！

在首届创新技术论坛上的讲话

（2017 年 12 月 6 日）

尊敬的侯洵院士、各位领导、各位来宾：

大家上午好！

欢迎各位远道而来参加由深圳技术大学（筹）主办的首届"创新技术论坛"，非常感谢大家的光临指导！

在不久前召开的党的十九大报告会上，习近平总书记强调建设创新型国家，要瞄准世界科技前沿，强化基础研究，强化战略科技力量，培养造就一大批具有国际水平的战略科技人才、科技领军人才、青年科技人才和高水平创新团队。深圳技术大学（筹）积极响应党的十九大号召，决定从今年起每年定期举办"创新技术论坛"，围绕"创新""技术"两大主题，聚焦新一代信息技术、生物、高端装备制造、新能源、新材料等国家前沿科技领域，邀请国内外知名专家、杰出学者、著名企业家等进行专题演讲，开展交流与对话，同时为推动前沿科技研发、成果转化、产业化应用等搭建科技交流平台，以实际行动贯彻落实深圳创新驱动发展战略、《中国制造 2025 深圳行动计划》，为深圳建成粤港澳大湾区国际科技创新中心助力。

创新是引领发展的第一动力，技术是推动社会进步的引擎。深圳技术大学自筹建以来致力于培养具有国际视野、工匠精神和创新创业能力的高水平工程师、设计师等高素质应用人才。"创新技术论坛"的举办对于学校及时了解并把握国内外前沿科技信息和最新技术成果，促进学科建设、科研水平提升，加强学校与各顶尖科研团队及科研院所、企业的交流与合作，具有十分重要的意义。

今年是"创新技术论坛"举办的第一年，我们共邀请了近20位学术专家及企业领军人开展14场专题讲座，其中3位来自企业、4位来自研究机构、7位来自高校。他们是各自研究领域的佼佼者，成果丰硕，今天汇聚一堂，多种思想的交流与碰撞必将产生新的火花，为我校老师和学生打开全新的视野。

未来，我们将坚持定期举办"创新技术论坛"，汇聚前沿技术，引领时代潮流，并着力将其打造为具有深圳技术大学品牌特色的国内顶尖技术论坛。使其成为学术交流与对话平台，促进学界、业界等技术人才的深入交流，还将共同探索前沿科技攻关、分享科技成果、开展务实合作，积极推动科技创新成果转化为现实生产力。

最后，我代表深圳技术大学再次欢迎各位的到来，希望你们深圳之行有所收获，度过愉快的时光。

谢谢大家！

在首届高桌晚宴上的致辞

（2018 年 6 月 28 日）

尊敬的高云峰先生、霍尔格·哈顿旺先生、李学金校长，老师们、同学们：

大家晚上好！

今天，我们欢聚一堂并隆重举行深圳技术大学首届高桌晚宴！在此，我谨代表深圳技术大学热烈欢迎远道而来的嘉宾朋友们，欢迎参加今晚活动的老师、同学们，相信大家将在这里度过一个美好而又难忘的夜晚。

《论语》有云："不学礼，无以立。"有着数千年传统文明和礼仪文化的中国，千百年来通过学习、传承文明礼仪，达到懂荣辱、辨是非、知法明礼、崇德向善的目的。同样拥有灿烂文明的西方社会，和东方的中国遥相呼应，对礼仪也有着严格的要求。

举办高桌晚宴，是深圳技术大学培育拥有工匠精神、人文情怀人才的生动体现和具体实施。通过举办形式多样的活动，为你们打开了解西方礼仪文化的大门，拓宽视野，增长见识；彼此之间相互熟悉，推杯换盏，增进情感；同时，希望你们拥抱社会，增强与社会的互动和交流，走向成人世界。

在今年的五四青年节，习近平总书记在北京大学师生座谈会上对青年学子提出殷切希望，他提出当代青年是同新时代共同前进的一代。现在所面临的新时代，既是近代以来中华民族发展的最好时代，也是实现中华民族伟大复兴的最关键时代。广大青年既拥有广阔发展空间，也承载着伟大时代使命。青年是国家的希望、民族的未来。

同学们，你们是技术大学培养的第一批学生，我们不仅全力以赴将你们培养成为具有国际视野、工匠精神和创新创业能力的高水平工程师、设计师，更希望你们兼收并蓄，同时拥有中华文化之精髓，西方文化之优秀传统，成为既拥有专业技能知识、丰富人文知识，又知礼仪尚贤达、通人情懂世事的领袖人才。

希望你们在以后的生活和学习中充分明确和坚定自己的目标，自立自强，自信自律。培养多方面的学习爱好和兴趣，以更加乐观、积极、求知、开放的心态，迎接未来新的机遇与挑战。

最后，预祝本届高桌晚宴取得圆满成功，希望本次活动成为你们大学四年美好的回忆。

谢谢大家！

没有围墙的大学、没有边界的探索
——在 2018 年深圳技术大学（筹）开学典礼上的致辞

（2018 年 9 月 7 日）

尊敬的各位来宾、老师们、同学们、家长们：

大家晚上好！

走过骄阳似火的酷暑，迎来秋高气爽的开学季。今天，800多名新同学怀着鲲鹏之志，相聚大鹏湾畔，开启人生新的航程。

祝贺你们走进大学殿堂！

欢迎你们加盟深圳技术大学！

此时此刻，我的内心充满喜悦与感激。深圳技术大学自 2015年筹备至今，她的成长离不开来自各方面的帮助和支持。在此，我谨代表深圳技术大学向一直以来关心和支持学校发展的各级领导及社会热心人士表示最崇高的敬意，向远道而来的国际合作院校与合作企业的朋友们表示最热烈的欢迎，向所有为学校辛勤工作的教职员工表示最衷心的感谢！

今年，正当同学们奋战高考的关键时刻，我们深圳技术大学树立了发展史上的里程碑，通过了教育部拟批准设置高等学校的公示。807 名高质量新生顺利入学，92 名在校同学前往德国雷根斯堡、慕尼黑等欧洲一流应用技术大学交换学习，国内外 143 家高科技企业和我们签订了合作协议，新校区建设全面展开，北区宿舍、北区食堂、校医院及公共教学楼明年将正式投入使用，学校正以崭新的面貌迎接各位新同学！

同学们，今年是不同寻常的，是中国改革开放 40 周年，也是深圳经济特区创立 38 周年！

38 年前，深圳在高新科技领域还是一片荒滩；38 年后，深圳已经在 4G 及 5G 技术、超材料、基因测序、石墨烯太赫兹芯片、柔性显示、新能源汽车、无人机等高新科技领域跃居世界前列，华为、腾讯、大疆等世界级科技明星企业一飞冲天，显示出创新发展的勃勃生机。

在这重大历史节点，我们深圳技术大学应运而生。

运由命所主，命由运所发。

这里所说的"运"是时代大势。中国改革开放的宏伟蓝图，世界科技创新的客观趋势，深圳作为国家自主创新示范区的发展机遇。"好风凭借力，送我上青云"，只要我们抓住这个大运大势，就能乘势而上，以非常之为，收非常之功，创非常之业！

这里所说的"命"是技术大学的使命。技术大学顾名思义是依靠技术创新、技术服务立足的大学，是和国家发展战略、地方经济社会发展同步推进的大学，是培育一代杰出技术精英的摇篮。

命运相托，命运共生，命运长青。这是深圳技术大学的必行之路，也是她光辉的未来。

进入 21 世纪的人类社会，技术进步空前神速、技术竞争空前激烈。谁掌握了高新技术，谁就掌握了自己国家和民族的命运，掌握了生存和发展的主动权。同学们都了解到，在新一轮的国际竞争中，核心技术是怎样关系到一个企业、一个行业、一个区域市场的生存。过去 30 多年，我们国家主要靠引进国外技术，先是二手技术，后来是同步技术。尽管在某些技术领域有所突破，但是总体上还没有完全摆脱受制于人的被动局面。在日趋激烈的全球化竞争中，我们没有后退的余地，必须走自主创新之路。

同学们，你们进入一所以"技术"命名的大学，就要充分意识到，技术文明和国家命运的关系，虚心地刻苦地学习先进技术，将来把所学技术贡献给祖国和民族，贡献给这片热土和父老乡亲。

这所大学是没有围墙的，这意味着你们的学习和探索没有边界，没有止境，与广大社会和企业是零距离的，大学内外都是你们学习的课堂和实践的战场。

这所大学是汇聚多种语言的，这意味着你们的交流是国际化的，思维是世界性的。技术无国界，技术无禁区。开放、包容、求实、进取是我们的主旋律。

这所大学是突破等级、讲求实力、崇尚竞争的，这意味着任何妄自菲薄的心态、无所作为的思想、平庸懒惰的作风，在这所大学里是没有出路和机会的。

这所大学是十分较真、特别踏实、不尚空谈的，这意味着各种享乐主义、利己主义、马虎主义都和严谨的科学精神格格不入，我们要创造的不仅是一所高等学府，不仅是一些特色专业，更重要的是要培养出一代技术精英，将科学理想和技术才能有机结合的新人。

我们知道，没有这种精神就不会有瓦特和爱迪生，也不会有乔布斯、任正非和马化腾。这是一种将爱国主义和科学主义结合在一起的新精神，这是在座的各位将要在未来展示给全社会的新精神。如果说，未来的深圳技术大学将建设成为全国技术大学的标杆和特色领跑者，那么，最根本的是要建立这样的新精神！

我在此祝福你们，也期待你们！让我们大家共勉共进！

最后，祝所有来宾度过一个美好的夜晚，谢谢大家！

在 2018 年高桌晚宴上的致辞

（2018 年 11 月 20 日）

各位嘉宾，各位朋友，先生们、女士们：

大家晚上好！

值此深圳技术大学（筹）2018 国际周活动开展之际，我们相聚在这里隆重举行深圳技术大学第二届高桌晚宴！在此我谨代表深圳技术大学对 Wolfgang Baier（沃尔夫冈·拜尔）校长、Robert Grebner（罗伯特·盖尔布纳）校长及各位校长、教授、学者朋友的到来表示衷心的感谢，感谢大家在百忙之中远渡重洋来到深圳，来到深圳技术大学参加国际周交流活动，为技术大学的学子们传道授业解惑。让我们以热烈的掌声欢迎他们的到来！

深圳技术大学自筹备以来，始终坚持国际化的办学标准，学习借鉴德国、瑞士等国家一流应用技术大学的办学模式和办学经验，高起点、高标准、超常规推动学校各项建设。学校在课程设置、学术科研、师生交换等方面，注重引进来和走出去相结合，不断深化和巩固合作新成果。这些成绩的取得离不开合作伙伴院校的帮助和支持，离不开在座各位校长及教授们的关心与指导。借本次高桌晚宴之际，再次对你们的热情相助表示衷心的感谢。

今天举办的高桌晚宴及后续的巴伐利亚文化之夜、第三届国际论坛，对促进技术大学与德国、瑞士高水平应用技术大学的交流互信，提升我校国际化办学水平具有重要意义。借此机会，我也真诚地希望通过今晚的高桌晚宴活动，搭建跨文化交流的桥梁，丰富同学们的西方礼仪文化知识，在互动和交流中拓宽视野、增长才干，做最好的自己。

最后，我想特别感谢一下我们技术大学的老朋友 Holger 和 Franz 两位教授，感谢你们对本次国际周的精心设计和策划，确保活动得以顺利进行。也希望 Holger、Franz 及各位校长、教授一如既往地关心和支持学校建设工作，关心技术大学学生们的成长。

明年秋天，新校区的教学楼、学生宿舍、校医院等校园建筑即将投入使用，届时希望各位校长、教授及同学们再到深圳技术大学来，参加明年的国际周活动！

谢谢大家！

在巴伐利亚文化之夜上的致辞

（2018 年 11 月 21 日）

尊敬的各位来宾，老师们、同学们：

大家晚上好！

欢迎参加今晚的巴伐利亚文化之夜！今年是深圳技术大学首次举办国际周，我们邀请到了来自 11 所合作院校的 20 位知名教授，开展包括论坛讲座、主题系列课程、合作联盟签约仪式等不同形式的活动，千名技术大学学生本周迎来了文化和学术的饕餮盛宴！

今晚的巴伐利亚文化之夜是今年深圳技术大学国际周的重要活动之一。巴伐利亚是德国的经济文化重镇，一个传统与现代相融合的地方，今年又恰巧是巴伐利亚独立成州的 100 周年！在这 100 年的时间里，巴伐利亚不断形成、打造、凝聚自己的文化特色。优美的自然风光、珍贵的历史遗迹以及富有民族特色的美食美酒成为巴伐利亚向世界展示自己的重要名片，令人向往。

深圳与巴伐利亚州的纽伦堡早在 1992 年正式结为友好城市，我们深圳技术大学长期以来也与巴伐利亚保持着紧密的、友好的合作关系。过去两年，我们与巴伐利亚地区多所一流应用技术大学签订合作协议，在共建实验实训基地、师生互换领域开展了实质性合作。未来我们也将继续密切双方联系，推动交流合作迈上新台阶。

今天，我们非常荣幸地请到了来自德国下拜仁、上普法尔茨大学生服务中心的专业厨师们，与我们技术大学厨师一起共同打造具有巴伐利亚风味的文化之夜，体验纯正的德国风情和文化，享受纯正的巴伐利亚豪情与热情。

《论语》有云：有朋自远方来，不亦乐乎。今天，我们以这种别开生面的方式，既欢迎远道而来的嘉宾们，同时也为技术大学师生提供一个学习交流、开阔视野的平台。

最后，祝愿今晚所有的嘉宾、老师、同学们，度过一个愉快的夜晚，分享知识与文化，收获友谊和喜悦。

谢谢大家！

在巴伐利亚签约仪式上的讲话

（2018 年 11 月 22 日）

尊敬的立新副市长、Wolfgang Baier（沃尔夫冈·拜尔）校长、Robert Grebner（罗伯特·盖尔布纳）校长、Dirk Jacob（迪尔克·雅各布）副校长、Harald Riegel（哈拉尔德·里格尔）副校长、Toni Lautenschläger（托尼·劳滕施莱格）局长：

大家下午好！

首先，感谢立新市长百忙之中出席并见证今天的签约仪式，这对我们是鼓励，也是一种鞭策。长期以来，立新市长多次亲自过问研究推动学校各项工作，给予学校特殊政策及支持，在此表示诚挚的感谢！

学校筹建三年来，一直按照市委、市政府的部署和要求学习借鉴德国一流应用技术大学办学经验，在课程设置、学术科研、师生交换等方面与国外顶尖应用技术大学开展深入合作。截至目前，学校已经与德国、瑞士等国 33 所一流的应用技术大学、机构签署合作协议。

在这签约的 33 所学校和机构中，其中 5 所来自德国巴伐利亚州，包括维尔茨堡－施韦因富特应用技术大学、雷根斯堡应用技术大学、慕尼黑应用技术大学、肯普滕应用技术大学、奥格斯堡应用技术大学。这些学校都是德国首屈一指的应用技术大学，代表着德国应用技术型高等教育的最高水平！他们为世界培养了杰出的人才，为世界科学技术的进步做出了重要贡献！在过去的两年里，我们与之不仅建立了友好的关系，而且在多个领域探索开展合作。

中国有句古语：单丝不成线，独木不成林。意思是单个人力量单薄，众人合力，方能把事情做成。今天，我们站在新的起点上，尝试打破国家的边界、高校的边界、传统的双边校际合作模式的边界，把5所有着相同目标的大学聚集起来，通过资源共享、信息共享、师资共享等有效机制，寻求更广阔的合作空间，实现强强联合，充分发挥联盟院校之间的优势，开创合作共赢的新局面。

在今年的全国教育大会上，习近平总书记强调要"着重培养创新型、复合型、应用型人才，要扩大教育开放，同世界一流资源开展高水平合作办学"。今天，深圳技术大学（筹）-巴伐利亚州应用技术大学合作联盟的成立只是起点，今后我们的联盟将吸纳更多一流应用技术大学加入，通过多种方式积极推动联盟内高校成员在人才培养、学科建设、科学研究、科技成果转化领域开展深入合作，为青年学子搭建交流平台，努力培养出一批具有跨文化交际能力、工匠精神和创新创业能力的新时代年轻人。

深圳技术大学作为联盟的发起者之一，未来也将主动承担起联系联盟内各高校开展交流与合作的责任，每年定期举办国际周、国际论坛、主题课程等系列活动，为联盟成员搭建多边交流平台，推动联盟持续健康发展。

谢谢大家！

在任命仪式上的讲话

（2019 年 6 月 3 日）

尊敬的廉弈副部长、桂阳副部长、基宏书记，各位老师：

大家上午好！

首先，非常感谢省委、市委，所有技术大学老师对我的信任和厚爱，今天，接过的是荣耀，是责任，也是使命。4 年前，深圳计划筹建一所全新的大学，定位服务深圳区域经济社会发展。2015 年 8 月，当时分管教育工作的吴以环副市长找到我，共同商议如何筹建这所全新的大学，并计划将此重要任务交予我。我在科学院、高校工作 30 余年，对于如何筹建这样一所国内尚属空白且无经验可循的新大学，并无十足把握。

经过持续一年多的反复调研、座谈，教育部、省、市领导多次组织召开座谈会、听证会，广泛听取各类意见和建议，最终确定将学校定位成一所以培养本科和专业硕士、工程博士等应用技术人才为宗旨的大学，学生为本，教学立基，教学相长；一所立足高新技术产业环境的大学，对口需求，定制培养，校企双赢；一所大力引进世界应用技术高等教育先进经验的大学，全方位开放，国际接轨，双向培养。

2016 年 2 月，我第一次来坪山，第一次踏上技术大学选址地，这里还是一片田头郊野，只有随意摆放的密密麻麻的集装箱。今天，经过所有技术大学教职工 3 年多夜以继日的奋战，我们共同一步步亲身经历并见证学校从深圳技术大学筹备办公室到深圳技术大学（筹）再到深圳技术大学的奋斗创业史，也见证了兰田路 3002 号从无到有、从偏乡僻壤到高楼林立，渐而成形、逐渐发展壮大的奇迹壮举。

3 年前，我们怀着鲲鹏之志，相聚马峦山下，开启人生新的事业航程，我想，你们和我一样，始终记得：

2016 年 7 月 19 日，深圳技术大学筹备办公室正式揭牌；

2016 年 8 月 19 日，学校通过广东省高等学校设置评议委员会专家组考察评议；

2017 年 10 月 11 日至 13 日，通过广东省高校设置委员会专家组对学校正式设立事项进行考察评议；

2018 年 1 月 27 日至 30 日，教育部高校设置委员会派出工作组对学校正式设立进行考察评议；

2018 年 5 月 31 日，学校获教育部公示正式成立；

2018 年 11 月 30 日，深圳技术大学获教育部批复正式设立。

1500 多名师生，4000 多名建筑工人，1034 个日夜，成就了今天的深圳技术大学！创造了筹建高等教育的深圳速度，学校的每一步成长都离不开教育部、省委、省政府、省教育厅、市委、市政府的坚强领导，离不开全体教职工的辛勤付出，离不开所有建筑工人的挥汗如雨，借此机会，再一次向为技术大学筹建工作做出努力的所有人表示衷心的感谢。

此时此刻，我非常感谢筹建期间各级领导在我最困难之时给予的鼎力支持和指导，也真诚感谢最早随我筹建技术大学的曾思予、刘力文、刘纪星、姜连勃、许媛、吴旭、尚莹莹和吕启涛院长，他们为技术大学的筹建和与德国技术大学的合作做出了卓越贡献。

从今年开始，深圳技术大学将开始正式独立招生，站在新的历史纪元、新的起点，省委领导将建设深圳技术大学的指挥棒交到我和基宏书记手上，我感到非常荣幸，同时深感责任重大。

在这里，我也向长期以来支持和关心技术大学建设的各级领导和全体师生承诺，我将始终坚持以习近平新时代中国特色社会主义思想为指导，牢固树立"四个意识"、坚定"四个自信"、坚决做到"两个维护"，自觉在思想上政治上行动上同党中央保持一致，坚定理想信念，强化责任担当。

始终坚持社会主义办学方向，坚持立德树人根本任务，全面贯彻落实党和国家各项教育方针政策，坚定不移坚持走高等教育内涵式发展道路，并以此统领学校一切工作。将培养合格的社会主义建设者和接班人这一根本目标融入学校方针政策的顶层设计和具体执行的各个环节。

始终坚持深圳技术大学办学理念不动摇，充分结合目前社会经济结构调整和产业优化升级的需要，以打造高水平、国际化、应用型技术大学为目标，培养一代技术精英、产业精英，将科学理想和技术才能有机结合的新人。

始终坚持崇廉拒腐，严格落实全面从严治党的政治责任，锤炼忠诚干净担当的政治品格，始终把纪律和规矩挺在前面，抓好行政班子，管好队伍，带头执行和维护各项规章制度，带头改进和落实工作作风，不断提高全体教职工凝聚力和战斗力。自觉遵守廉政准则，切实增强廉洁自律意识，干净做事，清白做人，确保队伍清醒、干部清正、政治清明。

今年是新中国成立70周年，也是深圳技术大学正式获教育部批准设立后重点建设的历史元年，就在前两天，习近平总书记在

"不忘初心、牢记使命"主题教育工作会议上提出"守初心、担使命、找差距、抓落实"的总体要求，站在历史起点的技术大学应尤其铭记，不忘创建深圳技术大学初心，牢记培养社会主义合格建设者和接班人的伟大使命，锐意进取、开拓创新，勇于担当负责，积极主动作为，以干事创业敢担当、清正廉明作表率的责任感使命感投入到学校新一轮建设和发展中。

各位领导、各位老师，一代人有一代人的长征，一代人有一代人的担当。时代选择了我们，我们选择了这座青春之城、创业宝地。我相信，在省委、省政府、市委、市政府强有力领导下，通过全体师生的共同努力，深圳技术大学未来一定会成为中国乃至国际一流的应用技术大学，成为我国应用技术高等教育的领跑者。我也将以只争朝夕、奋发有为的奋斗姿态投入到接下来的工作中，全心全意为学校谋发展、为师生谋福祉，不辱使命、不负期望，给时代和人民交上一份满意的答卷。

谢谢大家！

在深圳技术大学成立大会上的致辞

（2019 年 11 月 27 日）

尊敬的伟中书记，各位领导、各位来宾、老师们、同学们：

大家上午好！

在新中国成立 70 周年，深圳建市 40 周年，特别是党中央、国务院支持深圳建设中国特色社会主义先行示范区之际，我们迎来了深圳技术大学成立大会。在此，我谨代表学校全体师生向出席今天大会的各界来宾和朋友表示最热烈的欢迎和最衷心的感谢。

今天，会场坐的还有来自山西、陕西、辽宁、山东、河南、广东地区的 2019 级 807 名本科生、35 名硕士生、5 名博士生，以及全体 2017、2018 级在校生，欢迎你们！

各位同学，你们从家乡来到技术大学，最近的只有一个多小时车程，稍远点高铁三五个小时，最远的从辽宁出发坐火车 30 多个小时可以达到。而我想告诉你们的是，为了今天能和你们相遇，深圳技术大学用了整整 1034 天。

1034 天的夙兴夜寐，1034 天的勇毅拼搏，1034 天创建一所全新的大学，缔造了中国高校建设史上的一个奇迹！这个奇迹是教育部、省委、省政府、市委、市政府谋篇布局、大力推动的成果，是全体教职工众志成城、齐心协力的成果，是 4000 多名建筑工人坚守岗位、日夜奋战的成果，是来自德国、瑞士、美国等 12

个国家的 40 多个合作伙伴及 170 家国内外签约企业全力支持、相互信任的成果。在这里，我代表深圳技术大学全体师生向所有在学校筹建过程中支持我们的各级领导、海内外友人、合作企业及各界朋友，表示最崇高的敬意和衷心的感谢！你们的宝贵奉献将永远铭记在深圳技术大学的建校史册上！

第一篇：创业初心

创业难，创新更难。迎难而上，玉汝于成。深圳是创业热土，更是创新之城。面对国家深刻的产业结构调整，面对世界新一代产业革命的到来，面对技术人才短缺和竞争的压力，面对先行示范区的时代使命，我们以特有的"深圳速度"和"深圳质量"创建一所全新的应用型技术大学。

在我国高等教育的版图上，应用型大学是一个新事物。这是根据中国发展的实际需要，充分吸收德国等先进国家的经验，创办的定位于技术创新、培养大批技术人才的新型高等学校。深圳人再次发扬"敢为天下先""敢闯敢试"的精神，义无反顾地担当应用型高校的探路人。

我们的校名体现了学校的定位和个性。新一轮的科技革命和产业革命正在全球蓬勃兴起，在这场科技浪潮中，创新技术和科技人才是制胜关键。核心技术与国家命运、民族前途紧密相连。我们不仅要掌握核心技术，还要大量培养能够运用这些技术的生产和管理人才。"技术"二字，不只是镶嵌于校名之中，更应该熔铸在每个技大人的"血脉"深处。

第二篇：筹建情况

4 年前，国家发布了《中国制造 2025》的宏伟蓝图。深圳市委、市政府审时度势，果断决策，抓住契机，筹建技术大学。从 2016 年 7 月筹备办公室正式挂牌，到 2017 年 9 月依托深圳大学第一次招生，再到 2018 年 11 月 30 日，学校获教育部批复正式设立，经过 3 年多的努力，我们在校园建设、师资引进、人才培养、制度建设等方面取得了重要的阶段性成果。深圳技术大学不仅是一所服务深圳地方经济社会发展的大学，也是先行探索我国应用型技术高校办学类型的大学，更是一所落实国家重大科技发展战略的大学。

有趣的是，我们技术大学的第一个办公场所是新落成的幼儿园，幼儿代表着新生和希望，我们学校也会从青涩逐渐走向成熟。

3 年来，我们建起了美丽的校园。教学楼、北区宿舍、北区食堂迎来了它们的第一批主人；留学生与外籍教师综合楼计划明年春天投入使用；行政楼、图书馆、学院楼等建筑单体，明年年底将全部完工。在这片昔日沉寂的土地上，已经崛起一座现代化、国际化的校园，更多的技术发明和科学创造将在这里起步。

3 年来，我们初步形成了学科体系。聚焦国家和地方发展需求，放眼市场前沿，设立了中德智能制造学院、大数据与互联网学院、新材料与新能源学院等 10 个学院，涵盖了机械设计制造及其自动化、物联网工程、光源与照明等学科，在更多前沿领域探讨技术和实践创新。

3 年来，我们在全球范围内引进了一批尖端师资队伍，吸引来自德国、瑞士等国家产业界、学术界专家，知名企业技术总工和研发精英"热情加盟"。

3 年来，我们开始打造技术大学的文化特色。以培养学生解决实际问题的能力和创新能力为主要评价标准，务实办学、朴实养学、崇实治学，由此衍生的人文关怀和教学氛围，将形成技术大学以教促学、以学辅教的文化特色。

学校成立不到一年，我校师生在国际国内各大赛事中逐渐崭露头角。去年，学校青年教师荣获广东省第九届"省长杯"工业设计大赛最高奖项——钻石奖；上个月，创意设计学院师生又斩获2019年度欧洲EPDA设计奖金奖。我们相信，未来，各个领域、各个行业都将出现深圳技术大学师生的身影，实现"高校之林，后来居上"。

第三篇：使命与挑战

今年8月，习近平总书记在甘肃考察时指出，"实体经济是我国经济的重要支撑，做强实体经济需要大量技能型人才，需要大力弘扬工匠精神，继承优良传统，创新办学理念"。这为技术大学的未来发展指明了方向，更加坚定了我们的办学信心。

新大学，新起点，新使命。我们要始终牢记、坚持社会主义办学方向，坚持立德树人，紧紧围绕为党育人、为国育人的中心任务，坚持扎根中国大地办示范引领一流应用技术大学，努力培养更多的具有国际视野、工匠精神和创新创业能力的高水平工程师、设计师、精算师。

我们要始终牢记将技术大学打造成全国应用型高校领跑者和标杆的使命，在建设中与传统研究型、综合型大学"错位发展"，为深圳及粤港澳大湾区建设提供高端技术型人才支撑。

为此，我们突出实践办学、产教融合育人模式。深化"引企入教"，全面推行项目教学、案例教学，实践性课程改革，围绕产业关键技术、核心工艺问题开展协同创新。

为此，我们继续虚心学习德国、瑞士、美国等国家一流应用技术大学的办学经验。始终坚持与国际接轨，全方位开放，做到课程同步，资源共享。

为此，我们坚持学科设置紧密对接产业需求，根据《中国制造2025》和粤港澳大湾区产业重点领域急需人才，优先设置和调整专业学科发展方向，将深圳产业优势及创新创业优势转化为应用型高校办学优势，以新的深圳速度、深圳质量和深圳标准推动学校超常规发展。

第四篇：感恩与致谢

各位嘉宾，亲爱的老师们、同学们、朋友们，3年多前，坪山还没有兰田路3002号，筹备办小组成员只有11人。3年后，学校已发展为一个拥有2300人的大家庭：3届在校本科生，两届在校硕士生，一届博士生，各项基础设施建设初具规模，校园建设也一天一个样，学校重点实验室建设、科研项目申请已有序启动。这一切，让我感慨、感动，也很感激。

感谢党和国家对深圳高等教育事业的关心和支持，尤其感谢教育部对深圳探索建设应用型高校的鼓励，对技术大学办学理念的认可；感谢省委、省政府将建设深圳技术大学列入广东省"十三五"规划；感谢深圳市委、市政府举全市之力筹建深圳技术大学，给予了充分的物资保障和人才保障；感谢坪山区委、区政府给予我们253万平方米用地，为办学解决后顾之忧；同样要感谢马鞍岭村村民，在这块土地上，你们的祖祖辈辈经历了数百年的渔农生活，从今以后这块土地将与世界上最先进的科技并驾齐飞！

"青山一道同云雨，明月何曾是两乡。"特别感谢深圳大学对技术大学办学工作的全力支持，感谢深圳高级中学（集团）东校区、第三职业技术学校的慷慨相助。

人生能有几回搏！3年多以来共同创业的同仁们，无论是功成名就的老专家，还是初入职场的新同事，同一个梦想将我们聚在一起，我们一起经历过创业难的低谷，但最终"三军过后尽开颜"，这份难忘的经历，将是我们一生的宝贵财富。同时，还要特别感谢技术大学的老朋友，来自德国的 Holger Haldenwang、

Franz·Raps教授，感谢你们将创建深圳技术大学当作自己的事业，你们的热情和执着无时无刻不在打动着我。

最后，感谢807名选择了今年首次独立招生的深圳技术大学的学子们！"命运不是机遇，而是选择"，你们义无反顾地选择了深圳技术大学，充满希望的创业热土，无限机遇的新大学，未来将证明你们的选择是最聪明、回报率最高的选择。

你们的信任和认可，是让我们更加坚定前进的动力。8月份，中央发布了《关于支持深圳建设中国特色社会主义先行示范区的意见》，支持深圳强化产学研深度融合的创新优势，支持深圳在创新体制改革方面先行先试，充分落实高等学校办学自主权，加快创建一流大学和一流学科。今年9月，深圳市委六届十二次全会第一次全体会议明确提出："支持深圳技术大学建设一流应用型大学。"这对建设中的技术大学来说，是荣誉，是使命，也是最好的历史机遇。

作为国家应用型高等教育的一方试验田，我们将在这里开展更多高等教育改革和探索，重铸时代新教育，培育服务社会新人才，为中国应用型高等教育发展探路、为推动全社会科学技术进步做出贡献、为深圳建设中国特色社会主义先行示范区打造人才高地。

同学们，你们是深圳技术大学的立校之本、力量之源，是国家走向繁荣富强、民族走向复兴的脊梁，愿你们无愧于父母、无愧于时代、无愧于使命，以理性的态度和感性的情怀，做技大梦的追随者、参与者和创造者，以技术之真、人文之美，去开创技大的未来、祖国的未来。

最后，再次感谢各位嘉宾、各位朋友莅临本次会议！

谢谢大家！

在深圳技术大学和深圳市光明区人民政府合作办学
签约仪式上的讲话

（2021 年 8 月 24 日）

尊敬的刘胜书记、蔡颖区长，各位领导、各位来宾：

大家上午好！

今天，我们在这里隆重举行深圳技术大学和光明区合作办学签约仪式。这是我校与光明区战略合作的良好开端。在此，我谨代表深圳技术大学，对光明区委、区政府一直以来对学校发展的关心和支持表示衷心的感谢！对区委、区政府高度重视基础教育发展的远见卓识表示由衷的敬意！

各位领导，各位来宾，深圳技术大学与光明区的缘分早在 3 年前就已经结下，2018 年 5 月，国务院批复深圳正式成立光明区，同年 11 月，深圳技术大学获教育部批复正式设立。深圳技术大学与光明区同年诞生、同步发展，这是在习近平新时代中国特色社会主义思想指引下谋划的新布局、新篇章，是深圳经济特区成立 40 周年之际，党中央、国务院、教育部对深圳推进特区高质量一体化建设的信任与支持，是深圳市委、市政府统一部署、统筹推进高等教育发展、区域协调发展的又一战略举措。3 年来，在粤港澳大湾区、深圳先行示范区"双区"驱动，深圳经济特区、深圳先行示范区"双区"叠加的时代背景下，光明区、深圳技术大学大力弘扬"敢闯敢试、敢为人先、埋头苦干"的特区精神，牢牢把握发展机遇，勇当改革排头兵，用实际行动创造新的深圳速度、深圳质量，各自交上让人满意的答卷。

各位领导，各位来宾，深圳技术大学是在"十三五"时期，省委、省政府、市委、市政府高瞻远瞩、审时度势，重点打造的一所本科高校，作为深圳市唯一一所应用型本科院校，深圳技术大学致力于培养本科及以上层次具有国际视野、工匠精神和创新创业能力的高水平工程师、设计师等高素质应用型人才。在市委、市政府的高度重视和大力支持下，学校面向需求、面向地方、面向应用，不断突破发展瓶颈，综合办学实力持续增强，高优办学质量和育人环境得到社会各界普遍认可，受到学生及家长们的欢迎。今年是技术大学独立招生的第 3 年，3 年来，省内投档线不断攀升，2021 年，在招生人数翻倍达 3000 人和广东省新高考的双重挑战下，我校理科投档线再创新高，从广东省第 9 位，跃居至第 6；今年 9 月在校学生数将达到 6000 余人，深圳技术大学正逐步成为广东省乃至全国应用型高校的领跑者和标杆。

作为深圳北部发展的重要支点，3 年来，光明区集中建设世界级重大科技基础设施集群，为大湾区科技协同创新提供强有力的人才、产业、科研支撑，在打造"特色鲜明、发展集聚、优势突出、创新引领"现代产业格局的同时，始终把教育作为提升光明新面貌的重要突破口，下大力气推动光明教育实现跨越式发展，推进力度、投入力度、质量提升成效实现"三个空前"，区域教育高地雏形初步显现，正朝着打造与世界一流科学城相称的高品质教育目标奋勇前进。

"教育是国之大计、党之大计"，既承载民生幸福，也关系城市未来。深圳技术大学作为市委、市政府坚持实施教育优先发展战略的产物。创校以来，我们始终心怀感恩、身负使命，应城市之所急、群众之所需，全力打造"从幼儿园到大学"一站式教育体系，建设以"深圳技术大学"为名片的集成化基础教育集团，取得了阶段性成果。深圳技术大学幼儿园已于 2020 年秋季开园。深圳技术大学附属中学将于今年秋季开学，首年招生，顺利录取 601 人，其中 520 分以上的学生超过 200 人。深圳技术大学附属小学也将在近年内落成。

各位领导，各位来宾，开放合作是推进基础教育跨越式发展的重要路径。此次签订合作办学协议，是深圳技术大学与光明区发挥教育共同体强强联合、资源共享的一次具体实践，是我们向正式合作办学迈出的第一步，为后续合作奠定了坚实基础。我们将切实履行高校社会责任，充分发挥应用型高校资源优势，进一步完善优化办学方案，不断推动合作取得新进展，为实现"幼有善育、学有优教"，为打造世界一流科学城和深圳北部中心贡献技大力量，我们相信，在双方的共同努力下，必将创造深圳基础教育新的业绩、新的辉煌。

最后，祝各位身体健康、万事如意！

在深圳技术大学附属高中 2021 年开学典礼上的致辞

（2021 年 9 月 1 日）

尊敬的各位来宾，亲爱的老师们、同学们、家长们：

大家上午好！

首先，我谨代表深圳技术大学对深圳技术大学附属中学正式开学表示热烈祝贺，祝贺你们经过一年多的辛勤筹建顺利迎来首批学生；向所有进入附属中学学习的优秀学子们表示热烈欢迎，祝贺你们进入一所高水平、国际化的优质高中。同时，向所有在深圳技术大学附属中学筹建过程中给予过重要支持和帮助的深圳市教育局，坪山区委、区政府，坪山区教育局，坑梓街道办表示感谢。

一年前，市教育局决定将市第二十高级中学交由我校管理办学，要求我们发挥高校办学对基础教育的提升作用，借助大学人才优势和硬件资源，将二十高办成深圳市属、特色鲜明的深圳技术大学附属中学，从而打造东部优质基础教育，辐射带动坪山区基础教育实现高水平跨越式发展。

大家都知道，深圳技术大学近几年的发展进入快车道，招生规模不断扩大，省内投档线不断攀升，综合办学实力持续增强。8 月 26 日，在深圳经济特区成立 41 周年之际，《光明日报》整版专题报道深圳技术大学，多角度全方位介绍技术大学人才培养模式，可以说，经过五年的努力，学校高优办学质量和育人环境已经得到社会各界普遍认可。因此，我们有条件、有能力、更有信心举全校之力高起点、高定位、高质量地办好我校附属中学。

一年多以来，我们也一直在积极探索如何依托高校的优质教育资源，多层次、高标准、高质量与附属高中进行精准有效的教育衔接，探索"高中—高校深度衔接"新型人才培养模式的实现路径，着力于培养具有扎实基础知识、卓越工匠意识、团队合作能力及实践创新能力的优秀高中学生。

为此，我们聘请了教育经验丰富的田祚鹏同志担任附高校长，组建了一支来自全国各地的"教师天团"精英队伍，同时，技术大学迅速整合特色教师资源，派出"教授团队"开设20余门技术创新实践课程，通过"教授常态化进课堂""前沿实验室常态化面向高中生开放"等形式，更深入地关注和指导学生个性化特长发展，充分满足不同禀赋学生学习的需要，助力学生成长成才，打造真正有技术大学特色的优质高中。

同学们、家长们，基础教育关系孩子一生未来，是培养孩子初步的科学与人文素养、环境意识、创新精神与实践能力的重要时期。深圳技术大学自成立以来一直高度重视基础教育发展，去年秋季我校附属幼儿园正式开园，今年9月附属中学正式开学。上个月，深圳技术大学与光明区签署合作协议，双方将在幼儿园、小学、初中、高中等基础教育领域开展广泛合作。未来，我们将努力打造"从幼儿园到大学"一站式教育体系，抓住深圳市超常规高质量发展基础教育的历史契机，逐步形成以深圳技术大学为核心的集成化基础教育集团，为深圳市打造"中国一流、世界先进"的现代教育体系贡献技术大学的力量。

各位同学，你们是深圳技术大学附属中学的第一批学生，是开拓者也是耕耘者，希望你们继承大学"唯实求精"精神，树立远大志向和抱负，刻苦学习，砥砺品格，如总书记期待的那样做有志气有骨气有底气的新时代青年，未来成为社会中坚，民族栋梁。

最后，祝愿同学们新学期学业有成，健康快乐，祝愿深圳技术大学附属中学越来越好！

谢谢大家！

从 0 到 1 创建深圳技术大学
——在荣休仪式上的讲话

（2024 年 1 月 17 日）

尊敬的各位老师：

大家上午好！

作为深圳技术大学创校校长、创校时期的临时党委书记，首先，我坚决服从和拥护省委、市委的决定。

感谢张书记以及班子成员对我工作的理解、支持。

今天是 2024 年 1 月 17 日，8 年前的今天，我还在深圳大学的办公室修改《深圳技术大学筹建方案》，还在思考如何完成市委、市政府交给我的重任，建好这所承载着高等教育创新发展之重任、现代产业转型升级之转机的新型大学。从庄严地接下筹建的"火种"，到郑重地递交发展的"火炬"，转眼已是 8 年。此时此刻，我的内心百感交集。从 1989 年正式参加工作到现在，从中国科学院西安光机所研究员到深圳大学工程技术学院院长，从深圳大学副校长到深圳技术大学创校校长，无论称呼如何改变，我的社会角色和人生使命始终由一个中心身份牵引，那就是一个纯粹的教育工作者。

日月忽其不淹，流水三十五年。35 年来，我始终坚持"每天寻求一个更好的方法"，将求知、求进、求新刻进日常小事，也融进教育理想。35年来，我始终坚持走上三尺讲台，教书育人；走下三尺讲台，为人师表，时刻提醒自己千万以身作则，务必率先垂范。35年来，我始终坚持精进专业研究，探索科学前沿，纵使科学之路无穷尽，研究之路无穷尽，我始终相信，日进一寸，终至所归。

我于1989年正式参加工作，在西安光机所的10年，是我学术启蒙和教育事业的第一起跑线，为我以后的发展打下了坚实的基础，这是上下求索、笃行致远的10年。1999年，改革的春风早已吹遍大江南北，彼时的深圳气象新、活力足、势头强劲，我做了人生中的一个重要决定，离开了生活30多年的陕西，来到充满无限可能的深圳大学。在深圳大学，我走过了求真务实、行而不辍的19年。在锐意创新的造梦热土上，我很有幸成为深圳大学蜕变成长的见证者、参与者、推动者。

2015年8月，我在天津出差时，接到深圳市的重要电话，正是这个电话，让我有幸在知天命之年与在座的各位共同干事创业，掌舵一所新型大学"从0到1"的壮阔启航，有幸见证一个深圳高等教育改革的鲜活奇迹，创造一段终身荣耀的职业辉煌。接到这个电话，我没有观望、没有犹豫，立即着手开展深圳技术大学的筹建工作。站在第5个人生10年的台阶上，我向市委、市政府承诺，我将用自己所有的教育经验、研究经验、管理经验，全力以赴创建深圳技术大学，为深圳建立一所对标德国的高水平、研究型技术大学做一点工作，为大湾区培养适应未来发展的卓越创新领军人才做一点工作。

2015年9月，我从南山第一次来坪山，这片土地一片荒芜，可以说是人迹罕至，深圳的国际化、大都市统统与坪山无关，错落的农民房、散落的集装箱，交通不便、基础设施不全，这是40

多年前深圳最原始的模样。当时走在创景路上，我有两个想法：如何尽快把大学办下来，怎样对标德国办成名校。2016 年 7 月，第一批 11 名开拓者正式入驻，深圳技术大学在坪山的第一个办公场所正式启用。从此，逢山开路、遇水架桥，技术大学正式启航！从那时起，学校有了 3 个 100 的说法，老师们每天从市区开车往返坪山 100 千米、通勤时间 100 分钟、开车花费 100 元。在这种艰难条件下，很多老师，一坚持就是 8 年。

这是砥砺奋进的 8 年。在 2019 年的校长任命仪式上，我曾庄严承诺始终坚持深圳技术大学办学理念不动摇——打造国际化、高水平、研究型技术大学。8 年来，我始终保持使命感、紧迫感、责任感，为了实现这一目标，全校上下一刻不敢懈怠、一刻不能懈怠，以时不我待、争分夺秒的劲头创造了 1034 天平地起大学的建校奇迹，创造了 4 年国际化空中校园拔地而起的建设奇迹，创造了 6 年步入万人大学行列的发展奇迹。

2017 年，从零起步，大胆招生，第一届学生正式开学！226 个家庭在我们最困难之际，选择信任深圳技术大学。2017 年至 2021 年，我们拼尽全力加速奔跑，终于赶在第一届学生毕业之前，还 2017 级一个真正意义上的技大校园。2019 年，学校首次独立招生，随即闯入全省理科前十，这大大提振了我们的办学信心，坚定了未来的道路。

从无到有，从“0”到“1”，梦想之都实现梦想，奇迹之都创造奇迹，奋进中的技术大学在中国高校的发展史上留下了浓墨重彩的一笔。

这是锐意创新的 8 年。2016 年的创景路无人问津，8 年来，我们在创景路上创造了美好前景。今天，没有围墙的“空中大学”横跨创景路两侧，带来了流动灵活、开放包容的大学精神，带来了国际化办学的宽阔视野、发展资源。2016年9月，我提议并推动了惠及师生、惠及地方的地铁16号线，将规划的"田头站"更名为"技术大学站"，设站位置也由田头山下移到学校门口。地铁和学校相互赋能，为特色高校与地方产业共同成长拓展更多的实践可能和现实空间。

8年来，学校科研团队锐意创新，敢于担当。研发出高功率、大能量超快薄片激光器（工业化），解决薄片激光器"卡脖子"技术难题。晶体生长重点实验室平台，攻克了被国外出口管制的金刚石与功能晶体技术，形成了可转化的产品、专利和项目成果。

8年来，始终坚持培养学生创新思维、实践动手能力。学生独立设计、自主制造的方程式赛车，多次在国赛上斩获一等奖。自2021年起，赛车工作室成为获奖大户，累计获国家奖18项。几年来，技大学子在国际、国家等重大赛事已斩获600多项重量级奖项。以学生自主运营、自主管理的校园文印店、润园咖啡、匠心坊打破传统高校商业经营思维，全方位锻造学生管理能力、动手能力。

2024年的创景路，车马如龙，络绎不绝，已经是发展新技术、培育新青年、塑造新文化的创新道路。这是我们共同的创造，也是我们共同的荣耀。

这是成绩斐然的8年。八度春秋夙兴夜寐，万千日夜朝乾夕惕。对标战略性新兴产业和未来产业，深圳技术大学目前已有18个学院、36个专业和5个学科门类构成的人才培养方阵。2021年8月，入选广东省新一轮"冲一流、补短板、强特色"特色高校提升计划，光学工程、物联网工程、集成电路科学与工程3个学科获批省级重点建设学科。1221人组成的高素质师资团队，拓展了236家高精尖合作企业，对接了68个高水平国际合作伙伴，遍布全球 17 个国家和地区。

2021 年 5 月，学校获批广东省硕士学位授予立项建设单位。在 3 个博士专业、13 个硕士专业招生，在校研究生 800 余人。电子信息、机械、材料与化工等 3 个申请新增专业的培养方案已经全过程实践，相关专业已有 3 届共 161 名硕士、4 名博士毕业生，毕业研究生超 90% 就业于行业龙头企业。

时至今日，以服务深圳"20+8"产业需求为中心的学科专业布局已初步形成，深圳技术大学一路高歌猛进，在高等教育跨越式发展的浪潮中劈波斩浪、自信前行。

这是初心不变的 8 年。习近平总书记说："一切向前走，都不能忘记走过的路；走得再远、走到再光辉的未来，也不能忘记走过的过去，不能忘记为什么出发。"8 年来，奋斗创业不停步；8 年来，道路坚定不犹疑。我们时刻保持创建深圳技术大学的使命初心，那就是坚持面向世界，涵养国际视野；面向地方，反哺区域经济；面向现代化，锻造创新创业能力；面向未来，助力祖国富强、民族振兴！我曾在多个场合说过，技术大学自立于技术、自强于技术，以技术为出发点和生命线，与传统高校相比，它的基础不一样，方向不一样，任务不一样。8 年来，深圳技术大学内在动力始终未变，行动目标始终未变，职责使命始终未变。8 年来，我们始终坚持错位发展、特色发展、高质量发展，坚定不移地走自己的道路。

各位老师，耳顺之年卸下重任，此时此刻，感慨万千。西安光机所 10 年精耕细作，深圳大学 19 年奋楫争先，技术大学 8 年拓荒启航，一路走来，得到很多人的支持和帮助，千言万语，唯有感谢。

感谢时代的馈赠。命运不是机遇，而是选择。选择由西安南下鹏城，恰逢深圳大学扬帆改革、强势崛起，选择创建深圳技术大学，恰逢深圳高等教育超常规、跨越式发展，国家紧缺应用型、复合型、创新型人才。感谢这个时代，让我有机会做自己擅长的事，有机会为中国的高等教育贡献一点微薄力量。35 年与教育同行，与创新同行，35 年不负时代，不负年华。

感谢教育部、省委、省政府的关心和支持，特别感谢市委、市政府对我的信任和鼓励。从 2015 年 8 月，市委、市政府交予我这个重任，到深圳技术大学建校、治校、强校的每一个关键节点，市委、市政府都以最大的支持、最大的爱护和最大的信任浇灌这棵新型大学的幼苗，正是市委、市政府敢为人先的魄力和保持战略的定力，给予全体筹建人员义无反顾踏上高等教育拓荒之路的勇气和底气。尤其是时任副市长吴以环同志，更是给予这所学校特别的支持，在学校重要时刻，为我们出谋划策，亲自到场支持。

感谢一路走来，坚定同行的创业伙伴。我常常说，深圳技术大学的成功是天时地利人和，天时不如地利，地利不如人和，"技大人"是创业成功的关键。8 年前，创建新大学是前途未卜还是前途无量，我想，谁也不能给一个肯定的回答，感谢在那个时候坚定地选择深圳技术大学，坚定地选择相信我的同事们，你们中有从深圳大学一路坚定追随而来的刘纪星、姜连勃、曾思予、徐刚、刘力文、刘宏伟、曹建民、杜晨林、吴旭、赵大宇、阎评、翟剑庞、于永芹、叶建华、鲁国强、张席、黄子嵩、胡学娟等，有从深圳大学支援的刘泽慧、孙忠梅，有跨越了大半个地球从德国远道而来的 Franz、Holger 教授及德国应用技术大学的校长和教授们，有从企业跨界支持的吕启涛博士、韩培刚博士，有初出茅庐的年轻人尚莹莹、李旭、刘璐、胡佳琪，有从事业单位援助而来的张岩鸿、孙乡瑜、许媛、周沧涛、胡俊青、洪洵、杨光东、何升、谢馥蔓，等等。在任何困难期，我们都怀抱着共同的信念：技术大学一定能办成！正是这份坚定的信念，支撑我们一路披荆斩棘，同舟共济。2018 年的 11 月，千帆侧畔过，我们终于迎来万木春，感谢你们的信任。

最后感谢我的家人，从深圳大学到深圳技术大学，从南山到坪山，8 年 3000 多次的往返，30 万千米的奔波，你们从未有过抱怨，始终默默守候，感谢家人的理解和支持。

从 1989 年到今天，从事教育工作 35 年，忠于教育事业 35 年，35 年来，我始终坚信，合格的教育应是三足鼎立的教育，身体健康、素质向好、专业过硬，教育的最终目标是培养健康的人、高素质的人、从容应对社会的人。我始终坚信技术改变世界，20 世纪以来，技术在科学家和能工巧匠手上，正在创造人类文明的新纪元，"技术"是这所大学的血液，而我们正在做的是创造新技术、培养掌握新技术的高素质的人，推动未来人类文明、社会进步。我始终坚信，深圳技术大学一定能办成世界一流的研究型技术大学，我们不必和任何传统大学比较，我们应当有足够的信心，坚定自己的办学目标，走自己的办学路。我相信，未来的某个时候，也许 5 年、10 年、20 年，深圳技术大学终将在中国的高等教育版图上拥有自己独一无二、不可替代的地位。

各位老师，8 年前，我们怀着鲲鹏之志，相聚马峦山下，开启人生新的事业航程，今天，我们站在新的路口，创业难，守业更难，迎难而上，玉汝于成。今天之后，我将换一个身份，继续为我热爱的事业尽微薄之力，继续关注技术大学的成长。

最后，愿每一位技大人拥有美好的前程，愿深圳技术大学越来越好！

谢谢大家！